PASTA

Die 500 besten Rezepte aus aller Welt

von Susanne Bunzel

PASTA

Die 500 besten Rezepte
aus aller Welt
von Susanne Bunzel

Vorwort von Mario Gamba

Illustrationen von Lucia Obi

edition spangenberg bei Droemer

Umschlaggestaltung: Agentur ZERO, München
Umschlagillustrationen: Lucia Obi
Satz: Ventura Publisher im Verlag
Druck und Bindung: Franz Spiegel Buch GmbH, Ulm
Printed in Germany
ISBN 3-426-27043-9

5 4 3 2 1

INHALT

WARUM PASTA?

Warum noch ein Buch über Pasta? Warum diese Faszination? Warum, warum? Beinahe fühle ich mich mit diesen Fragen zurückversetzt in die Warumphase meiner Kindheit – und habe plötzlich den Schlüssel in der Hand.
Warum lieben Kinder Pasta? Pasta ist lecker, leicht und bekömmlich, oft die erste richtige Nahrung nach dem Babybrei. Aber Pasta ist viel mehr.
Pasta ist Geborgenheit – und steht für eine meiner schönsten und prägendsten Erinnerungen: ein großer Topf mit brodelndem Wasser, in das meine Mutter die selbstgemachten Tagliatelle wirft; ein etwas kleinerer Topf mit einer duftenden, vor sich hin blubbernden Tomatensauce, und ich, der genau drei Minuten bevor die Pasta fertig ist, die Ehre hat, den Parmesan reiben zu dürfen. Draußen, an dem langen gedeckten Tisch überbrücken alle mit einem leidenschaftlichen Gemurmel über die Geschehnisse der Woche das Warten auf den Höhepunkt: das Verteilen der dampfenden Nudeln, der Klacks mit Weißwein verfeinerte Sauce und das fast zärtliche Bestreuen der Portion mit Parmesan. In diesem Moment war Pasta auch ein Augenblick genußvoller Stille.
So wie Kinder sich ohne Sprache miteinander verständigen können, so ist Pasta ein Produkt, über das zwischen vielen verschiedenen Völkern eine Art geschmacklicher Konsens besteht. Pasta ist eine Weltsprache. Es ist schon erstaunlich und dann doch wieder ganz logisch, daß Menschen vom Nord- bis zum Südpol, von L. A. bis Shanghai diese kleinen, langen, kurzen, dicken, dünnen, glatten, gekringelten Dinger lieben.
Pasta ist vielfältige Einfachheit, ist Phantasie, die schnörkellos und puristisch ist. Pasta ist wie Verliebtsein, jedesmal prickelnd, ist irrational. Pasta ist eine Hauptsache, »una cosa di pelle«, wie die Italiener sagen. Und in Italien ist Pasta ein schnelles »slow food«, ein wahrer Gaumen- und Augenschmaus, der einen ganzen Gang, den »primo piatto«, fast gänzlich für sich beansprucht und der immer weitere, vielfarbige Formen gebiert. Pasta ist eben auch vergängliche, aber unvergessene Kreativität.
Pasta ein Widerspruch? Was soll's! Es schmeckt!
Und nicht vergessen: Sie wird überall nur mit viel Wasser gekocht!

Mario Gamba

RAVIOLI NOCI »ACQUARELLO«

Für 4–6 Personen
Für den Teig
220 g Mehl
30 g Grieß
Salz
1 Ei
3 Eigelb
1 Eßlöffel Öl
etwas Wasser
etwas Milch

Für die Füllung
30 g Walnüsse
120 g Mascarpone
1 Prise Salz
30 ml Milch

Für die Sauce
200 ml Geflügelbrühe oder Kalbsfond
100 g Butter

Außerdem
1 Radicchio
100 g Parmesan
Pfeffer aus der Mühle

Für den Teig Mehl und Grieß mischen, salzen und auf eine glatte Arbeitsfläche geben. In eine Vertiefung 1 Ei und 2 Eigelb setzen. Nach und nach Öl sowie etwas Wasser und Milch zugeben und einen festen elastischen Teig herstellen.
Für die Füllung Walnüsse grob mahlen. In einer Küchenmaschine mit dem Mascarpone verrühren. Mit Salz abschmecken, dann langsam so viel Milch zugeben, daß eine geschmeidige Masse entsteht. Füllung in einen Spritzbeutel mit großer Öffnung füllen.
Mit der Nudelmaschine aus dem Teig hauchdünne Bahnen (Stärke 0,5–1 Millimeter) rollen und auf einem großen Stein- oder Holzbrett auslegen. Die Teigflä-

che mit einem geschlagenen Eigelb bepinseln. Danach teelöffelgroße Nocken von der Füllung im Abstand von 4 Zentimetern auf den Teig setzen. Das Ganze mit einer zweiten Teigplatte abdecken. Rund um die Nocken gut festdrücken, ohne den Teig einzureißen. Mit einem Förmchen Ravioli ausstechen.
Die Ravioli in reichlich siedendem Salzwasser ca. 4 Minuten garen.
In der Zwischenzeit den Radicchio säubern, den Strunk herausschneiden und den Kopf mit einem feinen Messer in feine Streifen schneiden. Auf mittelgroßen Tellern kleine Radicchionester vorbereiten.
Brühe und Butter unter ständigem Rühren zu einer sämigen Sauce einkochen. Ravioli mit einem Schaumlöffel aus dem Wasser heben und um den Radicchio anrichten. Etwas Sauce darübergeben und zuletzt mit geriebenem Parmesan bestreuen und mit Pfeffer aus der Mühle würzen.

TORTELLI-RICOTTA-SPINACI IN SALBEIBUTTER

Für 4–6 Personen
Für den Teig
1 Ei
3 Eigelb
220 g Mehl
30 g Grieß
Salz
1 Eßlöffel Öl
etwas Milch
etwas Wasser

Für die Füllung
50 g Spinat
100 g Ricotta
Salz und Pfeffer aus der Mühle
Muskat

Für die Sauce
200 ml Rinderbrühe
100 g Butter
50 g frischer Salbei
100 g geriebener Parmesan
etwas Kerbel und Salbeiblüten zum Garnieren

Für den Teig Mehl und Grieß mischen, salzen und auf eine glatte Arbeitsfläche geben. In eine Vertiefung 1 Ei und 2 Eigelb setzen. Nach und nach 1 Eßlöffel Öl sowie etwas Wasser und Milch zugeben und einen festen elastischen Teig herstellen.

Für die Füllung Spinat putzen, in kochendem Salzwasser blanchieren und anschließend mit kaltem Wasser abschrecken. Spinat fein hacken und unter die Ricotta mischen. Füllung mit Salz, Pfeffer und Muskat abschmecken.

Mit der Nudelmaschine hauchdünne Teigbahnen (Stärke 0,5–1 Millimeter) rollen und auf einem großen Stein- oder Holzbrett auslegen. Die Teigfläche mit einem geschlagenen Eigelb bepinseln, danach Quadrate von ca. 5 Zentimetern Seitenlänge ausschneiden. Auf die Mitte der Teigflecken eine Nocke Spinat-Ricotta-Füllung setzen und Teigquadrate so schließen, daß Dreiecke entstehen. Teig an den äußeren Enden gut aufeinanderdrücken.

In reichlich siedendem Salzwasser etwa 5 Minuten garen.

In der Zwischenzeit aus Brühe, Butter und fein geschnittenem Salbei eine cremig bindende Sauce bereiten.

Tortelli mit einem Schaumlöffel aus dem Wasser heben, auf einem Teller anrichten und mit Parmesan bestreuen. Portionen mit etwas Kerbel und Salbeiblüten garnieren.

LASAGNETTE MIT ARTISCHOCKEN UND PETERSILIENSAUCE

Für 4–6 Personen

Für den Teig

50 g Spinat
etwas Milch
1 Ei
1 Eigelb
220 g Mehl
30 g Grieß
Salz
1 Eßlöffel Öl

Für die Einlage

1 Schalotte
1 Knoblauchzehe
50 ml Olivenöl extra vergine

4 mittelgroße Artischocken
300 ml Weißwein
1 Zweig frischer Majoran
Salz und Pfeffer aus der Mühle

Für die Sauce
200 ml Kalbsfond oder -brühe
100 g Butter
50 ml Olivenöl
1 Knoblauchzehe
100 g geriebener Parmesan
Salz und Pfeffer aus der Mühle

Spinat putzen, in kochendem Salzwasser blanchieren und in kaltem Wasser abschrecken. Anschließend den Spinat mit Milch fein pürieren. Nun für den Teig Mehl und Grieß mischen, salzen und auf eine glatte Arbeitsfläche geben. In eine Vertiefung Ei und Eigelb setzen. Nach und nach 1 Eßlöffel Öl sowie den pürierten Spinat zugeben und einen festen elastischen Teig herstellen.
Feingehackte Schalotte und Knoblauch in einer weiten Pfanne in Olivenöl anschwitzen. Dann die geputzten und kleingeschnittenen Artischocken dazugeben. Mit Weißwein ablöschen. Majoran in den Sud geben und nach Geschmack salzen und pfeffern. Artischocken schmoren, bis sie weich sind. Anschließend aus der Pfanne herausnehmen und kühl stellen.
Artischockensud auf ein Drittel reduzieren. In der Küchenmaschine oder mit dem Rührstab aus Petersilie, flüssiger Butter, Öl, Knoblauch, 50 g Parmesan und Fond eine Art Petersilienpesto herstellen. Zuletzt Artischockensud unter den Pesto geben.
Mit der Nudelmaschine hauchdünne Teigbahnen (Stärke 0,5 Millimeter) rollen und auf einem großen Stein- oder Holzbrett auslegen. Quadrate von ca. 10 Zentimetern Seitenlänge ausschneiden.
Lasagnette in reichlich Salzwasser ca. 5 Minuten leise köchelnd garen.
Artischocken mit der Petersiliensauce noch einmal erhitzen.
Anrichten: Lasagnetteblatt in einen tiefen Teller legen, darauf einige Artischockenstücke, mit einem Lasagnetteblatt abdecken. Sauce rundherum verteilen und mit geriebenem Parmesan bestreuen.

RAVIOLO APERTO »GUALTIERO MARCHESI« – MIT KREBSEN UND SPARGEL

Für 4–6 Personen

Für den Teig

1 Ei
1 Eigelb
220 g Mehl
30 g Grieß
Salz
1 Eßlöffel Öl
etwas Milch
etwas Wasser
10 Petersilienblätter

Für die Sauce

200 ml stark reduzierter Fischfond
50 ml Sahne
50 ml Prosecco
20 g Ingwer
50 g Butter
Estragonessig
Salz

Für die Einlage

50 g Butter
1 Schalotte
10 Stangen grüner Spargel
1 Tomate
200 g Flußkrebse aus der Lake (besser natürlich frische Krebse)
Salz und weißer Pfeffer aus der Mühle

Für den Teig Mehl und Grieß mischen, salzen und auf eine glatte Arbeitsfläche geben. In eine Vertiefung Ei und Eigelb setzen. Nach und nach 1 Eßlöffel Öl sowie etwas Wasser und Milch zugeben und einen festen elastischen Teig herstellen. Teig kühl ruhen lassen.

Für die Sauce Fischfond mit Sahne, Prosecco und geschälten und gehackten Ingwer in den Fischfond geben. Mit einem Spritzer Essig und Salz verfeinern. Aufkochen und heiß im Mixer sämig rühren.

Anschließend den Teig auf der Nudelmaschine sehr dünn ausrollen (ca. 0,3–0,4 Millimeter). Kreise von ca. 15 Zentimetern Durchmesser ausstechen. In die Mitte dieser Teigtaler ein Petersilienblatt legen und es mit einem zweiten Teigtaler abdecken. Das Ganze wieder bei gleichbleibender Stärke durch die Teigmaschine lassen. Ravioloblatt noch einmal mit dem Förmchen ausstechen. So fortfahren, bis der ganze Teig verarbeitet ist.
Nun in einer weiten Pfanne in Butter die fein gehackte Schalotte anschwitzen. Den geschälten rohen Spargel und eine geschälte und gewürfelte Tomate dazugeben und alles langsam schmoren lassen.
Die Ravioloblätter in reichlich siedendem Salzwasser ca. 6 Minuten garen.
In der Zwischenzeit die Sauce erhitzen.
Wenn die Gemüse gar sind, Flußkrebse mit in die Pfanne geben, das Ganze durchschwenken und nach Belieben abschmecken. In tiefen Tellern anrichten. Jeweils ein Ravioloblatt darüber geben und die Sauce, die vorher mit ein wenig Butter und dem Rührstab aufgemixt wurde, um den Raviolo verteilen.

TROFIE AL PESTO LEGGERO

Für 4–6 Personen

Für den Teig

200 g Mehl
50 g Grieß
75 ml Wasser

Für den Pesto

100 g Basilikum
20 g geriebener Parmesan
20 g Pinienkerne
100 ml Olivenöl extra vergine
Knoblauch
Salz

Für die Sauce

150 g Kalbsfond
1 Tomate
100 g Butter

Außerdem
Basilikumblätter zum Garnieren
50 g geriebener Parmesan

Aus Mehl, Grieß und Wasser einen festen Teig kneten. 2–3 Stunden ruhen lassen.
Aus Basilikum, Parmesan, Pinienkernen, Öl und ganz wenig Knoblauch im Mixer einen Pesto herstellen. Mit Salz abschmecken.
Mit der Nudelmaschine den Teig hauchdünn ausrollen (ca. 1 Millimeter) und in 1,5 Zentimeter breite Streifen schneiden. Anschließend die sogenannten Trofie per Hand eindrehen, so daß die Teigstreifen zu Spiralen werden. In 3–4 Zentimeter lange Stücke schneiden.
Kalbsbrühe mit einer geschälten und gewürfelten Tomate in einem kleinen Topf erhitzen. Butter beifügen und unter ständigem Schlagen eine cremige Sauce rühren.
In der Zwischenzeit die Trofie in reichlich Salzwasser ca. 10 Minuten garen. Anschließend die Nudeln mit der Sauce mischen. Zum Servieren Pesto über die Trofie geben. Mit Basilikumblättern und mit geriebenem Parmesan garnieren.

TRIANGOLI MIT ERBSENFÜLLUNG UND ROTER PAPRIKASAUCE

Für 4–6 Personen
Für den Teig
220 g Mehl
30 g Grieß
Salz
1 Ei
2 Eigelb
1 Eßlöffel Öl
etwas Wasser

Für die Füllung
1 Schalotte
20 ml Olivenöl
200 g Erbsen
100 ml Geflügelfond oder -brühe
Salz und Pfeffer aus der Mühle

Für die Sauce
1 Schalotte
50 ml Olivenöl
2 große rote Paprika
300 ml Brühe
Rosmarin
50 ml Sahne
50 g Butter
Salz und Pfeffer aus der Mühle

Außerdem
Basilikum
Ricotta

Für den Teig Mehl und Grieß mischen, salzen und auf eine glatte Arbeitsfläche geben. In eine Vertiefung Ei und 1 Eigelb setzen. Nach und nach 1 Eßlöffel Öl sowie etwas Wasser zugeben und einen festen elastischen Teig herstellen. Teig kühl ruhen lassen.
Für die Füllung werden die fein gehackten Schalotten in einer weiten Pfanne mit Olivenöl angeschwitzt. Die Erbsen dazugeben, das Ganze mit der Brühe ablöschen und abschmecken. Wenn die Flüssigkeit fast verkocht ist, die Masse pürieren und in einen Spritzsack mit großer Öffnung füllen.
Für die Sauce eine feingehackte Schalotte in Olivenöl anschwitzen, dann die gewürfelten Paprika dazugeben. Leicht anbraten, dann mit der Brühe ablöschen. Rosmarinzweig dazugeben. Wiederum fast die gesamte Flüssigkeit verkochen lassen, dann die Masse pürieren und durch ein Sieb streichen. Rosmarin vor dem Pürieren herausnehmen.
Auf der Nudelmaschine Teigbahnen von ca. 0,5 Millimetern Dicke rollen und mit Eigelb bestreichen. Im Abstand von 5 Zentimetern teelöffelgroße Häufchen von der Füllung auf den Teig spritzen. Eine zweite Teigfläche darüberlegen und Teig rund um die Füllung gut andrücken. Mit einem dreieckigen Förmchen Triangoli ausstechen.
In reichlich siedendem Salzwasser die Teigtäschchen ca. 4 Minuten garen.
Mit einem Schaumlöffel herausnehmen und auf flachen Tellern anrichten.
Die Sauce erhitzen, mit Sahne und Butter verfeinern, abschmecken und über die Triangoli geben. Portionen mit Basilikumblättern und geriebenem Ricotta dekorieren.

GNOCCHI MIT KAVIAR UND SCHNITTLAUCH

Für 4–6 Personen

Für den Teig

500 g Kartoffeln
1 Ei
1 Eigelb
60 g Mehl
20 g Kartoffelstärke

Für die Sauce

200 ml Fischfond
100 g Butter
Salz und Pfeffer aus der Mühle

Außerdem

50 g Schnittlauch
100 g Kaviar
Kerbel

Kartoffeln mit der Schale in Salzwasser kochen, noch heiß pellen und durch eine Kartoffelpresse drücken.
Die erkaltete Kartoffelmasse mit den Eiern, Mehl und Stärke zu einem Teig verarbeiten. Aus der Teigmasse daumendicke Würste rollen und in 2 Zentimeter lange Stücke schneiden. Mit den Fingern in die leicht rundliche Gnocchiform bringen.
Butter und Fischfond in einem kleinen Topf erhitzen und unter ständigem Rühren eine cremige Sauce herstellen. Mit Salz und Pfeffer sowie fein geschnittenem Schnittlauch verfeinern.
In der Zwischenzeit Gnocchi in siedendem Salzwasser so lange garen, bis sie an der Oberfläche schwimmen. Gnocchi mit einem Schaumlöffel herausschöpfen. In tiefen Tellern anrichten und Portionen mit einem Klecks schwarzem Kaviar und Kerbel garnieren.

SALAT VON SCHWARZEN TAGLIOLINI MIT LOTTE UND ZITRONENMARINADE

Für 4–6 Personen
Für den Teig
220 g Mehl
30 g Grieß
Salz
2 Eigelb
1 Ei
6 Tütchen Sepiatinte
1 Eßlöffel Olivenöl
etwas Milch

Für die Marinade
100 ml Olivenöl
50 ml Zitronensaft
20 ml Wasser
Salz und Pfeffer aus der Mühle
1 Tomate

200 g Lotte
50 ml Olivenöl
Basilikum und Kerbel zum Garnieren

Für den Teig Mehl und Grieß mischen, salzen und auf eine glatte Arbeitsfläche häufen. Mit der Faust eine Mulde machen, in der die Eier Platz finden. Sepiatinte mit dem Olivenöl mischen. Nun aus allen Zutaten einen geschmeidigen Teig kneten.
Den Nudelteig mit ca. 1 Millimeter Stärke durch die Maschine rollen. Anschließend Tagliolini schneiden, die zum Trocknen z. B. über einen liegenden Besenstil gehängt werden. Tagliolini dürfen bis zu 40 Zentimetern lang sein.
Aus Öl, Zitronensaft und Wasser eine Marinade bereiten. Mit Salz und Pfeffer abschmecken und mit einer geschälten und fein gewürfelten Tomate verfeinern.
In der Zwischenzeit Tagliolini in reichlich Salzwasser ca. 5 Minuten garen.
Gleichzeitig die Lotte in dünnen Scheiben in Olivenöl kurz anbraten.
Die heißen Nudeln mit der Marinade mischen und portionsweise auf flachen Tellern anrichten. Anschließend die Lottescheiben darauf anrichten. Mit Basilikum und Kerbel garnieren.

RAVIOLI TALEGGIO

Für 4–6 Personen
Für den Teig
220 g Mehl
30 g Grieß
Salz
1 Ei
2 Eigelb
1 Eßlöffel Öl
etwas Wasser

Für die Füllung
2 mittelgroße Kartoffeln
2–3 Eßlöffel Milch
2 Eßlöffel Sahne
1 Brühwürfel
50 g Taleggio
Salz und Pfeffer aus der Mühle

Für die Sauce
200 ml Brühe
100 g Butter
50 ml Trüffelöl
50 ml Sahne

Für den Teig Mehl und Grieß mischen, salzen und auf eine glatte Arbeitsfläche geben. In eine Vertiefung Ei und Eigelb setzen. Nach und nach 1 Eßlöffel Öl sowie etwas Wasser zugeben und einen festen elastischen Teig herstellen. Teig kühl ruhen lassen.

Für die Füllung die Kartoffeln kochen, noch warm schälen und durch die Kartoffelpresse drücken. Milch, Sahne, Butter und den Brühwürfel zusammen aufkochen und mit der Kartoffelmasse zu einem Püree verarbeiten. Unter die erkaltete Masse den gewürfelten Taleggio unterheben und das Ganze mit Salz und Pfeffer abschmecken.

Mit der Nudelmaschine dünne Teigplatten rollen (0,5–1 Millimeter). Teig mit einem Eigelb bestreichen und dann in regelmäßigem Abstand kirschgroße Kleckse von der Füllung auf den Teig setzen. Mit einer zweiten Teigplatte abdecken

und rund um die Füllung gut andrücken. Mit einem Förmchen runde Ravioli ausstechen.
Teigtäschchen in reichlich siedendem Salzwasser ca. 7 Minuten garen.
In der Zwischenzeit Brühe mit Trüffelöl und 50 g Butter aufkochen. Mit der restlichen Butter und Sahne zu einer cremigen Sauce aufschäumen.
Ravioli mit einem Schaumlöffel aus dem Wasser heben, auf einem tiefen Teller anrichten und Sauce darübergeben.

RAVIOLI AL CIOCCOLATO CON SUGO DI ARANCE
SCHOKOLADENRAVIOLI MIT ORANGENSAUCE

Für 4–6 Personen
Für den Teig
150 g Mehl
70 g Kakao
20 g Grieß
1 Ei und 1 Eigelb
Amarettolikör
1 Eßlöffel Öl

Für die Füllung
100 g schwarze Kuvertüre
100 g Ricotta
1 Eigelb
1 Eßlöffel geriebene Mandeln

Für die Sauce
50 g Zucker
2 Orangen
100 g Butter
4 cl Grand Marnier oder Cointreau
Minzeblättchen

Aus Mehl, Kakao, Grieß und Ei, Amarettolikör und Öl einen Teig herstellen. Wenn der Teig zu fest ist, etwas Milch zugeben, bis die richtige Elastizität erreicht ist.
Die Kuvertüre über einem Wasserbad schmelzen, dann das Eigelb und die

geriebenen Mandeln unterrühren. Anschließend mit der Ricotta mischen und die Masse in einen Spritzsack füllen.
Für die Sauce den Zucker in einer weiten Pfanne karamelisieren. Mit dem Saft von 2 Orangen ablöschen und mit Butter zu einer cremigen Sauce aufschlagen. Danach mit Grand Marnier und Orangenzesten verfeinern.
Den Teig auf der Maschine 0,5 Millimeter dick aufrollen. Die Teigplatten mit Eigelb bestreichen und im Abstand von 4 Zentimetern teelöffelgroße Nocken auf den Teig spritzen. Das Ganze mit einer zweiten Teigbahn abdecken. Teig um die Füllung gut andrücken und mit einem Förmchen Ravioli ausstechen.
Ravioli in siedendem Zuckerwasser ca. 5 Minuten garen. Mit einem Schaumlöffel herausheben und auf einem Dessertteller anrichten. Mit heißer Orangensauce und Minzeblättchen dekorieren.

Für die Zusammenstellung der Rezepte danke ich Daniel Di Fabio, Koch im »Acquarello«, für seine Unterstützung. M. G.

EINLEITUNG

Pasta schmeckt lecker, macht gute Laune, ist nahrhaft und bekömmlich. Im Laufe seiner Entwicklung hat der Mensch Mittel und Wege ersonnen, Nährstoffe kulinarisch interessant zu verpacken; und so entstanden über die Jahrtausende jene Pasta- und Nudelformen, die wir heute kennen.

Im Gegensatz zu aufwendigen Gourmetkreationen haben Nudeln weder Geburtsdatum noch Geburtsort. Man darf annehmen, daß sie gemeinsam mit den Getreidemühlen aufkamen, weil Mehl nun in größeren Mengen zur Verfügung stand. Je nach klimatischen Bedingungen und regionalen Gepflogenheiten verarbeitete man das Weizen- oder Buchweizenmehl, Roggen- oder Maismehl, Reis- oder Bohnenmehl mit Wasser zu einem einfachen Grundteig, aus dem zunächst Fladen gebacken und später Nudeln gemacht wurden. Indische Chapatis oder mexikanische Tortillas sind aktuelle Beispiele dieser einfachen Teigfladen, die nur mit Mehl und Wasser, ohne Eier oder Treibmittel zubereitet werden. Die Urform der Nudeln ging aus dieser Art von Fladen hervor. Der Teig wurde dann mit Gemüse, Käse, Fisch oder Fleisch zu unschlagbar nahrhaften und wohlschmeckenden Gerichten kombiniert, die sich seit Jahrtausenden auf der ganzen Welt ungebrochener Beliebtheit erfreuen – seien dies nun italienische Spaghetti oder chinesische Chow Mein, japanische Udon oder russische Pelmeny, jüdische Kreplach oder schwäbische Spätzle.

Teigwaren sind auf der ganzen Welt zu Hause, doch nirgendwo spielen sie eine derart herausragende Rolle wie in der italienischen und chinesischen Küche. Es ist jedoch müßig, der alten Streitfrage nachzugehen, ob Nudeln nun in China oder Italien erfunden wurden. Man darf vielmehr annehmen, daß die Entwicklung im Fernen Osten und im Mittelmeerraum parallel verlief. Daß Marco Polo die Nudeln aus China nach Italien gebracht haben soll, ist wohl eher im Bereich des Legendenhaften anzusiedeln.

Nudeln waren in China bereits im ersten Jahrhundert n. Chr. bekannt. Im Norden, wo aufgrund des harten Klimas kein Reis, sondern Weizen angebaut wird, hatten sich Nudeln aus Weizenmehl schon früh als Nahrungsmittel etabliert. In anderen Landesteilen – wie auch im übrigen Ostasien – werden Reismehl, Mungbohnenmehl und Stärke zu Nudelspezialitäten verarbeitet. Damals wie heute wird der einfache Teig aus Mehl und Wasser in die Luft geworfen und zu langen Strängen gezogen. Deshalb gelten Nudeln auch als Symbol für langes

Leben, bringen Glück und sind nicht zuletzt Fast food im besten Sinne. In China wie auch in Vietnam, Thailand oder Singapur kann man zu jeder Tages- und Nachtzeit für wenig Geld an den kleinen Karren und Garküchen, die das bunte Straßenbild prägen, eine schnelle Schale Nudeln verspeisen.

In Italien waren Urformen der heutigen Nudeln bereits zur Etruskerzeit bekannt. Horaz erwähnt in seinen Gedichten Eintöpfe mit Teigwaren und Hülsenfrüchten, Cato erklärt in seinem Werk über den Landbau, wie Nudelteig gemacht wird. Diese Techniken sind heute noch nachvollziehbar, denn an der Herstellung hat sich seither nur wenig geändert. Die Werkzeuge sind, wie man anhand von Abbildungen in einer etruskischen Grabkammer feststellen konnte, über die Jahrtausende im großen und ganzen dieselben geblieben: ein Nudelholz zum Ausrollen, ein Teigrädchen zum Ausschneiden, ein Weidenstöckchen zum Trocknen.

Was ihren kulinarischen Rang betrifft, dürfte die Pasta italiana wohl weltweit unübertroffen sein. In Asien wie auch in Mitteleuropa dienen Nudeln in erster Linie als Sättigungsbeigabe, werden in Suppen gekocht, bilden die Unterlage für Curries, kleingeschnittenes Fleisch oder Gemüse oder werden als Beilage zu Braten und Saucen gereicht. In Italien regiert die Pasta dagegen unangefochten über einen eigenen Gang, den Primo, der den Teigwaren vorbehalten ist und zwischen Vorspeisen und Hauptgang (Secondo) serviert wird. Pasta ist Bestandteil von Suppen und Eintöpfen, wird als Pasta asciutta mit einer Gemüse-, Fleisch-, Fisch- oder Sahnesauce genossen oder aber als Auflauf oder in Form gefüllter Täschchen präsentiert.

Diese Vielfalt an Formen, Saucen und Zubereitungsarten ist jedoch eine Errungenschaft neuerer Zeit. Bis Ende des 19. Jahrhunderts wurde Pasta grundsätzlich zu Hause gemacht oder von Nudelbäckern hergestellt; man aß sie frisch und beschränkte sich auf einige wenige, wohlerprobte Formen wie Spaghetti, Maccheroni, Bandnudeln und gefüllte Nudeln.

Die Herstellung von Teigwaren im großen Maßstab wurde erst im 19. Jahrhundert durch die Entwicklung von getrockneten Nudeln möglich, die lager- und transportfähig sind. Im Rahmen der allgemeinen Industrialisierung entstanden Ende des 19. Jahrhunderts die ersten Nudelfabriken in Italien. Sie konzentrierten sich zunächst auf klimatisch begünstigte Standorte wie Sizilien und Neapel, wo die Nudeln in der Sonne und im heißen Sommerwind trocknen konnten. Getrocknete Pasta wurde rasch zum Inbegriff süditalienischer Küche. Die neapolitanische Folklore und ihr gefräßiger Held, Pulcinella, der nichts lieber tut, als sich eine Handvoll Maccheroni in den hungrigen Schlund zu stopfen, tat ein übriges, den Ruf Neapels als Pastametropole zu festigen.

Die maschinelle Herstellung der Pasta erlaubte mit einem Mal auch eine ganz neue, nie geahnte Formenvielfalt. Während dem Ausrollen und Ausschneiden von Hand naturgemäß funktionelle Grenzen gesetzt sind, lassen sich mit mechanischen Rührwerken, hydraulischen Pressen und Strangpressen immer neue Nudelformen hervorzaubern. Die Phantasie der Hersteller kennt hier keine Grenzen, und Jahr für Jahr kommt eine ungeahnte Fülle neuer Pastatypen, die nach Vorbildern aus der Tier- und Pflanzenwelt, dem Bereich der Kirche und Religion und dem Alltagsleben gestaltet werden, auf den Markt. Einigen ist nur eine kurze Lebensdauer beschieden, andere wieder können sich in der Gunst des Verbrauchers durchsetzen und erobern einen festen Platz im Pastarepertoire: Heute gibt es neben Spaghetti und Maccheroni zum Beispiel Creste di gallo (Hahnenkämme) und Funghetti (Pilze), Ave maria und Capelli d'angelo (Engelshaar), Radiatori (Heizkörper), Eliche (Propeller, Schrauben) und Rotelle (Wagenräder).

Mit der Sortenvielfalt änderten sich auch die Zubereitungsweisen, da jedes Format aufgrund seiner besonderen Struktur bestimmte geschmackliche Eigenheiten aufweist und daher mit einigen vielleicht eher etwas ungewöhnlichen Zutaten eine geglückte Verbindung eingeht. Neben den klassischen Tomaten- und Fleischsaucen findet man heute auch Rezepte mit Lachs, exotischen Meeresfrüchten, buntem Gemüse, Sahne, Nüssen und Käse. Erlaubt ist, was gefällt, und »*Pasta*« gewährt Einblick in diese beeindruckende Vielfalt.

ZU DIESEM BUCH

Nach einem einführenden Teil mit detaillierten Informationen zur Herstellung von frischem Nudelteig und den wichtigsten Grundrezepten für Teigvarianten und Saucen schildert das Buch in den Kapiteln Suppen und Eintöpfe, Pasta asciutta und gebratene Nudeln, Salate, Pasta aus dem Ofen, Gefüllte Teigtäschchen, Beilagen sowie Süße Pastagerichte die Zubereitung von mehr als 500 Pasta- und Nudelrezepten aus aller Welt.

Die meisten Rezepte sind für vier Personen berechnet, doch Sie finden auch Zubereitungen für das gemütliche Dinner zu zweit und den vergnügten Abend mit Freunden sowie Blitzrezepte für zwischendurch, wenn Sie allein zu Hause sind und wieder mal keine Zeit zum Einkaufen hatten oder sich einfach nicht lange an den Herd stellen möchten – Nudeln sind gewiß die kultivierteste Form eines Schnellgerichts. Die Personenanzahl, für die das Rezept ausreicht, ist nicht zuletzt davon abhängig, ob Sie das Gericht im Rahmen einer größeren Mahlzeit servieren wollen oder ob die Nudeln das Hauptgericht bestreiten. Bedenken Sie auch, daß Vollkornnudeln (die Sie nach Belieben statt einfacher Pasta verwenden können) einen höheren Sättigungswert haben.

Lassen Sie sich von den Rezepten in diesem Buch anregen, und probieren Sie immer wieder neue Zusammenstellungen aus. Nehmen Sie statt weißer einmal grüne oder rote Nudeln oder ein anderes Format (das Glossar am Schluß des Buchs stellt die wichtigsten Nudeltypen vor), experimentieren Sie mit verschiedenen Käsesorten oder Meeresfrüchten, wenn Sie die im Rezept angegebenen Zutaten in Ihrem Lebensmittelgeschäft nicht bekommen. Fast alle Zutaten lassen sich auf die eine oder andere Weise mit Pasta Nudeln kombinieren – und in ebendieser Vielseitigkeit liegt ihr besonderer Reiz.

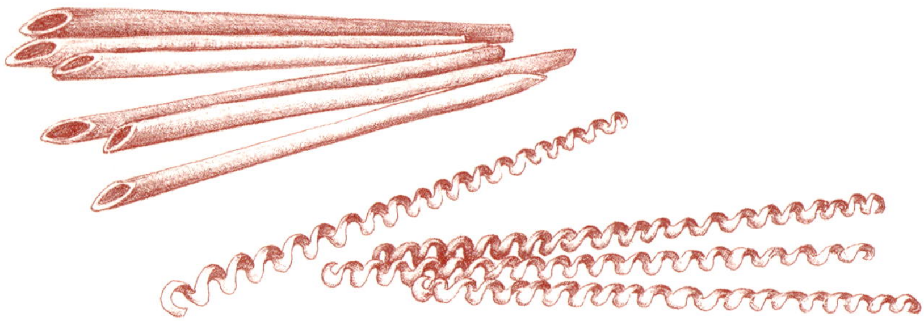

Grundrezepte

NUDELTEIG

ZUBEREITUNG

Nudelteig selbst herzustellen ist keine Hexerei. Nach zwei, drei Versuchen haben Sie den Bogen raus und werden nie mehr gekaufte Nudeln essen wollen. Sie brauchen einige Utensilien, die von solider Qualität sein sollten:

- ein Backbrett, auf dem Sie die Teigzutaten aufschütten und kneten können;
- einen Teigschaber, um vertrocknete Mehlreste und Mehlkügelchen von der Arbeitsfläche zu schaben. Krümel machen den Teig rissig, und er läßt sich nur noch schwer ausrollen;
- ein Nudelholz, wenn Sie den Teig von Hand ausrollen wollen, oder eine gute handbetriebene Nudelmaschine aus Edelstahl;
- eine Streudose, damit Sie Nudelteig und Maschine immer wieder gleichmäßig bemehlen können;
- ein glattes oder gezacktes Teigrädchen und Raviolіförmchen zum Ausformen der einzelnen Pastavarianten. Für Ravioli gibt es auch Model zum Füllen, in denen der Teig jedoch des öfteren festklebt;
- einen großen und weiten Kochtopf;
- ein gutes Nudelsieb, aus dem das Wasser schnell abfließt, damit die Nudeln nicht weitergaren.

Nun können Sie loslegen. An Zutaten brauchen Sie nur Mehl und Wasser oder Eier, etwas Salz und nach Wunsch etwas Olivenöl, damit der Teig schön elastisch wird. Weizenmehl hat einen hohen Kleberanteil und ist daher zur Herstellung von Teigwaren besonders gut geeignet. Der Kleber, auch Gluten genannt, verleiht dem Mehl Griffigkeit, sorgt für einen formstabilen Teig, gute Backeigenschaften und nicht zuletzt dafür, daß die Pasta sich beim Kochen nicht auflöst. Ganz hervorragend ist hierfür der sogenannte Hartweizen (*Triticum durum*) geeignet, der für die industrielle Herstellung italienischer Pasta sogar vorgeschrieben ist. Hartweizen ist sehr bekömmlich, besitzt gute Kocheigenschaften und enthält besonders viel Klebereiweiß, so daß der typisch italienische Pastateig ganz ohne Eier auskommt und besonders haltbar ist. Wenn Sie zu Hause Nudeln machen, genügt jedoch ganz normales Haushaltsmehl (Type 405), da Sie Ihre Nudeln sicher auch ganz frisch essen wollen. Bei Nudeln aus Roggenmehl oder anderen

Getreidesorten (siehe z. B. die Schlutzkrapfen auf Seite 440), müssen Sie jedoch immer etwas Weizenmehl hinzufügen, weil diese Mehle nur wenig Kleber enthalten. Damit sich der Kleber gut entfalten kann, sollte man den Teig mit den Händen kneten. So ist sichergestellt, daß das Gluten frei wird und der Teig eine stabile Bindung erhält.
Wenn Sie zum ersten Mal Nudeln machen, kann es gut sein, daß der Teig nicht auf Anhieb Ihren Vorstellungen entspricht. Viele Faktoren beeinflussen das Gelingen: die Beschaffenheit des Mehls, die Luftfeuchtigkeit, die Größe der Eier, die Raumtemperatur usw. Bei heißer und schwüler Witterung wird Ihr Nudelteig feucht und klebrig bleiben, während er bei Heizungsluft im Winter austrocknet. Lassen Sie sich nicht entmutigen, denn mit ein wenig Erfahrung können Sie diese Unterschiede selbst ausgleichen und die Zutaten entsprechend dosieren.
Erfahrung und eine sichere Hand brauchen Sie auch beim Aufschütten des Mehlkegels. Es sieht zwar herrlich malerisch und authentisch aus, wenn so ein Mehlkegel voller Eier auf der Arbeitsfläche thront, doch wenn die Wand zu dünn oder die Mulde nicht tief genug ist, ergießt sich die ganze Pracht beim ersten Gabelstreich über Küchentisch und Fußboden, und man ist dann schnell frustriert. Nehmen Sie bei Ihren ersten Versuchen eine sehr weite Schüssel, und schütten Sie den Mehlkegel dorthinein – so gehen Sie auf Nummer Sicher.
Begleiten Sie die Prozedur mit einem Glas Prosecco oder gutem Wein – dann klappt das Kneten und Ausrollen viel besser!

TEIGBEREITUNG

Dieser Universal-Nudelteig ist verhältnismäßig einfach herzustellen und eignet sich praktisch für alle Nudelsorten. Bei einigen Rezepten geben wir Ihnen zusätzlich Anregungen für einen Nudelteig in einer etwas anderen Zusammensetzung (z. B. weniger Eier, mehr Wasser), weil er beispielsweise besser zu einer bestimmten Füllung paßt oder einer anderen Tradition entspringt. Grundsätzlich können Sie aber immer nach dem hier beschriebenen Schema vorgehen.

300 g Weizenmehl
3 Eier (Größe M)
1 Prise Salz
2 Teelöffel Olivenöl

Das Mehl auf eine Arbeitsfläche häufen und in der Mitte eine Mulde formen. Eier in ein Schälchen schlagen und locker mit Salz und Olivenöl verquirlen.

Die Eimischung in die Mulde gießen. Mit einer Gabel nach und nach das Mehl vom Rand der Mulde in die Mitte schieben und verrühren. Stützen Sie dabei den Mehlkranz mit einer Hand ab, damit er nicht einstürzt. Rühren Sie nach Möglichkeit immer in eine Richtung, damit sich nicht unnötig viele Luftblasen bilden. Sobald der Teig fester wird, mit beiden Händen weiterarbeiten und zu einer weichen Kugel formen.
Diese Teigkugel nun 10 Minuten mit beiden Händen durchkneten. Die Kugel auf ein Brett legen und mit den Händen flachdrücken. Mit den Handballen von der Mitte nach außen schieben, zusammenklappen und wieder von der Mitte nach außen schieben. Den Teig dabei immer etwas drehen, damit er gleichmäßig durchgeknetet wird. Reinigen Sie die Arbeitsfläche von Teigkrümelchen, damit sie nicht in den Teig gelangen.
Nach etwa 10 Minuten hat der Teig eine glatte und geschmeidige Konsistenz. Zu einer Kugel formen, in Haushaltsfolie schlagen und mindestens 15 Minuten, aber höchstens 3 Stunden im Kühlschrank ruhen lassen.

AUSROLLEN

In Italien ist das Ausrollen des Teigs ein eigener Beruf, den die sogenannten *Sfogline* (von *sfoglia,* hauchdünnes Teigblatt) ausüben. Traditionell wird dieses Handwerk von der Mutter an die Tochter weitervererbt. Das bedeutet, daß nur sehr erfahrene Nudelbäcker(innen) den Teig mit dem Nudelholz so dünn ausrollen können, wie es die meisten Rezepte erfordern. Schaffen Sie sich deshalb eine gute, handbetriebene Nudelmaschine aus Edelstahl an. Damit erhalten Sie gleichmäßig dünne Teigstreifen, die sich gut verarbeiten lassen.
Den Teig in 6 Portionen teilen und diese nacheinander ausrollen. Die nicht benötigten Teigportionen bis zur Verwendung in Haushaltsfolie schlagen, damit sie nicht austrocknen.
Montieren Sie die Nudelmaschine auf eine Arbeitsfläche. Lassen Sie die Walzen der Maschine auf der weitesten Einstellung einrasten.
Treiben Sie den Teig nun gleichmäßig ohne Ziehen und Schieben durch die Walzen, und fangen Sie den Teigstreifen am anderen Ende mit der flachen Hand auf. Spreizen Sie dabei Ihren Daumen ab, damit Sie den Teig nicht einreißen. Klappen Sie den Teig wieder zusammen, und rollen Sie ihn erneut durch die Maschine. Wiederholen Sie den Vorgang, bis der Teigstreifen insgesamt sechsmal durch die weiteste Einstellung geschickt wurde. Beim Ausrollen die Walzen und den Teig immer wieder mit Mehl überstäuben, damit nichts festklebt.
Die Nudelmaschine nun eine Nummer dünner einstellen. Den Teig einmal

durchschieben. Jetzt haben Sie schon ein gut erkennbares Teigblatt. Falten Sie das Teigblatt nun dreimal wie einen Briefbogen zusammen, und rollen Sie es der Länge nach durch die nächstdünnere Einstellung. Fahren Sie fort, bis der Teig je einmal durch jede Einstellung geschickt wurde und die dünnste Stufe erreicht ist. Bestreuen Sie den Teig und die Walzen der Nudelmaschine nach Bedarf immer wieder mit Mehl. Die fertig ausgerollten Teigstreifen können Sie nun sofort nach Rezept verarbeiten oder zurechtschneiden.

ZURECHTSCHNEIDEN

Für Tagliatelle und Bandnudeln aller Art den Schneidaufsatz auf die Nudelmaschine montieren und den Teig durch die Walzen treiben. Die Nudeln auf bemehlten Blechen ausbreiten und bis zur Verwendung mit Küchentüchern abdecken.

Für Ravioli und andere gefüllte Nudeln jeweils nur zwei Teigstreifen ausrollen, den übrigen Teig feucht halten. Den Teig portionsweise füllen (s. u.). Dann die einzelnen Pastatäschchen mit einem glatten oder gezackten Teigrädchen ausrädeln bzw. mit einem Förmchen ausstechen und auf ein bemehltes Blech setzen. Mit Küchentüchern abdecken, damit der Teig nicht austrocknet.

Füllen und schneiden Sie den Teig möglichst wirtschaftlich, denn anders als beim Plätzchenbacken können Sie nicht benötigte Teigreste nicht wieder zusammenkneten und neu ausrollen. Teigabfälle können Sie allerdings zu kleinen Suppennudeln schneiden, zum Trocknen auf ein bemehltes Tuch breiten und dann nach Bedarf verwenden.

FÜLLEN

Da das Füllen relativ langwierig ist, sollten Sie den Nudelteig mit der Maschine nur portionsweise ausrollen und den Rest unter einem Küchentuch feucht halten.

Es gibt zwei Grundtechniken: Bei der ersten können Sie mit jeweils zwei Teigstreifen gleichzeitig arbeiten, denn Sie brauchen einen zum Füllen und den anderen zum Abdecken: Die Teigstreifen auf einer bemehlten Arbeitsfläche ausbreiten. Kleine Portionen Füllmasse in gleichmäßigen Abständen auf den einen Teigstreifen setzen. Einen Backpinsel in Wasser oder Eiweiß tauchen und um die Füllungen herum ein Gitternetz zeichnen. Den zweiten Teigstreifen obenauf legen und in den Zwischenräumen gut festdrücken. Dabei darauf

achten, daß sich keine Luftblasen bilden. Die einzelnen Nudeltäschchen nun mit einem Teigrädchen ausrädeln oder mit einem Ravioliförmchen ausstechen.
Bei der zweiten Technik schneiden Sie die Grundformen gleich aus. Stechen Sie mit einem Glas oder einem Ravioliförmchen möglichst dicht an dicht 5–7 Zentimeter große Kreise aus. Setzen Sie nun auf die Hälfte der Teigkreise einen Klecks Füllung, und pinseln Sie etwas Eiweiß um die Füllung herum. Die Füllung nun mit einem zweiten Teigkreis abdecken, die Teigränder gut festdrücken und versiegeln. Dabei darauf achten, daß sich keine Luftblasen bilden.
Die gefüllten Ravioli kurze Zeit (mindestens 15 Minuten, aber nicht länger als 3 Stunden) trocknen lassen. Dazu eine große Platte oder ein Backblech mit Küchentüchern oder Backtrennpapier auslegen und bemehlen. Die Ravioli nebeneinander auf das Blech setzen. Sie dürfen sich nicht berühren, weil sie sonst aneinander festkleben. Von Zeit zu Zeit wenden, damit sie gleichmäßig trocknen. Sollten die Ravioli doch einmal festkleben, einen Hauch heißes Nudelwasser auf die Platte gießen und die Ravioli mit einem Spatel vorsichtig abheben.

KOCHEN

Pasta muß in der Regel in reichlich sprudelndem Salzwasser gegart werden. Für gefüllte Nudeln sollte das Wasser allerdings nicht zu wild kochen, damit sie sich nicht auflösen.
Wählen Sie einen großen und weiten Topf, in dem die Nudeln gut Platz haben. Nudeln vergrößern beim Kochen ihr Volumen um das Dreifache, weshalb Sie immer reichlich Wasser in den Topf geben sollten. Veranschlagen Sie einen Liter Wasser je 100 Gramm roher Pasta. Die Salzmenge hängt von Ihrem persönlichen Geschmack ab, durchschnittlich können Sie 2 Teelöffel auf 4–5 Liter Wasser rechnen. Salzen Sie erst, wenn das Wasser kocht (nach Möglichkeit grobkörniges Meersalz verwenden).
Lange Nudeln wie Spaghetti oder Maccheroni werden fächerartig ausgebreitet und ins sprudelnde Salzwasser gestellt. Sobald die Nudeln weich werden, schiebt man sie von oben nach, bis die Pasta in ihrer ganzen Länge von Kochwasser bedeckt ist.
Es ist eine weitverbreitete Sitte, Olivenöl ins Kochwasser zu geben, notwendig ist das aber nicht. Die Nudeln verkleben dann zwar nicht so schnell, werden aber von einem Ölfilm überzogen und nehmen dann die Saucen nicht mehr so gut auf. Rühren Sie Ihre Pasta während des Garens lieber öfter um. Für kurze Nudeln genügt ein Holzlöffel, für lange Nudeln wie Spaghetti empfiehlt sich eine große Holzgabel.

Für frische Nudeln beträgt die Kochzeit 1–3 Minuten, bei gekauften Nudeln sollten Sie die Herstellerangaben beachten. Dabei handelt es sich jedoch nur um allgemeine Richtlinien. Je nachdem, wie stark das Wasser sprudelt, ist Ihre Pasta auch schon schneller al dente. Probieren Sie gegen Ende der Garzeit deshalb immer wieder, und gießen Sie die Pasta in Zweifelsfällen lieber zu früh als zu spät ab. Matschige Nudeln sind etwas Trostloses und erinnern an Kantinenessen. Die Pasta in ein Sieb abgießen und rasch abtropfen lassen, damit die Sauce nicht verwässert. Pasta darf aber auch nicht zu lange im Sieb liegen, weil sie sonst verklebt. Wenn Sie die Pasta für einen Salat vorkochen, mit kaltem Wasser abbrausen und mit etwas Öl überziehen.
Gefüllte Nudeln mit einem Sieblöffel aus dem Wasser heben und gut abtropfen lassen. Das ist gar nicht so einfach, aber sehr wichtig, weil die Sauce sonst verwässert. Die Täschchen in eine gebutterte Servierschüssel setzen und zwischen die einzelnen Lagen zerlassene Butter träufeln, damit sie nicht verkleben. Gefüllte Nudeln, die Sie in einer Suppe servieren möchten, können Sie gleich in der Fleisch- oder Gemüsebrühe garen.

TEIGVARIATIONEN

NUDELTEIG OHNE EIER

300 g italienischer Hartweizengrieß oder
200 g Hartweizengrieß und 100 g Weizenmehl
Salz
ca. 125 ml lauwarmes Wasser

Speziellen Hartweizengrieß für Pasta bekommen Sie im italienischen Feinkostgeschäft, deutschen Hartweizengrieß müssen Sie wegen seiner etwas anderen Konsistenz mit normalem Weizenmehl (Type 405) vermischen.
Hartweizengrieß oder Grieß und Mehl in einer Schüssel vermischen und salzen. Eßlöffelweise das Wasser hinzufügen und verkneten, bis ein gleichmäßiger Teig entsteht (siehe dazu auch das Grundrezept auf Seite 28).

VOLLKORNNUDELN

150 g Vollkornmehl aus Weizen oder Dinkel
150 g Weizenmehl Type 405
2–3 Eier (Größe M)
2 Eßlöffel Olivenöl
Salz

Die beiden Mehlsorten vermischen (wenn Sie ein absoluter Vollwertfan sind, können Sie den Teig auch mit 300 Gramm Vollkornmehl zubereiten) und zu einem Kegel aufschütten. In die Mitte eine Kuhle drücken.
Eier, Olivenöl und Salz in einem Schälchen leicht verquirlen und dann in den Mehlkrater gießen. Wie beim Grundrezept beschrieben, zu einem Teig verarbeiten, in Haushaltsfolie schlagen und etwa eine Stunde ruhen lassen.

SPINATNUDELN

150 g Blattspinat
Salz
300 g Weizenmehl
3 Eier (Größe M)
1 Prise Salz
2 Teelöffel Olivenöl

Blattspinat waschen, Stiele und unschöne Blätter entfernen. Mit dem Wasser, das noch an den Blättern haftet, in einen Topf geben und salzen. Bei milder Hitze zusammenfallen lassen (ca. 10 Minuten). Aus dem Topf heben und in einem Sieb gründlich abtropfen lassen. Vor dem Verwenden noch einmal mit den Händen auswringen, um soviel Feuchtigkeit wie möglich herauszupressen.
Den Spinat in der Küchenmaschine pürieren oder mit einem Messer sehr fein hacken.
Den Mehlkegel aufschütten und eine Mulde formen. Den Spinat mit Eiern, Salz und Öl vermischen und in die Vertiefung gießen. Den Teig wie im Grundrezept beschrieben zubereiten.

Tip: Durch den Spinat wird der Nudelteig sehr viel feuchter. Sie brauchen unter Umständen mehr Mehl und müssen vor allem die Nudelmaschine immer wieder großzügig mit Mehl bestäuben.

TOMATENNUDELN

300 g Weizenmehl
3 Eier (Größe M)
2 Eßlöffel Tomatenmark
1 Eßlöffel lauwarmes Wasser
1 Teelöffel Olivenöl
Salz

Das Mehl zu einem Kegel aufschütten und in die Mitte eine Vertiefung drücken. Die Eier in ein Schälchen schlagen und leicht verquirlen. Das Tomatenmark mit etwas lauwarmem Wasser glattrühren und zusammen mit Olivenöl und Salz unter die Eier geben. Diese Mischung in den Mehlkrater gießen und wie gewohnt verarbeiten.

SAFRANNUDELN

1 großzügige Prise Safranfäden
1–2 Eßlöffel lauwarmes Wasser
300 g Weizenmehl
3 Eier
Salz

Die Safranfäden im lauwarmen Wasser einweichen.
Den Mehlkegel aufschütten und eine Vertiefung in die Mitte drücken. Die Eier mit Safranwasser und Salz vermischen und in die Mulde gießen. Dann den Nudelteig nach der Anleitung des Grundrezepts zubereiten.

KRÄUTERNUDELN

1 Sträußchen frische Kräuter (z. B. Basilikum, Petersilie, Thymian, Rosmarin)
300 g Weizenmehl
1 Prise Salz
3 Eier
2 Eßlöffel Olivenöl

Die Kräuter waschen und sehr sorgfältig trocknen (der Teig wird sonst zu naß). Kräuter hacken und je nach Aromaintensität 3–5 Eßlöffel abmessen. Bei so kräftigen Kräutern wie Rosmarin genügen 3 Eßlöffel, zartere Kräuter wie Petersilie oder beispielsweise Kerbel können Sie in größeren Mengen verwenden. Den Rest zum Garnieren oder für die Sauce aufheben.
Die Kräuter unter das Mehl mischen, dann das Mehl zu einem Kegel aufschütten. Den Teig dann nach dem Grundrezept auf Seite 28 zubereiten.

WANTAN-HÜLLEN

Gut sortierte Supermärkte und asiatische Lebensmittelgeschäfte bieten Wantan-Hüllen im Tiefkühlregal an. Wenn Sie im Laden keine bekommen, können Sie sie nach diesem Rezept selber machen. Es ist für ca. 50 Stück berechnet. Bedenken Sie dabei, daß frische Wantan-Hüllen sehr mürbe sind und über Nacht im Kühlschrank ruhen müssen, um so elastisch zu werden, daß man sie füllen kann.

200–250 g Weizenmehl
1/2 Teelöffel Soda
1 Prise Salz
2 Eier
2 Eßlöffel Wasser
Speisestärke zum Überstäuben

Das Mehl mit Soda (gibt es in der Apotheke) und Salz vermischen und auf eine Arbeitsfläche häufen. Eine Vertiefung in die Mitte drücken und die Eier hineingeben. Mit den Händen die Eier langsam in das Mehl einarbeiten. Tröpfchenweise das Wasser hinzufügen, bis ein glatter und gleichmäßiger Teig entsteht.
Etwa 10 Minuten kneten (siehe Grundrezept Nudelteig), dann in eine Schüssel legen und mit einem feuchten Küchentuch abdecken. 2–3 Stunden ruhen lassen.
Den Teig halbieren. Die beiden Portionen nacheinander auf einer bemehlten Arbeitsfläche etwa 5 Millimeter dünn ausrollen. Mit Stärke überpudern, das Teigblatt wenden und weiter ausrollen, bis es nur noch 2–3 Millimeter dünn ist. Nudelholz und Teig mit Stärke überpudern. Den Teig um das Nudelholz wickeln und wieder ausrollen. Der Teig sollte so dünn wie möglich ausfallen.
Mit einem scharfen Messer Wantan-Hüllen mit 7–8 Zentimeter Kantenlänge zurechtschneiden. Übereinanderstapeln, dabei Stärke zwischen die einzelnen Lagen streuen. In Haushaltsfolie wickeln und über Nacht ruhen lassen oder einfrieren.

GARMETHODEN

Gefüllte Wantans können Sie in den Bambuskörbchen dämpfen, die es in allen Asienshops zu kaufen gibt und von denen sich auch mehrere übereinander stapeln lassen. Die Körbchen mit Kohl- oder Salatblättern auslegen und die Wantans darauf betten.

Eine große Pfanne oder einen Wok ca. zwei Finger breit mit Wasser füllen. Die Dämpfkörbe hineinstellen und über dem heißen Wasserdampf garen. Achten Sie darauf, daß das Wasser nicht verdunstet, und gießen Sie nach Bedarf nach.

Wenn Sie Wantans in einer Suppe servieren möchten, können Sie sie auch gleich in der Suppe garziehen lassen.

Wantans lassen sich auch fritieren. Dazu ca. 1 Liter Erdnußöl oder geschmacksneutrales Öl in einen Wok gießen und auf 180–190 Grad erhitzen (das Öl hat die richtige Temperatur, wenn Sie einen Holzlöffel hineintauchen und am Stiel entlang kleine Bläschen aufsteigen). Die Wantans portionsweise hineingeben und knusprig goldbraun ausbacken. Geben Sie nicht zu viele Teigtäschchen auf einmal ins Öl, die Brattemperatur sinkt sonst zu weit ab, und die Wantans werden matschig. Wantans auf Küchenkrepp abtropfen lassen und heiß mit einer Dipsauce oder chinesischem Essig zum Stippen servieren.

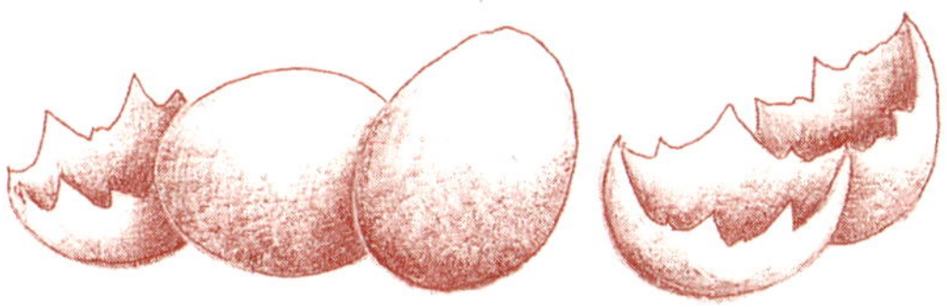

SAUCEN

TOMATENSAUCE (Grundrezept)

Ein Teller Spaghetti mit dieser einfachen Tomatensauce ist »Fast food« im besten Sinne. Die Zutaten hat eigentlich jeder im Haus, und die Sauce ist im Handumdrehen gemacht.
Sie ist so neutral, daß sie als Grundlage zu allen Lasagne- und Cannellonirezepten paßt. Außerdem können Sie die Sauce nach Ihren eigenen Vorstellungen unendlich variieren. Inspizieren Sie bei Gelegenheit Ihren Kühlschrank, und schneiden Sie die paar Oliven von der letzten Cocktailparty hinein, oder rühren Sie den Rest Kapern unter, geben Sie den Schuß Sahne oder Weißwein dazu, der im Kühlschrank vor sich hin dümpelt, oder würfeln Sie die einsame Scheibe Schinken, und geben Sie der Sauce so etwas Biß.

Für 4–6 Personen
2 Eßlöffel Butter oder Olivenöl
1 große Zwiebel, gehackt
2 Knoblauchzehen, gehackt
Salz und Pfeffer aus der Mühle
1 große Dose Tomaten

Butter oder Olivenöl in einem Topf erhitzen. Zwiebel und Knoblauch hineingeben und sanft weich dünsten. Salzen und pfeffern. Die Tomaten mit ihrem Saft hinzufügen und mit einer Gabel zerpflücken. Zum Kochen bringen und im offenen Topf rund 30 Minuten schmoren lassen. Zum Schluß noch einmal mit Salz und Pfeffer abschmecken.
Wenn Sie nicht so erpicht auf Tomatenkerne sind, die Sauce vor dem Anrichten durch ein Sieb oder eine Gemüsemühle passieren.

TOMATENSAUCE (mit kräftigen Gewürzen)

Ein ideales Winterrezept, denn die Sauce kommt mit getrockneten Kräutern aus.

Für 4–6 Personen
4 Eßlöffel Olivenöl
1 Zwiebel, gehackt
4 Knoblauchzehen, fein gehackt
ca. 750 g Tomatenstückchen aus der Dose
2 Eßlöffel Tomatenmark
Salz und Pfeffer aus der Mühle
1/2 Teelöffel getrocknete Rosmarinnadeln
1/2 Teelöffel getrockneter Thymian
1 Lorbeerblatt
1 kleine getrocknete Pfefferschote
1/2 Glas trockener Rotwein

Das Olivenöl in einem Topf erhitzen. Zwiebel und Knoblauch darin weich dünsten, aber nicht bräunen – die Sauce wird sonst bitter. Die Tomaten hinzufügen; das Tomatenmark mit etwas lauwarmem Wasser glattrühren und ebenfalls in den Topf geben. Salzen und pfeffern und die Kräuter hinzufügen. Die Pfefferschote mit den Händen zerkrümeln und in die Sauce geben.
Zum Kochen bringen, dann die Wärmezufuhr reduzieren und die Sauce bei leicht geöffnetem Deckel eine Stunde leise durchköcheln. Den Wein unterrühren und im offenen Topf 5–10 Minuten einkochen lassen.

TOMATENSAUCE (mit frischen Fleischtomaten)

Die Sauce lohnt sich wirklich nur, wenn Sie vollreife und entsprechend aromatische Früchte zur Verfügung haben. Das Rezept ist daher für all diejenigen gedacht, die Tomaten auf dem Balkon ziehen oder im eigenen Garten anbauen und die ganze Sommerköstlichkeit der sonnenwarmen Früchte genießen wollen.
Zum fruchtigen Aroma der frischen Tomaten passen die klassischen Mittelmeerkräuter hervorragend. Nehmen Sie z. B. Basilikum, Lorbeer, Oregano, Rosmarin, Salbei, Thymian einzeln oder gemischt (Salbei und Basilikum vertragen sich jedoch nicht besonders gut), geben Sie nach Geschmack die ganzen Zweige oder die gehackten Blätter der frischen Kräuter unter die Sauce.

Für 4–6 Personen
8 vollreife Fleischtomaten
frische Kräuter
Salz und Pfeffer aus der Mühle
2–3 Eßlöffel fruchtiges Olivenöl
Balsamessig

Die frischen Tomaten ca. 30 Sekunden in kochendes Wasser tauchen, herausheben, kalt abschrecken und häuten. Quer halbieren, die Kerne herauspulen und die Stielansätze entfernen. Kopfüber auf ein Gitter stellen und abtropfen lassen. Die Tomatenhälften dann in eine Schüssel geben und mit einer Gabel zerdrücken. Die Gewürzkräuter unter die Tomatenstückchen mischen. Salzen und pfeffern.
Das Öl in einem passenden Topf sanft erwärmen und die Tomatenmischung einfüllen. Langsam heiß werden lassen und 10–15 Minuten leise durchköcheln. Topf vom Herd nehmen. Nach Bedarf die Kräuterzweige herausfischen. Die Tomatensauce mit einem Spritzer gutem Balsamessig abschmecken.

TOMATENSAUCE (mit Sahne)

Für 4–6 Personen
2 Eßlöffel Butter
1 Zwiebel, fein gehackt
2 ganze, geschälte Knoblauchzehen
2 Möhren, fein gewürfelt
Salz und Pfeffer aus der Mühle
500 g Tomatenpüree
100 ml Sahne

Die Butter in einem Topf erhitzen und das Gemüse darin andünsten. Salzen und pfeffern. Sobald die Knoblauchzehen eine goldbraune Farbe annehmen, herausfischen und wegwerfen.
Das Tomatenpüree einrühren, salzen und pfeffern. Mit dem Gemüse rund 30 Minuten köcheln. Zum Schluß die Sahne unterrühren und bis zur gewünschten Konsistenz einkochen.

HACKFLEISCHSAUCE

Für 4–6 Personen
15 g getrocknete Pilze
1 kleine Zwiebel, fein gehackt
1 kleine Mohrrübe, fein gehackt
1 Selleriestengel, fein gehackt
1 kleines Bund Petersilie, fein gehackt
30 g Speck, gewürfelt
1 Eßlöffel Butter
350 g gemischtes Hackfleisch
Salz und Pfeffer aus der Mühle
100 ml trockener Weißwein
500 g Tomatenpüree
frisch geriebener Muskat
1 Eßlöffel Tomatenmark (nach Wunsch)

Die Pilze mit kochendem Wasser bedecken und 20–30 Minuten einweichen lassen. Inzwischen das Gemüse und die Petersilie fein hacken, den Speck würfeln. Die Butter in einem Topf zerlassen. Das Gemüse und den Speck darin andünsten. Das Hackfleisch hinzufügen und Farbe nehmen lassen. Salzen und pfeffern, mit Weißwein ablöschen.

Die Pilze aus dem Wasser nehmen, ausdrücken und fein hacken. Zusammen mit dem Tomatenpüree unter das Fleisch rühren. Erneut salzen und pfeffern und mit einer Prise Muskat würzen. Auf kleiner Flamme eine knappe Stunde schmoren lassen. Nach Wunsch 5 Minuten vor Ende der Garzeit das Tomatenmark unterrühren, damit die Sauce eine schön sämige Konsistenz erhält.

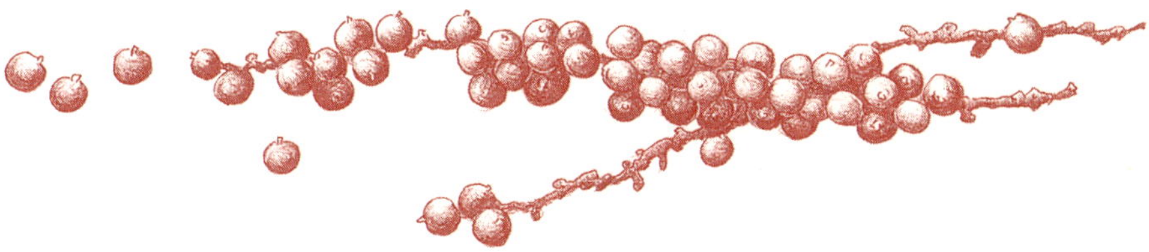

BOLOGNESER HACKFLEISCHSAUCE

Wie bei allen anderen Gerichten kommt es auch bei einer echten Bologneser Hackfleischsauce auf die Qualität der Zutaten an. Was in manchen Gasthäusern als Deckmäntelchen für alle möglichen Fleischreste dubioser Herkunft herhalten muß und dann als Ragù alla bolognese angeboten wird, spricht dem Originalrezept hohn. Nur hochwertiges Fleisch ergibt auch eine erstklassige Sauce.
Das Originalrezept für die wohl berühmteste aller Spaghettisaucen gibt es übrigens nicht. Jede Familie in Bologna hat ihr eigenes Rezept und schwört darauf. Allen Zubereitungen gemeinsam ist jedoch die Verwendung von absolut frischen und hochwertigen Zutaten. Hier zeigen wir Ihnen eine mögliche Version (sehen Sie sich auch das Rezept auf Seite 207 im Kapitel Fleischsaucen an).
Auch Singles müssen angesichts dieser Zutatenmengen nicht verzweifeln: Der richtige Geschmack entsteht nur durch entsprechend viel Fleisch, und die Sauce hält sich im Kühlschrank eine Woche lang frisch.

Für 8–10 Personen
50 ml Olivenöl
500 g Zwiebeln, grob gehackt
2 Mohrrüben, fein gerieben
2 Selleriestangen, fein gewürfelt
100 ml trockener Weißwein
1 kg gemischtes Hackfleisch
500 g grobes Salsicciabrät (grobe italienische Bratwurst)
500 g Tomatenpüree
100 g Tomatenmark
Salz und Pfeffer aus der Mühle
2 Teelöffel getrockneter Oregano

Das Olivenöl in einem Topf erhitzen. Zwiebeln, Mohrrüben und Sellerie bei milder Hitze darin goldgelb dünsten. Den Weißwein angießen und langsam einkochen lassen. Wenn die Zwiebeln mürbe sind, das Hackfleisch hinzufügen und krümelig braten. Das Wurstbrät mit einer Gabel zerpflücken, in den Topf geben und unter ständigem Wenden durchbraten.
Das Tomatenpüree einrühren. Das Tomatenmark mit etwas lauwarmem Wasser verflüssigen und untermengen. Mit Salz, frisch gemahlenem Pfeffer und Oregano abschmecken. Topf verschließen und alle Zutaten bei geringer Hitze langsam, d. h. mindestens 2 Stunden, durchschmoren, bis die gewünschte Konsistenz erreicht ist.

KALBFLEISCHSAUCE

Für 4–6 Personen
20 g getrocknete Steinpilze
4 Eßlöffel Olivenöl
50 g Rindermark
1 Mohrrübe, fein gewürfelt
1 Selleriestengel, fein gewürfelt
1 ganze geschälte Knoblauchzehe
1 Lorbeerblatt
500 g mageres Kalbfleisch
1 Eßlöffel Mehl
100 ml trockener Weißwein
100 g Tomatenpüree
Salz und Pfeffer aus der Mühle

Die Steinpilze 30 Minuten in heißem Wasser einweichen.
Inzwischen das Olivenöl in einem Schmortopf erhitzen. Das Rindermark langsam darin auflösen, dann die Mohrrübe, den Sellerie, den Knoblauch und das Lorbeerblatt in den Topf geben und sanft weich dünsten. Das Fleisch hineinsetzen und rundum bräunen. Mit Mehl bestäuben und mit Weißwein ablöschen.
Die Steinpilze aus dem Wasser heben, gut abtropfen lassen und fein hacken. Pilze und Tomatenpüree in den Topf geben. Salzen und pfeffern. Abdecken und bei geringer Hitze in ca. 60 Minuten weich schmoren.
Das Einweichwasser der Pilze durch ein feines Sieb gießen. Das Fleisch ab und zu mit etwas Pilzwasser übergießen, damit es nicht austrocknet und sich ein schöner Saucenfond bildet. Das Fleisch aus dem Topf nehmen und winzig fein hacken oder durch den Fleischwolf drehen und dann wieder in die Sauce rühren.

BÉCHAMELSAUCE

Die cremige Béchamelsauce ist unverzichtbare Grundlage für viele Lasagnegerichte und Pastazubereitungen aus dem Ofen.

300 ml Milch
200 ml Sahne
2 Petersilienzweige
1 Lorbeerblatt
1/4 Zwiebel, in Spalten geschnitten
1/2 Teelöffel Pfefferkörner
4 Eßlöffel Butter
4 Eßlöffel Mehl
Salz und Pfeffer aus der Mühle
frisch geriebener Muskat

Milch und Sahne in einen Topf gießen. Petersilie, Lorbeerblatt und Zwiebelspalten sowie die Pfefferkörner hineingeben und ganz langsam bis knapp unter den Siedepunkt erwärmen. Auf diese Weise haben die Gewürze Zeit, ihr Aroma zu entfalten.

In der Zwischenzeit die Butter in einem Topf zerlassen. Das Mehl mit einem Spiralbesen einrühren und hell anschwitzen.

Die Milchmischung durch ein Sieb gießen und mit dem Spiralbesen in die Mehlschwitze rühren. Weiterrühren, bis die Sauce eindickt und eine gleichmäßig glatte Konsistenz aufweist.

Die Béchamelsauce kräftig mit Salz, Pfeffer und Muskat abschmecken und nach Rezept verwenden.

Suppen und Eintöpfe

MIT GRÜNEM GEMÜSE UND BLATTGEMÜSE

BROKKOLISUPPE MIT KURZEN NUDELN

Für 4 Personen
250 g Brokkoliröschen
2 Eßlöffel Olivenöl
80 g durchwachsener Bauchspeck, gewürfelt
2 Knoblauchzehen, fein gehackt
1 getrocknete rote Pfefferschote, zerstoßen
1/2 Glas trockener Weißwein
ca. 1 l Gemüsebrühe
200 g kurze Nudeln (z. B. Ditali, Penne corte)
Salz und Pfeffer aus der Mühle
4 Eßlöffel geriebener Pecorino

Die Brokkoliröschen, abbrausen und abtropfen lassen. Das Olivenöl in einem Topf erhitzen und Speck, Knoblauch und Pfefferschote darin andünsten. Brokkoliröschen in den Topf geben und mit den Gewürzen dünsten. Mit Weißwein ablöschen, die Flüssigkeit einkochen lassen. Nun die Gemüsebrühe hinzugießen und zum Kochen bringen. Die Brokkoliröschen darin bei milder Hitze garen. Die Nudeln hinzufügen und zusammen mit dem Gemüse al dente kochen. Mit Salz und frisch gemahlenem Pfeffer abschmecken.
Auf Suppenschalen verteilen und mit reichlich geriebenem Pecorino servieren.

CALDO VERDE (PORTUGIESISCHE GRÜNKOHLSUPPE)

Für 4–6 Personen
250 g Grünkohl (ohne grobe Blattrippen)
6 Eßlöffel Olivenöl
1 getrocknete rote Chilischote, zerstoßen
1 Knoblauchknolle, geschält und in einzelne Zehen zerteilt
1 kg Kartoffeln, geschält und gewürfelt
1 große Zwiebel, grob gehackt
Salz und Pfeffer aus der Mühle
1,5 l Hühner- oder Gemüsebrühe
250 g kleine Suppennudeln
175 ml Portwein

Grünkohl waschen und putzen. Die Blätter in grobe Stücke reißen und beiseite stellen.
Das Olivenöl in einem großen Suppentopf erhitzen. Die zerstoßene Chilischote und die Knoblauchzehen einige Minuten darin andünsten. Dann die vorbereiteten Grünkohlblätter, die Kartoffeln und die Zwiebel hinzufügen und 7–8 Minuten mitdünsten. Kräftig salzen und pfeffern. Mit der Brühe auffüllen und zum Kochen bringen. Das Gemüse dann bei sanfter Hitze weich köcheln (ca. 45 Minuten).
In der Zwischenzeit die Suppennudeln in sprudelndem Salzwasser knapp al dente garen, abgießen und abtropfen lassen.
Die Suppe pürieren. Den Portwein und die Suppennudeln einrühren und gut heiß werden lassen. Mit Salz und Pfeffer abschmecken und heiß servieren.

GRÜNKOHLSUPPE MIT SPAGHETTINI

Für 6 Personen
2 große, mehlig kochende Kartoffeln
125 g Spaghettini (oder Vermicelli)
250 g Grünkohlblätter (ohne dicke Blattrippen)
2 Eßlöffel Olivenöl
2 Eßlöffel Butter
5 Knoblauchzehen, grob zerstoßen
3 Zwiebeln, gehackt
2 dicke Lauchstangen, in feine Streifen geschnitten

1 Lorbeerblatt
2 l Fleischbrühe
Salz und Pfeffer aus der Mühle

Die Kartoffeln mit der Schale weich garen. Pellen, abkühlen lassen und in zentimeterdicke Scheiben schneiden.
Die Spaghettini in reichlich Salzwasser bißfest kochen und abgießen.
Die Grünkohlblätter sorgfältig waschen und in grobe Stücke reißen, welke Stellen entfernen.
Olivenöl und Butter in einem Suppentopf erhitzen. Knoblauch, Zwiebeln und Lauch sowie das Lorbeerblatt hineingeben und unter gelegentlichem Rühren sanft andünsten. Die Grünkohlblätter dazugeben und im abgedeckten Topf weich werden lassen. Nun die Kartoffelscheiben hinzufügen. Das Ganze mit Brühe auffüllen, rasch zum Kochen bringen. Im offenen Topf 5 Minuten bei lebhafter Hitze durchkochen lassen.
Das Lorbeerblatt herausfischen und wegwerfen. Die vorgekochten Nudeln in die Suppe geben. Mit Salz und Pfeffer herzhaft abschmecken. Auf Suppenschalen verteilen und servieren.

GLASNUDELSUPPE MIT BLATTSPINAT

Für 4 Personen
100 g Glasnudeln
3 Eßlöffel getrocknete Shrimps (ersatzweise 100 g Nordseekrabben)
350 g frischer Blattspinat, gewaschen, verlesen und grob zerkleinert
Salz
2 Eßlöffel Erdnußöl oder neutrales Öl
2 Teelöffel Ingwer, gehackt
2 Knoblauchzehen, fein gehackt
gut 1 l Fischbrühe
1 Eßlöffel chinesischer Kochwein oder Sherry
Sojasauce (nach Wunsch)
2 Frühlingszwiebeln, in Röllchen geschnitten

Die Glasnudeln ca. 30 Minuten in heißem Wasser einweichen. Abgießen, abtropfen lassen und mit einer Schere in 10 Zentimeter lange Stränge schneiden.
Die getrockneten Shrimps 30 Minuten in heißem Wasser einweichen, abgießen und mit Küchenpapier trockentupfen. Nordseekrabben nach Bedarf schälen.

Wasser in einem großen Topf zum Kochen bringen und salzen. Den Spinat hineingeben. Sobald die Blätter einen leuchtend grünen Farbton annehmen, Spinat abgießen.
Das Öl in einem Suppentopf rauchend heiß werden lassen. Ingwer und Knoblauch andünsten.
Sobald der Knoblauch Farbe nimmt, die Shrimps oder Krabben hinzufügen. Einige Sekunden rührbraten, dann die Fischbrühe und den Kochwein hinzugießen. Topf abdecken und die Suppe zum Kochen bringen. Die Wärmezufuhr drosseln und 10 Minuten simmern.
Spinat und Nudeln in die Suppe geben. Aufkochen lassen, dann vom Herd nehmen. Nach Wunsch mit einem Spritzer Sojasauce abschmecken. Auf Suppenschalen verteilen und mit den Frühlingszwiebeln garnieren.

ITALIENISCHE ESCARIOLSUPPE

Für 4 Personen
1 Kopf Escariol (oder Krausendivie)
1 l Hühner- oder Gemüsebrühe
2 Eßlöffel Butter
1 Zwiebel, in dünne Scheiben geschnitten
50 ml trockener Weißwein
Salz und Pfeffer aus der Mühle
frisch geriebener Muskat
200 g Suppennudeln (z. B. Semi di melone)
4 Eßlöffel geriebener Parmesan

Escariol entblättern und sorgfältig waschen, dann in einer Salatschleuder trocknen. Jeweils einige Blätter übereinanderschichten und in gut fingerbreite Streifen schneiden.
Die Brühe erhitzen.
In der Zwischenzeit die Butter in einer weiten Pfanne zerlassen. Die Zwiebel glasig braten, dann die Salatstreifen hinzufügen und kurz mitdünsten. Mit Weißwein ablöschen. Salzen, pfeffern und mit Muskat abschmecken.
Die Suppennudeln in Salzwasser al dente kochen, abgießen und abtropfen lassen.
Das Gemüse nun in die heiße Brühe geben. Die Suppennudeln hinzufügen. Alles gut heiß werden lassen und kräftig abschmecken.
Auf Suppenteller verteilen und servieren. Bei Tisch geriebenen Parmesan dazu reichen.

MANDILLI DI SETA CON PESTO GENOVESE (LIGURISCHE PASTA MIT PESTO)

»Seidentücher« heißt diese ligurische Pasta, weil sie in ihrer hauchzarten Konsistenz und ihrem Format an das seidene Taschentuch einer Edeldame erinnert.

Für 4 Personen
1 Portion Nudelteig nach dem Grundrezept auf Seite 28 oder
500 g sehr breite Bandnudeln
4 kleine neue Kartoffeln
250 g feine grüne Bohnen
Salz und Pfeffer aus der Mühle
1 Portion Pesto, s. u.

Den Nudelteig dünn ausrollen und in etwa 5 Zentimeter breite, lange Streifen schneiden. Auf bemehlten Tüchern ausbreiten und mit Küchentüchern abdecken.
Während Sie den Teig ausrollen, die Kartoffeln mit der Schale weich kochen. Kartoffeln abgießen, pellen, in Scheiben schneiden und in eine Schüssel geben.
Die Bohnen putzen, je nach Größe halbieren oder ganz lassen und in reichlich sprudelndem Salzwasser garen. Abgießen, abtropfen lassen und zu den Kartoffeln geben.
Pesto salzen und pfeffern und einen Klecks davon unter das Gemüse rühren.
Die Nudeln in reichlich sprudelndem Salzwasser al dente garen (bei frischem Nudelteig genügen ca. 60 Sekunden, bei gekauften Nudeln die Herstellerangaben beachten). Eine Kelle Nudelwasser abmessen und beiseite stellen, dann die Nudeln abgießen; nicht abtropfen lassen, sondern gleich wieder in den Topf füllen, damit sie schön feucht und geschmeidig bleiben. Den restlichen Pesto mit 2–3 Eßlöffeln Nudelwasser glattrühren. Die Nudeln mit der Hälfte des Pesto vermischen. Dann Kartoffeln und Bohnen unterheben und gut durchmischen. Den restlichen Pesto einrühren.
Dampfend heiß zu Tisch bringen.

PESTO

Für eine Blitzversion des Pesto 50 g Pinienkerne, 100 g Basilikumblätter, 1 geschälte Knoblauchzehe, je 2 Eßlöffel geriebener Pecorino und Parmesan, 6 Eßlöffel Olivenöl in die Küchenmaschine geben und cremig pürieren.

MINESTRONE

Für 4 Personen
buntes Saisongemüse (z. B. 1 Stange Lauch, 2 Mohrrüben,
2 Stangen Sellerie, 2 Kartoffeln, 1 Fleischtomate, 1 Zucchini,
1 Handvoll grüne Bohnen)
2 Eßlöffel Butter
1 große Zwiebel, fein gehackt
2 Knoblauchzehen, fein gehackt
50 ml trockener Weißwein
1 l Hühner- oder Gemüsebrühe
Salz und Pfeffer aus der Mühle
1/2 Teelöffel Gewürzpaprika
1 Teelöffel getrockneter Oregano
1 Eßlöffel gehackte Petersilie
125 g kleinformatige Pasta (z. B. Ditalini, Conchigliette, Anelli)
geriebener Parmesan zum Servieren

Lauch in feine Ringe, Mohrrüben in feine Scheiben, Sellerie in schmale Streifen schneiden. Die Kartoffeln schälen und fein würfeln, die Fleischtomate häuten und ebenfalls würfeln, Zucchino je nach Größe in Scheiben schneiden oder würfeln, die Bohnen putzen und wenn nötig halbieren. Die Butter in einem großen Topf langsam erhitzen. Zwiebel und Knoblauch darin anschwitzen. Das Gemüse in den Topf geben und mitdünsten. Den Weißwein und die Brühe hineingießen. Salz, Pfeffer, Paprika und Kräuter dazugeben und rasch zum Kochen bringen. Sobald die Suppe aufkocht, die Hitze zurücknehmen und das Gemüse bei kleiner Hitze in ca. 20 Minuten weich garen.
Währenddessen die Pasta in einem zweiten Topf al dente kochen. Abgießen und auf Suppenschalen verteilen. Mit der heißen Suppe auffüllen. Mit geriebenem Parmesan bestreuen und zu Tisch bringen.

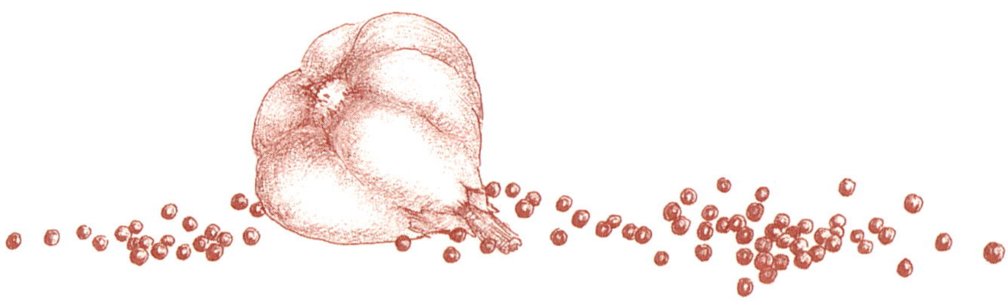

PILZSUPPE MIT FEINEN GLASNUDELN

Für 4 Personen
100 g Glasnudeln
15 g getrocknete Shiitakepilze
2 getrocknete Wolkenohrpilze
250 g frische Champignons
125 g frische Shiitakepilze
1 l Hühnerbrühe
2 Eßlöffel neutrales Öl zum Braten
1 Eßlöffel asiatisches Sesamöl
1 kleines Bund Frühlingszwiebeln, (weiße Abschnitte in Röllchen schneiden, grüne Enden ganz lassen)
2 Knoblauchzehen, sehr fein gehackt
1 Eßlöffel Ingwer, fein gehackt
Salz und Pfeffer aus der Mühle
4 Eßlöffel trockener Sherry
Sojasauce
2 Eßlöffel Speisestärke

Die Glasnudeln in eine Schüssel geben und mit warmem Wasser übergießen. Ca. 30 Minuten einweichen lassen.
Die getrockneten Shiitake- und Wolkenohrpilze in eine Schüssel füllen und mit heißem Wasser übergießen. 30 Minuten einweichen lassen.
In der Zwischenzeit die frischen Pilze putzen: mit einem feuchten Tuch abreiben, unschöne Stellen ausschneiden. Die Stengel der Shiitakepilze entfernen (und nach Wunsch in der Suppe auskochen), die Kappen blättrig schneiden.
Die getrockneten Pilze aus dem Wasser nehmen, fest ausdrücken und klein schneiden, dabei unschöne Stellen und die harten Stengel der Shiitakepilze entfernen. Das Einweichwasser, in dem sich Sand und Verunreinigungen abgesetzt haben, durch Küchenkrepp oder durch einen Kaffeefilter gießen und für die Suppe aufheben.
Die Hühnerbrühe langsam erwärmen.
Beide Ölsorten in einer weiten Pfanne erhitzen. Den weißen Teil der Frühlingszwiebeln, Knoblauch und Ingwer hinzufügen und knapp 5 Minuten andünsten. Die vorbereiteten Pilze hineingeben und bei starker Hitze etwa 10 Minuten dünsten. Salzen, pfeffern und vom Herd ziehen.
Pilzwasser, Sherry und einige Spritzer Sojasauce in die heiße Hühnerbrühe rühren. Das Pilzgemüse hinzufügen. Die Speisestärke mit 2 Eßlöffel Brühe

glattrühren und die Suppe damit andicken. Alles gut heiß werden lassen, mit Salz und Pfeffer abschmecken und vom Herd ziehen.
Die Glasnudeln aus dem Wasser nehmen, in 10 Zentimeter lange Stränge schneiden und auf Suppenschalen verteilen. Die Suppe darübergießen, mit den grünen Halmen der Frühlingszwiebeln garnieren und zu Tisch bringen.

REISNUDELSUPPE MIT ZITRONENGRAS

Für 4 Personen
3 Stengel Zitronengras
1,5 l Hühnerbrühe
4 Frühlingszwiebeln (weiße Abschnitte schräg in feine Röllchen schneiden, grüne Enden ganz lassen)
75 ml helle Sojasauce
1 Eßlöffel Ingwer, gerieben
1 kleines Büschel Koriandergrün (Blätter abzupfen und fein hacken)
175 g Reisnudeln
175 g Champignons, blättrig aufgeschnitten

Das Zitronengras von den groberen Blättern befreien. Die Stengel dritteln; diese Stücke im Mörser zerstoßen, damit das typische intensive Aroma freigesetzt wird.
Die Hühnerbrühe mit den Zitronengrasstückchen und dem weißen Teil der Frühlingszwiebeln erhitzen. Mit Sojasauce, Ingwer und gehacktem Koriandergrün würzen. 30 Minuten leise durchköcheln lassen. Zum Schluß die Reisnudeln und die Champignons hineingeben und kurz garen (ca. 2 Minuten). Dabei umrühren, damit die Nudeln nicht verkleben.
Die Suppe mit den Halmen der Frühlingszwiebeln garnieren und zu Tisch bringen.

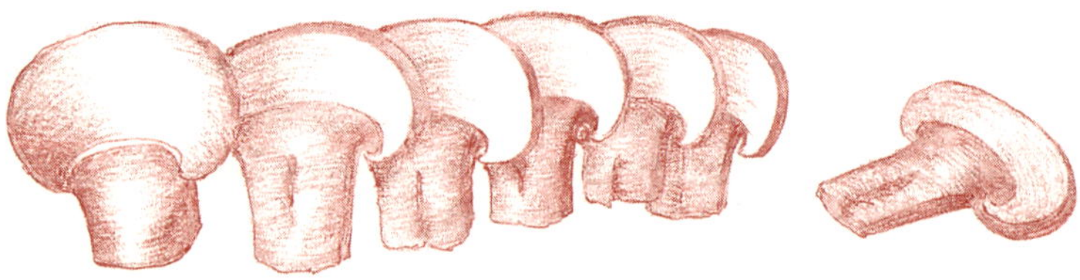

SPINATCREMESUPPE MIT STERNCHENNUDELN

Für 2–4 Personen
3 Eßlöffel Butter
2 Schalotten, fein gehackt
2 Knoblauchzehen, fein gehackt
2 Eßlöffel trockener Sherry
250 g frischer Blattspinat, verlesen und geputzt
(dicke Stengel entfernen)
Salz und Pfeffer aus der Mühle
frisch geriebener Muskat
1 l Gemüsebrühe
150 g Sternchennudeln
1/2 Teelöffel abgeriebene Zitronenschale

Die Butter in einem Suppentopf zerlassen. Schalotten und Knoblauch hinzufügen und einige Minuten andünsten. Mit dem Sherry ablöschen. Den Spinat hinzufügen und zusammenfallen lassen. Mit Salz, Pfeffer und Muskat würzen. Mit der Gemüsebrühe auffüllen und 5 Minuten durchköcheln. Die Suppe vom Herd nehmen und pürieren. Wieder auf den Herd setzen, die Sternchennudeln hineingeben und in der Suppe al dente garen. Dabei regelmäßig umrühren. Zum Schluß mit der Zitronenschale verfeinern und nochmals abschmecken.
Auf Suppenteller verteilen und auftragen.

MIT HÜLSENFRÜCHTEN

BOHNENSUPPE MIT TOMATEN UND FARFALLINE

Für 4 Personen
125 g weiße Bohnenkerne (vorzugsweise Cannellinibohnen)
2 Eßlöffel Olivenöl
2 Knoblauchzehen, fein gehackt
1 Zwiebel, fein gehackt
1 Mohrrübe, fein gewürfelt
500 ml Tomatenpüree
2 Eßlöffel Tomatenmark (mit 1 Eßlöffel Gemüsebrühe glattrühren)
1,5 l Gemüsebrühe
1 Eßlöffel getrockneter Oregano
200 g Brokkoliröschen
200 g Champignons, blättrig geschnitten
125 g Farfalline (kleine Schmetterlingsnudeln; ersatzweise andere kleinformatige Nudeln wie z. B. Tubetti, Ditalini, Anellini)
Salz und Pfeffer aus der Mühle
4 Eßlöffel geriebener Parmesan

Die Bohnen verlesen und etwa 6 Stunden oder über Nacht in kaltem Wasser einweichen.
Das Olivenöl in einem Suppentopf erhitzen. Knoblauch, Zwiebel und Mohrrübe darin andünsten.
Die Bohnen abgießen und in den Topf schütten. Das Tomatenpüree, das Tomatenmark und die Brühe hinzufügen. Den Oregano in die Suppe geben. Das Ganze zum Kochen bringen, dann bei sanfter Hitze simmern, bis die Bohnen fast gar sind (ca. 60 Minuten). Etwa 10 Minuten vor Ende der Garzeit Brokkoli, Pilze und Nudeln in die Suppe geben. Kräftig salzen und pfeffern. Wieder zum Kochen bringen und weiterköcheln, bis das Gemüse und die Nudeln bißfest sind.
Auf Suppenschalen verteilen und servieren. Bei Tisch den geriebenen Parmesan dazu reichen.

COCIDO MADRILEÑO

Die Zubereitung eines echten Cocido madrileño, des herzhaften Eintopfs aus Fleisch und verschiedenen Gemüsesorten, erfordert einen nicht unbeträchtlichen Aufwand. Dieses für Madrid typische Gericht schmeckt erst durch eine große Vielfalt an Zutaten, so daß Sie es am besten gleich für eine größere Personenzahl planen. Außerdem lohnt sich dann die Mühe erst richtig!

Für 8–10 Personen
500 g Kichererbsen, über Nacht in Wasser eingeweicht
2 Hähnchenschenkel
1 kg Suppenfleisch (z. B. Beinscheiben)
125 g durchwachsener Räucherspeck im Stück
250 g Chorizo (scharfe spanische Wurst)
125 g luftgetrockneter Schinken im Stück
1 kg Suppenknochen
1 große Zwiebel, geschält und halbiert
1 Lauchstange, geputzt und grob zerkleinert
1 Mohrrübe, grob zerkleinert
2 Knoblauchzehen, grob gehackt
4 mittelgroße Kartoffeln, geschält
Salz und Pfeffer aus der Mühle
2 Eßlöffel Olivenöl
125 g feine Nudeln (z. B. Engelshaar oder Vermicelli)

Für die Fleischbällchen
2 Eier
1 Knoblauchzehe, fein gehackt
1 Eßlöffel Petersilie, fein gehackt
Salz und Pfeffer aus der Mühle
Paniermehl zum Binden

Die Kichererbsen abgießen und unter fließendem Wasser abspülen. In ein Leinensäckchen füllen und zusammen mit Fleisch, Speck, Wurst, Schinken und Suppenknochen in einen großen Topf geben. Die Zwiebel, den Lauch, die Mohrrübe und den Knoblauch hinzufügen. Das Ganze mit reichlich kaltem Wasser bedecken und zum Kochen bringen. Bei sanfter Hitze eine bis eineinhalb Stunden wallen lassen. Die Suppe regelmäßig abschäumen und darauf achten, daß die Kichererbsen nicht verkochen. In den letzten 45 Minuten auch die

geschälten Kartoffeln hineingeben und mitkochen lassen. Großzügig salzen und pfeffern.
Das Suppenfleisch und den Räucherspeck aus der Brühe heben und abkühlen lassen. Sobald Sie das Fleisch anfassen können, 200 Gramm abwiegen, fein hacken und in eine Schüssel geben. Den Räucherspeck ebenfalls fein hacken und mit dem Suppenfleisch vermischen. Die übrigen Zutaten für die Fleischbällchen hinzufügen und einen glatten Teig herstellen. Sollte der Teig zu feucht geraten, mit etwas Paniermehl binden. Nun mit den Händen zu etwa nußgroßen Kügelchen formen.
Olivenöl in einer Pfanne erhitzen, die Fleischbällchen hineingeben und rundum kroß braten. Fleischbällchen anschließend in den Suppentopf geben und 30 Minuten mit den restlichen Zutaten garen.
In der Zwischenzeit die Nudeln in einem zweiten Topf in reichlich Salzwasser al dente garen, abgießen und abtropfen lassen.
Die Suppe nun durch ein Sieb gießen. Das Fleisch und die Kichererbsen auf einer Platte anrichten und warm stellen (als Hauptgang servieren).
Die Nudeln auf Suppenschalen verteilen. Mit der Brühe des Cocido übergießen und sofort servieren.

ERBSENSUPPE MIT PASTINA

Für 4 Personen
1,5 kg frische Erbsen in der Schote
1 Mohrrübe, grob zerkleinert
2 kleine Zwiebeln, gehackt
2 Eßlöffel Butter
1 Knoblauchzehe, fein gehackt
Salz und Pfeffer aus der Mühle
125 g Pastina (kleine Suppennudeln, z. B. Sternchen- oder Buchstabennudeln, Quadrucci)
1 Prise frisch geriebener Muskat
2 Eßlöffel geriebener Parmesan

Die Erbsen schälen und beiseite stellen. Die leeren Schoten gründlich waschen und grob zerhacken. Schoten, Mohrrübe und eine Zwiebel in einen Topf geben und mit 1,5 Liter Wasser aufgießen. Das Gemüse bei mittlerer Hitze rund 45 Minuten auskochen. Die Brühe durch ein Sieb gießen, das Gemüse gut auspressen und dann wegwerfen.

Die Butter in einem Suppentopf erhitzen. Knoblauch und die zweite Zwiebel 5 Minuten darin andünsten. Salzen und pfeffern. Die geschälten Erbsen hinzufügen und in der heißen Butter schwenken. Mit dem Gemüsesud auffüllen und zum Kochen bringen. Die Pastina hineinwerfen und alles durchkochen, bis die Erbsen weich, aber noch leuchtend grün sind und die Pastina al dente ist. Mit Salz, Pfeffer und einer Prise frisch geriebenem Muskat abschmecken. Auf Suppenschalen verteilen, mit geriebenem Parmesan bestreuen und zu Tisch bringen.

LAGANE E CECI (SÜDITALIENISCHER EINTOPF MIT KICHERERBSEN)

Für 4 Personen
200 g Kichererbsen
2 Lorbeerblätter
250 g breite Bandnudeln (Lagane, Pappardelle, halbierte Lasagneblätter, auch Maltagliati)
Salz und Pfeffer aus der Mühle
3 Eßlöffel Olivenöl
2 Knoblauchzehen, zerstoßen
2 getrocknete rote Pfefferschoten, zerstoßen
geriebener Pecorino zum Servieren

Am Vortag die Kichererbsen verlesen, in eine Schüssel füllen und mit kaltem Wasser bedeckt 24 Stunden einweichen. Kichererbsen abgießen und in einen Topf schütten. Mit reichlich frischem Wasser aufsetzen, die Lorbeerblätter hinzufügen und aufkochen lassen. Wärmezufuhr drosseln und die Kichererbsen im sanft sprudelnden Wasser ca. 60–90 Minuten garen. Achten Sie darauf, daß die Kichererbsen nicht zu weich werden.
In der Zwischenzeit einen Topf Salzwasser zum Kochen bringen und die Pasta darin al dente garen. Abgießen und abtropfen lassen.
In einem kleinen Pfännchen das Olivenöl erhitzen. Zerstoßenen Knoblauch und Pfefferschoten darin andünsten.
Die gegarten Kichererbsen großzügig salzen und pfeffern. Die Nudeln und das aromatisierte Olivenöl unterheben. Alles gut vermengen und erneut abschmecken. Dampfend heiß auf den Tisch bringen und geriebenen Pecorino dazu reichen.

PASTA E CECI (KICHERERBSENSUPPE MIT NUDELN)

Für 4–6 Personen
300 g getrocknete Kichererbsen, über Nacht in kaltem Wasser eingeweicht
1 Lorbeerblatt
1 Zweig Rosmarin, Nadeln fein hacken
1 Knoblauchzehe, fein hacken
2 Eßlöffel Olivenöl
1–2 vollreife Tomaten (ersatzweise Dosentomaten)
Salz und Pfeffer aus der Mühle
80 g kleinformatige Pasta (am besten eignen sich Ditali, Mezze penne oder Hörnchennudeln)
kaltgepreßtes Olivenöl zum Servieren

Die Kichererbsen abgießen und gut abtropfen lassen. In einen Topf schütten und etwa zwei Finger breit mit kaltem Wasser bedecken. Das Lorbeerblatt hinzufügen und das Ganze aufkochen lassen. Dann die Wärmezufuhr drosseln und 60–90 Minuten ganz leise wallen lassen, bis die Kichererbsen gar sind. Immer wieder mal probieren, damit die Kichererbsen nicht zu weich werden.
Rosmarinnadeln vom Stengel zupfen, Knoblauch schälen und beides sehr fein hacken. Das Olivenöl in einem geräumigen Topf erhitzen und das Hack aus Knoblauch und Rosmarin darin andünsten. Die Tomaten häuten, entkernen und würfeln (Dosentomaten abtropfen lassen und würfeln). In den Topf geben und einige Minuten mitschmoren. Die Hälfte der weichgekochten Kichererbsen mit ihrem Sud dazugießen und ein paar Minuten durchkochen. Vom Herd nehmen und pürieren. Nun die restlichen Kichererbsen hinzufügen. Mit Salz und Pfeffer herzhaft abschmecken und etwa 20 Minuten weiterkochen.
Jetzt die Nudeln hinzufügen und mitkochen, bis sie bißfest sind (je nach Herstellerangaben 7–12 Minuten).
Pasta e ceci auf Suppenteller verteilen und mit einem Schuß Olivenöl verfeinern. Mit frisch gemahlenem Pfeffer würzen und servieren.

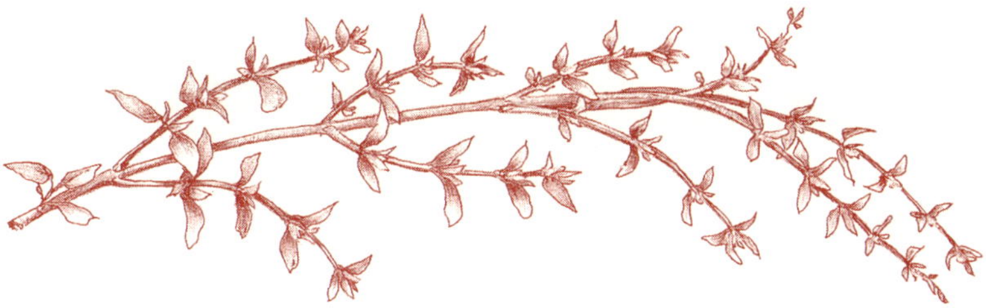

PASTA E FAGIOLI (BOHNENSUPPE MIT NUDELN)

Für 4–6 Personen
250 g getrocknete Bohnenkerne (vorzugsweise
die gesprenkelten Borlottibohnen)
Suppengemüse (1 Knoblauchzehe, 1 Mohrrübe, 1 Selleriestengel)
je 1 Eßlöffel Olivenöl und Butter
Salz und Pfeffer aus der Mühle
1 l Gemüsebrühe oder leichte Hühnerbrühe
3–4 frische Thymianzweige
100 g kurze Pasta (z. B. Mezze Penne, Conchigliette, Hörnchennudeln)
kaltgepreßtes Olivenöl und geriebener Parmesan zum Servieren

Die Bohnenkerne verlesen und ca. 6 Stunden oder über Nacht in kaltem Wasser einweichen.
Das Suppengemüse putzen und fein hacken.
Olivenöl und Butter in einem großen Suppentopf erhitzen und das Gemüsehack einige Minuten darin andünsten. Salzen und pfeffern.
Die Bohnen abgießen und in den Topf schütten. Die Brühe dazugeben. Mit Wasser ergänzen, bis die Bohnen etwa zwei Finger breit mit Flüssigkeit bedeckt sind. Die Thymianzweige hinzufügen, das Ganze zum Kochen bringen und sanft sprudelnd garen (ca. 60–90 Minuten).
In der Zwischenzeit die Pasta in reichlich Salzwasser al dente kochen, abgießen und abtropfen lassen.
Sobald die Bohnen gar sind, ein Viertel davon herausheben und beiseite stellen. Die restlichen Bohnen in der Suppe pürieren. Die ganzen Bohnen in das Bohnenpüree rühren. Kräftig mit Salz und frisch gemahlenem Pfeffer abschmecken.
Die Pasta auf Suppenschalen verteilen und mit der Bohnensuppe auffüllen. Nach Wunsch bei Tisch mit einem Schuß hochwertigem Olivenöl verfeinern und mit geriebenem Parmesan bestreuen.

SCHWARZE BOHNENSUPPE

Für 4–6 Personen
250 g schwarze Bohnenkerne
2–3 rote oder gelbe Paprikaschoten
4 Eßlöffel Olivenöl
1 Zwiebel, grob gehackt
2 Knoblauchzehen, fein gehackt
Salz und Pfeffer aus der Mühle
2 l Hühnerbrühe
2 Lorbeerblätter
3–4 frische Thymianzweige (oder 1 Teelöffel getrockneter Thymian)
1 kleine Dose Tomatenstückchen mit ihrem Saft
125 g Hörnchennudeln
Weinessig
2 Eßlöffel Petersilie zum Garnieren, fein gehackt

Die Bohnen verlesen und ca. 6 Stunden oder über Nacht in kaltem Wasser einweichen. Während die Bohnen einweichen, die Paprikaschoten vorbereiten: Die Grillschlangen im Ofen anheizen (oder das Backrohr auf 200 Grad vorheizen). Paprikaschoten auf ein Backblech legen und unter dem Grill oder im heißen Ofen braten, bis sie Blasen werfen und bräunen. Wenden und auch die andere Seite braten. Die Schoten aus dem Ofen nehmen, in eine Schüssel legen und abdecken, damit sie nachdämpfen können. Nach ungefähr 15 Minuten häuten, entkernen und in mundgerechte Streifen schneiden. Beiseite stellen.
Das Olivenöl in einem großen Suppentopf erhitzen. Zwiebel und Knoblauch einige Minuten sanft darin andünsten. Salzen und pfeffern.
Die Bohnen abgießen und in den Topf schütten. Mit der Hühnerbrühe auffüllen und zum Kochen bringen. Lorbeer und Thymian hinzufügen. Die Wärmezufuhr drosseln und die Bohnen sanft sprudelnd weich garen (60–90 Minuten). Während der letzten 30 Minuten Garzeit die Tomatenstückchen hinzufügen.
Während die Bohnen kochen, die Nudeln in reichlich sprudelndem Salzwasser knapp bißfest garen, abgießen und abtropfen lassen.
Kurz vor dem Servieren die Paprikastreifen und die Nudeln unter die Bohnensuppe rühren. Die Suppe großzügig mit Salz, frisch gemahlenem Pfeffer und einem Schuß Essig abschmecken. Kurz durchkochen, damit sich die Aromen schön verbinden; dann auf Suppenschalen verteilen und mit frisch gehackter Petersilie garnieren.

SPINATSUPPE MIT BOHNEN UND CONCHIGLIETTE

Für 6 Personen
500 g getrocknete Bohnenkerne (z. B. gesprenkelte Wachtelbohnen, Limabohnen)
3 Lorbeerblätter
4 Eßlöffel Olivenöl
4 Knoblauchzehen, fein gehackt
1 Zwiebel, fein gehackt
Salz und Pfeffer aus der Mühle
750 g Blattspinat, verlesen, geputzt und grob gehackt
frisch geriebener Muskat
Cayennepfeffer (nach Wunsch)
250 g Conchigliette (kleine, muschelförmige Nudeln; ersatzweise eine andere kleine Nudelsorte, die in etwa der Größe der Bohnen entspricht)

Die Bohnenkerne verlesen und ca. 6 Stunden oder über Nacht in kaltem Wasser einweichen. Abgießen und zusammen mit den Lorbeerblättern in einen Topf schütten. Zwei Finger breit mit frischem, kaltem Wasser bedecken. Zum Kochen bringen, dann sanft sprudelnd weich garen (ca. 90 Minuten).
Das Olivenöl in einem Suppentopf erhitzen. Knoblauch und Zwiebel einige Minuten darin andünsten. Salzen und pfeffern. Den Spinat hinzufügen und etwa 5 Minuten im heißen Öl schwenken. Mit Salz, Pfeffer und Muskat würzen.
Die gegarten Bohnen abgießen und dabei das Kochwasser auffangen; die Lorbeerblätter entfernen.
Die Bohnen nun zum Spinat geben. Mit 2 Liter Kochwasser (ggf. mit frischem Wasser auf die benötigte Menge ergänzen) auffüllen und zum Kochen bringen. Die Nudeln hineingeben und al dente garen. Mit Salz, Pfeffer, Muskat und Cayennepfeffer kräftig abschmecken.
Auf Suppenschalen verteilen und servieren.

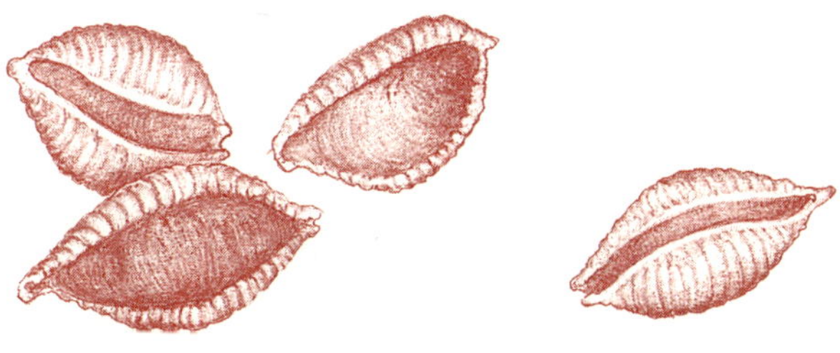

TRIDENTINER BOHNENSUPPE

Für 4 Personen
250 g getrocknete kleine weiße Bohnen
4 Eßlöffel Olivenöl
1 kleine Zwiebel, gehackt
1 Knoblauchzehe, gehackt
1 Selleriestengel, fein gewürfelt
1 Eßlöffel Tomatenmark
1 Prise Zimt
Salz und Pfeffer aus der Mühle
125 g kleinformatige Pasta (z. B. Ditalini, Conchigliette)
Weinessig
geriebener Grana oder Parmesan zum Servieren

Die Bohnenkerne verlesen, in eine Schüssel geben und ca. 6 Stunden oder über Nacht in kaltem Wasser einweichen. Abgießen und in einen großen Topf schütten. Zwei Finger breit mit Wasser bedecken und zum Kochen bringen. Einmal aufwallen lassen, dann die Hitze reduzieren und die Bohnen bei kleiner Flamme und leicht geöffnetem Deckel rund 90 Minuten garen. Während des Garens von Zeit zu Zeit eine Kelle heißes Wasser nachgießen, um das beim Kochen verdunstete Wasser zu ersetzen.
In der Zwischenzeit das Öl in einem Pfännchen erhitzen. Gehackte Zwiebel und Knoblauch glasig braten. Sellerie hinzufügen und einige Minuten mitdünsten. Kurz bevor die Bohnen gar sind, das Gemüse in die Suppe geben. Das Tomatenmark mit einem Eßlöffel Bohnenwasser anrühren und unter die Bohnensuppe mischen. Mit einer Spur Zimt sowie reichlich Salz und Pfeffer würzen.
Während die Bohnen garen, die Pasta in reichlich Salzwasser al dente kochen und abgießen. Die Nudeln zum Schluß in die Suppe rühren und wieder heiß werden lassen. Die Suppe noch einmal abschmecken und mit einem Schuß Essig säuern.
Auf Teller verteilen und mit geriebenem Käse servieren.

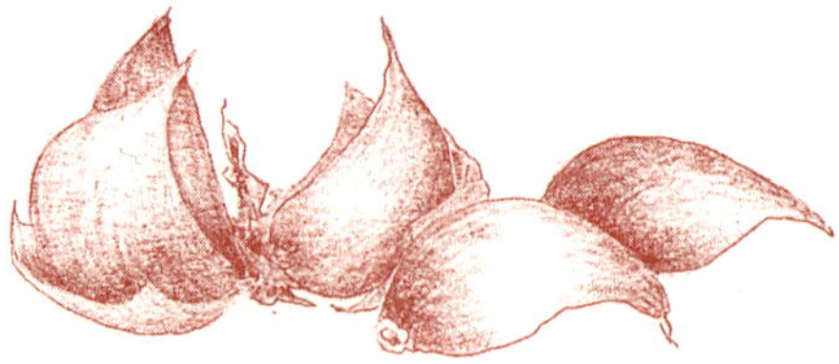

VIRTÙ
(NUDELTOPF MIT GEMISCHTEN HÜLSENFRÜCHTEN)

Für 8–10 Personen
500 g getrocknete Hülsenfrüchte (eine Sorte oder
eine Mischung aus mehreren Sorten: dicke Bohnen,
Kichererbsen, Ackerbohnen, Linsen usw.)
200 g geschälte frische Erbsen
600 g frisches Gemüse (eine oder mehrere Sorten:
Rüben, Spinat, Zucchini, Blumenkohl, Weißkohl, Kartoffeln,
Karotten, rote Bete, Fenchel)
Salz und Pfeffer aus der Mühle
preiswertes Schweinefleisch (traditionsgemäß 1 Schweinsfuß,
1 Schweinsohr, 1 Schweineschwarte; nach Belieben durch
andere Teile vom Schwein ersetzen)
30 g durchwachsener Speck, fein gehackt
2–3 Knoblauchzehen, fein gehackt
1 Zwiebel, fein gehackt
1 kleines Bund Petersilie, fein gehackt
4 Teelöffel frischer oder 2 Teelöffel getrockneter Majoran
1–2 scharfe getrocknete Pfefferschoten (nach Wunsch)
400 g verschiedene kleinformatige Nudeln (z. B. Anelli, Ditalini,
Hörnchennudeln, Quadrucci, Sternchennudeln, Tubettini)
hochwertiges, kaltgepreßtes Olivenöl
geriebener Pecorino oder Parmesan zum Bestreuen

Die Hülsenfrüchte nach Sorten getrennt ca. 6 Stunden oder über Nacht in Wasser einweichen. Abgießen und entsprechend ihrer Garzeit nach und nach in einen großen Suppentopf geben und zur Hälfte gar kochen (ca. 35 Minuten). Die Garzeiten für Hülsenfrüchte hängen stark von Alter und Frische ab. Wenn Sie sich nicht sicher sind, die einzelnen Sorten lieber in getrennten Töpfen kochen, dann können Sie den Garprozeß besser steuern.
Während die Hülsenfrüchte kochen, das frische Gemüse putzen, zurechtschneiden und in Salzwasser vorgaren.
Das Schweinefleisch gut mit Wasser bedecken und in einem großen Topf separat kochen. Sobald es gar ist (ca. 1,5–2 Stunden), aus der Brühe heben und etwas abkühlen lassen.
Nach und nach sämtliche Hülsenfrüchte und Gemüsesorten in die Fleischbrühe geben und vollständig durchgaren (weitere 30–40 Minuten). Speck, Knoblauch,

Zwiebel und Petersilie fein hacken und unter den Eintopf rühren. Mit Majoran, Salz und frisch gemahlenem Pfeffer würzen. Wenn Sie die Suppe schärfer mögen, eine oder zwei scharfe getrocknete Pfefferschoten hineinbröseln.
Die Nudeln in reichlich sprudelndem Salzwasser al dente kochen (unterschiedliche Garzeiten beachten!) und abgießen.
Unterdessen das Schweinefleisch vom Knochen lösen und in mundgerechte Stücke schneiden.
Die Nudeln und das Fleisch unter den Eintopf rühren und wieder heiß werden lassen.
Auf Suppenschalen verteilen und servieren. Bei Tisch gutes Olivenöl und geriebenen Käse dazu reichen.

ZUPPA DI LENTICCHIE (ITALIENISCHE LINSENSUPPE)

Für 4–6 Personen
500 g Linsen
2 frische Thymianzweige
4 Eßlöffel Olivenöl
2–3 Selleriestengel, fein gewürfelt
1 Mohrrübe, fein gewürfelt
1 Zwiebel, fein gehackt
1 Knoblauchzehe, fein gehackt
1 kleine Dose Tomatenstückchen
150 g kurze Röhrennudeln (z. B. Ditali, Mezze Penne oder gebrochene Maccheroni)
Salz und Pfeffer aus der Mühle

Die Linsen unter fließendem Wasser gründlich waschen und verlesen. In einen großen Topf schütten und großzügig mit kaltem Wasser bedecken. Den Thymian hinzufügen. Die Linsen zum Kochen bringen, dann im sanft sprudelnden Wasser weich garen (ca. 30 Minuten).
Das Olivenöl in einer Pfanne erhitzen. Das zerkleinerte Gemüse hineingeben und darin andünsten, bis es Farbe bekommt. Die Tomaten hinzufügen und 10 Minuten mitschmoren. Inzwischen die Pasta in reichlich Salzwasser al dente garen, abgießen und abtropfen lassen.
Das geschmorte Gemüse unter die Linsen rühren. Kräftig mit Salz und Pfeffer abschmecken. Die Nudeln in die Suppe geben und kurz heiß werden lassen. Auf Suppenteller verteilen und servieren.

ZWEI-BOHNEN-SUPPE

Für 4 Personen
125 g getrocknete Kichererbsen
125 g getrocknete Kidneybohnen
3 Eßlöffel Olivenöl
3 Knoblauchzehen, fein gehackt
1 kleine Zwiebel, fein gehackt
15 große Basilikumblätter, in feine Streifen geschnitten
2 l Gemüsebrühe
250 ml Tomatenpüree
125 g kurze Nudeln (z. B. Farfalline, Mezze penne, Ditalini)
Salz und Pfeffer aus der Mühle

Die Hülsenfrüchte verlesen und ca. 6 Stunden oder über Nacht in kaltem Wasser einweichen.

Das Olivenöl in einem großen Suppentopf erhitzen. Knoblauch und Zwiebel einige Minuten sanft darin andünsten. Die Hälfte des feingeschnittenen Basilikums unterrühren und 1–2 Minuten mitdünsten.

Die Hülsenfrüchte abgießen und zu den Kräutern geben. Mit der Gemüsebrühe auffüllen und zum Kochen bringen. Die Wärmezufuhr drosseln, so daß die Bohnen im sanft sprudelnden Wasser garen können (ca. 90 Minuten). Etwa 10 Minuten vor Ende der Garzeit das Tomatenpüree und die Nudeln hinzufügen. Die Suppe rasch wieder zum Kochen bringen und simmern, bis die Nudeln al dente sind. Gelegentlich umrühren. Vor dem Servieren das restliche Basilikum einrühren und kräftig mit Salz und frisch gemahlenem Pfeffer abschmecken.

MIT FLEISCH

CHINESISCHE GLASNUDELSUPPE MIT FLEISCHBÄLLCHEN UND BRUNNENKRESSE

Für 4–6 Personen
100 g Glasnudeln
250 g mageres Schweinehack
1 Teelöffel frisch geriebener Ingwer
1 Teelöffel Speisestärke
1 verquirltes Ei
einige Spritzer Sojasauce
Salz und Pfeffer aus der Mühle
1,5 l Hühnerbrühe
2 Büschel Brunnenkresse
1 Eßlöffel chinesischer Kochwein oder trockener Sherry

Die Glasnudeln in eine Schüssel geben, mit warmem Wasser bedecken und ca. 20–30 Minuten einweichen lassen.
In der Zwischenzeit das Schweinehack mit dem Ingwer, der Speisestärke und dem Ei zu einem glatten Teig verarbeiten. Mit Sojasauce und Salz und Pfeffer abschmecken.
Die Hühnerbrühe erhitzen.
Inzwischen aus dem Fleischteig etwa nußgroße Bällchen formen. Die Brunnenkresse von den groben Stengeln zupfen. Die Glasnudeln abgießen und mit einer Küchenschere in etwa 10 Zentimeter lange Stücke schneiden.
Fleischbällchen in die heiße Brühe geben und 10 Minuten gar ziehen lassen. Die Brunnenkresse dazugeben und mit Wein oder Sherry und etwas Sojasauce abschmecken, salzen und pfeffern. Die Glasnudeln auf Suppenschalen verteilen. Mit Suppe auffüllen und servieren.

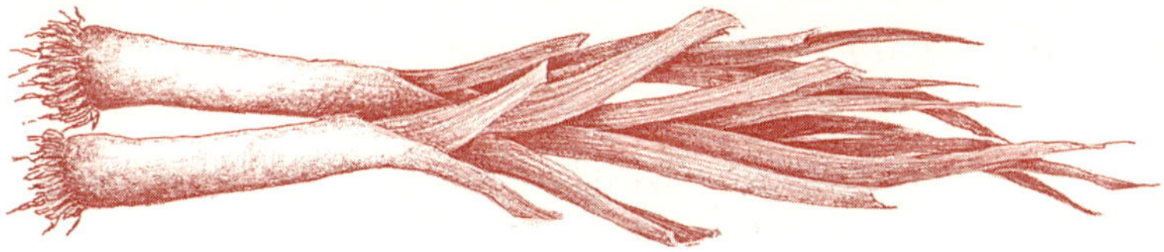

GAISBURGER MARSCH

Für 4–6 Personen
600 g Suppenfleisch (z. B. Zwerchrippe oder Beinscheiben)
2 große Markknochen
Suppengemüse (2 Mohrrüben, 1 Lauchstange, 1 Stück Sellerie, 1 Zwiebel)
1 Teelöffel Pfefferkörner
Salz und Pfeffer aus der Mühle
1 Prise frisch geriebener Muskat
500 g Kartoffeln, grob gewürfelt
1 kleines Bund Petersilie, fein gehackt
1 Zwiebel, in Ringe gehobelt
1 Eßlöffel Butter
1/2 Portion Spätzle (siehe Rezept auf Seite 456)
1 Eßlöffel gehackter Schnittlauch zum Garnieren

Suppenfleisch und Markknochen sorgfältig waschen. In einem großen Topf 2 Liter Wasser zum Kochen bringen. In der Zwischenzeit das Suppengemüse putzen und grob zerkleinern. Suppengemüse und Fleisch in den Topf geben, die Pfefferkörner einstreuen. Wieder aufkochen lassen, dann bei milder Hitze leise simmern, bis das Suppenfleisch gar ist. Nach Bedarf die Brühe immer wieder abschäumen.

Fleisch und Knochen herausnehmen und abkühlen lassen. Die Brühe durch ein feines Sieb gießen, das ausgekochte Gemüse wegwerfen. Die Brühe wieder in den Topf zurückgießen und mit Salz, Pfeffer und Muskat abschmecken. Die Kartoffeln schälen und in grobe Würfel schneiden. In die heiße Brühe geben und weich kochen.

Das abgekühlte Fleisch würfeln, die Petersilie fein hacken. Die Zwiebel in Ringe hobeln und in der Butter bräunen.

Die Spätzle nach dem Rezept auf Seite 456 zubereiten und abgießen.

Fleisch und Spätzle zu den Kartoffeln in die Brühe geben, alles gut durchmischen, nochmals abschmecken und mit den gebräunten Zwiebelringen belegen.

Vor dem Servieren mit Schnittlauch garnieren.

ITALIENISCHE KARDENSUPPE MIT FLEISCHBÄLLCHEN

Karden (Kardonen, spanische Disteln) sind mit den Artischocken verwandt. Verzehrt werden die zartbitter schmeckenden Stiele, nicht jedoch die Blüten.

Für 4–6 Personen
1–1,5 l Fleischbrühe
1 kg Karden (Distelhalme)
Zitronensaft
100 g kurze Pasta (z. B. Ditalini, Hörnchennudeln, Tubettini)
4 Eier
150 g geriebener Parmesan
Salz und Pfeffer aus der Mühle

Für die Fleischbällchen
300 g Schweinehack
100 g geriebener Pecorino
2 Eier
nach Bedarf Paniermehl

Die Fleischbrühe in einem großen Topf erhitzen.
Die Karden putzen und in 4–5 Zentimeter lange Stücke schneiden. Sofort in mit Zitronensaft gesäuertes Wasser legen, damit sie nicht braun anlaufen. Abgießen und in der heißen Brühe knapp bißfest garen (20–30 Minuten).
Unterdessen die Pasta in Salzwasser al dente kochen, abgießen und abtropfen lassen.
Während Pasta und Karden garen, die Fleischbällchen zubereiten. Dafür das Schweinehack mit dem Pecorino und den beiden Eiern zu einer gleichmäßigen Masse verarbeiten. Sollte der Teig zu naß werden, mit etwas Paniermehl binden. Mit den Händen walnußgroße Bällchen formen.
In einer Schüssel vier Eier mit dem geriebenen Parmesan verquirlen, salzen und pfeffern.
Nun die Fleischbällchen in die heiße Brühe zu den Karden geben und 10 Minuten gar ziehen lassen. Die Nudeln und die verquirlten Eier unterrühren, ein paar Minuten heiß werden lassen, dann die Suppe vom Herd nehmen und servieren.

KOKOSCURRYSUPPE

Für 4–6 Personen
750 ml Kokosmilch aus der Dose
500 ml Geflügelfond
1 Stengel Zitronengras, in 2–3 Zentimeter lange Stücke geschnitten
3 cm Ingwerwurzel, geschält und in dünne Scheiben geschnitten
3 Eßlöffel Fischsauce (Naam Pblaa)
Saft und abgeriebene Schale einer Limette
2 kleine scharfe Chilischoten, entkernt und in feine Streifen geschnitten
125 g Sobanudeln (japanische Buchweizennudeln) oder Spaghettini
1 Eßlöffel Öl
2 Hähnchenbrustfilets
1 Eßlöffel asiatisches Sesamöl
150 g Champignons, blättrig aufgeschnitten
Salz und Pfeffer aus der Mühle
2 Eßlöffel gehacktes Koriandergrün zum Garnieren

Die Kokosmilch mit Geflügelfond, Zitronengrasstückchen, Ingwerscheiben, Fischsauce, Limettensaft und -schale sowie den Chillies aufsetzen; langsam heiß werden lassen und 20 Minuten simmern. Währenddessen die Nudeln nach Packungsanleitung bißfest garen. Abgießen, mit kaltem Wasser abspülen und gut abtropfen lassen. In eine Schüssel geben und mit dem Öl benetzen, damit sie nicht verkleben.

Das Hähnchenfleisch in mundgerechte Happen schneiden und mit dem Sesamöl überziehen.

Die Hähnchenstücke in die Suppe geben und je nach Größe 3–5 Minuten garen, dann die Pilze und die Nudeln hineinrühren. Mit Salz und Pfeffer abschmecken. Die Suppe auf Teller verteilen und mit Koriandergrün garnieren.

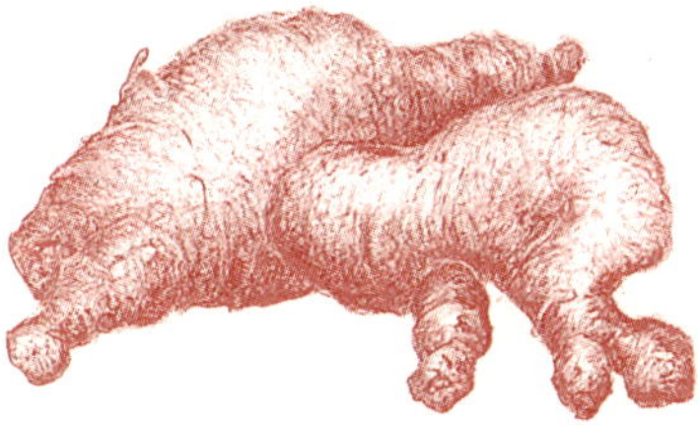

KOREANISCHE RINDFLEISCHSUPPE

Für 2–4 Personen
2 Eßlöffel geschmacksneutrales Pflanzenöl
1 Ei + 1 Eigelb (verquirlen)
1–1,5 l Rindfleisch- oder Gemüsebrühe
100 g Suppennudeln
100 g makelloses Steakfleisch, in schmale Streifen geschnitten
1–2 kleine Kolben Pak choi, feinstreifig aufgeschnitten
1 Zwiebel, in dünne Ringe geschnitten
1 kleines Bund Schnittlauch, fein gehackt
100 g Sojasprossen
Salz und Pfeffer aus der Mühle
2 Eßlöffel helle Sojasauce
2 Frühlingszwiebeln, in feine Röllchen geschnitten
1 kleine scharfe Chilischote, entkernt und fein gehackt

Einen Eßlöffel Öl im Wok erhitzen. Die verquirlten Eier hineingießen und ein Omelett backen. Herausheben, auf Küchenkrepp erkalten lassen und fein säuberlich in schmale Streifen schneiden. Die Brühe in einem Topf erhitzen.
Die Suppennudeln in reichlich sprudelndem Salzwasser knapp bißfest garen, abgießen und abtropfen lassen.
Inzwischen das restliche Öl im Wok kräftig erhitzen. Die Steakstreifen ins aufrauschende Öl geben, 90 Sekunden rührbraten, dann Pak choi, Zwiebelringe, Schnittlauch und Sojasprossen hinzufügen und eine Minute braten.
Den Wokinhalt in die heiße Brühe geben und 2 Minuten köcheln lassen. Die vorgekochten Nudeln hinzufügen. Die Suppe mit Salz, Pfeffer und Sojasauce abschmecken. Auf Suppenschalen verteilen. Jede Portion mit Frühlingszwiebeln, Chili und den Omelettstreifen garnieren. Heiß servieren.

Hinweis: Pak choi, manchmal auch Pak soi genannt, ist eine asiatische Kohlsorte mit seidig grünen Blättern und einem knackigen Stil. Das exotische Gemüse erhalten Sie in asiatischen Lebensmittelgeschäften.

MAIS-HÜHNER-SUPPE

Für 4 Personen
4 große Hähnchenteile (insgesamt ca. 1 kg)
1 Zwiebel, gehäutet und geviertelt
1/2 Teelöffel getrockneter Thymian (gerebelt)
einige Petersilienstengel
125 g Ditalini (oder andere kurze Pasta für Suppen, z. B. Tubettini)
Maiskörner von 4 Kolben (oder 250 g Dosenmais)
Salz und Pfeffer aus der Mühle
2 Eßlöffel Petersilie, gehackt

Die Hähnchenteile sorgfältig waschen und zusammen mit der Zwiebel, dem Thymian und den Petersilienstengeln in kaltem Wasser aufsetzen. Aufkochen lassen, abschäumen und bei sanfter Hitze ca. 45 Minuten garen.

Die Hähnchenteile aus der Brühe nehmen und etwas abkühlen lassen. Die Brühe durch ein Sieb passieren und wieder in den Topf gießen; das Suppengemüse auspressen und wegwerfen.

Nudeln und Maiskörner in die Brühe geben und in ca. 10 Minuten bißfest garen. Wenn Sie Mais aus der Dose verwenden, geben Sie ihn in die Brühe, wenn die Nudeln gar sind.

Sobald Sie das Fleisch anfassen können, häuten und entbeinen, in mundgerechte Happen zerteilen und wieder in die Brühe geben. Die Suppe kräftig mit Salz und Pfeffer abschmecken, auf Suppenteller verteilen und mit gehackter Petersilie servieren.

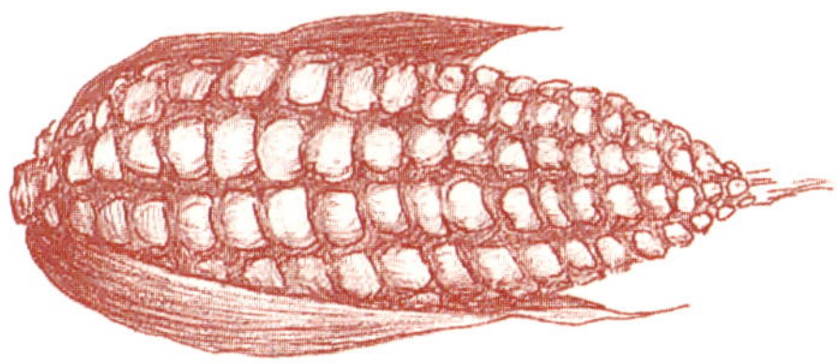

MONGOLISCHER FEUERTOPF

Diese herzhafte Spezialität ist genau das richtige für einen kalten Winterabend. Wer kein Hammel- oder Lammfleisch mag, nimmt statt dessen beispielsweise Schweinefleisch.

Für 6–8 Personen
1 kg schieres Hammel- oder Lammfleisch (bzw. Schweine- oder Rindfleisch)
200 g fester Tofu, in Würfel geschnitten
500 g Chinakohl, geputzt und feinstreifig aufgeschnitten
500 g Blattspinat, geputzt und grob zerkleinert
2 Eßlöffel Koriandergrün, gehackt
1 kleines Bund Frühlingszwiebeln, in feine Röllchen geschnitten
2 kleine, scharfe Chilischoten, entkernt und fein gehackt
250 g Glasnudeln (nach Packungsanleitung in Wasser einweichen, dann auf eine mundgerechte Länge kürzen)
Hühnerbrühe oder Wasser
4 Wolkenohrpilze (in heißem Wasser einweichen, dann in Streifen schneiden)
asiatisches Sesamöl
Sojasauce, Reiswein
Reisessig
Zucker

Das Fleisch in hauchdünne Scheiben schneiden (das geht am einfachsten, wenn das Fleisch etwas angefroren ist) und dekorativ auf einer Servierplatte anrichten. Tofu, Chinakohl und Spinat auf einer zweiten Platte anrichten. Koriandergrün, Frühlingszwiebeln und Chillies auf einen dritten Teller häufen. Die eingeweichten und gekürzten Nudeln auf Portionsschalen verteilen.
Die Brühe oder das Wasser in einem Suppentopf erhitzen. In einen Fonduetopf umfüllen und warm halten. Die Pilze hineingeben und mit Sesamöl, Sojasauce, Reiswein, Reisessig und Zucker herzhaft abschmecken. Sobald die Brühe wieder kocht, das Fleisch, den Tofu und das Gemüse nach und nach wie bei einem Fondue kurz in die heiße Brühe tauchen, bis es durchgegart ist. Die Häppchen dann herausheben, in die Schälchen über die Nudeln geben, mit den Kräutern bestreuen und portionsweise essen.
Sobald das Fleisch aufgebraucht ist, die restlichen Zutaten alle auf einmal in die Brühe geben und garen. Diese Suppe dann auf die Portionsschalen verteilen.

PHO BO (RINDFLEISCHSUPPE HANOI)

Für 6–8 Personen
Für die Rindfleischbrühe
2 kg hochwertiges Suppenfleisch (z. B. Beinscheiben)
3 kleine Zwiebeln, in feine Ringe gehobelt
1 daumenlanges Stück Ingwerwurzel, geschält und in Scheiben geschnitten
1 Möhre, geviertelt
1 Teelöffel schwarze Pfefferkörner
5 l Wasser

Für die Suppeneinlage
500 g makellose Rinderlende
200 g flache Reisnudeln (Banh pho)
Salz und Pfeffer aus der Mühle
75 ml Fischsauce (Naam Pblaa)
150 g frische Sojabohnensprossen
1 Bund Frühlingszwiebeln, in feine Ringe geschnitten
1 kleines Büschel Koriandergrün, grob gehackt
1–2 Handvoll Thai-Basilikum-Blätter
1–2 Vogelaugenchillies, entkernt und in feine Streifen geschnitten
2 Limetten zum Garnieren

Zunächst die Fleischbrühe zubereiten. Das Fleisch sorgfältig waschen und mit den übrigen Zutaten aufsetzen. Zum Kochen bringen, abschäumen und bei sanfter Hitze im offenen Topf rund eineinhalb Stunden sieden lassen. Dabei regelmäßig abschäumen.
Das Suppenfleisch mit einer Schaumkelle aus der Brühe heben und beiseite stellen. Die Brühe durch ein Sieb passieren, das Suppengemüse sorgfältig auspressen und wegwerfen.
Die Brühe wieder in einen Topf gießen und warm halten.
Nun die Rinderlende mit einem sehr scharfen Messer in hauchfeine Streifen schneiden (das geht am einfachsten, wenn das Fleisch etwas angefroren ist). Das Suppenfleisch entbeinen, von Fett und Sehnen befreien und ebenfalls in hauchfeine Scheiben schneiden.
Die Reisnudeln ca. 15 Minuten in heißem Wasser einweichen. In der Zwischenzeit einen Topf Salzwasser zum Kochen bringen. Die eingeweichten Nudeln abgießen, im sprudelnden Salzwasser rasch bißfest garen (je nach Nudelstärke

30–60 Sekunden), wiederum abgießen und auf große Suppenschalen verteilen. Das zurechtgeschnittene Suppenfleisch darübergeben.
Die Fleischbrühe wieder zum Kochen bringen. Mit Fischsauce, Pfeffer aus der Mühle und Salz abschmecken. Die in Scheiben geschnittene Rinderlende und die gewaschenen Sojasprossen dazugeben und 30–45 Sekunden angaren, bis sich das Fleisch rosa färbt.
Die Suppe abschäumen und sofort über die Nudeln gießen. Die Kräuter und je nach gewünschter Schärfe feingehackte Chillies dazugeben.
Die Limetten in Spalten schneiden und mit der Suppe zu Tisch bringen.

PHO GA (HÜHNERSUPPE SAIGON)

Für 6 Personen
100 g frische Ingwerwurzel, geschält und in Scheiben geschnitten
1 Knoblauchzehe, grob gehackt
1 kleine Zwiebel, grob gehackt
gut 1,5 kg frische Hähnchenteile
150 g flache Reisnudeln
75 ml Fischsauce (Naam Pblaa)
Salz und Pfeffer aus der Mühle
Saft einer Limette
1 kleines Bund Frühlingszwiebeln, in feine Ringe geschnitten
1 kleines Büschel Koriandergrün, grob gehackt

Die Ingwerscheiben im Mörser grob zerstoßen und zusammen mit Knoblauch und Zwiebel in einen Suppentopf geben.
Hähnchenteile unter fließendem Wasser sorgfältig abspülen, übermäßig große Fettlappen abtrennen und wegwerfen. Fleisch in den Topf geben und mit kaltem Wasser bedecken. Zum Kochen bringen und im offenen Topf etwa eine Stunde garen.
Hähnchenteile herausnehmen und in einem Sieb abtropfen lassen. Die Brühe durch ein Sieb passieren und wieder in den Topf gießen. Das Suppengemüse wegwerfen.
Die Nudeln mit kochendem Wasser überbrühen und 15 Minuten einweichen. Einen Topf Salzwasser zum Kochen bringen.
Unterdessen die abgekühlten Hähnchenteile entbeinen und häuten. Das Fleisch in mundgerechte Happen schneiden und wieder in die Suppe setzen. Mit Fischsauce, Salz, Pfeffer und Limettensaft abschmecken.

Die eingeweichten Nudeln abgießen und knapp eine Minute im sprudelnden Salzwasser garen. Abgießen und auf Suppenschalen verteilen.
Die Suppe darübergeben und mit Frühlingszwiebeln und Koriandergrün bestreuen.

SOBANUDELSUPPE MIT ZARTEM SCHWEINEFLEISCH

Für 4 Personen
350–400 g makellose Schweinelende
2 l Hühnerbrühe
2 cm Ingwerwurzel, geschält und in dünne Scheiben geschnitten
2–3 Sternanis
2–3 ganze, geschälte Knoblauchzehen
Salz und Pfeffer aus der Mühle
1 Eßlöffel Sojasauce
250 g Sobanudeln (japanische Buchweizennudeln; ersatzweise Vollkornnudeln)
250 g Pak choi (siehe Hinweis auf Seite 72)

Für die Marinade
1 Eßlöffel Hoisin-Sauce
1 Eßlöffel brauner Zucker
1–2 Teelöffel chinesisches Fünf-Gewürze-Pulver
1 Eßlöffel Sojasauce

Backofen auf 180 Grad vorheizen.
Die Zutaten für die Marinade in einem Schälchen vermischen. Die Schweinelende in eine ofenfeste Schale setzen und mit der Marinade einpinseln. 40 Minuten im heißen Ofen garen. Aus dem Ofen holen, auf ein Schneidbrett setzen und 15 Minuten ruhen lassen. Dann in dünne Scheiben schneiden und diese in mundgerechte Stücke zerteilen. Beiseite stellen.
Die Hühnerbrühe zusammen mit Ingwer, Sternanis und Knoblauch aufkochen lassen. Mit Salz und Pfeffer und der Sojasauce abschmecken. Vom Herd nehmen und etwa 30 Minuten durchziehen lassen. Dann durch ein Sieb passieren und wieder auf den Herd stellen.
Während die Brühe durchzieht, die Nudeln in reichlich Salzwasser garen. Dazu 3–4 Liter Salzwasser zum Kochen bringen und die Sobanudeln hineingeben. Sobald das Wasser wieder kocht, einen Viertelliter kaltes Wasser dazugießen.

Wieder zum Kochen bringen, erneut einen Viertelliter kaltes Wasser dazugießen und wieder zum Kochen bringen. Die Sobanudeln nun in ca. 5 Minuten bißfest garen. (Bei Vollkornnudeln wie üblich nach Packungsanleitung verfahren.) Abgießen und unter kaltem Wasser abspülen. Gut abtropfen lassen und auf Suppenschalen verteilen.
Die Brühe wieder erhitzen. Pak choi putzen und in etwa 2 Zentimeter breite Streifen schneiden. In der heißen Brühe 2 Minuten garen.
Das Schweinefleisch zu den Nudeln in die Suppenschalen geben. Mit der heißen Brühe übergießen und zu Tisch bringen.

SPANISCHE WACHTELSUPPE

Dieses Gericht gehört zur spanischen Hausmannskost und ist denkbar einfach in der Zubereitung.

Für 4 Personen
8 küchenfertige Wachteln
Salz und Pfeffer aus der Mühle
2 Eßlöffel Olivenöl
3 Zwiebeln, grob gehackt
3 Knoblauchzehen, gehackt
1/2 Glas trockener Rotwein
1 Lorbeerblatt
4 Thymianzweige
1/2 Teelöffel schwarze Pfefferkörner
je 1 l Wasser und Hühnerbrühe
125 g feine Nudeln (z. B. Engelshaar, Vermicelli oder Spaghettini)

Die Wachteln unter fließendem Wasser abspülen, dann mit Küchenkrepp trockentupfen. Rundum salzen und pfeffern. Kurz beiseite legen.
Das Öl in einem großen Suppentopf erhitzen. Zwiebeln und Knoblauch hinzufügen und 4–5 Minuten andünsten.
Die Wachteln hineinsetzen und kräftig anbraten, bis sie rundum eine schöne Farbe bekommen.
Nun mit Ausnahme der Nudeln alle übrigen Zutaten in den Topf geben. Die Suppe aufkochen lassen, dann bei sanfter Hitze und leicht geöffnetem Deckel rund eineinhalb Stunden simmern.

In der Zwischenzeit die Nudeln in kurze Stücke brechen und in reichlich sprudelndem Salzwasser al dente garen.
Die Wachteln aus der Suppe nehmen und warm stellen.
Die Nudeln auf Suppenschalen verteilen und mit der heißen Suppe übergießen. Sofort servieren.
Die Wachteln mit gedünstetem Blattgemüse und Kartoffeln zum Hauptgang servieren.

VIETNAMESISCHE BAUERNSCHALE

Für 4–6 Personen
500 g Schweinefleisch (traditionsgemäß die billigeren Teile wie z. B. durchwachsener Schweinebauch)
150 g Glasnudeln
1 l Fleischbrühe
1 Büschel (vietnamesische) Minzeblättchen
1 Büschel Thai-Basilikum
1 Büschel Koriandergrün
3 Eßlöffel neutrales Speiseöl
1–2 kleine, scharfe Chilischoten, entkernt und fein gehackt

Für die Marinade
2 cm Ingwerwurzel, geschält und fein gehackt
2 Knoblauchzehen, fein gehackt
Salz und Pfeffer aus der Mühle
1/2 Teelöffel Kreuzkümmel, gemahlen
1/2 Teelöffel Gelbwurz, gemahlen
1/2 Teelöffel Cayennepfeffer
5 Eßlöffel Fischsauce (Naam Pblaa)
3 Eßlöffel geschmacksneutrales Speiseöl

Alle Zutaten für die Marinade in einem Schälchen verrühren.
Das Fleisch in feine, mundgerechte Streifen schneiden und mit der Marinade überziehen. In eine Schüssel schichten und eine Stunde durchziehen lassen.
Die Nudeln mit kochendem Wasser überbrühen und etwa 30 Minuten einweichen lassen.
Die Fleischbrühe langsam erhitzen.
In der Zwischenzeit die Kräuter waschen, trockentupfen und grob hacken.

Das Öl in einem Wok oder einer weiten Pfanne erhitzen. Das Fleisch aus der Marinade nehmen und im heißen Öl kroß braten. Dann zusammen mit den Kräutern und den Chilischoten in die Brühe geben. Die Suppe gut heiß werden lassen.
Die Nudeln abgießen, in etwa 10 Zentimeter lange Stränge schneiden und auf Suppenschalen verteilen. Die heiße Suppe darübergießen und sofort servieren.

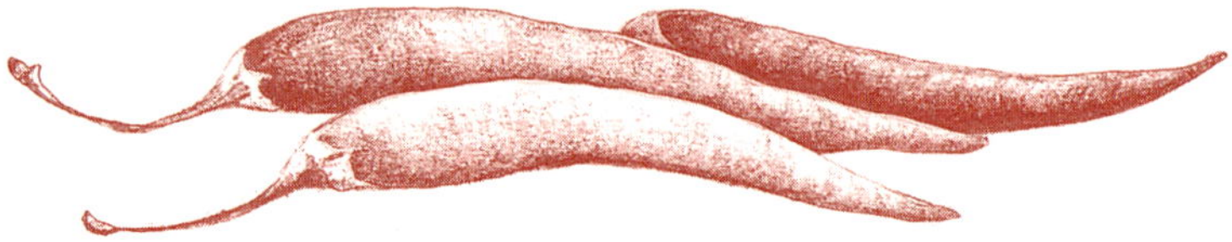

MIT FISCH UND MEERESFRÜCHTEN

BROCCOLI ALLA ROMANA

Für 4–6 Personen
1 großer Speisefisch (z. B. Barbe, Meeräsche o. ä.), ca. 1,5 kg schwer
Salz und Pfeffer aus der Mühle
1 Lorbeerblatt
Suppengemüse (1 Zwiebel, 1 Mohrrübe, 1 Selleriestengel,
1 Knoblauchzehe, 1 Handvoll Petersilie)
2 in Salz eingelegte Sardellenfilets
4 Eßlöffel Olivenöl
200 g Tomatenpüree
knapp 1 kg Brokkoli
300 g Spaghetti

Den Fisch in einen passenden Topf legen und mit knapp 2 Liter Salzwasser bedecken. Das Lorbeerblatt hinzufügen. Langsam erhitzen und leise köcheln lassen, bis das Fischfleisch weiß und fest aussieht.

In der Zwischenzeit das Gemüse und die Petersilie fein hacken. Die Sardellenfilets unter fließendem Wasser abspülen und fein würfeln.

Das Öl in einem Suppentopf erhitzen und die vorbereiteten Zutaten einige Minuten darin andünsten. Das Tomatenpüree hinzufügen und 10 Minuten schmoren.

Den gegarten Fisch aus dem Topf nehmen und beiseite stellen. Den Kochsud durchseihen und die Tomatensauce damit aufgießen. Langsam zum Kochen bringen. Den Brokkoli putzen, in Röschen teilen und in den kochenden Sud geben. Die Spaghetti grob zerkleinern und hinzufügen. Pasta und Brokkoli al dente kochen. Die Suppe auf Teller verteilen und zu Tisch bringen.

Den Fisch als Hauptgericht servieren. Sie können auch einen Teil davon in kleine Stückchen schneiden und in die Suppe geben.

CHINESISCHE MIESMUSCHELSUPPE

Für 4 Personen
1 kg Miesmuscheln
1 l Hühnerbrühe
100 g Glasnudeln
2 Knoblauchzehen, grob gehackt
1 kleines Büschel Korianderblätter, grob zerzupft
1/2 Teelöffel Pfefferkörner
ca. 3 cm Ingwerwurzel, geschält und in Scheiben geschnitten
1 frische rote oder grüne Chilischote, entkernt und gehackt
Saft von 2 Limetten und 1 Zitrone
Salz
1 Spritzer Reisessig
250 g Blattspinat, gewaschen und verlesen
2 Fleischtomaten, gehäutet und gewürfelt

Die Miesmuscheln putzen und beiseite stellen. Bereits geöffnete Muscheln aussortieren und wegwerfen.

Die Brühe in einem großen Topf, der die Muscheln fassen kann (die gekochten Muscheln brauchen doppelt soviel Platz!), erhitzen.

Die Glasnudeln mit heißem Wasser überbrühen und ca. 20 Minuten einweichen lassen.

Knoblauch, Korianderblätter und Pfefferkörner im Mörser zu einer feinen Paste zerstoßen. Diese Paste zusammen mit den Ingwerscheiben und der gehackten Chilischote in die Brühe geben. Die Brühe außerdem mit Limetten- und Zitronensaft aromatisieren. Mit Salz und einem Spritzer Reisessig abrunden.

Sobald die Brühe kocht, den Spinat, die Tomatenstückchen und die Miesmuscheln dazugeben. Garen, bis sich die Muscheln öffnen. Ungeöffnete Muscheln aussortieren und wegwerfen.

Die Nudeln abgießen und mit einer Schere auf 10–15 Zentimeter kürzen, dann auf Suppenschalen verteilen. Die Suppe und die Muscheln darübergeben. Heiß servieren.

CHINESISCHE SUPPE MIT GARNELEN-INGWER-TÄSCHCHEN

Für 4–6 Personen
1,5 l Hühnerbrühe
1 Eßlöffel Sojasauce
1 Teelöffel asiatisches Sesamöl
200 g fester Tofu, in Würfel geschnitten
2 Mohrrüben, in dünne Scheiben geschnitten
2 cm Ingwerwurzel, geschält und in Scheiben geschnitten
150 g Champignons, geputzt und blättrig geschnitten
2 Eßlöffel Speisestärke
Salz und Pfeffer aus der Mühle
2 Eßlöffel gehacktes Koriandergrün zum Garnieren

Für die Ingwertäschchen
1 Eßlöffel frisch geriebener Ingwer
1 Mohrrübe, geraspelt
1 Handvoll Sojasprossen, fein gehackt
200 g geschälte Nordseekrabben, fein gehackt
1 Eßlöffel Sojasauce
1 Eiweiß
2 Teelöffel Speisestärke
24 Wantan-Hüllen (aus dem Asienladen oder hausgemacht nach dem Grundrezept auf Seite 36)

Zunächst die Ingwertäschchen zubereiten. Alle Zutaten mit Ausnahme der Wantan-Hüllen in eine Schüssel geben, sorgfältig vermischen und eine glatte Farce herstellen.
Ein Schälchen Wasser bereitstellen. Die Wantan-Hüllen jeweils paarweise auf

einer Arbeitsfläche ausbreiten (die übrigen Hüllen mit einem feuchten Küchentuch abdecken, damit sie nicht austrocknen). Einen Löffel Füllmasse auf einen Teigflecken setzen, die Ränder mit Wasser bestreichen, den zweiten Teigflecken auf den ersten legen und die Teigränder fest zusammendrücken. Dabei darauf achten, daß keine Luftblasen entstehen – die Taschen können sonst beim Garen zerplatzen. Die gefüllten Wantans mit einem feuchten Tuch abdecken und beiseite stellen.
Die Brühe mit Sojasauce und Sesamöl würzen und heiß werden lassen. Den Tofu und das Gemüse hineingeben. Die Wantans hineinsetzen und in der heißen Suppe etwa 2 Minuten gar ziehen lassen.
Die Speisestärke in einem Schälchen mit 2 Eßlöffel Hühnerbrühe glattrühren, dann die Suppe damit binden.
Die Suppe vom Herd nehmen, mit Salz und Pfeffer abschmecken und auf Suppenschalen verteilen. Mit Koriandergrün garnieren.

JAPANISCHE GARNELENSUPPE

Für 2–3 Personen
Salz und Pfeffer aus der Mühle
150 g Sobanudeln (japanische Buchweizennudeln)
2 Teelöffel Sesamsaat
1 l Gemüse- oder Hühnerbrühe
1 Handvoll frische Garnelen (geschält und ohne Darm)
1 Spritzer Sojasauce
2 cm Ingwerwurzel, geschält und fein gehackt
2 Frühlingszwiebeln, in feine Röllchen geschnitten
1 frische grüne Chilischote, entkernt und fein aufgeschnitten

Einen Topf Salzwasser zum Kochen bringen. Die Sobanudeln hineingeben und nach Packungsanleitung bißfest garen. Abgießen und abtropfen lassen.
Die Sesamsaat ohne Fett in einem Pfännchen rösten. Sobald die Körner platzen und Farbe annehmen, das Pfännchen vom Herd nehmen.
Die Brühe erhitzen, die Garnelen hineingeben und sanft gar ziehen lassen, bis ihr Fleisch weiß und fest aussieht. Die Brühe mit Sojasauce, Salz und Pfeffer abschmecken.
Sobanudeln auf Suppenschalen verteilen. Die Suppe darübergießen und mit Ingwer, Frühlingszwiebeln und Chili bestreuen. Heiß servieren.

NUDELEINTOPF MIT VENUSMUSCHELN

Für 2 Personen
12 große Venusmuscheln
1 kleine Dose Tomaten
1 Eßlöffel Olivenöl
2 Knoblauchzehen, gehackt
1 Zwiebel, gehackt
1 kleine Zucchini, gewürfelt
Salz und Pfeffer aus der Mühle
1/2 l Fischbrühe oder Wasser
100 ml trockener Weißwein
1 Lorbeerblatt
100 g Vermicelli oder dünne Spaghetti
1 Eßlöffel Petersilie, gehackt

Die Venusmuscheln putzen und beiseite stellen.
Die Tomaten abtropfen lassen und zerkleinern, den Saft auffangen.
Das Olivenöl in einem Suppentopf erhitzen. Knoblauch, Zwiebel und Zucchiniwürfel einige Minuten darin andünsten, gelegentlich umrühren und abschließend salzen. Nun die Tomaten mit ihrem Saft, die Fischbrühe, den Wein sowie das Lorbeerblatt hinzufügen und zum Kochen bringen. Die Muscheln hinzufügen. Die Nudeln in 5 Zentimeter lange Stücke brechen und in den Topf werfen. Die Suppe wieder aufkochen lassen und unter gelegentlichem Umrühren köcheln, bis sich die Muscheln geöffnet haben und die Pasta al dente ist. Das Lorbeerblatt herausfischen.
Die Suppe auf Teller verteilen, mit der gehackten Petersilie bestreuen und zu Tisch bringen.

REISNUDELSUPPE MIT FISCHBÄLLCHEN

Für 4 Personen
175 g Reisnudeln
1 l Fisch- oder Gemüsebrühe
8 große Garnelen (abspülen, schälen und entdarmen)
50 g Eisbergsalat, feinstreifig aufgeschnitten

Für die Fischbällchen
250 g Fischfilet
2 Eßlöffel verquirltes Eiweiß
2 Teelöffel Austernsauce
1 Teelöffel asiatisches Sesamöl
1 Teelöffel Pflanzenöl
1 Teelöffel helle Sojasauce
1/2 Teelöffel Reisessig
1 Teelöffel Reiswein oder Sherry
1 Prise weißer Pfeffer

Zunächst die Fischbällchen vorbereiten. Dazu das Fischfilet in zentimetergroße Würfel zerteilen und pürieren. Das Fischfleisch in eine Schüssel füllen und mit den übrigen Zutaten vermischen. Mit den Händen gründlich durchkneten, bis die Farce glatt und gleichmäßig aussieht.
Ein Schälchen mit kaltem Wasser bereitstellen, in das Sie Ihre Hände eintauchen können. Mit immer wieder befeuchteten Händen 20 Bällchen formen.
2 Liter Wasser zum Kochen bringen. Die Fischbällchen hineinsetzen und 3–4 Minuten gar ziehen lassen. Vom Herd nehmen und mit einem Sieblöffel aus dem Wasser heben. Fischbällchen beiseite stellen. Die Fischbällchen lassen sich bis zu 2 Tage im voraus vorbereiten und halten sich im Kühlschrank frisch. Vor der Weiterverwendung auf Zimmertemperatur erwärmen.
Nun die Reisnudeln in kochendes Wasser werfen und in 3 Minuten bißfest garen. Abgießen und beiseite stellen.
Die Brühe erhitzen. Die Garnelen und die Fischbällchen hineinsetzen und wieder zum Kochen bringen. 30–45 Sekunden garen, bis sich die Garnelen rosa verfärben. Den Salat und die Nudeln einrühren und wieder aufkochen lassen. Vom Herd nehmen und sofort servieren.

SCHARF-SAURE SUPPE MIT THAI-KRÄUTERN

Für 4 Personen
200 g flache Reisnudeln
500 g Shrimps oder Garnelen in der Schale
1 Teelöffel asiatisches Sesamöl
250 g Blattspinat
2 Stengel Zitronengras
6 Knoblauchzehen
2 l Hühnerbrühe
2–3 cm Ingwer- oder Galgantwurzel, geschält
2 kleine Zwiebeln, in feine Ringe gehobelt
2 Vogelaugenchillies oder andere kleine, scharfe Chilischoten, entkernt und fein gehackt
4 Eßlöffel asiatische Fischsauce (z. B. Naam Pblaa)
1 Eßlöffel Zucker
Salz und Pfeffer aus der Mühle
4 Eßlöffel Koriandergrün, gehackt
4 Eßlöffel Thai-Basilikum, gehackt
Saft von 2 Limetten

Die Reisnudeln in eine Schüssel geben und mit kochendem Wasser überbrühen. 30 Minuten darin einweichen lassen. In der Zwischenzeit die Shrimps oder Garnelen schälen und wenn nötig den dunklen Darm entfernen. Die Schalen aufheben. Die geschälten Shrimps oder Garnelen in eine Schüssel geben und mit Sesamöl benetzen. Abdecken und durchziehen lassen.

Unterdessen den Spinat verlesen, in dünne Streifen schneiden und beiseite stellen. Das Zitronengras von den harten, äußeren Blättern befreien, das Wurzelende abschneiden. Das untere Drittel schräg in dünne Scheiben schneiden, den Rest wegwerfen. Den Knoblauch im Mörser grob zerstoßen.

Die Hühnerbrühe zusammen mit dem Zitronengras, dem zerstoßenen Knoblauch und der Ingwer- oder Galgantwurzel zum Kochen bringen, die Garnelenschalen hinzugeben und etwa 20 Minuten in der Brühe auskochen.

Die Brühe nun durch ein Sieb gießen, die Gewürze und Garnelenschalen wegwerfen. Brühe wieder in den Topf gießen. Zwiebeln und Chillies in die Suppe geben und wieder aufkochen lassen. Die Suppe 15 Minuten durchköcheln, dann mit Fischsauce, Zucker, Salz und Pfeffer abschmecken.

Die eingeweichten Nudeln abgießen und sorgfältig abtropfen lassen. Die Nudeln und den Blattspinat auf vier Suppenschalen verteilen. Die Shrimps oder Garnelen, das Koriandergrün, Basilikum und Limettensaft in die heiße Suppe rühren. Vom Herd nehmen und so lange ziehen lassen, bis die Shrimps oder Garnelen sich rosa verfärben (ca. 2 Minuten). Die Suppe auf die vorbereiteten Schalen verteilen und servieren.

THAILÄNDISCHER NUDELTOPF

Für 4 Personen

1–2 getrocknete Wolkenohrpilze
100 g asiatische Eiernudeln
1,5 l Hühnerbrühe
2 Stengel Zitronengras, geputzt und dünn aufgeschnitten
2 Kaffirzitronenblätter, haarfein aufgeschnitten
4 Knoblauchzehen, blättrig geschnitten
100 g frische Sojasprossen
100 g geschälte Garnelen
100 g Blattspinat, verlesen und in Streifen geschnitten
2 Eßlöffel Zucker
1 Eßlöffel Fischsauce (Naam Pblaa)
1 Teelöffel helle Sojasauce
1 Eßlöffel chinesischer Kochwein oder Sherry
1 kleine scharfe Chilischote, entkernt und fein gehackt
2 Eßlöffel geröstete Erdnüsse, zerstoßen
4 Frühlingszwiebeln, in dünne Röllchen geschnitten
1–2 Eßlöffel frisch gehackte Korianderblättchen

Die Wolkenohrpilze mit warmem Wasser übergießen und 20–30 Minuten einweichen. Die Nudeln in reichlich sprudelndem Salzwasser bißfest garen, abgießen und abtropfen lassen.
Die Hühnerbrühe mit Zitronengras und Zitronenblättern erhitzen.
Die Pilze abgießen und ausdrücken. Das Einweichwasser aufheben und durch einen Kaffeefilter seihen, um Sand und Verunreinigungen zu entfernen. Pilze klein schneiden und mit dem Einweichwasser in die heiße Brühe geben.
Knoblauch, Sojasprossen, geschälte Garnelen und Blattspinat hinzufügen. Die Suppe mit Zucker, Fisch- und Sojasauce sowie Kochwein oder Sherry und der Chilischote abschmecken. Drei Minuten simmern lassen.
Die heiße Suppe nun über die Nudeln gießen. Mit Erdnüssen, Frühlingszwiebeln und Koriandergrün garnieren. Heiß servieren.

TOM YAM GUNG (THAILÄNDISCHE GARNELENSUPPE)

Für 4 Personen
50 g dünne Reisnudeln
200–250 g ungeschälte, rohe Garnelen
2 Kaffirzitronenblätter, haarfein aufgeschnitten
2 Stengel Zitronengras (die harten Blätter entfernen, den Rest grob hacken)
Saft von 1 Limette
1–1,5 l Hühnerbrühe
100 g Champignons, blättrig aufgeschnitten
1 Eßlöffel helle Sojasauce
1 Eßlöffel Fischsauce (Naam Pblaa)
1 kleine grüne Chilischote, entkernt und fein gehackt
2 Teelöffel Chiliöl
1–2 Eßlöffel Koriandergrün, gehackt
2 Frühlingszwiebeln, in hauchfeine Scheibchen geschnitten

Die Reisnudeln nach Packungsanleitung in heißem Wasser einweichen, dann abgießen und abtropfen lassen.
Die Garnelen schälen und entdarmen. Die Schalen sowie die Zitronenblätter, das Zitronengras und den Limettensaft in die Hühnerbrühe geben und 15 Minuten lang auskochen. Durch ein Sieb passieren und wieder in einen Topf gießen. Nun die Garnelen und die Pilze hinzufügen. Mit Soja- und Fischsauce und der Chilischote sowie dem Chiliöl abschmecken. Dosieren Sie das höllisch scharfe Chiliöl vorsichtig, nehmen Sie nach Geschmack etwas weniger oder mehr. Die Garnelen in der heißen Suppe gar ziehen lassen. Das Koriandergrün und die Frühlingszwiebeln einstreuen.
Die Nudeln auf Suppenschalen verteilen. Die heiße Suppe darübergießen und sofort servieren.

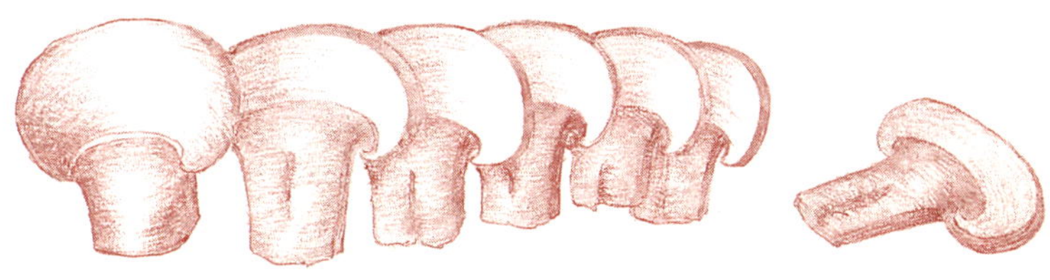

UDONSUPPE

Für 4 Personen
500 g Udonnudeln
Salz
150 g Champignons, geputzt und blättrig aufgeschnitten
150 g Blattspinat, verlesen und in Streifen geschnitten
1 Handvoll Garnelen, geschält
1 Handvoll Koriandergrün, grob gehackt

Für die Brühe
1,5 l Wasser
60 g Konbu (getrockneter Seetang)
50 ml helle Sojasauce
2 Eßlöffel Mirin (süßer Reiswein zum Kochen)

Alle Zutaten für die Brühe in einen Topf geben und zum Kochen bringen. Kurz vor Erreichen des Siedepunkts den Konbu herausfischen. Die Brühe dann bei sanfter Hitze etwa 10 Minuten durchköcheln.

In der Zwischenzeit die Udonnudeln in reichlich Salzwasser bißfest garen. Abgießen, unter fließendem kaltem Wasser gründlich abspülen und beiseite stellen.

Pilze und Spinat, Garnelen und Nudeln in die Brühe geben und heiß werden lassen.

Auf Suppenschalen verteilen und mit gehacktem Koriandergrün garnieren.

KLARE SUPPEN

GRÜNE KNÖPFLE IN FLEISCHBRÜHE

Die vielseitigen Knöpfle, eine Variante der schwäbischen Spätzle, lassen sich nicht nur als Beilage zu Fleischgerichten, sondern auch wunderbar als Suppeneinlage servieren.

Für 4 Personen
1 Portion grüne Knöpfle (siehe Seite 458)
1 l Fleisch- oder Gemüsebrühe
feingehackter Schnittlauch zum Garnieren

Den Teig für die grünen Knöpfle nach dem Rezept auf Seite 458 vorbereiten. Die Fleisch- oder Gemüsebrühe zum Kochen bringen. Den Teig durch ein Spätzlesieb direkt in die kochende Brühe passieren und darin garen, bis die Knöpfle an die Oberfläche steigen.
In der Suppe servieren und mit etwas Schnittlauch garnieren.

LAGANE IN BRODO

Dieses uralte Pastarezept findet sich in einem oberitalienischen Kodex aus dem 13. Jahrhundert. Von der Römerzeit bis weit ins Mittelalter hinein waren Lagane die einzig übliche Pastaform. Die breiten Nudelstreifen lassen sich mit heutigen Pappardelle oder Lasagneblättern vergleichen.

Für 4 Personen
1/2 Portion Nudelteig (siehe Grundrezept auf Seite 28)
1,5 l Kapaunenbrühe (ersatzweise Hühnerbrühe)
100 g geriebener Parmesan

Den Nudelteig mit der Maschine hauchdünn ausrollen und mit einem gezackten Teigrädchen 3–4 Zentimeter breite und 10–12 Zentimeter lange Streifen ausrädeln. Kurz antrocknen lassen.
Die Geflügelbrühe zum Kochen bringen und die Lagane darin al dente garen.

Mit einer Schaumkelle herausheben und lagenweise mit dem geriebenen Parmesan in Suppenteller schichten. Etwas Brühe in die Teller gießen. Die Nudeln sollen nicht in der Suppe schwimmen, aber auch nicht ganz trocken sein. Heiß servieren.

MAULTASCHENSUPPE

Für 4–6 Personen
1,5 l heiße Fleischbrühe
1/2 Portion Maultaschen nach dem Rezept auf Seite 401
2 Eßlöffel gehackter Schnittlauch zum Garnieren

Die Fleischbrühe langsam erhitzen.
Die Maultaschen nach dem Rezept auf Seite 401 vorbereiten. In die heiße Fleischbrühe geben und rund 8 Minuten garen, aber nicht sprudelnd kochen, weil sie sich sonst auflösen. Auf Suppenschalen verteilen und mit gehacktem Schnittlauch bestreut servieren.

PASTA RASA IN BRODO

Für 4 Personen
4 Eßlöffel geriebener Parmesan
2 Eier
6 Eßlöffel Semmelbrösel
abgeriebene Schale einer halben Zitrone
1 Prise frisch geriebener Muskat
1 l Fleischbrühe
Parmesan zum Servieren

Parmesan, Eier, Semmelbrösel, Zitronenschale und Muskat zu einem sehr festen Teig verarbeiten; nach Bedarf etwas mehr Semmelbrösel hinzufügen. 30 Minuten ruhen lassen. Den Teig auf einer mittleren Reibe reiben, auf einem Küchentuch ausbreiten und trocknen lassen.
Die Fleischbrühe zum Kochen bringen. Die Pasta rasa (wörtlich: geriebene Pasta) in der Brühe kochen, bis sie an die Oberfläche steigt.
Die Suppe auf Teller verteilen und mit geriebenem Parmesan anrichten.

PASTA SARACENA IN BRODO (FLEISCHBRÜHE MIT BUCHWEIZENPASTA)

Für 4 Personen
1,5 l Fleischbrühe
150 g Buchweizenmehl
1–2 Teelöffel Weizenmehl
1 Prise Salz
50–75 ml kaltes Wasser

Die Fleischbrühe langsam erhitzen.
In der Zwischenzeit die beiden Mehlsorten in eine Schüssel sieben und salzen. Mit einem Holzlöffel verrühren und tröpfchenweise das Wasser hinzufügen, bis sich etwa erbsengroße Mehlkügelchen bilden (diese Prozedur dauert ca. 20 Minuten).
Diese Mehlkügelchen in die heiße Suppe geben, einmal aufwallen lassen und servieren.

QUADRUCCI IN BRODO

Quadrucci sind kleine, vielseitig einsetzbare Suppennudeln aus Eierteig, die Sie wegen ihrer schlichten quadratischen Form (daher der Name!) einfach selbst herstellen können. Fertige Suppennudeln wie Sternchen- oder Buchstabennudeln tun's natürlich auch.

Für 4 Personen
1/2 Portion frischer Nudelteig (siehe Grundrezept auf Seite 28)
1 l Hühnerbrühe
2 Eßlöffel Butter
4 Eßlöffel frisch gehackte Petersilie oder Schnittlauch zum Garnieren
4 Eßlöffel frisch geriebener Parmesan

Nach dem Grundrezept einen Nudelteig zubereiten. Mit der Nudelmaschine ausrollen, dann mit dem Schneidaufsatz in Tagliatelle teilen. Die Tagliatelle bündeln und mit einem scharfen Messer zu kleinen Quadraten schneiden.
Die Hühnerbrühe zum Kochen bringen. Die Quadrucci hineingleiten lassen und garen: die frischen Nudeln brauchen etwa eine Minute.

Die Suppe vom Herd nehmen und mit der Butter verfeinern. Auf Teller verteilen und mit frischen Kräutern garnieren. Bei Tisch geriebenen Parmesan dazu reichen.

RAVIOLI IN BRODO

Bei den Ravioli können Sie beliebig variieren. In der Regel ißt man in der Suppe jedoch Ravioli mit einer Fleischfüllung, weil sie herzhafter schmecken als Gemüseravioli. Sehen Sie sich auch die Ravioli-Rezepte auf den Seiten 403–409 an.

Für 6 Personen
2 l Hühnerbrühe
geriebener Parmesan zum Servieren

Für die Füllung der Ravioli
250 g Rindfleisch
2 Knoblauchzehen, gestiftelt
2 Eßlöffel Butter
1 Zwiebel, fein gehackt
1 Selleriestengel, fein gehackt
Salz und Pfeffer aus der Mühle
1 Prise frisch geriebener Muskat
1 Prise Zimt
50 ml Rotwein
100 g Semmelbrösel
200 g geriebener Parmesan
2 Eier

Für den Ravioliteig
400 g Mehl
2 Eier
Salz
Wasser

Zunächst die Füllung der Ravioli zubereiten. Das Fleischstück sorgfältig von Sehnen- und Hautresten befreien. Die gestiftelten Knoblauchzehen in den Fleischtaschen verstecken. Butter in einem Schmortopf erhitzen. Das Fleischstück hineinsetzen und rundum kräftig anbraten, bis es eine schöne Farbe

bekommt. Zwiebel und Sellerie hinzufügen und einige Minuten mitdünsten. Mit Salz, Pfeffer und den übrigen Gewürzen bestreuen, den Rotwein und eine Kelle voll Hühnerbrühe angießen. Abdecken und sanft schmoren (90 Minuten); nach Bedarf etwas Flüssigkeit nachgießen.
Während das Fleisch gart, aus den angegebenen Zutaten einen Nudelteig bereiten (lesen Sie dazu das Grundrezept auf Seite 28 durch).
Das gegarte Fleisch grob würfeln und durch den Fleischwolf drehen oder in der Küchenmaschine sehr fein hacken. Mit den Semmelbröseln, dem geriebenen Parmesan und den Eiern zu einer glatten Farce verarbeiten. Mit Salz und Pfeffer, frisch geriebenem Muskat und Zimt abschmecken.
Den Nudelteig nach der Anleitung im Grundrezept ausrollen und wie beschrieben füllen und ausformen.
Die Hühnerbrühe erhitzen. Die Ravioli in der heißen Brühe in ca. 3 Minuten gar ziehen lassen und in der Brühe servieren. Mit reichlich Parmesan bestreuen und servieren.

Tip: Anstelle von frischem Fleisch eignen sich für dieses Rezept auch wunderbar Bratenreste.

RIEBELESUPPE

Für 4 Personen
1 l Fleischbrühe
1 Ei
125 g Mehl
Salz und Pfeffer aus der Mühle
1 Prise frisch geriebener Muskat
gehackter Schnittlauch zum Garnieren

Die Fleischbrühe in einem großen Topf erhitzen.
In der Zwischenzeit Ei und Mehl verrühren und mit Salz, Pfeffer und Muskat würzen. Teig auf einem Brett durchkneten, bis er glatt und fest aussieht. Anschließend mit dem Wiegemesser fein hacken und die entstandenen Riebele antrocknen lassen.
Riebele in die kochende Fleischbrühe geben und 5–10 Minuten kochen. In der Suppe servieren. Mit gehacktem Schnittlauch garnieren.

ROTELLINE IN BRODO

Die Rotelline, Pasta in Wagenradform, sehen einfach lustig aus – natürlich können Sie auch jede andere optisch interessante Form wählen, z. B. die muschelförmigen Conchigliette, Creste di gallo (Hahnenkämme) oder in sich verdrehte Eliche. Die winzigen Suppennudeln sind nicht so optimal, weil sie hinter den Sauerampferblättern verschwinden.

Für 4–6 Personen
1,5 l Hühner- oder Gemüsebrühe
250 g Rotelline
1 Büschel Sauerampfer
Salz und Pfeffer aus der Mühle

Die Brühe zum Kochen bringen. Die Pasta hineingeben und in der sprudelnden Brühe al dente garen.
Inzwischen den Sauerampfer putzen und nach Bedarf in mundgerechte Stücke reißen. Kurz bevor die Pasta gar ist, in die Brühe werfen und zusammenfallen lassen.
Mit Salz und frisch gemahlenem Pfeffer abschmecken und zu Tisch bringen.

SCHÄLKLÖSSE IN BRÜHE

Für 4 Personen
Für den Teig
300 g Mehl
Salz
4 Eier

Für die Füllung
150 g zerlassene Butter
3 Eßlöffel Semmelbrösel
2 Eßlöffel gehackte Petersilie
1 l heiße Fleischbrühe

Aus Mehl, Salz und Eiern einen Nudelteig bereiten. Sehen Sie sich dazu die Anleitung im Grundrezept auf Seite 28 an.
Den Teig möglichst dünn ausrollen. Die Teigstreifen mit der zerlassenen Butter

bepinseln. Gleichmäßig mit Semmelbröseln und gehackter Petersilie bestreuen. Die vorbereiteten Teigblätter aufrollen und flachdrücken. Die Teigrollen in Rauten schneiden, die Schnittflächen gut zusammendrücken.
In die siedende Fleischbrühe geben und knapp 10 Minuten garen. In der Suppe servieren.

TORTELLINI IN BRODO

Für 4 Personen
1 Portion Nudelteig nach dem Grundrezept auf Seite 28
1 Eiweiß (nach Wunsch)
1 l Hühnerbrühe
geriebener Parmesan zum Servieren

Für die Füllung
2 Eßlöffel Butter
200 g Hähnchenbrust, fein gewürfelt
je 50 g Mortadella und Parmaschinken, fein gewürfelt
3 Eßlöffel frisch geriebener Parmesan
1 Prise frisch geriebener Muskat
Salz und Pfeffer aus der Mühle
1 verquirltes Ei

Zunächst die Füllung für die Tortellini zubereiten. Die Butter in einer Pfanne zerlassen. Das Hähnchenfleisch, die Mortadella und den Schinken hineingeben und in wenigen Minuten rosa braten. Aus der Pfanne heben und auf Küchenkrepp abtropfen und abkühlen lassen.
Diese Mischung durch den Fleischwolf drehen, dann in eine Schüssel füllen und mit Parmesan, Gewürzen und Ei zu einer glatten Masse verarbeiten.
Den Nudelteig portionsweise mit der Nudelmaschine ausrollen. Den nicht benötigten Teig mit einem feuchten Küchentuch abdecken, damit er nicht austrocknet.
Jeweils zwei Teigblätter gleichzeitig verarbeiten. Auf einer Arbeitsfläche ausbreiten und mit einem Glas oder einem Keksförmchen Kreise von ca. 5 Zentimeter Durchmesser ausstechen. Mit einem Löffel etwas Füllmasse in die Mitte der Teigkreise setzen. Einen Backpinsel in Wasser oder Eiweiß tauchen und die Ränder um die Füllungen herum anfeuchten. Die Teigkreise zusammenklappen und gut festdrücken.

Diese Halbmonde einzeln und mit der runden Seite nach oben um den kleinen Finger wickeln. Die beiden Enden zusammenkneifen. Die Tortellini auf bemehlten Backblechen ausbreiten und mit Küchentüchern abdecken.
Die Brühe zum Kochen bringen. Die Tortellini in die sanft sprudelnde Brühe geben und garen, bis sie an die Oberfläche steigen (etwa 3–5 Minuten). In der heißen Brühe servieren. Bei Tisch geriebenen Parmesan dazu reichen.

WANTAN-SUPPE

Für 4 Personen
25–30 Wantan-Hüllen aus dem Laden
oder nach dem Grundrezept auf Seite 36
1 l Hühnerbrühe
je 1 Spritzer Reisessig und Sojasauce
2 Frühlingszwiebeln, in feine Röllchen geschnitten

Für die Füllung
250 g Schweinehack
125 g geschälte Nordseekrabben, fein gehackt
3 Frühlingszwiebeln, geputzt und fein gehackt
1 Handvoll Sojasprossen, fein gehackt
2 Knoblauchzehen, fein gehackt
1 Teelöffel frisch geriebener Ingwer
Salz und Pfeffer aus der Mühle
1 Teelöffel Zucker
1 Teelöffel Sojasauce
1 Teelöffel asiatisches Sesamöl
1 Eßlöffel Austernsauce
2 Eßlöffel Speisestärke
1 Ei

Sämtliche Zutaten für die Füllung in eine Schüssel geben und zu einer glatten Masse verrühren.
Ein Schälchen Wasser und die Wantan-Hüllen bereitstellen; die nicht benötigten Hüllen mit einem feuchten Küchentuch abdecken.
Nacheinander die Wantan-Hüllen auf einer Arbeitsfläche ausbreiten. Die Ränder mit etwas Wasser anfeuchten. Jeweils ungefähr einen Eßlöffel Füllmasse auf die Teigflecken setzen. Dann die Ränder darüber zusammenfalten und gut versie-

geln. Die beiden Enden zusammenführen und wie einen Ring zusammenkneifen. Auf ein bemehltes Backblech setzen.

Nacheinander wie beschrieben alle Wantan-Hüllen füllen.

Die Hühnerbrühe erhitzen und die Teigtäschchen darin gar ziehen lassen (5–7 Minuten). Die Suppe mit einem Spritzer Reisessig und Sojasauce abschmecken, mit den Frühlingszwiebeln garnieren und zu Tisch bringen.

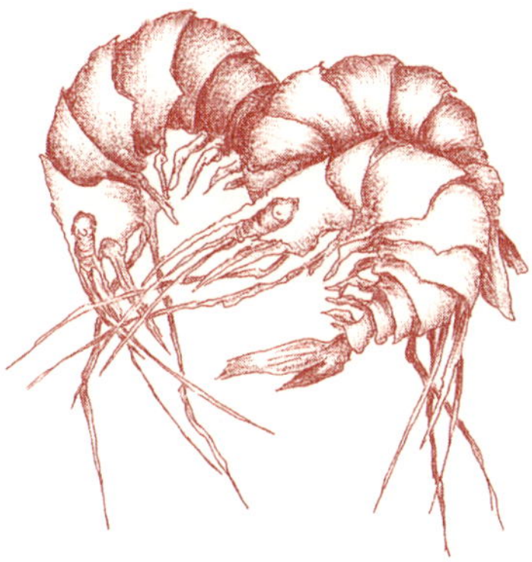

Pasta asciutta und gebratene Nudeln

GEMÜSESAUCEN

CAVATELLI MIT TOMATEN-ZUCCHINI-GEMÜSE

Für 4 Personen
2 Eßlöffel Olivenöl
2 Eßlöffel Butter
4 kleine Zucchini, gewürfelt
1 Zwiebel, gehackt
2 Knoblauchzehen, gehackt
Salz und Pfeffer aus der Mühle
1 gelbe und 1 rote Paprikaschote, gewürfelt
1 kleine Dose Tomatenstückchen
2 Eßlöffel Basilikum, gehackt
400 g Cavatelli
geriebener Parmesan

Olivenöl und Butter in einer Pfanne erhitzen. Zucchiniwürfel, Zwiebel und Knoblauch hineingeben und unter ständigem Rühren 5 Minuten andünsten. Salzen und pfeffern. Paprikawürfel hinzufügen und 5 Minuten mitdünsten. Die Tomatenstückchen einrühren und heiß werden lassen. Das Zucchinigemüse bei sanfter Hitze etwa 10 Minuten schmoren. Zum Schluß das Basilikum unterheben und kräftig nachwürzen.
Während das Gemüse schmort, die Cavatelli al dente garen.
Die Pasta abgießen und mit dem Zucchinigemüse anrichten. Mit geriebenem Parmesan servieren.

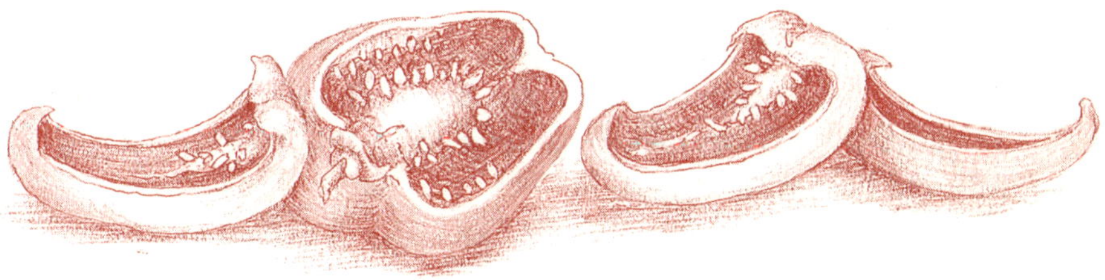

FETTUCCINE MIT TOMATEN-BASILIKUM-SAUCE

Für 2 Personen
400 g vollreife Strauchtomaten
Salz und Pfeffer aus der Mühle
200 g Fettuccine oder andere schmale Bandnudeln (Fettuccine sind ungefähr 5 mm breit)
2 Eßlöffel Olivenöl
1 kleine Zwiebel, fein gehackt
15 Basilikumblätter, in Streifen geschnitten

Die Strauchtomaten quer halbieren, entkernen und den Stielansatz entfernen. Mit der Schnittseite nach unten auf ein Gitter setzen, damit sie abtropfen können. In der Zwischenzeit das Nudelwasser zum Kochen bringen und salzen. Die Nudeln hineinwerfen und al dente garen.
Die Tomaten in grobe Stücke hacken.
Das Olivenöl in einer Pfanne erhitzen und die Zwiebel sanft darin andünsten. Die Tomatenstücke und das Basilikum einrühren und nur leise anwärmen, damit die Haut der Tomaten nicht abspringt. Salzen und pfeffern und vom Herd ziehen. Die Pasta abgießen und mit der Tomaten-Basilikum-Sauce anrichten.

GEMELLI MIT TOMATEN-FENCHEL-SAUCE

»Gemelli« bedeutet wörtlich »Zwillinge«. Hier handelt es sich um zwei in sich verdrehte, etwa daumenlange Nudelstreifen. Sie können die Gemelli auch durch jede andere Nudelsorte ersetzen. Wählen Sie nach Möglichkeit ein Format, das den Fenchel- und Tomatenstreifen entspricht, also beispielsweise Penne oder Sedanini.

Für 2 Personen
je 1 Eßlöffel Olivenöl und Butter
1 Knoblauchzehe, gehackt
1 Fenchelknolle, geputzt und in Streifen geschnitten
1–2 große Fleischtomaten, gehäutet, entkernt und in Streifen geschnitten
Salz und Pfeffer aus der Mühle
200 g Gemelli
fein gehacktes Fenchelgrün zum Garnieren
geriebener Parmesan oder Pecorino

Einen Topf Nudelwasser zum Kochen bringen.
Inzwischen das Olivenöl und die Butter in einer Pfanne heiß werden lassen. Den Knoblauch hineingeben und 1–2 Minuten andünsten. Fenchel- und Tomatenstreifen hinzufügen und unter ständigem Wenden in etwa 5 Minuten weich dünsten. Mit Salz und frisch gemahlenem Pfeffer abschmecken. Abdecken und warm stellen.
Das Nudelwasser salzen. Die Gemelli im sprudelnden Wasser al dente garen, abgießen und abtropfen lassen.
Die Nudeln in die Pfanne zum Gemüse geben und kurz darin schwenken. Gut durchmischen, dann auf Teller verteilen und mit dem Fenchelgrün garnieren. Mit geriebenem Parmesan oder Pecorino servieren.

MACCHERONI ALLA SICILIANA

Für 3 Personen
4 Eßlöffel Olivenöl
1 Zwiebel, fein gehackt
1 Knoblauchzehe, fein gehackt
1 kleine rote oder gelbe Paprikaschote, fein gewürfelt
1 Lorbeerblatt
Salz und Pfeffer aus der Mühle
200 ml Tomatenpüree
8 schwarze Oliven, entsteint und grob gehackt
4 Sardellenfilets in Salz, gesäubert und gehackt
1 Teelöffel getrockneter Oregano
250 g Maccheroni (oder andere Röhrennudeln)
1 Eßlöffel Petersilie, gehackt
geriebener Pecorino

Das Olivenöl in einer Pfanne heiß werden lassen. Zwiebel und Knoblauch einige Minuten darin andünsten. Dann die Paprikawürfel hinzufügen. Das Lorbeerblatt hineinkrümeln, salzen und pfeffern. Das Gemüse 7–8 Minuten dünsten, dann das Tomatenpüree, die Oliven, die Sardellen und den Oregano unterrühren. Heiß werden lassen und 20–30 Minuten leise durchköcheln.
In der Zwischenzeit die Maccheroni in reichlich sprudelndem Salzwasser al dente garen. Abgießen und in eine Schüssel füllen. Mit der Tomatensauce vermischen und mit gehackter Petersilie bestreuen. Bei Tisch geriebenen Pecorino dazu reichen.

PAPPARDELLE ALLA BOSCAIOLA – MIT PILZEN UND TOMATEN

Für 4 Personen
20 g getrocknete Steinpilze
1 kleine Zwiebel, fein gehackt
1 Knoblauchzehe, fein gehackt
1–2 Eßlöffel Butter
200 g frische geschälte Erbsen
50 ml trockener Weißwein
250 g Tomatenpüree
Salz und Pfeffer aus der Mühle
400 g Pappardelle
geriebener Parmesan

Die Steinpilze mit kochendem Wasser überbrühen und 30 Minuten einweichen. Die Pilze aus dem Wasser nehmen, gut ausdrücken und fein hacken. Harte und knorpelige Stellen entfernen. Das Pilzwasser durch einen Kaffeefilter oder ein feines Sieb gießen und beiseite stellen.

Zwiebel und Knoblauch in der Butter anglasen. Die Erbsen hinzufügen und so lange andünsten, bis sie rundum glänzen. Nun die Pilze dazugeben und einige Minuten unter ständigem Rühren mitdünsten. Den Weißwein angießen und einkochen lassen.

Das Tomatenpüree einrühren, heiß werden und köcheln lassen, bis die Erbsen weich sind. Nach Wunsch die Sauce mit etwas Pilzwasser verdünnen. Herzhaft mit Salz und Pfeffer abschmecken und vom Herd nehmen.

Während die Sauce köchelt, die Pappardelle in Salzwasser al dente garen.

Die Pasta abgießen und in eine Servierschüssel füllen. Die Nudeln mit der Sauce überziehen und servieren. Bei Tisch geriebenen Parmesan dazu reichen.

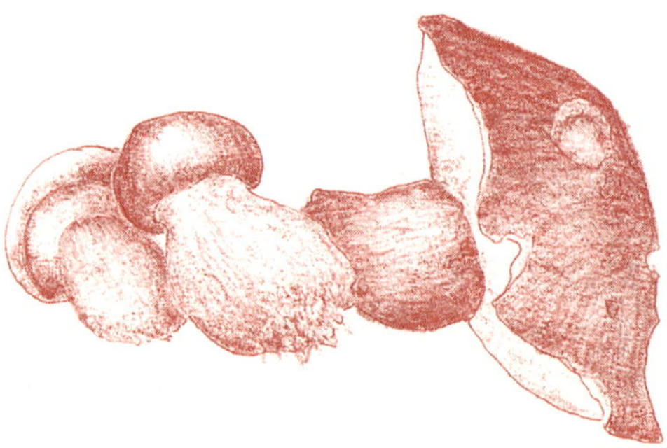

PASTA ALLA NORMA

Für 4 Personen
3–4 kleinere Auberginen
Salz und Pfeffer aus der Mühle
4–5 Eßlöffel Olivenöl
2 Knoblauchzehen, fein gehackt
500 g Tomatenpüree
1 Handvoll Basilikumblätter, fein gehackt
400 g Röhrennudeln (z. B. Candele, Maccheroni, Ziti)
4 Eßlöffel geriebener Pecorino

Die Auberginen waschen, der Länge nach in gut fingerdicke Scheiben schneiden und einsalzen. Auf einem schräg gestellten Küchenbrett oder in einem Sieb ziehen lassen. Nach 30 Minuten unter fließendem Wasser abspülen und trocken tupfen. Das Olivenöl in einer Pfanne erhitzen. Die Auberginen würfeln und im heißen Öl weich braten. Den Knoblauch zusammen mit dem Tomatenpüree und dem Basilikum unterrühren. Mit Salz und Pfeffer abschmecken und 10–15 Minuten weiterschmoren lassen.
Die Nudeln in reichlich Salzwasser al dente kochen. Abgießen und mit der Sauce anrichten. Jede Portion mit frisch geriebenem Pecorino bestreuen und servieren.

PASTA GRANDE ESTATE – SOMMERLICHE GEMÜSEPASTA

Für 4 Personen
4 Eßlöffel Olivenöl
1 große Zwiebel, in Ringe geschnitten
3 Knoblauchzehen, fein gehackt
2 kleinere Auberginen, fein gewürfelt
2 mittelgroße Zucchini, gewürfelt
1 gelbe Paprikaschote, gewürfelt
1 Fleischtomate, gehäutet, entkernt und gewürfelt
250 ml Tomatenpüree
Salz und Pfeffer aus der Mühle
1 kleine getrocknete Pfefferschote, zerstoßen
400 g kurze Röhrennudeln (z. B. Penne, Rigatoni, Tortiglioni)
1 Handvoll Basilikumblätter, fein gehackt
geriebener Parmesan

Das Olivenöl in einem Schmortopf erhitzen. Zwiebelringe und Knoblauch einige Minuten sanft darin andünsten. Das übrige Gemüse hinzufügen und 5–7 Minuten unter regelmäßigem Wenden dünsten. Das Tomatenpüree hinzugießen. Mit Salz, Pfeffer und der getrockneten Pfefferschote würzen. Abdecken und auf kleiner Flamme ungefähr 30 Minuten leise schmoren lassen.
Die Pasta in einem Topf Salzwasser al dente garen. Abgießen und in eine vorgewärmte Servierschüssel füllen. Mit der Gemüsesauce überziehen, das Basilikum unterheben und alles gründlich vermischen. Mit geriebenem Parmesan servieren.

PASTA MIT TOMATEN UND PAPRIKAPÜREE

Für 4 Personen
2 rote und 2 gelbe Paprikaschoten
6–8 Eßlöffel Olivenöl extra vergine
Salz und Pfeffer aus der Mühle
1 Knoblauchzehe, fein gehackt
2 Eßlöffel Petersilie, gehackt
250 g Tomatenpüree
400 g kurze Pasta (Farfalle, Penne, Rigatoni o. ä.)
4 Eßlöffel geriebener Pecorino

Die Paprikaschoten auf den Bratrost legen und unter dem Grill im Backofen rösten, bis die Haut bräunt und Blasen wirft (ca. 40 Minuten). Die heißen Paprikaschoten in eine Schüssel legen und abdecken, damit sie ein wenig nachdämpfen können. Nach 15 Minuten häuten, entkernen und in feine Streifen schneiden.
Das Olivenöl langsam in einer weiten Pfanne erwärmen. Die Paprikastreifen darin andünsten, salzen und pfeffern. Herausnehmen und warm stellen. Die Knoblauchzehe und die Petersilie im Olivenöl leise andünsten. Tomatenpüree hinzufügen und in 30 Minuten zu einer sämigen Sauce verköcheln lassen. Die Paprikastreifen wieder hinzufügen und gut durchwärmen. Nochmals mit Salz und Pfeffer abschmecken.
Die Nudeln in reichlich Salzwasser al dente kochen. Abgießen, auf Teller verteilen und mit der Paprikasauce anrichten. Geriebenen Pecorino darüberstreuen und auftragen.

PENNE ALL'ARRABBIATA

Für 2 Personen
2 Eßlöffel Olivenöl
1 Knoblauchzehe, fein gehackt
1 kleine Dose Tomatenstückchen
je nach gewünschter Schärfe 2–4 getrocknete rote Pfefferschoten
1 Eßlöffel Tomatenmark
2 Eßlöffel trockener Rotwein
Salz und Pfeffer aus der Mühle
200 g Penne
1 Eßlöffel Petersilie, gehackt

Das Olivenöl in einem Topf erhitzen. Die Knoblauchzehe 2–3 Minuten darin andünsten, aber nicht bräunen. Die Tomatenstückchen hinzufügen, die Pfefferschoten hineinkrümeln und heiß werden lassen.
Das Tomatenmark und den Wein unterrühren. Salzen und pfeffern. Den Topf abdecken, aber nicht ganz verschließen. Die Tomatensauce 25 Minuten leise schmoren lassen.
Die Penne in Salzwasser al dente kochen. Abgießen und in eine Servierschüssel füllen. Mit der Tomatensauce vermischen. Mit Petersilie bestreuen und zu Tisch bringen.

PENNE MIT FRISCHER TOMATENSAUCE UND SCHWARZEN OLIVEN

Für 4 Personen
1 kg vollreife Fleischtomaten
150 g schwarze Oliven
10 große Basilikumblätter, in feine Streifen geschnitten
2 Knoblauchzehen, fein gehackt
Salz und Pfeffer aus der Mühle
500 g Penne

Die Tomaten ca. 30 Sekunden in kochendes Wasser tauchen. Herausheben, die Haut mit einem spitzen Messer abziehen. Die Tomaten quer halbieren, entkernen, den Stielansatz entfernen und mit der Schnittseite nach unten auf ein Gitter setzen, wo sie abtropfen können.

In der Zwischenzeit die schwarzen Oliven entsteinen und grob hacken. In eine Schüssel füllen und mit Basilikum und Knoblauch vermischen.
Die Tomaten nun in Streifen schneiden und unter die Olivenmischung heben. Salzen und pfeffern und durchziehen lassen.
Einen Topf Wasser für die Nudeln aufsetzen und salzen. Die Penne ins sprudelnde Wasser geben und al dente garen. Abgießen und in eine Servierschüssel füllen. Mit den Tomaten vermischen und zu Tisch bringen.

PENNE MIT GESCHMORTEN TOMATEN

Für dieses Rezept sollten Sie getrocknete Kräuter verwenden. Sie eignen sich besser als frische, weil sie robuster sind und das lange Garen im heißen Ofen besser vertragen.

Für 4 Personen
500 g Penne
1 Knoblauchzehe, fein gehackt
4 Eßlöffel Hühnerbrühe
1 Eßlöffel Tomatenmark (mit 1 Eßlöffel Nudelwasser glattrühren)
Salz und Pfeffer aus der Mühle
2 Eßlöffel Olivenöl

Für die geschmorten Tomaten
750 g Eiertomaten
3–4 Knoblauchzehen, fein gehackt
1 Teelöffel getrockneter Thymian
1 Teelöffel getrockneter Rosmarin
1 Teelöffel getrockneter Oregano
Salz und Pfeffer aus der Mühle
Olivenöl

Den Backofen auf 200 Grad vorheizen.
Die Tomaten längs vierteln und in eine ofenfeste Form setzen. Knoblauch und getrocknete Kräuter in einem Schälchen vermengen. Diese Mischung über die Tomaten streuen. Salzen und pfeffern. Das Ganze mit Olivenöl beträufeln und in den heißen Ofen schieben. 30–45 Minuten schmoren lassen.
2 Eßlöffel Olivenöl in einer Pfanne erhitzen. Die Knoblauchzehe darin andün-

sten. Die Tomaten aus dem Ofen holen und mit dem gezogenen Saft in die Pfanne rühren. Die Brühe angießen und alles kurz durchköcheln lassen.
In der Zwischenzeit die Penne in sprudelndem Salzwasser al dente garen.
Die Sauce mit Tomatenmark andicken. Die Penne abgießen und unter die Sauce heben; heiß werden lassen und mit Salz und frisch gemahlenem Pfeffer abschmecken.

RIGATONI MIT GETROCKNETEN TOMATEN

Die Sauce aus den getrockneten Tomaten, eigentlich fast schon ein Pesto, läßt sich im voraus zubereiten und hält sich einige Tage im Kühlschrank frisch. Die Sauce dann vor dem Servieren auf Zimmertemperatur erwärmen.

Für 3–4 Personen
200 g getrocknete Tomaten in Öl
1 Büschel Minzeblättchen, grob zerzupft
50 g Walnußkerne, grob gehackt
2 Eßlöffel Tomatenmark, mit 2 Eßlöffel Wasser verrührt
4–6 Eßlöffel Olivenöl
2 Knoblauchzehen, fein gehackt
Salz und Pfeffer aus der Mühle
350 g Rigatoni
geriebener Pecorino

Die Tomaten gründlich abtropfen lassen und grob zerkleinern. Zusammen mit Minze, Walnußkernen, Tomatenmark, 4 Eßlöffel Olivenöl und Knoblauch in die Küchenmaschine füllen und zu einer groben Paste pürieren. Salzen und pfeffern. Nach Bedarf mit etwas mehr Olivenöl glattrühren.
Die Rigatoni in sprudelndem Salzwasser al dente garen. Abgießen und mit dem Tomatenpesto anrichten. Mit geriebenem Pecorino servieren.

SEDANINI MIT TOMATEN-OLIVEN-SAUCE

Für 2 Personen
3 Strauchtomaten, gehäutet, entkernt und grob gehackt
1 gelbe Paprikaschote, fein gewürfelt
2 Knoblauchzehen, fein gehackt
1 Mozzarellakugel aus dem Beutel (125 g), fein gewürfelt
12–15 schwarze Oliven, entsteint und grob gehackt
3 Eßlöffel gemischte, gehackte Kräuter (z. B. Basilikum, Petersilie, Minze, Kerbel, Schnittlauch)
3 Eßlöffel Olivenöl (nach Bedarf etwas mehr)
Balsamessig
Salz und Pfeffer aus der Mühle
200 g Sedanini (oder eine andere Sorte kurze Röhrennudeln, z. B. Rigatoni, Penne)

Tomaten, Paprika, Knoblauch, Mozzarella, Oliven und die Hälfte der gehackten Kräuter in einer Schüssel vermischen. Mit Olivenöl, Balsamessig, Salz und Pfeffer würzen. Abdecken und rund 30 Minuten durchziehen lassen.
Die Sedanini al dente kochen, abgießen und in eine Servierschüssel füllen. Mit der Tomatensauce vermischen. Wenn nötig, mit etwas mehr Olivenöl beträufeln. Mit den restlichen Kräutern bestreuen und zu Tisch bringen.

SPAGHETTI IN ESTRAGON-TOMATEN-SAUCE

Für 4 Personen
2 Knoblauchzehen, fein gehackt
2 Eßlöffel Olivenöl
500 ml Tomatenpüree
2 Eßlöffel Kapern, gehackt
4 Eßlöffel Estragonblättchen, gehackt
Salz und Pfeffer aus der Mühle
400 g Spaghetti
geriebener Pecorino

Den Knoblauch in Olivenöl sanft andünsten. Das Tomatenpüree hinzufügen, Kapern und Estragon einrühren, salzen und pfeffern. Die Sauce ca. 20 Minuten leise schmoren.

In der Zwischenzeit die Spaghetti al dente garen.
Spaghetti abgießen und mit der Estragon-Tomaten-Sauce anrichten. Mit geriebenem Pecorino servieren.

SPAGHETTI MIT AUBERGINEN, KAPERN UND OLIVEN

Für 4 Personen
1 mittelgroße Aubergine
Salz
1 große Dose Tomaten
4 Eßlöffel Olivenöl
1 Zwiebel, grob gehackt
1 Knoblauchzehe, fein gehackt
1 gelbe Paprikaschote, in Streifen geschnitten
1 Eßlöffel Kapern (abtropfen lassen)
12 schwarze Oliven, entsteint und grob gehackt
Pfeffer aus der Mühle
100 ml trockener Weißwein
400 g Spaghetti
2 Eßlöffel frisch gehacktes Basilikum

Die Aubergine der Länge nach in zentimeterdicke Scheiben schneiden. Auf beiden Seiten einsalzen, senkrecht in ein Sieb stellen und 30 Minuten durchziehen lassen. Die Aubergine anschließend sorgfältig abspülen, trockentupfen und in Würfel schneiden.
Während die Aubergine durchzieht, die Tomaten abgießen und würfeln.
Das Olivenöl in einem Schmortopf erhitzen. Zwiebel und Knoblauch 5 Minuten darin andünsten. Dann die Auberginenwürfel und den Paprika hinzufügen und 5 Minuten mitdünsten. Dabei ständig umrühren, damit das Gemüse nicht anbrennt. Tomaten, Kapern und Oliven einrühren. Salzen und pfeffern. Den Weißwein hinzugießen. Die Sauce zum Kochen bringen und auf kleiner Flamme 25 Minuten durchschmoren.
In der Zwischenzeit die Spaghetti al dente garen. Abgießen und mit der Tomatensauce anrichten. Mit Basilikum bestreuen und zu Tisch bringen.

SPAGHETTI PICCANTI

Für 4 Personen
50 ml Olivenöl
2 Knoblauchzehen, geschält
2 Eßlöffel Petersilie, fein gehackt
500 g vollreife Tomaten, gehäutet, entkernt und gewürfelt
30 g Kapern (abtropfen lassen und hacken)
100 g schwarze Oliven, entsteint und grob gehackt
2 scharfe getrocknete Pfefferschoten, zerstoßen
Salz und Pfeffer aus der Mühle
350 g Spaghetti
geriebener Pecorino

Das Olivenöl langsam in einem Topf erwärmen. Die ganzen Knoblauchzehen und die Petersilie sanft andünsten. Bevor der Knoblauch Farbe annimmt, die gewürfelten Tomaten hinzufügen und heiß werden lassen. Dann die Kapern, Oliven und Pfefferschoten in die Tomatensauce rühren. Salzen und pfeffern. Bei milder Hitze 25 Minuten schmoren lassen. Nach Bedarf etwas warmes Wasser angießen.
Spaghetti in Salzwasser al dente kochen. Abgießen und mit der Sauce anrichten. Mit geriebenem Pecorino bestreuen und servieren.

SPINATNUDELN MIT FRISCHER TOMATENSAUCE

Für 4 Personen
1 kg vollreife Strauchtomaten
2 Eßlöffel Olivenöl
2 Knoblauchzehen, fein gehackt
1 kleine getrocknete Pfefferschote, zerstoßen
Salz und Pfeffer aus der Mühle
50 ml Weißwein
400 g Spinatnudeln (Tagliatelle, Linguine, Spaghetti)
4 Eßlöffel geriebener Parmesan

Einen Topf Nudelwasser zum Kochen bringen.
In der Zwischenzeit die Tomaten häuten und in etwa zentimetergroße Würfel schneiden.

Das Öl in einer Pfanne erhitzen. Den Knoblauch zusammen mit der Pfefferschote darin andünsten. Die Tomaten hinzufügen, salzen und pfeffern. Einige Minuten leise schmoren. Den Weißwein hinzugießen und sanft einköcheln lassen.
Das Nudelwasser salzen und die Pasta darin al dente garen. Abgießen und mit der Tomatensauce anrichten. Bei Tisch geriebenen Parmesan dazu reichen.

TAGLIOLINI MIT SOMMERLICHER TOMATENSAUCE

Für 4 Personen
750 g vollreife Sommertomaten, gehäutet und entkernt
2 Eßlöffel Basilikum, fein gehackt
2 Knoblauchzehen, fein gehackt
2 Eßlöffel frische Oreganoblättchen, fein gehackt
Salz und Pfeffer aus der Mühle
2 Eßlöffel Olivenöl
400 g Tagliolini

Die Tomaten grob zerkleinern und in eine Schüssel füllen. Mit Basilikum, Knoblauch und Oregano vermischen. Salzen und pfeffern und einen Eßlöffel Olivenöl unterrühren. Abdecken und etwa 2 Stunden durchziehen lassen.
Die Tagliolini in reichlich sprudelndem Salzwasser knapp al dente garen.
Das restliche Olivenöl in einer Pfanne heiß werden lassen. Die Tagliolini abgießen und in die Pfanne geben. Mit der Tomatensauce vermischen und 2–3 Minuten sautieren.
Auf Teller verteilen und zu Tisch bringen.

VERMICELLI MIT TOMATEN-OLIVEN-PASTE

Für 4 Personen
1 kg vollreife Tomaten, gehäutet, entkernt und gewürfelt
Salz und Pfeffer aus der Mühle
2 Eßlöffel Balsamessig
150 g schwarze Oliven, entsteint und grob gehackt
3 Eßlöffel Olivenöl
2 Knoblauchzehen, grob gehackt
1 kleines Bund Petersilie
400 g Vermicelli (oder andere feine Nudeln)
geriebener Pecorino

Die Tomaten in eine Schüssel füllen und mit Salz, Pfeffer und Balsamessig würzen. Abdecken und durchziehen lassen.
In der Zwischenzeit die Oliven mit Olivenöl, Knoblauch und Petersilienblättern in der Küchenmaschine zu einer feinen Paste pürieren.
Die Vermicelli in Salzwasser al dente garen, abgießen und in eine große Schüssel geben. Mit der Olivenpaste überziehen, dann die Tomaten unterheben und gut vermischen. Mit geriebenem Pecorino servieren.

BUCATINI MIT BLATTGRÜN VON ROTEN BETEN

Wenn Sie frische rote Beten einkaufen, können Sie ruhig auch einmal das Blattgrün verwenden. In der Pfanne sautiert, wird daraus im Handumdrehen eine leichte und interessante Beilage mit einem herben, erdigen Geschmack. Wählen Sie kleinere Beten, die noch zarte und knackig frische Blätter haben. Blattgrün, das bereits welk und müde am Stengel hängt, ist kein Genuß.

Für 2 Personen
200 g Bucatini
Salz und Pfeffer aus der Mühle
Blattgrün von 1 Bund roter Beten
2 Knoblauchzehen, fein gehackt
4 Eßlöffel Olivenöl
1–2 Eßlöffel Zitronensaft
nach Wunsch 1–2 Eßlöffel geröstete Pinienkerne zum Garnieren

Die Bucatini in einem großen Topf Salzwasser knapp al dente garen. Abgießen und abtropfen lassen.
Die Blätter der roten Beten waschen und in fingerbreite Streifen schneiden. Zusammen mit dem gehackten Knoblauch in Olivenöl sautieren, bis sie zusammenfallen. Salzen und pfeffern und mit Zitronensaft fein säuerlich abschmecken. Die Nudeln in die Gemüsepfanne geben, kurz anrösten und gründlich mit dem Blattgrün vermischen.
Auf Teller verteilen und nach Wunsch mit gerösteten Pinienkernen garnieren.

FARFALLE MIT GRÜNEN TOMATEN

Wahrscheinlich werden Sie nicht eigens losziehen, um grüne Tomaten zu kaufen. Wenn Sie jedoch in Ihrem Garten selber Tomaten anbauen, ist dieses Rezept wie geschaffen für die letzten Früchte, die im Herbst noch an den Sträuchern hängen und vor dem ersten Frost in Sicherheit gebracht werden müssen.

Für 2 Personen
1 rote oder gelbe Paprikaschote
3 Eßlöffel Olivenöl
2 Knoblauchzehen, fein gehackt
1 kleine Zwiebel, fein gehackt
500 g grüne Tomaten, gewürfelt
2 Teelöffel frischer oder 1 Teelöffel getrockneter Oregano
Salz und Pfeffer aus der Mühle
100 ml Gemüsebrühe
1/2 Glas trockener Weißwein
200 g Farfalle
geriebener Parmesan

Die Paprikaschote vierteln und entkernen. Mit ein wenig Olivenöl einpinseln und mit der Schnittseite nach unten auf ein mit Backtrennpapier ausgelegtes Backblech setzen. Unter den Grillschlangen im Backofen (oder im 200 Grad heißen Ofen) braten, bis die Haut bräunt und Blasen wirft. Paprikaviertel aus dem Ofen nehmen, in eine Schüssel legen und 15 Minuten nachdämpfen lassen. Dann häuten und in schmale Streifen schneiden.
Das restliche Olivenöl in einem Topf erhitzen. Knoblauch und Zwiebel einige Minuten sanft darin andünsten. Die gewürfelten Tomaten hinzufügen, mit Oregano, Salz und Pfeffer würzen; 5 Minuten dunsten, dann die Gemüsebrühe

angießen und ca. 20 Minuten bei sanfter Hitze im leicht geöffneten Topf weich schmoren. Gelegentlich umrühren. Einige Minuten vor Ende der Garzeit den Weißwein hinzugießen, die Paprikastreifen unterheben und heiß werden lassen. Während die Tomaten schmoren, die Farfalle in sprudelndem Salzwasser al dente garen. Abgießen und mit der Tomatensauce anrichten. Mit geriebenem Parmesan servieren.

FARFALLE CON CARCIOFI – MIT ARTISCHOCKEN

Für 2–3 Personen
Saft einer halben Zitrone
2 frische Artischocken
2 Eßlöffel Olivenöl
1 Zwiebel, fein gehackt
1 Knoblauchzehe, fein gehackt
4 getrocknete Tomaten (abtropfen lassen und fein hacken)
Salz und Pfeffer aus der Mühle
100 ml trockener Weißwein
250 g Farfalle oder andere kurze Pasta
50 g Ziegenfrischkäse (ersatzweise Feta)

Eine Schale Wasser bereitstellen und mit Zitronensaft säuern. Die Artischocken putzen. Die harten äußeren Blätter und die haarige Blüte entfernen. Das weiche Herz und die weichen Teile der Blätter in feine Juliennestreifen schneiden und sofort in das Zitronenwasser legen. Den Artischockenstiel schälen, ebenfalls klein schneiden und ins Zitronenwasser legen.
Einen Topf Nudelwasser zum Kochen bringen.
Das Olivenöl in einer Pfanne erhitzen. Zwiebel und Knoblauch darin weich dünsten, aber nicht bräunen. Die Artischockenstreifen hinzufügen und kurz anschwitzen. Die getrockneten Tomaten einrühren. Salzen und pfeffern, dann mit 1–2 Eßlöffel Zitronenwasser und dem Weißwein ablöschen. Leise weiterschmoren lassen.
Das kochende Nudelwasser salzen, die Farfalle hineingeben und al dente garen. Ab und zu umrühren. Eine Kelle Kochwasser abschöpfen und beiseite stellen.
Wenn die Artischockenpfanne zu trocken wird, etwas Zitronen- oder Nudelwasser hinzugießen. Wenn die Artischocken nach rund 25 Minuten weich sind, die Hälfte des Käses zerkrümeln, in die Pfanne rühren und cremig weich werden lassen.

Die Farfalle abgießen, abtropfen lassen und unter das Artischockengemüse heben. Gut durchmischen und auf Teller verteilen. Den restlichen Käse zerkrümeln und die einzelnen Portionen damit garnieren.

FARFALLE IN SPARGEL-ZITRONEN-SAUCE

Hier ist grüner Spargel gefragt, weil er intensiver schmeckt und im Verein mit den weißen Nudeln auch hübscher aussieht. Wenn Sie weißen Spargel verwenden wollen, sollten Sie das Gericht mit einer gewürfelten Tomate oder gehackten Kräutern optisch aufpeppen.

Für 4 Personen
500 g grüner Spargel
Salz und Pfeffer aus der Mühle
400 g Farfalle
3 Eßlöffel Butter
Saft und abgeriebene Schale von 2 unbehandelten Zitronen
100 ml Weißwein
geriebener Parmesan

Grüner Spargel muß in der Regel nicht eigens geschält werden. Bei sehr dicken Spargelstangen empfiehlt es sich jedoch, die Schalen zu entfernen. Ansonsten nur die holzigen Enden abknipsen. Den Rest schräg in ca. 2 Zentimeter lange Stücke schneiden. Die Spitzen ganz lassen. Die Spargelstücke in einen Dämpfeinsatz legen und 3–5 Minuten im Wasserdampf vorgaren. Herausheben und unter kaltem Wasser abschrecken. Abtropfen lassen.
Einen Topf Salzwasser zum Kochen bringen und die Nudeln darin al dente garen. Abgießen und abtropfen lassen.
Die Butter in einer Pfanne zerlassen. Zitronensaft und -schale einrühren und dünsten, bis die Butter kräftig nach Zitrone duftet. Salzen und pfeffern. Den Weißwein hinzugießen und heiß werden lassen. Die Nudeln und den Spargel in die Pfanne geben, wieder heiß werden lassen und mit der Sauce vermischen. Auf Teller verteilen und mit geriebenem Parmesan servieren.

FARFALLE MIT FRISCHEN ERBSEN

Für 4 Personen
2 Eßlöffel Butter
100 g Schinkenwürfel (nach Wunsch)
1 kleine Zwiebel, fein gehackt
1 Knoblauchzehe, fein gehackt
300 g geschälte, frische Erbsen
250 ml Hühner- oder Gemüsebrühe
Salz und Pfeffer aus der Mühle
frisch geriebener Muskat
400 g Farfalle
1 Eßlöffel Petersilie, gehackt
geriebener Parmesan

Die Butter in einer Pfanne erhitzen. Nach Wunsch die Schinkenwürfel in der heißen Butter knusprig braten, herausnehmen und auf Küchenkrepp abtropfen lassen.
Zwiebel und Knoblauch in der verbliebenen Pfanne glasig dünsten. Die Erbsen hinzufügen und eine Minute in der Butter schwenken, bis sie rundum glänzen. Dann mit der Brühe auffüllen und garen, bis die Erbsen zwar weich sind, aber noch leuchtend grün aussehen (je nach Größe der Erbsen 5–10 Minuten). Mit Salz, Pfeffer und Muskat abschmecken und nach Wunsch die gebratenen Schinkenwürfel unterheben.
Die Farfalle in reichlich sprudelndem Salzwasser al dente garen. Abgießen (dabei etwas Nudelwasser aufheben) und mit der Erbsensauce anrichten. Nach Bedarf mit etwas Nudelwasser geschmeidig rühren. Mit gehackter Petersilie bestreuen und servieren. Bei Tisch geriebenen Parmesan dazu reichen.

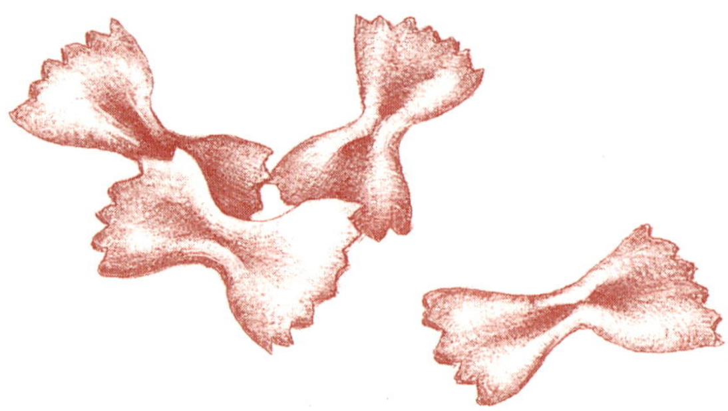

FETTUCCINE MIT MANGOLD UND GEBRATENEM PAPRIKA

Für 4 Personen
2 rote und 2 gelbe Paprikaschoten
4 Eßlöffel Olivenöl
1 Portion Nudelteig nach dem Grundrezept auf Seite 28
oder 400 g abgepackte Fettuccine
4 Eßlöffel Pinienkerne (nach Wunsch)
1 kg Mangold
4 Knoblauchzehen, fein gehackt
Salz und Pfeffer aus der Mühle
200 ml Gemüsebrühe
50 ml trockener Weißwein
2 Eßlöffel Butter in Flöckchen

Backofen auf 200 Grad vorheizen.
Die Paprikaschoten halbieren und entkernen. Mit der Schnittseite nach unten auf ein mit Backtrennpapier ausgelegtes Blech setzen, mit etwas Olivenöl bepinseln und im heißen Rohr braten, bis die Haut abplatzt (etwa 30 Minuten). Herausnehmen und etwas abkühlen lassen. Dann die Haut abziehen und die Paprika in schmale Streifen schneiden.
Während die Paprikaschoten braten, den Nudelteig mit der Nudelmaschine ausrollen und anschließend mit dem Schneidaufsatz zu etwa 5 Millimeter breiten Fettuccine zurechtschneiden. Einen Topf Wasser zum Kochen bringen.
Nach Wunsch die Pinienkerne in ein Pfännchen streuen und ohne Fett goldbraun rösten. Vom Herd ziehen und abkühlen lassen.
Die Mangoldblätter von den dicken Rippen streifen und in breite Streifen schneiden. Unter fließendem Wasser sorgfältig abspülen. (Die Blattrippen für ein Schmorgemüse o. ä. verwenden.)
Das restliche Olivenöl in einer Pfanne erhitzen. Den Knoblauch kurz darin andünsten, dann die Mangoldstreifen, Paprikastreifen, Salz und Pfeffer hinzufügen und einige Minuten dünsten. Mit Brühe und Weißwein auffüllen und leise durchköcheln lassen. Die Sauce zum Schluß mit Butterflöckchen verfeinern.
Während die Sauce köchelt, die Fettuccine in sprudelndem Salzwasser al dente garen. Frische Nudeln brauchen etwa 60 Sekunden, bei getrockneten Nudeln die Packungsanleitung beachten. Die Nudeln abgießen und in der Gemüsesauce schwenken.
Auf Teller verteilen und nach Wunsch mit gerösteten Pinienkernen bestreuen.

KRAUTFLECKERL

Für 4 Personen
1 Weißkohlkopf
2 Eßlöffel Butter
1 Zwiebel, fein gehackt
1 Teelöffel Kümmelkörner
ca. 150 ml Fleisch- oder Gemüsebrühe
Salz und Pfeffer aus der Mühle
350 g Teigflecken, z. B. Maltagliati, kurze Bandnudeln

Den Weißkohl entblättern, Strunk und dicke Blattrippen ausschneiden. Kohlblätter waschen, abtropfen lassen und in mundgerechte Stücke reißen.
Die Butter in einem Schmortopf zerlassen. Die Zwiebel darin andünsten, dann die Kohlblätter hinzufügen und einige Minuten in der heißen Butter schwenken. Mit Kümmel bestreuen und mit der Fleischbrühe ablöschen. Salzen, pfeffern und leise gar köcheln.
In der Zwischenzeit die Nudeln in reichlich sprudelndem Salzwasser al dente garen. Abgießen und abtropfen lassen. Unter den Weißkohl heben und herzhaft abschmecken.

LINGUINE AI CARCIOFI – MIT ARTISCHOCKEN UND PINIENKERNEN

Für 4 Personen
6–8 Artischockenherzen aus der Dose
4 Eßlöffel Olivenöl
1 kleine Zwiebel, gehackt
1 Knoblauchzehe, gehackt
Salz und Pfeffer aus der Mühle
1 Eßlöffel Tomatenmark
1 kleine getrocknete Pfefferschote, zerstoßen
2 Eßlöffel Pinienkerne
50 ml trockener Weißwein
50 ml Geflügelfond
2 Eßlöffel Semmelbrösel
400 g Linguine
1 Eßlöffel Petersilie, gehackt

Die Artischockenherzen abgießen und abtropfen lassen, anschließend vierteln. Zwei Eßlöffel Olivenöl in einer Pfanne erhitzen. Die gehackte Zwiebel und die Knoblauchzehe 4–5 Minuten sanft darin andünsten. Salzen und pfeffern. Die Artischockenviertel hinzufügen und unter gelegentlichem Wenden heiß werden lassen.
Tomatenmark mit etwas Wasser glattrühren und zusammen mit der zerstoßenen Pfefferschote und den Pinienkernen in die Pfanne geben. Weißwein und Geflügelfond angießen und etwas einkochen lassen.
Die Semmelbrösel im restlichen Olivenöl knusprig braun rösten.
Die Linguine in Salzwasser knapp al dente garen. Eine Kelle Kochwasser abschöpfen und beiseite stellen. Die Nudeln abgießen und zusammen mit der Kelle Nudelwasser in die Artischockenpfanne geben. Vollständig al dente garen und gründlich mit dem Gemüse vermischen.
Mit den Semmelbröseln und der gehackten Petersilie bestreut servieren.

LINGUINE MIT MANGOLD UND PINIENKERNEN

Für 2 Personen
2 Eßlöffel Pinienkerne
200 g Linguine
4 Eßlöffel Olivenöl
1 Knoblauchzehe, fein gehackt
250 g Mangoldblätter, von den dicken Rippen gestreift und in Streifen geschnitten
Salz und Pfeffer aus der Mühle
1 Teelöffel abgeriebene Zitronenschale

Die Pinienkerne in ein Pfännchen geben und ohne Fett goldbraun rösten. Vom Herd nehmen und abkühlen lassen.
Die Linguine in sprudelndem Salzwasser knapp al dente garen. Während die Nudeln kochen, das Olivenöl in einer Pfanne erhitzen. Die Knoblauchzehe darin andünsten.
Die Mangoldstreifen unter fließendem Wasser sorgfältig abbrausen und etwas feucht in die Pfanne geben. Rasch rührbraten und zusammenfallen lassen. Salzen und pfeffern und mit der Zitronenschale verfeinern.
Die Linguine abgießen und kurz in der Mangoldpfanne sautieren, dabei sorgfältig mit dem Gemüse vermischen.
Auf Teller verteilen, mit den gerösteten Pinienkernen bestreuen und servieren.

MALTAGLIATI MIT WIRSINGSTREIFEN

Wir haben für dieses Rezept Maltagliati oder Teigflecken gewählt, weil ihre unregelmäßige Form der der Wirsingstreifen entspricht. Wenn Sie die Maltagliati nicht selber machen wollen, können Sie auch Pappardelle nehmen und auf 2–3 Zentimeter kürzen oder Lasagneblätter in unregelmäßige Stücke brechen.

Für 2–3 Personen
1/2 Portion frischer Nudelteig nach dem Grundrezept auf Seite 28 (siehe auch Vorbemerkung)
Salz und Pfeffer aus der Mühle
4 Eßlöffel Butter
1/2 kleiner Wirsingkopf, geputzt und in Streifen geschnitten
1 Knoblauchzehe, fein gehackt
50 ml trockener Weißwein
100 ml Hühner- oder Gemüsebrühe
geriebener Parmesan

Den Nudelteig ausrollen und zu unregelmäßigen Teigflecken schneiden. Auf Tüchern ausbreiten und abdecken.
Die Butter in einer weiten Pfanne erhitzen. Die Wirsingstreifen und den Knoblauch unter gelegentlichem Wenden ca. 10 Minuten dünsten. Der Wirsing sollte weich, aber noch leuchtend grün sein. Salzen und pfeffern.
Die Maltagliati in reichlich sprudelndem Salzwasser nur knapp al dente garen. Frische Nudeln brauchen etwa 60 Sekunden, bei gekauften Nudeln Packungsanleitung beachten. Die Pasta abgießen und in die Wirsingpfanne geben. Weißwein und Brühe angießen. Heiß werden lassen und leise köcheln, bis die Nudeln al dente sind. Mit Salz und frisch gemahlenem Pfeffer abschmecken. Mit geriebenem Parmesan servieren.

ORECCHIETTE MIT ARTISCHOCKEN UND OLIVEN

Für 3–4 Personen
6–8 grüne Spargelstangen, in 2–3 cm lange Stücke geschnitten
Salz und Pfeffer aus der Mühle
350 g Orecchiette
1 kleine Zwiebel, fein gehackt
1 Knoblauchzehe, fein gehackt
2–3 Eßlöffel Butter
6–8 Artischockenherzen aus der Dose
(abtropfen lassen und vierteln)
16 schwarze Oliven, entsteint und grob gehackt
geriebener Parmesan

Dicke Spargelstangen schälen, die Enden abknipsen und in Stücke schneiden; 3 Minuten in Salzwasser blanchieren. Mit einem Sieb herausfischen und sofort unter kaltem Wasser abschrecken. Die Orecchiette ins sprudelnde Spargelwasser schütten und al dente garen.
Währenddessen Zwiebel und Knoblauch in der Butter glasig dünsten. Artischocken, Spargel und Oliven hinzufügen und 2–3 Minuten andünsten. Salzen und pfeffern. Das Gemüse mit einer Kelle Nudelwasser auffüllen und noch 2 Minuten durchkochen. In eine vorgewärmte Servierschüssel füllen.
Die Nudeln abgießen und mit dem Gemüse vermischen. Mit Parmesan bestreuen und sofort zu Tisch bringen.

ORECCHIETTE CON CIME DI RAPA – MIT SPROSSENBROKKOLI

Ein Klassiker der süditalienischen Küche. Sprossenbrokkoli gibt es in gut sortierten Gemüsegeschäften.

Für 4 Personen
Salz und Pfeffer aus der Mühle
400 g Orecchiette
500 g Sprossenbrokkoli, geputzt und zurechtgeschnitten
50 ml Olivenöl
nach Belieben 1 Knoblauchzehe und 2 Sardellenfilets

Bei diesem Rezept werden die Nudeln ausnahmsweise zusammen mit dem Gemüse gegart.
Salzwasser in einem großen Topf zum Kochen bringen. Zunächst die Nudeln hineingeben (Orecchiette haben eine verhältnismäßig lange Garzeit; bei anderen Nudelsorten Herstellerangaben und das entsprechende Timing beachten). Nach 5–6 Minuten auch den Sprossenbrokkoli hinzufügen. Al dente gekochte Nudeln und Gemüse abgießen und auf Teller verteilen. Mit Olivenöl und frisch gemahlenem Pfeffer würzen und servieren.
Wenn Sie das Ganze noch etwas aufpeppen möchten, aromatisieren Sie das Olivenöl vor dem Servieren mit Knoblauch und Sardellen. Dazu eine Knoblauchzehe schälen und 2 Sardellenfilets entsalzen und klein hacken. Beides in Olivenöl andünsten, bis die Sardellenstückchen schmelzen. Die golden gebräunte Knoblauchzehe wieder herausfischen und das würzige Öl über die Nudeln gießen.

ORECCHIETTE MIT BLUMENKOHL UND BROKKOLI

Für 4–6 Personen
1/2 Kopf Blumenkohl (ca. 500 g)
1/2 Kopf Brokkoli (ca. 500 g)
Salz und Pfeffer aus der Mühle
5 Eßlöffel Olivenöl
50–75 g Semmelbrösel
500 g Orecchiette
3 Knoblauchzehen, gehackt
2 getrocknete rote Pfefferschoten, zerstoßen
frisch geriebener Pecorino

Blumenkohl und Brokkoli in Röschen zerteilen; das Gemüse sorgfältig abbrausen und abtropfen lassen. Die Stengel für einen anderen Zweck aufheben.
Einen großen Topf Salzwasser zum Kochen bringen.
In der Zwischenzeit 2 Eßlöffel Olivenöl in einer Pfanne erhitzen. Die Semmelbrösel hineingeben und goldbraun rösten. Gelegentlich umrühren. Die Semmelbrösel in ein Schälchen füllen. Die Pfanne mit Küchenkrepp ausreiben.
Die Blumenkohl- und Brokkoliröschen ins sprudelnde Wasser geben und 3 Minuten vorgaren. Mit einer Siebkelle herausfischen und sofort unter kaltem Wasser abschrecken, damit sie ihre knackige Farbe nicht verlieren.
Nun die Orecchiette ins sprudelnde Gemüsewasser geben und al dente garen.

(Orecchiette brauchen etwa 20 Minuten, also verhältnismäßig lange; wenn Sie andere Nudelsorten verwenden, die Nudeln erst zum Schluß garen.)
Während die Nudeln garen, das restliche Öl in der Pfanne erhitzen. Den Knoblauch darin andünsten, dann die zerstoßene Pfefferschote und schließlich das Gemüse hinzufügen und einige Minuten sautieren. Salzen und pfeffern.
Die Orecchiette abgießen und in die Gemüsepfanne geben. Alles gut durchmischen, dann auf Teller verteilen. Mit den gerösteten Semmelbröseln bestreuen und servieren. Bei Tisch geriebenen Pecorino dazu reichen.

PAPPARDELLE IN SENF-GEMÜSE-SAUCE

Für 3–4 Personen
50 g Semmelbrösel
100 g sehr weiche Butter
2 Eßlöffel scharfer Dijonsenf
4 kleine Schalotten, fein gehackt
2 Knoblauchzehen, fein gehackt
250 g Brokkoliröschen und Blättchen
250 g Blumenkohlröschen
Salz und Pfeffer aus der Mühle
1 getrocknete rote Pfefferschote, zerstoßen
1 Teelöffel abgeriebene Zitronenschale
300 g Pappardelle
geriebener Parmesan

Die Semmelbrösel in der Hälfte der Butter goldbraun rösten. Vom Herd nehmen und beiseite stellen.
Einen großen Topf Wasser zum Kochen bringen.
Inzwischen die restliche Butter mit dem Senf, den Schalotten und dem Knoblauch zu einer Creme verrühren. Diese Senfbutter in einer weiten Pfanne, die das Gemüse fassen kann, langsam zerlassen.
Die Brokkoli- und Blumenkohlröschen in das sprudelnde Wasser werfen und eine Minute blanchieren. Mit einem Sieblöffel herausheben, abtropfen lassen und in der heißen Senfbutter schwenken. Mit Salz, Pfeffer, der zerstoßenen Pfefferschote und der abgeriebenen Zitronenschale würzen. Wenn die Sauce zu stark einkocht, etwas Kochwasser hinzugießen.
Während das Gemüse einige Minuten in der Pfanne köchelt, das kochende Wasser salzen, die Pappardelle hineinwerfen und knapp al dente garen. Abgießen

und in die Gemüsepfanne geben. In der Sauce schwenken, gut durchmischen und auf Teller verteilen.
Mit gerösteten Semmelbröseln und Parmesan bestreuen.

PASTA CON BROCCOLI E PEPERONCINO

Für diese Nudelpfanne nehmen Sie am besten kurze Pasta wie Farfalle, Casarecce oder Penne, die ungefähr so groß ist wie die Brokkoliröschen.

Für 4 Personen
600 g Brokkoli, geputzt und in Röschen zerteilt
2 Knoblauchzehen, fein gehackt
4 Eßlöffel Olivenöl
400 g kurze Pasta
Salz
1–2 getrocknete Pfefferschoten
4 Eßlöffel geriebener Pecorino

Brokkoli putzen und in kleine Röschen zerteilen. In ein Dämpfsieb setzen und im Wasserdampf garen, bis die Brokkoliröschen weich, aber noch bißfest sind. Herausheben und abkühlen lassen.
Den Knoblauch in Olivenöl andünsten. Die Brokkoliröschen einige Minuten darin schwenken, bis sie das Knoblaucharoma angenommen haben.
In der Zwischenzeit die Nudeln in Salzwasser al dente kochen und abgießen. Die Nudeln in die Brokkolipfanne geben und mit dem Gemüse vermischen. Die Pfefferschoten zerkrümeln und unterheben.
Auf Teller verteilen und mit geriebenem Pecorino anrichten.

PASTA ALL'ORTOLANA – MIT GEGRILLTEM GARTENGEMÜSE

Für 4 Personen
2 kleine Auberginen
Salz und Pfeffer aus der Mühle
2 kleine Zucchini
1 grüne Paprikaschote
Olivenöl
1 Handvoll schwarze Oliven, entsteint und grob gehackt
1 Fleischtomate, gehäutet, entkernt und gewürfelt
1 Knoblauchzehe, fein gehackt
Balsamessig
1 Büschel Basilikum, gehackt
400 g kurze Röhrennudeln (z. B. Rigatoni, Penne)

Eine Holzkohlenglut im Gartengrill vorbereiten.
In der Zwischenzeit die Auberginen der Länge nach in zentimeterdicke Scheiben schneiden. Auf beiden Seiten salzen und senkrecht in ein Sieb stellen. 30 Minuten durchziehen lassen.
Die Zucchini längs in Scheiben schneiden, die Paprikaschote vierteln und entkernen.
Die Auberginen gründlich unter fließendem Wasser abspülen, dann mit Küchenkrepp trockentupfen.
Sobald die Holzkohlen von einem weißen Aschefilm überzogen sind, Auberginen, Zucchini und Paprika rundum mit Olivenöl einpinseln und über der Holzkohlenglut weich grillen.
Vom Grill nehmen, etwas abkühlen lassen und in mundgerechte Streifen schneiden. In eine Schüssel geben und mit den Oliven, der Tomate und dem Knoblauch vermischen. Mit Olivenöl, Balsamessig, Salz und Pfeffer kräftig abschmecken. Basilikum unterheben. Abdecken und bei Zimmertemperatur eine Stunde durchziehen lassen.
Die Pasta in Salzwasser al dente kochen. Abgießen und mit dem gegrillten Gemüse anrichten.

SPAGHETTI CON LE FAVE – MIT PUFFBOHNEN UND OLIVEN

Für 4 Personen
Salz und Pfeffer aus der Mühle
250 g frische Puffbohnenkerne (manchmal auch Favabohnen genannt)
250 g Brokkoliröschen
400 g Spaghetti
5 Eßlöffel Olivenöl
4 Knoblauchzehen, fein gehackt
1 kleine getrocknete Pfefferschote, entkernt und zerstoßen
20–25 schwarze Oliven, entsteint
50 ml Weißwein
4 Eßlöffel geriebener Pecorino

Einen großen Topf Salzwasser zum Kochen bringen. Die Bohnenkerne 15 Sekunden im sprudelnden Wasser blanchieren. Mit einem Sieblöffel herausfischen und in Eiswasser tauchen. Abgießen, häuten und abtropfen lassen.
Die Brokkoliröschen im selben Topf je nach Größe 2–3 Minuten blanchieren. Mit einem Sieblöffel herausheben, in Eiswasser abschrecken, dann abtropfen lassen. Nun die Spaghetti in dem Gemüsewasser knapp al dente garen.
Während die Pasta kocht, das Öl in einer Pfanne erhitzen. Knoblauch und getrocknete Pfefferschote 2 Minuten darin andünsten. Das vorbereitete Gemüse und die Oliven hinzufügen und rund 5 Minuten dünsten. Mit Weißwein ablöschen.
Die Spaghetti abgießen und in die Gemüsepfanne geben. Kurz darin schwenken und sorgfältig mit dem Gemüse vermischen. Mit Salz und Pfeffer abschmecken und mit geriebenem Pecorino servieren.

SPAGHETTI MIT BUNTEN ZUCCHINI

Für 4 Personen
2 Eßlöffel Pinienkerne, grob gehackt
3 Eßlöffel Olivenöl
1 Zwiebel, gehackt
2 Knoblauchzehen, gehackt
500 g grüne und goldgelbe Zucchini, fein gewürfelt
Salz und Pfeffer aus der Mühle

1 Eßlöffel Balsamessig
1 Büschel Basilikumblätter, grob gehackt
350 g Spaghetti

Die Pinienkerne ohne Fett in einem Pfännchen goldbraun rösten. Vom Herd nehmen und abkühlen lassen.
Das Olivenöl in einer Pfanne erwärmen. Zwiebel und Knoblauch bei sanfter Hitze darin glasig dünsten. Die Zucchini hinzufügen, kräftig salzen und pfeffern; 5 Minuten pfannenrühren. Den Balsamessig und einen Eßlöffel Wasser hinzufügen. Die Zucchini abdecken und ungefähr 10 Minuten weich schmoren. Zum Schluß das Basilikum unterheben und zusammenfallen lassen.
Während die Zucchini garen, die Spaghetti in sprudelndem Salzwasser knapp al dente kochen. Abgießen und in die Zucchinipfanne geben. Kurz darin sautieren und sorgfältig mit dem Gemüse vermischen. Auf Teller verteilen und mit den gerösteten Pinienkernen bestreuen.

SPAGHETTI MIT PAPRIKASAUCE

Für 3 Personen
2 Eßlöffel Olivenöl
3 Knoblauchzehen, fein gehackt
1 rote und 2 gelbe Paprikaschoten, in schmale Streifen geschnitten
1 kleine scharfe Chilischote, entkernt und fein gehackt
Salz und Pfeffer aus der Mühle
100 ml trockener Weißwein
200 ml Geflügelfond
300 g Spaghetti
2 Eßlöffel Basilikumblätter, in feine Streifen geschnitten

Das Olivenöl in einer Pfanne heiß werden lassen. Den Knoblauch hineingeben und ein paar Minuten sanft andünsten. Den fein geschnittenen Paprika und die gehackte Chilischote hinzufügen, salzen und pfeffern und unter gelegentlichem Wenden 5 Minuten dünsten. Den Weißwein angießen und einkochen lassen. Den Geflügelfond hinzufügen. Das Gemüse abdecken und langsam weich schmoren.
Die Spaghetti in Salzwasser knapp al dente kochen. Abgießen und in die Gemüsepfanne geben. Mit Salz und frisch gemahlenem Pfeffer abschmecken und gut vermischen. Pfanne vom Herd nehmen und die Basilikumstreifen unterheben.

TAGLIATELLE PRIMAVERA – MIT ARTISCHOCKEN UND FRISCHEN ERBSEN

Für 2–3 Personen
2 große frische Artischocken
Saft einer Zitrone
50 g Butter
4 kleine Schalotten, fein gehackt
1 Knoblauchzehe, fein gehackt
1 Teelöffel frische Thymianblättchen, fein gehackt
Salz und Pfeffer aus der Mühle
2 Selleriestengel, fein gewürfelt
200 g frische, geschälte Erbsen
250 ml Gemüsebrühe
250 g Tagliatelle
1 Eßlöffel Petersilie, gehackt
geriebener Parmesan

Die Artischocken putzen. Dazu die harten äußeren Blätter entfernen und die haarigen Stellen mit einem Löffel herauskratzen. Die zarten Herzen und den Stiel fein würfeln und sofort in mit Zitronensaft gesäuertes Wasser legen, damit sie nicht braun anlaufen.
Das Wasser für die Nudeln zum Kochen bringen.
Die Butter in einer Pfanne erhitzen. Schalotten, Knoblauch und Thymian einige Minuten sanft darin andünsten. Salzen und pfeffern.
Die Artischockenwürfel abgießen und mit den Selleriewürfeln und den Erbsen in die Pfanne geben. Mit Gemüsebrühe auffüllen, zum Kochen bringen und anschließend bei sanfter Hitze einige Minuten leise durchköcheln lassen.
In der Zwischenzeit das Nudelwasser salzen und die Tagliatelle im sprudelnden Salzwasser al dente garen. Abgießen, in die Gemüsepfanne geben und gründlich mit dem Gemüse vermischen. Mit Salz und Pfeffer abschmecken.
Die Tagliatelle auf Teller verteilen, mit Petersilie bestreuen und servieren. Bei Tisch geriebenen Parmesan dazu reichen.

ASIENNUDELN IN AUBERGINEN-KOKOS-SAUCE

Für 4 Personen
500 g asiatische Nudeln
500 g Auberginen
Salz und Pfeffer aus der Mühle
250 g Champignons
1 Bund Frühlingszwiebeln
1 kleine scharfe Chilischote
1 kleine Dose Tomatenwürfel
4 Eßlöffel geschmacksneutrales Öl
1 Eßlöffel Ingwer, gehackt
4 Knoblauchzehen, fein gehackt
250 ml Kokosmilch aus der Dose
grob gehacktes Thai-Basilikum zum Garnieren

Die Nudeln nach Packungsanleitung garen oder einweichen.
Die Auberginen waschen und in zentimetergroße Würfel schneiden. Die Auberginenwürfel in ein Sieb geben, salzen und Saft ziehen lassen.
In der Zwischenzeit die Champignons putzen und blättrig aufschneiden. Die Frühlingszwiebeln in dünne Röllchen schneiden. Die Chilischote entkernen und fein hacken. Dosentomaten abtropfen lassen.
Die Auberginenwürfel abgießen, abspülen und abtropfen lassen.
Das Öl in einer Pfanne erhitzen. Ingwer und Knoblauch 2 Minuten darin andünsten. Auberginenwürfel, Pilze, Frühlingszwiebeln und die Tomaten hinzufügen. Das Gemüse weich braten, dann mit Kokosmilch aufgießen. Den Chili einrühren, salzen und pfeffern. Das Ganze aufkochen lassen und 1–2 Minuten schmoren, damit sich die Aromen verbinden.
Die Nudeln in die Kokossauce geben und gründlich mit den übrigen Zutaten vermischen. Mit gehacktem Thai-Basilikum garnieren.

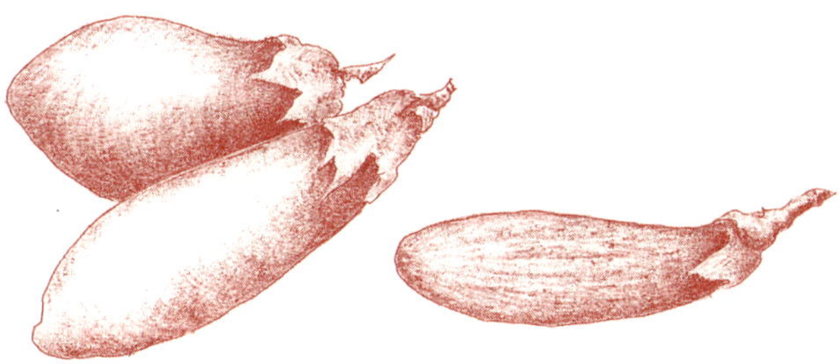

GEBRATENE NUDELN IN KOKOSSAUCE

Für 4 Personen
250 g dünne asiatische Nudeln
4 Eßlöffel neutrales Speiseöl
200 g Champignons, blättrig aufgeschnitten
1 rote Paprikaschote, in schmale Streifen geschnitten
200 g Zuckerschoten
1 kleine scharfe Chilischote, fein gehackt
1 Bund Thai-Basilikum, grob gehackt
1 Bund Frühlingszwiebeln, in Röllchen geschnitten
1 Eßlöffel Speisestärke

Für die Sauce
180 ml Kokosmilch aus der Dose
2 Eßlöffel trockener Sherry
1 Eßlöffel Austernsauce
1 Eßlöffel Sojasauce
Salz

Die Nudeln nach Packungsanleitung einweichen oder knapp garen. Abgießen, unter kaltem Wasser abspülen und in eine Schüssel füllen. Mit einem Eßlöffel Öl überziehen, damit sie nicht verkleben. Dann mit Champignons, Paprika, Zuckerschoten, Chili, Basilikum und Frühlingszwiebeln vermischen.
Die Saucenzutaten in einem Schälchen verrühren.
Das restliche Öl im Wok rauchend heiß werden lassen. Die Nudelmischung hineingeben und 3 Minuten rührbraten. Die Sauce hinzugießen und zum Köcheln bringen.
Die Speisestärke mit einem Eßlöffel Wasser glattrühren und die Nudelpfanne damit andicken. Gut durchmischen und auf einer Servierplatte anrichten.

GEMÜSE-CHOW-MEIN

Für 3 Personen
200 g chinesische Eiernudeln
4 Eßlöffel Erdnußöl
2 Knoblauchzehen, fein gehackt
2 cm Ingwerwurzel, geschält und fein gehackt
1 kleine Zwiebel, grob gehackt
1 Paprikaschote, fein gewürfelt
2 Selleriestengel, in feine Streifen geschnitten
100 g Zuckerschoten
1–2 Chilischoten, entkernt und fein gehackt
1 kleine Dose Bambussprossen (abtropfen lassen)
100 g Sojabohnensprossen
1 Eßlöffel Zucker
Salz
1 Eßlöffel chinesischer Kochwein
2 Eßlöffel Sojasauce
1 Teelöffel asiatisches Sesamöl
gehacktes Koriandergrün oder Frühlingszwiebelhalme
zum Garnieren

Die Nudeln nach Packungsanweisung bißfest garen. Abgießen, unter kaltem Wasser abspülen und gut abtropfen lassen.
Das Öl im Wok rauchend heiß werden lassen. Knoblauch, Ingwer und Zwiebel einige Minuten darin andünsten, dann das restliche Gemüse hinzufügen und insgesamt 3 Minuten rührbraten. Zuckern und salzen, mit Kochwein und Sojasauce überziehen und abschmecken.
Die vorgekochten Nudeln in den Wok geben und kurz herumwirbeln, bis sie gleichmäßig heiß sind und sich gut mit dem Gemüse vermischt haben.
Chow-mein auf eine Servierplatte häufen. Mit Sesamöl besprenkeln und mit dem Grün garnieren.

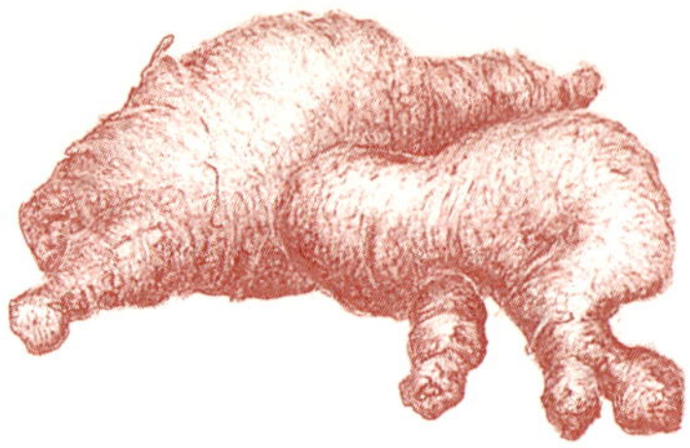

KANTON-NUDELN MIT INGWER UND FRÜHLINGSZWIEBELN

Für 3 Personen
250 g chinesische Eiernudeln (ersatzweise Linguine oder Vermicelli)
Salz
2 Bund Frühlingszwiebeln
2 Eßlöffel Erdnußöl
4 Eßlöffel frisch gehackter Ingwer

Für die Sauce
1 Eßlöffel Austernsauce
2 Eßlöffel Sojasauce
1 Eßlöffel asiatisches Sesamöl
1 Prise Zucker
50 ml Geflügelfond aus dem Glas

Die Zutaten für die Sauce in einem Schälchen verrühren und beiseite stellen. Die Nudeln nach Packungsanleitung in Salzwasser bißfest garen. Dabei immer wieder mit Stäbchen umrühren, damit sie nicht verkleben. Abgießen und unter kaltem Wasser abspülen. In ein Sieb geben und abtropfen lassen. Ab und zu mit Stäbchen auflockern.
In der Zwischenzeit die Frühlingszwiebeln zurechtschneiden: die dunkelgrünen Halme in feine Röllchen schneiden, den weißen Teil längs vierteln.
Den Wok leer anheizen. Das Erdnußöl hineingießen. Sobald das Öl rauchend heiß ist, den Ingwer hineingeben und 30 Sekunden rührbraten. Die Nudeln hinzufügen und unter ständigem Wenden heiß werden lassen.
Die Frühlingszwiebeln untermischen und eine Minute rührbraten. Nun die Sauce hinzugießen und die Nudeln gleichmäßig damit überziehen. Eine Minute durchkochen lassen, vom Herd nehmen und servieren.

SOBANUDELN IN SÜSS-SAURER AUBERGINENSAUCE

Für 4–6 Personen
1 kg Auberginen
Salz
1–2 Eßlöffel Sesamsaat
2 Eßlöffel neutrales Speiseöl
1 Eßlöffel asiatisches Sesamöl
1 kleine Zwiebel, gehackt
2 Knoblauchzehen, fein gehackt
1 Teelöffel Ingwer, gehackt
1 kleine getrocknete Pfefferschote, zerstoßen
1 rote oder gelbe Paprikaschote, gewürfelt
100 ml Tomatenpüree
100 ml Gemüsebrühe
500 g Sobanudeln
2 Eßlöffel Sojasauce
2 Eßlöffel Honig
2 Eßlöffel Reisessig
2 Teelöffel Speisestärke oder Pfeilwurzmehl
Koriandergrün zum Garnieren

Auberginen der Länge nach in zentimeterdicke Scheiben schneiden, auf beiden Seiten einsalzen und senkrecht in ein Sieb stellen. 30 Minuten durchziehen lassen. In der Zwischenzeit die Sesamsaat ohne Fett in einem Pfännchen rösten. Sobald die Körner platzen, vom Herd nehmen und abkühlen lassen.
Die Auberginen unter fließendem Wasser gründlich abspülen, dann trockentupfen und fein würfeln.
Speiseöl und Sesamöl in einer Pfanne erhitzen. Zwiebel, Knoblauch und Ingwer darin anbraten, dann die zerstoßene Pfefferschote, Paprika und Auberginenwürfel hinzufügen; 3–5 Minuten unter ständigem Wenden dünsten. Das Tomatenpüree und die Gemüsebrühe einrühren. Heiß werden lassen, dann das Gemüse abdecken und 25 Minuten leise durchschmoren.
In der Zwischenzeit die Sobanudeln in reichlich sprudelndem Salzwasser etwas mehr als bißfest garen. Abgießen und unter fließendem Wasser abspülen.
Sojasauce, Honig, Essig und Stärke in einem Schälchen verrühren, dann unter das Gemüse geben. Sorgfältig vermischen und etwas eindicken lassen.
Die Nudeln auf eine Servierplatte häufen und mit der Auberginensauce anrichten. Mit gerösteter Sesamsaat und gehacktem Koriandergrün garnieren.

THAI-CURRY MIT PAPRIKA UND KOKOSSAUCE

Für 4 Personen
175 g Reisnudeln
400 ml Kokosmilch aus der Dose
1 Eßlöffel gutes Currypulver
1 Eßlöffel Zucker
4 Knoblauchzehen, gehackt
2 Kaffirzitronenblätter, haarfein aufgeschnitten
100 g Tofu, gewürfelt
1 rote Paprikaschote, in Streifen geschnitten
1–2 frische Chilischoten, entkernt und in Streifen geschnitten
2 Eßlöffel Erdnußöl oder neutrales Pflanzenöl
1 kleine Zwiebel, grob gehackt
100 g Sojabohnensprossen
1 Eßlöffel Fischsauce
2 Eßlöffel Limettensaft
Salz und Pfeffer aus der Mühle
grob gehacktes Koriandergrün zum Garnieren

Die Reisnudeln mit kochendem Wasser überbrühen und kurz einweichen, bis sie weich und biegsam sind. Abgießen, unter kaltem Wasser abspülen und abtropfen lassen.

Die Kokosmilch in einem großen Topf oder, besser noch, im Wok mit Currypulver und Zucker aufkochen lassen. Knoblauch, Zitronenblätter, Tofuwürfel, Paprika und Chillies hineingeben und durchköcheln, bis das Gemüse weich ist. In der Zwischenzeit das Erdnußöl in einer Pfanne rauchend heiß werden lassen. Die Zwiebel darin andünsten, dann die Nudeln und die Sojabohnensprossen hineingeben und bei kräftiger Hitze rührbraten. Mit Fischsauce und Limettensaft abschmecken.

Die Nudeln auf eine Servierplatte häufen. Das Gemüsecurry mit Salz und Pfeffer abschmecken und über die Nudeln gießen. Mit dem gehackten Koriandergrün garnieren und zu Tisch bringen.

FETTUCCINE ALL'AGLIO – MIT GEBRATENEM KNOBLAUCH

Wenn Sie abends geschafft nach Hause kommen und wieder mal keine Zeit zum Einkaufen hatten, können Sie trotzdem mit wenig Aufwand einen Teller Pasta genießen – denn diese Zutaten hat man eigentlich immer vorrätig.

Für 1 Person
100 g Fettuccine oder andere schmale Bandnudeln
2 Knoblauchzehen, fein gehackt
2 Eßlöffel Olivenöl
1 Eßlöffel Butter
1 Eßlöffel Petersilie, gehackt
Salz und Pfeffer aus der Mühle
1 Eßlöffel geriebener Parmesan

Die Fettuccine knapp al dente garen. Gelegentlich umrühren, damit sie nicht verkleben. Während die Pasta kocht, den Knoblauch in Olivenöl und Butter goldbraun rösten. Die Petersilie einrühren, salzen und pfeffern.
Die Fettuccine abgießen und in der Pfanne sautieren, bis sie rundum von Knoblauchbutter überzogen sind. Mit geriebenem Parmesan servieren.

PENNE AL BASILICO

Für 2 Personen
2 Knoblauchzehen, grob zerstoßen
1 Büschel Basilikum (ca. 20 Blätter)
1 Eßlöffel kaltgepreßtes Olivenöl
Salz und Pfeffer aus der Mühle
200 g Penne oder andere kurze Röhrennudeln (z. B. Rigatoni)
2 Eßlöffel Butter
je 1 Eßlöffel geriebener Parmesan und Pecorino

Knoblauch, Basilikum und Olivenöl zu einer Paste zerstoßen. Salzen und pfeffern.
Die Penne in reichlich Salzwasser knapp al dente garen. Eine Kelle Nudelwasser abmessen und beiseite stellen.
Während die Penne kochen, die Butter in einer weiten Pfanne, die die Nudeln fassen kann, erhitzen. Die Basilikumsauce hineingeben und sanft dünsten.

Die Penne abgießen, in die Pfanne füllen und in der Basilikumsauce schwenken. Nach Bedarf etwas Nudelwasser hinzufügen. Mit dem geriebenen Käse bestreuen und servieren.

LINGUINE MIT GEMÜSEJULIENNE UND KRÄUTERSAUCE

Für 4 Personen
200 g Brokkoliröschen
Salz
4 Mohrrüben, in Juliennestreifen geschnitten
3 Zucchini, in Juliennestreifen geschnitten
400 g Linguine (oder Spaghetti)
geriebener Pecorino

Für die Kräutersauce
1 Bund Petersilie
12 Basilikumblätter
1 Eßlöffel frische Thymianblättchen
1 Eßlöffel frische Estragonblättchen
1 Eßlöffel frische Rosmarinblättchen
4 Eßlöffel Pinienkerne
30 g geriebener Pecorino oder Parmesan
Olivenöl
Salz und Pfeffer aus der Mühle

Alle Zutaten für die Sauce in die Küchenmaschine füllen und zu einer glatten Paste pürieren. Beiseite stellen.
Die Brokkoliröschen in sprudelndem Salzwasser 3 Minuten blanchieren. Mit einer Schaumkelle herausfischen und abtropfen lassen. Die Mohrrüben im gleichen Wasser 2 Minuten blanchieren, herausheben und abtropfen lassen. Die Zucchini eine Minute blanchieren, herausheben und abtropfen lassen.
Jetzt die Linguine ins sprudelnde Wasser geben und al dente garen. Abgießen und in eine Schüssel füllen. Das Gemüse unterheben. Die Kräutersauce hinzufügen und gut vermischen. Mit geriebenem Pecorino servieren.

MALTAGLIATI IN KRÄUTERSAUCE

»Maltagliati« bedeutet wörtlich »schlecht geschnitten«; es handelt sich dabei um grobe, unregelmäßg geschnittene Teigflecken, die Sie aus selbstgemachtem Nudelteig herstellen können. Auch Lasagneblätter, die man in unregelmäßige Stücke bricht, eignen sich für dieses Gericht.

Für 4–6 Personen
1 Portion Nudelteig (siehe Grundrezept auf Seite 28) oder
350 g Lasagneblätter
2 Eßlöffel Pinienkerne
100 g geriebener Pecorino oder Parmesan

Für die Kräutersauce
1 dickes Büschel Basilikum
2 Handvoll Estragonblätter
1 Handvoll Minzeblätter
1 Handvoll Thymianblättchen
1 Handvoll Salbeiblätter
1 Eßlöffel Oreganoblättchen
1 Eßlöffel Rosmarinnadeln
Olivenöl
Salz und Pfeffer aus der Mühle

Die Kräuter sorgfältig waschen und trockentupfen, dann fein hacken und in eine Schüssel geben. Mit Olivenöl zur gewünschten Konsistenz verrühren und mit Salz und frisch gemahlenem Pfeffer abschmecken. Abdecken und durchziehen lassen. Den Nudelteig ausrollen und in unregelmäßige Stücke schneiden. Auf Tüchern ausbreiten und abdecken. Lasagneblätter in grobe Stücke brechen.
Einen Topf Nudelwasser zum Kochen bringen.
Inzwischen die Pinienkerne ohne Fett in ein Pfännchen geben und goldgelb rösten. Vom Herd ziehen, leicht abkühlen lassen und grob zerkleinern.
Das Nudelwasser salzen. Die Maltagliati ins sprudelnde Wasser gleiten lassen und al dente garen. Frische Nudeln sind in 1–2 Minuten gar, bei getrockneten Nudeln die Angaben auf der Packung beachten. Eine Kelle Kochwasser abschöpfen und beiseite stellen. Die Pasta abgießen und in eine Servierschüssel füllen. Mit der Kräutersauce überziehen, die Sie nach Wunsch mit etwas Nudelwasser verflüssigen.
Mit Pinienkernen und geriebenem Käse bestreuen und zu Tisch bringen.

PENNE ALLE ERBE – MIT FEINEN KRÄUTERN

Für 4 Personen
1 Eßlöffel Petersilie, fein gehackt
1 Eßlöffel Schnittlauch, fein gehackt
1 Eßlöffel Estragon, fein gehackt
1 Eßlöffel Kerbel, fein gehackt
1 Knoblauchzehe, sehr fein gehackt
Salz und Pfeffer aus der Mühle
500 g Penne (oder andere kurze Röhrennudeln)
je 1 Eßlöffel Butter und Olivenöl
4 Eßlöffel geriebener Parmesan

Die Kräuter und den Knoblauch in einem Schälchen verrühren. Salzen und pfeffern.
Die Penne in reichlich sprudelndem Salzwasser knapp al dente garen.
Während die Nudeln kochen, Butter und Olivenöl in einer Pfanne erhitzen. Die Kräutermischung einrühren und sanft andünsten.
Die Nudeln abgießen und unter die Kräutermischung heben. Gut vermischen und mit geriebenem Parmesan anrichten.

SPAGHETTI AGLIO E ROSMARINO

Für 4 Personen
100 ml Olivenöl
4 Eßlöffel Rosmarinblättchen, fein gehackt
4 große Knoblauchzehen, fein gehackt
4 Eßlöffel Pinienkerne
400 g Spaghetti
Salz
geriebener Pecorino (nach Wunsch)

Das Olivenöl in einem Töpfchen erwärmen. Rosmarin und Knoblauch hinzufügen und bei sanfter Hitze darin dünsten. Darauf achten, daß der Knoblauch nicht braun wird, weil er sonst bitter schmeckt und das zarte Aroma der Sauce übertönt. Vom Herd nehmen und mindestens 30 Minuten durchziehen lassen.
Die Pinienkerne ohne Fett in ein Pfännchen geben. Auf kleiner Flamme sanft goldbraun rösten, dann vom Herd ziehen.

Die Spaghetti in reichlich Salzwasser al dente garen. Gelegentlich umrühren, damit die Nudeln nicht verkleben. Die Spaghetti abgießen und in eine Servierschüssel füllen. Mit dem Rosmarinöl überziehen. Gründlich durchmischen. Auf Teller verteilen und mit den gerösteten Pinienkernen bestreuen.
Nach Wunsch geriebenen Pecorino dazu reichen.

SPAGHETTI AGLIO, OLIO E PEPERONCINO

Für 4 Personen
300 g Spaghetti
Salz
50 ml Olivenöl
3 große Knoblauchzehen, in Scheiben geschnitten
1 Teelöffel Tomatenmark
2 getrocknete, scharfe Pfefferschoten, zerstoßen

Die Spaghetti in reichlich Salzwasser al dente kochen.
In der Zwischenzeit das Öl in eine große Pfanne gießen. Die Knoblauchzehen in die Pfanne geben, langsam mit dem Öl erhitzen und darin goldgelb braten, aber nicht zu stark bräunen. Notfalls aus der Pfanne nehmen und erst zum Schluß wieder unter die Sauce geben. Wenn das Öl gut heiß ist, das Tomatenmark und die zerstoßenen Pfefferschoten einrühren.
Die Spaghetti abgießen und in die Knoblauchpfanne geben. Mit Öl und Gewürzen vermischen, dann auf Teller verteilen und zu Tisch bringen.

TAGLIOLINI MIT PINIENKERNEN UND KRÄUTERN

Dieses Pastagericht schmeckt mit feinen und hausgemachten Tagliolini besonders gut. Wenn's schnell gehen soll, dürfen es allerdings auch gekaufte Nudeln sein. Achten Sie jedoch auf ein feines Format, das die zarten Kräuter nicht übertönt. Nehmen Sie z. B. Engelshaar, Capelvenere, Fedelini, Spaghettini oder Vermicelli.

Für 4 Personen
1 Portion Nudelteig nach dem Grundrezept auf Seite 28
50 g Pinienkerne
75 g Butter
2 Schalotten, sehr fein gehackt
ca. 8 Eßlöffel frische Kräuter, nach Belieben bunt gemischt und
grob gehackt: z. B. Petersilie, Basilikum, Majoran, Oregano, Thymian,
Kerbel, Schnittlauch
1 Teelöffel abgeriebene Zitronenschale
Salz und Pfeffer aus der Mühle
geriebener Parmesan

Den Nudelteig mit der Nudelmaschine hauchdünn ausrollen. Den Teig mit Mehl überpudern, aufrollen und mit einem scharfen Messer haarfeine Nudeln abschneiden. Die Tagliolini auf Tüchern ausbreiten und abdecken.
Die Pinienkerne ohne Fett in einer Pfanne goldbraun rösten. Abkühlen lassen und beiseite stellen.
Nudelwasser zum Kochen bringen.
Inzwischen die Butter in einer Pfanne zerlassen. Die Schalotten und die grob gehackten Kräuter sanft darin andünsten. Mit der Zitronenschale verfeinern, salzen und pfeffern.
Das Nudelwasser salzen, die Tagliolini hineinwerfen und etwa eine Minute al dente garen. Eine Kelle Nudelwasser abmessen und beiseite stellen.
Die Tagliolini abgießen und zu den Kräutern in die Pfanne geben. Die Kräutersauce nach Bedarf mit etwas Nudelwasser geschmeidig rühren. Die Pasta gleichmäßig mit der Sauce überziehen.
Tagliolini auf Teller verteilen und mit geriebenem Parmesan servieren.

SPAGHETTI ALLA SICILIANA

Für 2 Personen
200 g Spaghetti
Salz
4 Eßlöffel Olivenöl
2 Scheiben säuerliches Weißbrot, fein zerkrümelt
2 Eßlöffel Petersilie, gehackt
2 Eßlöffel geriebener Pecorino

Die Spaghetti in einem großen Topf Salzwasser knapp al dente kochen.
In der Zwischenzeit das Olivenöl in einer weiten Pfanne, in der die Nudeln Platz haben, erhitzen. Die Weißbrotkrümel im heißen Öl knusprig braten.
Die Spaghetti abgießen und in die Pfanne geben. Unter mehrmaligem Wenden rasch braten, bis sie rundum von Öl und Weißbrotkrümeln überzogen sind. Die Petersilie unterheben.
Spaghetti auf Teller verteilen und mit geriebenem Pecorino servieren.

TRENETTE MIT BASILIKUMPESTO

Zu einem Pesto schmecken die etwas dickeren Trenette am besten, weil sie mehr »Biß« haben und die Kernigkeit der Sauce aus zerstoßenen Kräutern und Pinienkernen schön ergänzen. Statt der Trenette eignen sich auch Linguine, die ebenfalls einen geraden Querschnitt besitzen, oder ganz gewöhnliche Spaghetti.

Für 3–4 Personen
1 dickes Büschel frisches Basilikum
50 g Pinienkerne, grob gehackt
2 Knoblauchzehen, grob gehackt
4 Eßlöffel Olivenöl
4 Eßlöffel geriebener Pecorino
Salz und Pfeffer aus der Mühle
350 g Trenette

Basilikumblätter von den Stengeln zupfen und gründlich abbrausen. Mit Küchenkrepp trockentupfen und beiseite stellen.
Zunächst die Pinienkerne und den Knoblauch im Mörser zerstoßen. Dann das

Basilikum und nach und nach das Olivenöl hinzufügen und zu einer cremigen Paste zerstoßen. 2 Eßlöffel Pecorino unterrühren, salzen und pfeffern.
Einen großen Topf Wasser zum Kochen bringen, salzen und die Trenette darin al dente garen. Eine Kelle Nudelwasser abschöpfen und beiseite stellen.
Die Pasta abgießen und in eine Schüssel füllen. Mit dem Pesto überziehen. Wenn das Ganze zu trocken wirkt, etwas Nudelwasser einrühren.
Mit dem restlichen Pecorino servieren.

TRENETTE MIT ROSMARINPESTO

Für 4–6 Personen
1 Bund Petersilie
4 Eßlöffel Rosmarinblättchen
4 Knoblauchzehen, gehackt
4–6 Eßlöffel Olivenöl
1/2 getrocknete rote Pfefferschote
4 Eßlöffel gehackte Walnußkerne
Salz und Pfeffer aus der Mühle
500 g Trenette
geriebener Pecorino

Die Petersilienblättchen von den Stengeln zupfen. Zusammen mit Rosmarin, Knoblauch, 4 Eßlöffel Olivenöl, der Pfefferschote und den Walnüssen in der Küchenmaschine zu einer groben Paste pürieren. Nach Bedarf mit dem restlichen Olivenöl glattrühren. Salzen und pfeffern.
Einen großen Topf Wasser zum Kochen bringen, salzen und die Trenette darin al dente garen. Eine Kelle Nudelwasser abmessen und beiseite stellen.
Die Pasta abgießen und in eine Schüssel füllen. Mit dem Rosmarinpesto überziehen. Den Pesto nach Bedarf mit etwas Nudelwasser verrühren. Mit geriebenem Pecorino servieren.

TRENETTE MIT RUCOLAPESTO

Für 4 Personen
100 g Rucolablätter, geputzt
25 g Minzeblättchen
50 g Pinienkerne
2 Eßlöffel geriebener Pecorino
feines und fruchtiges Olivenöl
Salz und Pfeffer aus der Mühle
400 g Trenette

Rucola und Minze mit der Hälfte der Pinienkerne in der Küchenmaschine grob hacken. Den Pecorino und so viel Öl hinzufügen, bis eine geschmeidige Sauce, die weder zu dick noch zu flüssig ist, entsteht. Salzen und pfeffern. Nochmals gut verrühren und in eine Servierschüssel füllen.
Einen großen Topf Wasser zum Kochen bringen, salzen und die Trenette darin al dente garen. Eine Kelle Nudelwasser abschöpfen und beiseite stellen.
Inzwischen die restlichen Pinienkerne fein hacken und zum Garnieren aufheben.
Die Trenette abgießen und mit dem Pesto vermischen. Nach Bedarf mit etwas Nudelwasser geschmeidig rühren.
Auf Teller verteilen, mit den fein gehackten Pinienkernen bestreuen und zu Tisch bringen.

VERMICELLI IN SALBEIBUTTER

Ausschlaggebend für diese verführerische Nudelsauce ist das feine Aroma von frischem Salbei. Getrockneter Salbei mit seinem durchdringenden Geschmack ist dafür zu kräftig.

Für 3–4 Personen
3 Eßlöffel Salbeiblätter, fein gehackt
6 Eßlöffel geriebener Parmesan
150 g flüssige, geklärte Butter
Salz und Pfeffer aus der Mühle
350 g Vermicelli (oder andere dünne Nudeln, z. B. Engelshaar oder Spaghettini)
einige Salbeizweiglein zum Verzieren

Salbei und 4 Eßlöffel Parmesan in die geklärte Butter rühren. Salzen und pfeffern. Die Sauce warm halten und durchziehen lassen, bis die Nudeln gar sind. Die Vermicelli in reichlich sprudelndem Salzwasser al dente garen. Abgießen und in eine Servierschüssel füllen. Mit der Salbeibutter überziehen und sorgfältig vermischen. Mit dem restlichen Parmesan und einigen Salbeiblättchen hübsch anrichten.

ZITRONENSPAGHETTI

Für 4 Personen
400 g Spaghetti
2 Eßlöffel Olivenöl
4 Knoblauchzehen, fein gehackt
4 Sardellenfilets in Salzlake, abgespült und fein gehackt
Saft und Schale einer unbehandelten Zitrone
1 kleine getrocknete Pfefferschote, zerstoßen
2 Eßlöffel Pinienkerne, grob gehackt
2 Eßlöffel Petersilie, gehackt

Die Spaghetti in reichlich sprudelndem Salzwasser al dente garen. Abgießen und abtropfen lassen.
Während die Nudeln kochen, das Olivenöl in einer Pfanne erhitzen. Den Knoblauch darin andünsten, dann die Sardellenfilets hineingeben und bei sanfter Hitze schmelzen lassen. Zitronensaft und -schale sowie die zerstoßene Pfefferschote einrühren.
Die gekochten Spaghetti in der Zitronensauce schwenken, mit Pinienkernen bestreuen und gut durchmischen.
Auf Teller verteilen und mit Petersilie garniert servieren.

ENGELSHAAR MIT PINIENKERNEN UND ZITRONENSAUCE

Für 2 Personen
2 kleine Knoblauchzehen, fein gehackt
2 Eßlöffel Olivenöl
2 Eßlöffel Pinienkerne, grob gehackt
Saft und abgeriebene Schale einer unbehandelten Zitrone
Salz und Pfeffer aus der Mühle
200 g Engelshaar oder andere dünne Nudeln (z. B. Vermicelli, Capelvenere)

Knoblauch in Olivenöl andünsten. Die Pinienkerne hinzufügen und goldbraun rösten. Mit Zitronensaft und -schale verfeinern, mit Salz und Pfeffer abschmecken.
Engelshaar in sprudelndem Salzwasser al dente garen. Eine Kelle Kochwasser abmessen und beiseite stellen.
Die Nudeln abgießen, in eine Servierschüssel füllen und mit der Zitronensauce überziehen. Sollten die Nudeln sehr trocken wirken, mit etwas Kochwasser geschmeidig rühren. Sofort servieren.

HOLZFÄLLERSPAGHETTI

Für 3–4 Personen
100 g Walnußkerne, grob zerkleinert
2 Eßlöffel Pinienkerne
400 g Spaghetti
Salz und Pfeffer aus der Mühle
2 Knoblauchzehen
2 Eßlöffel Butter
geriebener Parmesan

Walnüsse und Pinienkerne ohne Fett in einer Pfanne rösten, bis sie ihren kräftigen, nussigen Duft entfalten. Dann sofort vom Herd ziehen.
Die Spaghetti in Salzwasser knapp al dente garen (eine Kelle Nudelwasser abschöpfen und beiseite stellen).
Während die Spaghetti garen, die Nüsse zusammen mit den Knoblauchzehen in einem Mörser oder in der Küchenmaschine grob zerstoßen.
Die Butter in einer großen Pfanne, in der auch die Spaghetti Platz haben,

zerlassen. Die Nuß-Knoblauch-Mischung darin goldbraun braten. Salzen und pfeffern.
Die Spaghetti abgießen, in die Pfanne geben und gleichmäßig mit der Nußsauce überziehen. Nach Bedarf mit dem Nudelwasser geschmeidig rühren. Auf Teller verteilen und mit frisch geriebenem Parmesan servieren.

PASTA MIT SPROSSENBROKKOLI UND PINIENKERNEN

Für dieses Rezept eignen sich dünne, lange Nudeln wie Spaghetti, Linguine oder die etwas kräftigeren Trenette. Sprossenbrokkoli bekommen Sie beim italienischen Gemüsehändler.

Für 4 Personen
750 g Sprossenbrokkoli
Salz und Pfeffer aus der Mühle
400 g Pasta
4 Eßlöffel Olivenöl
2 Knoblauchzehen, fein gehackt
1 kleine getrocknete Pfefferschote, zerstoßen
100 g Pinienkerne

Den Sprossenbrokkoli waschen, verlesen und von den dicken Blattrippen befreien. Die Blätter nur mit dem Wasser, das vom Waschen noch anhaftet, in einen Topf geben, abdecken und weich garen (5–8 Minuten). Während des Garens ab und zu wenden.
Sprossenbrokkoli aus dem Topf nehmen, abkühlen und abtropfen lassen. Sobald Sie das Gemüse anfassen können, grob hacken. In eine Schüssel füllen, salzen und pfeffern.
Die Pasta in reichlich sprudelndem Salzwasser knapp al dente garen. Gelegentlich umrühren. Während die Pasta kocht, das Olivenöl in einer Pfanne erhitzen. Den Knoblauch und die zerstoßene Pfefferschote hineingeben. Das Öl bei sanfter Hitze damit aromatisieren, den Knoblauch aber nicht bräunen.
In der Zwischenzeit auch die Pinienkerne rösten: Ohne Öl in ein Pfännchen geben und unter gelegentlichem Wenden bei sanfter Hitze goldbraun werden lassen.
Die Pasta abgießen und in die Knoblauchpfanne geben. Den Sprossenbrokkoli hinzufügen. Nudeln und Gemüse im aromatisierten Öl heiß werden lassen und kurz braten. Auf eine Servierplatte geben und mit den gerösteten Pinienkernen bestreuen.

SPAGHETTI MIT KNOBLAUCH-WALNUSS-SAUCE

Für 2–3 Personen
1 ganze Knoblauchknolle
Olivenöl
100 g Walnußkerne
1 Eßlöffel Petersilie, gehackt
Salz und Pfeffer aus der Mühle
250 g Spaghetti

Den Backofen auf 180 Grad vorheizen.
Die äußere Schale der Knoblauchknolle abziehen. Die Knolle oben quer durchschneiden, so daß die Zehen freiliegen. Die Knolle und die Schnittstellen mit Olivenöl bepinseln, in eine ofenfeste Form setzen und im Ofen weich braten (ca. 1 Stunde).
Die Hälfte der Walnußkerne fein hacken, den Rest gleichmäßig auf einem ungefetteten Backblech ausbreiten.
Die weichgebratene Knoblauchknolle aus dem Ofen nehmen und etwas abkühlen lassen. Inzwischen das Blech mit den Walnüssen in den Ofen schieben und 5 Minuten rösten. Herausholen und abkühlen lassen.
Einen Topf Nudelwasser zum Kochen bringen.
Sobald Sie die Knoblauchknolle anfassen können, das Mark aus den Zehen pressen und mit 4 Eßlöffel Olivenöl und den feingehackten Walnüssen in eine Pfanne geben. Erwärmen und 5 Minuten bei sanfter Hitze dünsten. Die gehackte Petersilie einrühren, salzen und pfeffern.
In der Zwischenzeit die Spaghetti im sprudelnden Salzwassser knapp al dente garen. Eine Kelle Nudelwasser abschöpfen und beiseite stellen.
Spaghetti abgießen und kurz in der Pfanne schwenken, bis sie gleichmäßig mit der Knoblauchsauce überzogen sind. Nach Bedarf mit etwas Nudelwasser geschmeidig rühren.
Die Spaghetti auf Teller verteilen, mit den gerösteten Walnüssen bestreuen und zu Tisch bringen.

TRENETTE ALLE NOCI – MIT WALNÜSSEN

Für 4 Personen
100 g Walnußkerne
350 g Trenette (oder andere Fadennudeln wie Spaghetti oder Linguine)
Salz und Pfeffer aus der Mühle
50 g Pinienkerne
2 Eßlöffel Butter
50 g geriebener Parmesan

Die Walnußkerne auf ein Backblech legen und im 180 Grad heißen Ofen leicht rösten, bis sie ihren typischen, »nussigen« Duft entfalten. Herausholen, in ein Küchentuch schlagen und kräftig rubbeln, damit sich das braune Häutchen löst.
Die Trenette in reichlich sprudelndem Salzwasser knapp al dente garen. Ab und zu umrühren, damit sie nicht verkleben. Eine Kelle Kochwasser abschöpfen und beiseite stellen.
Während die Pasta kocht, Walnuß- und Pinienkerne grob zerkleinern – die Sauce soll noch etwas »Biß« haben.
Die Butter in einer Pfanne erhitzen und die Nüsse darin bräunen.
Die Pasta abgießen und zu den Nüssen geben. In der heißen Pfanne schwenken und gut durchmischen. Nach Bedarf etwas Kochwasser hinzugießen. Die Pasta mit Salz und Pfeffer würzen und mit Parmesan bestreuen. Auf Teller verteilen und heiß servieren.

ZITI MIT WALNÜSSEN UND GRÜNEN OLIVEN

Kurze gerillte Pasta wie Ziti oder Penne rigate ist für dieses Rezept ideal, weil sie die Sauce gut aufnimmt.

Für 4 Personen
5 Eßlöffel Olivenöl
50 g Walnußkerne, fein gehackt
2 Knoblauchzehen, fein gehackt
100 g grüne Oliven, entsteint und fein gehackt
1 kleines Bund Petersilie, fein gehackt
Salz und Pfeffer aus der Mühle
400 g Ziti
geriebener Pecorino

Das Olivenöl in einer Pfanne erhitzen. Walnußkerne, Knoblauch und Oliven hineingeben und bei mittlerer Hitze ungefähr 5 Minuten dünsten. Die gehackte Petersilie hinzufügen und noch eine Minute mitdünsten. Abschließend mit Salz und Pfeffer abschmecken. Pfanne vom Herd nehmen.
Die Ziti in reichlich sprudelndem Salzwasser al dente garen. Eine Kelle Nudelwasser abmessen und beiseite stellen. Die Ziti abgießen und in eine Servierschüssel füllen. Mit der Olivensauce vermischen. Wenn die Nudeln zu trocken wirken, mit etwas Nudelwasser geschmeidig rühren.
Mit geriebenem Pecorino servieren.

CASHEWNUDELN

Für 4 Personen
500 g Spaghettini oder Vermicelli
4 Eßlöffel Koriandergrün, fein gehackt

Für die Sauce
100 g geröstete und gesalzene Cashewkerne, grob zerkleinert
1 Eßlöffel Sesamsaat
2 große Knoblauchzehen, grob gehackt
1 kleine getrocknete Chilischote ohne Kerne, zerstoßen
4 Eßlöffel asiatisches Sesamöl
3 Eßlöffel Sojasauce
1–2 Eßlöffel Reisessig
1 Teelöffel brauner Zucker
6 Eßlöffel Geflügelfond aus dem Glas

Ein Viertel der Cashewkerne beiseite stellen. Die restlichen Cashews zusammen mit den übrigen Zutaten für die Sauce in die Küchenmaschine füllen und zu einer glatten Paste pürieren.
Die Nudeln in sprudelndem Salzwasser bißfest garen. Eine Kelle Nudelwasser abschöpfen und beiseite stellen. Die Nudeln abgießen und in eine vorgewärmte Schüssel füllen. Mit der Cashewsauce vermischen. Sollten die Nudeln sehr trocken wirken, mit etwas Nudelwasser geschmeidig machen. Mit den restlichen Cashewkernen und dem Koriandergrün bestreuen und servieren.

GEBRATENE REISNUDELN MIT TOFUHÄPPCHEN UND ERDNÜSSEN

Für 2–4 Personen
125 g fester Tofu
250 g flache, knapp 1 cm breite Reisnudeln
1 Eßlöffel Tamarindenpaste
1 Teelöffel brauner Zucker
neutrales Speiseöl zum Braten und Fritieren
4 Eßlöffel Speisestärke zum Wenden
2 verquirlte Eier
4 Knoblauchzehen, fein gehackt
2 Eßlöffel Fischsauce (Naam Pblaa)
150 g frische Bohnensprossen
1 kleine rote Chilischote, entkernt und fein gehackt
2 Eßlöffel frische Erdnüsse, grob gehackt
2 Eßlöffel Koriandergrün, gehackt
1 Limette, in Spalten geschnitten, zum Garnieren

Den Tofu in Küchenkrepp wickeln und mit einem Gewicht beschweren, damit überschüssige Flüssigkeit austreten kann. 30 Minuten ruhen lassen.
Die Reisnudeln mit kaltem Wasser bedecken und 30 Minuten einweichen.
Währenddessen die Tamarindenpaste mit 4 Eßlöffel heißem Wasser anrühren und 20 Minuten durchziehen lassen. Gelegentlich umrühren. Die Paste dann durch ein Sieb passieren und mit Zucker süßen.
Den Tofu in zentimetergroße Würfel schneiden.
Das Öl ungefähr 3 Zentimeter hoch in einen Topf oder, besser noch, in einen Wok gießen und auf 180–190 Grad erhitzen. (Wenn Sie den Stiel eines hölzernen Kochlöffels ins heiße Öl tauchen, steigen bei dieser Temperatur Bläschen auf.)
Die Tofuwürfel in der Speisestärke wenden, überschüssige Stärke abklopfen, dann die Würfel in das Ei tauchen. Die überschüssige Flüssigkeit abtropfen lassen, dann portionsweise ins heiße Öl tauchen und goldbraun ausbacken. (Nicht zuviel Tofu auf einmal ins heiße Öl geben, weil die Brattemperatur sonst sinkt und der Tofu nicht knusprig wird.) Mit einer Siebkelle herausheben und auf Küchenkrepp abtropfen lassen.
In einer schweren Bratpfanne nun 2 Eßlöffel Öl erhitzen. Den Knoblauch darin andünsten. Die fritierten Tofuwürfel und das Ei, das vom Panieren noch übrig ist, hineingeben. Bei lebhafter Hitze rührbraten, bis das Ei fest wird.
Die Nudeln, die Tamarindenmischung und die Fischsauce unterheben und gut

durchmischen. Nach etwa 5 Minuten die Bohnensprossen, den Chili und die Erdnüsse hinzufügen. Eine Minute mitbraten.
Die Nudeln auf eine Servierplatte häufen und mit Koriandergrün und der in Spalten geschnittenen Limette garnieren.

Tip: Tamarindenpaste gibt's in Asienläden. Wenn Sie keine Tamarindenpaste bekommen, säuern und würzen Sie die Nudeln mit 2 Eßlöffel Reisessig und 2 Eßlöffel Limettensaft.

SINGAPURNUDELN IN ERDNUSS-SAUCE

Das sehr einfache Nudelrezept können Sie nach Ihrem persönlichen Geschmack mit kurzgebratenem Gemüse, mit Shrimps oder Hähnchenfleisch ergänzen und immer wieder neu kombinieren.

Für 2–4 Personen
250 g Reisnudeln
50 g geröstete Erdnüsse
2 frische rote Chilischoten, entkernt und fein gehackt
2 Knoblauchzehen, grob gehackt
1 Eßlöffel Minze, gehackt
2 Eßlöffel Limettensaft
250 ml Kokosmilch aus der Dose
4 Eßlöffel Fischsauce (Naam Pblaa)
3–4 Eßlöffel Erdnußöl

Die Reisnudeln mit kochendem Wasser überbrühen und einweichen.
In der Zwischenzeit Erdnüsse, Chillies, Knoblauch, Minze und Limettensaft in der Küchenmaschine zu einer glatten Paste pürieren.
Die Kokosmilch und die Fischsauce in einem Töpfchen erhitzen, die Erdnußpaste einrühren und einige Minuten durchköcheln, bis sich die Aromen verbinden und eine sämige Sauce entsteht.
Das Erdnußöl im Wok rauchend heiß werden lassen. Die Reisnudeln abgießen und kurz darin anbraten. Mit der Erdnußsauce überziehen und zu Tisch bringen.

CASARECCE MIT PILZEN UND LAUCH

Für dieses Gericht eignen sich große und festfleischige Pilze am besten. Besonders edel schmeckt's natürlich mit Steinpilzen, aber für den Alltag tun's auch große Egerlinge mit festen Köpfen.

Für 4 Personen
1 dicke Lauchstange
2 Knoblauchzehen
200 g große, festfleischige Pilze
2–3 Eßlöffel Olivenöl
Salz und Pfeffer aus der Mühle
1 Eßlöffel Balsamessig
350 g Casarecce oder andere kurze Nudeln, z. B. Eliche, Farfalle

Die Lauchstange putzen. Dabei Wurzelenden und den dunkelgrünen Teil entfernen. Den Rest längs halbieren und sorgfältig ausspülen, dann quer in schmale Streifen schneiden. Nochmals abbrausen und in einem Sieb abtropfen lassen.
Den Knoblauch hacken. Die Pilze mit einem Tuch abreiben, unschöne Stellen mit einem Messer entfernen. Dann die Pilze stifteln oder würfeln.
Einen Topf Salzwasser für die Pasta zum Kochen bringen.
In der Zwischenzeit das Olivenöl in einer weiten Pfanne erhitzen. Die Lauchstreifen hineingeben und 2–3 Minuten andünsten. Den Knoblauch hinzufügen und etwa eine Minute mitdünsten. Salzen und pfeffern und noch ungefähr 2 Minuten weiterdünsten. Nun die Pilze hinzufügen und bei kräftiger Hitze anbraten, so daß sie Saft ziehen. Weiterdünsten, bis der Pilzsaft einkocht, dann mit Balsamessig ablöschen. Gut durchmischen und mit Salz und frisch gemahlenem Pfeffer abschmecken. Abdecken und beiseite stellen.
Die Casarecce nach Packungsanleitung al dente garen. Abgießen und in eine große Servierschüssel füllen. Das Pilzgemüse unterheben und alles sorgfältig vermischen.

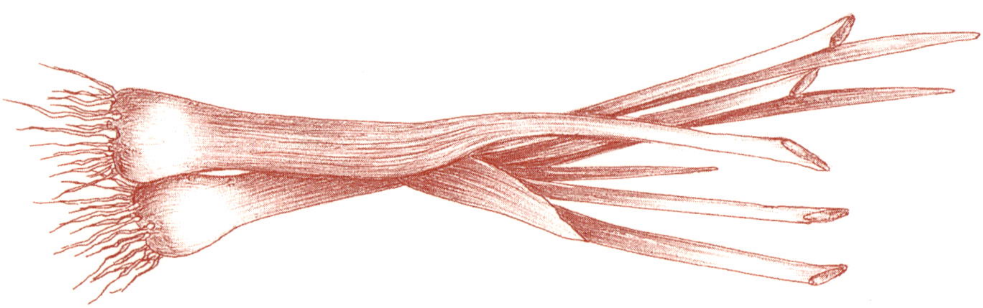

FETTUCCINE MIT FRISCHEN MORCHELN

Für 4 Personen
1 Portion frischer Nudelteig nach dem Grundrezept auf Seite 28
1 Eßlöffel Butter
2 Schalotten, fein gehackt
200 g Morcheln, sorgfältig geputzt und grob zerkleinert
2 Eßlöffel Cognac
4 Eßlöffel Geflügelfond
Salz und Pfeffer aus der Mühle
4 Eßlöffel geriebener Parmesan
2 Eßlöffel fein gehackte Petersilie

Den Nudelteig dünn ausrollen und mit dem Schneidaufsatz der Nudelmaschine zu Fettuccine (ca. 5 mm breite Bandnudeln) schneiden. Fettuccine auf Tüchern ausbreiten und abdecken.
Die Butter in einer Pfanne erhitzen. Die Schalotten darin weich dünsten. Die Morcheln hinzufügen und rund 10 Minuten mitdünsten. Den Cognac und den Geflügelfond hinzugießen, salzen und pfeffern und noch 5 Minuten weiterschmoren. Den Parmesan einrühren und schmelzen lassen.
Die frischen Fettuccine in sprudelndem Salzwasser al dente garen. Nach ca. 1 Minute abgießen und in eine vorgewärmte Schüssel füllen. Mit der Morchelsauce überziehen und gut durchmischen. Mit Petersilie bestreut servieren.

FETTUCCINE AI TARTUFI – MIT TRÜFFELN

Für 4 Personen
1 Portion hausgemachter Nudelteig (siehe Grundrezept auf Seite 28)
Salz
60 g zerlassene Butter
60 g geriebener Parmesan
weißer Pfeffer aus der Mühle
1 frische weiße Trüffel

Den Nudelteig wie auf Seite 28 beschrieben ausrollen und mit dem Schneidaufsatz der Nudelmaschine zu Fettuccine (ca. 5 Millimeter breite Bandnudeln) aufschneiden.
Die Fettuccine in reichlich sprudelndem Salzwasser al dente garen. Abgießen und

in eine vorgewärmte Servierschüssel füllen. Sofort mit der zerlassenen Butter und der Hälfte des Parmesans überziehen. Großzügig pfeffern und gut durchmischen. Die Trüffel mit einem Trüffelhobel über die Nudeln raspeln oder hauchfein aufschneiden und über die Nudeln streuen. Mit dem restlichen Parmesan bestreuen und zu Tisch bringen.

PAPPARDELLE AI FUNGHI

Für 4 Personen

1 Portion frischer Nudelteig (siehe Grundrezept auf Seite 28)
1 kg gemischte frische Pilze
2 Schalotten, fein gehackt
100 g Butter
6 Eßlöffel Madeira
125 ml Geflügelfond aus dem Glas
1 Teelöffel getrockneter Estragon
Salz und Pfeffer aus der Mühle
gehackte Estragonblättchen zum Garnieren

Nudelteig wie beschrieben ausrollen. Mit einem gezackten Teigrädchen ca. zwei Finger breite Bandnudeln ausrädeln. Die Pappardelle auf Tüchern ausbreiten und abdecken.
Einen Topf Wasser zum Kochen bringen und salzen.
Inzwischen die Pilze säubern. Die Kappen mit einem feuchten Tuch oder einer feinen Bürste abreiben. Unschöne Stellen mit einem Messer entfernen. Die Pilze in gleichmäßige Stücke schneiden.
Die Schalotten in der Butter andünsten. Die Pilze hinzufügen und unter gelegentlichem Rühren dünsten, bis sie Saft gezogen haben. Mit Madeira ablöschen. Dann den Geflügelfond hinzufügen und die Pilze in der Flüssigkeit gar schmoren. Mit Estragon, Salz und Pfeffer abschmecken.
Pappardelle im kochenden Salzwasser knapp al dente garen. Abgießen und in die Pilzpfanne füllen. Mit der Sauce vermischen und abschmecken.
Pappardelle auf Tellern anrichten, mit dem gehackten Estragon garnieren und zu Tisch bringen.

SHIITAKE-NUDELN

Dieses Rezept wird mit frischen Shiitakepilzen zubereitet. Getrocknete Shiitake- oder Tongkupilze, wie sie manchmal auch heißen, sind ein ausgezeichneter Ersatz. Ca. 10 Gramm getrocknete Pilze 30 Minuten in heißem Wasser einweichen, gut ausdrücken und wie beschrieben zubereiten.

Für 2 Personen
250 g frische Shiitakepilze
je 1 Eßlöffel Olivenöl und Butter
1 kleine Zwiebel, fein gehackt
1 Knoblauchzehe, fein gehackt
1 Eßlöffel Sherry
4 Eßlöffel Hühner- oder Gemüsebrühe
Salz und Pfeffer aus der Mühle
200 g kurze Nudeln
1 Eßlöffel frisch gehackte Petersilie zum Garnieren

Die Pilze säubern, die harten Stiele abtrennen und wegwerfen (oder für einen Pilzfond auskochen). Die Kappen in 5 Millimeter dicke Scheiben schneiden.
Öl und Butter in einer Pfanne erhitzen. Die Zwiebel und den Knoblauch hineingeben und bei sanfter Hitze glasig dünsten. Die Wärmezufuhr erhöhen. Die Pilze hinzufügen und bei kräftiger Hitze 1–2 Minuten andünsten, bis sie weich werden und Saft ziehen. Den Sherry unterrühren und einkochen lassen. Dann die Brühe angießen. Die Wärmezufuhr drosseln und das Gemüse sanft weich schmoren. Mit Salz und Pfeffer abschmecken.
Die Nudeln in sprudelndem Salzwasser knapp al dente garen. Abgießen und kurz in der Pilzpfanne schwenken.
Auf Teller verteilen und mit der gehackten Petersilie bestreut servieren.

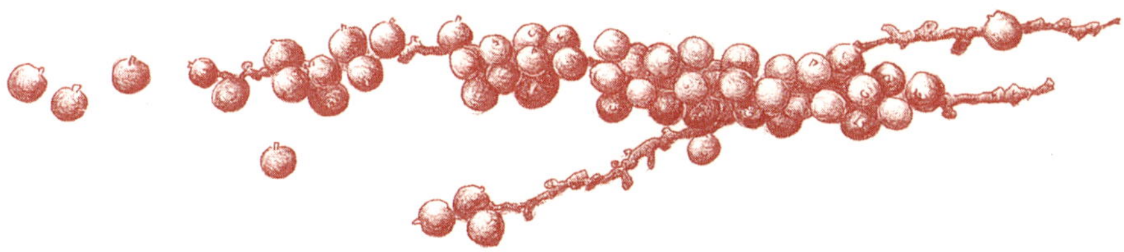

SPAGHETTI ALLA NORCINA

Die umbrische Stadt Norcia ist berühmt für ihre schwarzen Trüffeln, die zwischen November und März in den Eichenwäldern der Umgebung reifen. *Tuber melanosporum Vitt.*, so der wissenschaftliche Name, kommt haselnußklein bis orangengroß auf den Markt und hat eine schwärzlich-violette Haut, die von feinen weißen Äderchen und winzig kleinen Falten durchzogen ist. Ihr Aroma ist fein und zart. Ihr Preis horrend.
Daneben gibt es noch zahlreiche andere umbrische Trüffelsorten, doch nur die gröbere Sommertrüffel – obwohl nur ein matter Abglanz ihrer aromatischen Schwester – ist für den Verzehr zu empfehlen.

Für 2 Personen
1 Trüffel (ca. 30–50 g)
2 Eßlöffel Olivenöl
1 kleine Knoblauchzehe, grob zerstoßen
2 Sardellenfilets, abgespült und fein gehackt
Salz und Pfeffer aus der Mühle
200 g Spaghetti

Die Trüffel mit einer feinen Bürste sorgfältig abreiben; ein Stückchen zum Garnieren beiseite stellen, den Rest sehr fein hacken.
Das Olivenöl in einem Pfännchen erwärmen, aber nicht zu heiß werden lassen. Die zerstoßene Knoblauchzehe und die gehackten Sardellenfilets sanft andünsten. Nun die gehackte Trüffel unterrühren und warm werden lassen. Nach Wunsch salzen und pfeffern. Das Pfännchen vom Herd nehmen und die Sauce durchziehen lassen.
In der Zwischenzeit die Spaghetti in reichlich sprudelndem Salzwasser al dente garen. Ab und zu umrühren.
Den Knoblauch aus der Sauce entfernen. Die Spaghetti abgießen und mit der Trüffelsauce anrichten.
Bei Tisch mit ein paar Trüffelraspeln garnieren.

SPAGHETTI MIT GEMISCHTEN PILZEN

Für 4 Personen
15 g getrocknete Steinpilze
15 g getrocknete Shiitakepilze (Tongkupilze)
500 g frische gemischte Pilze
4 Eßlöffel Butter
2 Schalotten, sehr fein gehackt
1 Knoblauchzehe, sehr fein gehackt
400 g Spaghetti
Salz

Für die Sauce
100 ml Geflügelfond
100 ml trockener Sherry
Einweichwasser der Pilze
1 Eßlöffel Austernsauce
1 Eßlöffel asiatisches Sesamöl
1 Prise Zucker
Salz und Pfeffer aus der Mühle

Die getrockneten Steinpilze und Shiitakepilze mit einem Viertelliter kochendem Wasser überbrühen und 30 Minuten einweichen.
In der Zwischenzeit die frischen Pilze putzen und blättrig aufschneiden.
Die getrockneten Pilze aus dem Wasser nehmen, fest ausdrücken und fein hacken. Die harten Stengel der Shiitakepilze wegwerfen. Das Einweichwasser durch einen Kaffeefilter oder ein sehr feines Sieb gießen.
Die Zutaten für die Sauce in einer Schüssel verrühren.
Die Butter in einer weiten Pfanne erhitzen. Schalotten und Knoblauch darin glasig dünsten. Die Pilze hinzufügen und bei kräftiger Hitze weich dünsten (ca. 5 Minuten). Die Sauce einrühren und aufkochen lassen.
In der Zwischenzeit die Spaghetti in sprudelndem Salzwasser nur knapp garen. Abgießen und in die Pfanne geben. Gründlich mit den Pilzen vermischen. Zusammen mit dem Pilzgemüse al dente garen. Herzhaft abschmecken und sofort servieren.

TAGLIATELLE MIT PILZRAGOUT

Für 3–4 Personen
15 g getrocknete Steinpilze
15 g getrocknete Morcheln
350 g frische Pilze
1–2 Schalotten
2 Knoblauchzehen
2–3 Eßlöffel Butter
1 Teelöffel frischer oder 1/2 Teelöffel getrockneter Thymian
Salz und Pfeffer aus der Mühle
350 g Tagliatelle
100 ml Madeira
3 Eßlöffel Petersilie, gehackt

Die getrockneten Pilze mit kochendem Wasser überbrühen und 30 Minuten einweichen. Inzwischen die frischen Pilze putzen und blättrig aufschneiden, Schalotten und Knoblauch fein hacken. Die eingeweichten Pilze aus dem Wasser nehmen, fest ausdrücken, putzen und fein hacken. Das Pilzwasser durch ein feines Sieb gießen und beiseite stellen.

Die Butter in einer weiten Pfanne erhitzen. Die Schalotten und den Knoblauch darin sanft glasig dünsten. Die Wärmezufuhr erhöhen, die frischen Pilze hineingeben und etwa 5 Minuten kräftig anrösten. Nun auch die getrockneten Pilze und den Thymian hinzufügen. Salzen und pfeffern. Die Wärmezufuhr wieder drosseln. Das Pilzgemüse bei mäßiger Hitze etwa 20 Minuten dünsten. Ab und zu umrühren.

In der Zwischenzeit die Nudeln in reichlich sprudelndem Salzwasser al dente garen.

150 Milliliter vom Einweichwasser der Pilze abmessen. Das Pilzgemüse mit Pilzwasser und Madeira auffüllen und einige Minuten einkochen lassen.

Die Nudeln abgießen und mit dem Pilzgemüse anrichten. Mit gehackter Petersilie garnieren.

TAGLIOLINI VERDI MIT PILZEN

Für 4–6 Personen
25 g getrocknete Steinpilze
500 g gemischte frische Pilze
50 g Butter
4 Schalotten, sehr fein gehackt
2 kleine Knoblauchzehen, fein gehackt
2 Teelöffel getrockneter Majoran
Salz und Pfeffer aus der Mühle
1 Eßlöffel Tomatenmark (nach Wunsch etwas mehr)
50 ml trockener Weißwein
nach Wunsch etwas Mehl
500 g grüne Tagliolini oder Spaghetti (für frischen Spinatnudelteig siehe Rezept auf Seite 34)
geriebener Parmesan

Die getrockneten Steinpilze in eine Schüssel geben und mit einem Viertelliter kochendem Wasser überbrühen. 30 Minuten einweichen lassen.
In der Zwischenzeit die frischen Pilze putzen und grob hacken.
Die Steinpilze aus dem Wasser nehmen, gut ausdrücken und hacken. Harte und unschöne Stellen entfernen. Die Einweichflüssigkeit durch einen Kaffeefilter oder ein sehr feines Sieb gießen und beiseite stellen.
Die Butter in einer weiten Pfanne zerlassen. Die Schalotten und den Knoblauch hineingeben und bei sanfter Hitze weich dünsten. Den Majoran einstreuen und unter ständigem Rühren eine Minute mitdünsten. Salzen und pfeffern.
Nun die getrockneten Steinpilze hinzufügen. Nach 5 Minuten auch die frischen Pilze in die Pfanne geben und Saft ziehen lassen.
Das Tomatenmark mit einem Eßlöffel Wasser glattrühren, dann unter die Pilze mischen. Kräftig salzen und pfeffern und weitere 5 Minuten dünsten. Den Wein angießen und einkochen lassen.
Die Pilzsauce nun mit Steinpilzwasser auffüllen, bis sie die gewünschte Konsistenz erreicht hat. Nach Wunsch mit etwas mehr Tomatenmark oder Mehl binden. Noch einmal abschmecken und bei sanfter Hitze knapp 10 Minuten durchköcheln lassen.
In der Zwischenzeit die Pasta in reichlich sprudelndem Salzwasser al dente garen. Abgießen und mit der Pilzsauce anrichten. Mit geriebenem Parmesan servieren.

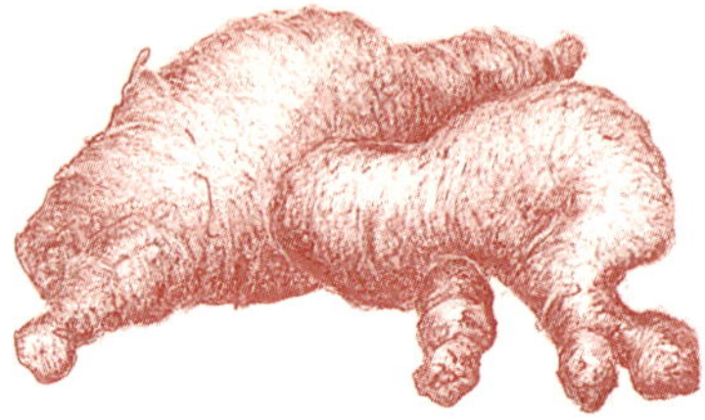

GEBRATENE GLASNUDELN MIT SHIITAKEPILZEN

Für 2 Personen
50 g Glasnudeln
100 g frische Shiitakepilze
2 Eßlöffel Öl
1 Eßlöffel asiatisches Sesamöl
3 cm Ingwerwurzel, geschält und fein gehackt
2 kleine Knoblauchzehen, fein gehackt
50 g Zuckerschoten
50 g Sojabohnensprossen
1 Mohrrübe, in dünne Scheiben geschnitten
1 kleine Chilischote, entkernt und fein gehackt
2 Eßlöffel frische Erdnüsse, grob gehackt
4 Eßlöffel Sojasauce
Salz
nach Wunsch 2 Eßlöffel Limettensaft
grob gehackte Korianderblättchen zum Garnieren

Die Glasnudeln mit kochendem Wasser überbrühen und ca. 15 Minuten einweichen lassen. Abgießen, abtropfen lassen und mit der Schere auf eine mundgerechte Länge kürzen.
Die Pilze putzen. Die harten Stiele abtrennen (und z. B. für einen Pilzfond auskochen). Die Kappen in Scheiben schneiden.
Das neutrale Öl und das Sesamöl im Wok oder in einer Pfanne erhitzen. Ingwer und Knoblauch darin andünsten. Die Pilze und das restliche Gemüse sowie die Erdnüsse hineingeben und bei starker Hitze 2–3 Minuten rührbraten. Die Glasnudeln hinzufügen. Mit Sojasauce, Salz und nach Wunsch mit Limettensaft abschmecken.
Auf Teller häufen. Mit Koriandergrün bestreuen und servieren.

SOBANUDELN MIT CHAMPIGNONS UND NASHI-BIRNEN

Die rundlichen Nashi-Birnen sind eine Kreuzung aus Apfel und Birne und sind auch pur köstlich. Sie können aber auch herbere, festfleischige Birnen aus Europa verwenden.

Für 4 Personen
3–4 Eßlöffel neutrales Öl
250 g fester Tofu, in Würfel geschnitten
Salz und Pfeffer aus der Mühle
3 cm Ingwerwurzel, geschält und fein gehackt
2 Knoblauchzehen, fein gehackt
2 Mohrrüben, gestiftelt
1 Selleriestengel, gestiftelt
250 g Champignons, blättrig aufgeschnitten
4 Frühlingszwiebeln, in feine Röllchen geschnitten
1–2 Nashi-Birnen, geschält und gestiftelt
250 g Sobanudeln
2 Teelöffel asiatisches Sesamöl
1–2 Eßlöffel Sojasauce
2 Eßlöffel Reisessig
1 Eßlöffel Sesamsaat zum Garnieren

In einer Pfanne 1–2 Eßlöffel Öl erhitzen. Die Tofuwürfel hineingeben und bei lebhafter Hitze rundum bräunen. Da Tofu nicht gerade viel Eigengeschmack besitzt, kräftig salzen und pfeffern. Tofu aus der Pfanne nehmen und auf Küchenkrepp abtropfen lassen.
Das restliche Öl erhitzen. Ingwer und Knoblauch darin andünsten, dann das Gemüse und die Birnen hinzufügen und unter regelmäßigem Wenden weich dünsten. Vom Herd ziehen und abdecken.
Die Sobanudeln in sprudelndem Salzwasser bißfest garen. Abgießen und mit kaltem Wasser abspülen. Gut abtropfen lassen und in eine Schüssel füllen. Die Nudeln sofort mit einem Teelöffel Sesamöl überziehen, damit sie nicht verkleben.
Das restliche Sesamöl, die Sojasauce und den Reisessig mit 4 Eßlöffel Wasser vermischen und in einem Töpfchen heiß werden lassen. Gelegentlich umrühren. Inzwischen die Sesamsaat in einem Pfännchen kurz rösten. Vom Herd ziehen, sobald die Körner platzen.
Die Nudeln mit dem Gemüse vermischen und mit der Sauce anmachen. Mit den gerösteten Sesamkörnern bestreuen und zu Tisch bringen.

KÄSE-, EIER- UND SAHNESAUCEN

BUCATINI PANE E PECORINO

Diese Bucatini sind ohne Aufwand und im Handumdrehen gemacht – ideal, wenn Sie allein zu Hause sind und nicht groß kochen wollen.

Für 1 Person
100 g Bucatini (oder andere lange Nudeln, z. B. Perciatelli, Spaghetti)
Salz und Pfeffer aus der Mühle
2 Eßlöffel Semmelbrösel
2–4 Eßlöffel Olivenöl
1 Eßlöffel geriebener Pecorino

Die Bucatini in reichlich sprudelndem Salzwasser al dente garen. In der Zwischenzeit die Semmelbrösel in 2 Eßlöffel Olivenöl goldbraun rösten.
Die Bucatini abgießen. Mit dem restlichen Olivenöl überziehen, dann mit Semmelbröseln und geriebenem Pecorino bestreuen. Mit Salz und Pfeffer abschmecken.

CAPELLI D'ANGELO TRICOLORE

Für 4 Personen
2–3 Eßlöffel Butter
2 Schalotten, fein gehackt
1 kg Blattspinat, verlesen und grob gehackt
Salz und Pfeffer aus der Mühle
frisch geriebener Muskat
50 g geriebener Parmesan
100 g Ricotta
100 g Mascarpone
500 g Tomatenpüree
2 Eßlöffel frisch gehacktes Basilikum
500 g Capelli d'angelo (Engelshaar oder andere feine Nudeln)

Die Butter in einer weiten Pfanne erhitzen. Die Schalotten 2–3 Minuten darin andünsten, dann den Spinat hinzufügen und zusammenfallen lassen. Mit Salz, Pfeffer und Muskat würzen. In eine Schüssel umfüllen und mit dem Parmesan vermischen. Beiseite stellen. Ricotta und Mascarpone in einer Schüssel glattrühren und mit Salz, Pfeffer und Muskat abschmecken.
Das Tomatenpüree mit dem Basilikum erhitzen und 5 Minuten durchköcheln. Mit Salz und Pfeffer abschmecken.
Die Nudeln in reichlich sprudelndem Salzwasser al dente garen. Abgießen, in eine vorgewärmte Schüssel füllen und mit der Tomatensauce überziehen. Dann den Spinat unterheben. Auf Teller verteilen und mit einem Klecks Ricottamischung garnieren.

CONCHIGLIE AI QUATTRO FORMAGGI

Hier brauchen Sie eine Nudelsorte, die die sehr üppige Käsesauce gewissermaßen aufschaufelt. Die muschelförmigen Conchiglie oder Lumaconi, aber auch Cavatelli passen gut dazu. Einen schönen Farbkontrast erzielen Sie, wenn Sie rote Tomatennudeln verwenden.

Für 4–6 Personen
je 100 g Parmesan, Asiago, Fontina und Gruyère
50 g Butter
200 g Sahne
Salz und Pfeffer aus der Mühle
frisch geriebener Muskat
500 g (rote) Conchiglie
gehackter Schnittlauch zum Garnieren

Parmesan und Asiago fein reiben und in einem Schälchen vermischen. Fontina und Gruyère in kleine Würfel schneiden und vermischen.
In der Zwischenzeit Butter und Sahne in einem Topf erhitzen, bis die Butter schmilzt. Auf kleiner Flamme nach und nach zuerst den geriebenen Käse, dann die Käsewürfel einrühren und schmelzen lassen. Dabei regelmäßig umrühren. Mit Salz, Pfeffer und Muskat kräftig abschmecken.
Während Sie die Käsesauce zubereiten, einen Topf Nudelwasser zum Kochen bringen. Salzen, die Conchiglie hineingeben und al dente garen.
Die Nudeln abgießen und mit der Käsesauce überziehen. Mit Schnittlauch bestreuen und servieren.

FARFALLE MIT ZUCCHINIGEMÜSE UND ZIEGENKÄSE

Für 2–3 Personen
4 kleinere Zucchini
2 Knoblauchzehen, in Scheiben geschnitten
2–3 Eßlöffel Olivenöl
Salz und Pfeffer aus der Mühle
1 Eßlöffel frische, gemischte Kräuter (z. B. Rosmarin, Thymian, Majoran, Oregano, Basilikum, Petersilie), fein gehackt
250 g Farfalle
50 g milder, cremiger Ziegenkäse (z. B. der italienische Caprino)
nach Wunsch 1 Eßlöffel geröstete Pinienkerne

Die Zucchini längs halbieren, dann quer in dünne Halbmonde schneiden. Zucchini und Knoblauch in Olivenöl weich dünsten und leicht bräunen. Salzen und pfeffern. Die Kräuter einstreuen und unter ständigem Rühren ungefähr eine Minute mitgaren.

Einen Topf Nudelwasser zum Kochen bringen und salzen; die Farfalle hineingeben und al dente garen. Eine Kelle Kochwasser abschöpfen und beiseite stellen. Die Farfalle abgießen und tropfend naß in eine Schüssel füllen. Mit dem Zucchinigemüse vermischen, den Ziegenkäse in die Schüssel krümeln und gut durchmischen. Nochmals abschmecken und nach Bedarf mit etwas Nudelwasser geschmeidig rühren.

Wenn Sie den Nudeln etwas mehr »Biß« geben möchten, die gerösteten Pinienkerne unterheben.

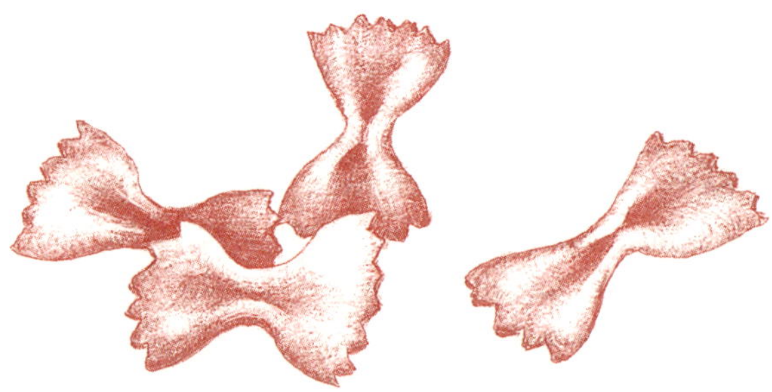

FETTUCCINE MIT RICOTTA UND FRISCHEN ERBSEN

Für 4 Personen
2 Schalotten, fein gehackt
1 Knoblauchzehe, fein gehackt
50 g Butter
200 g frische, ausgepahlte Erbsen
250 ml Gemüsebrühe
250 g Ricotta
125 g milder, cremiger Ziegenkäse
Salz und Pfeffer aus der Mühle
400 g Fettuccine
4 Eßlöffel geriebener Parmesan

Schalotten und Knoblauch in der Butter weich dünsten. Die Erbsen hinzufügen und andünsten, bis sie rundum glänzen. Mit Gemüsebrühe auffüllen und weich garen (ca. 10 Minuten). Ricotta und Ziegenkäse einrühren und bei sanfter Hitze schmelzen lassen. Salzen und pfeffern.
Während die Ricottasauce köchelt, die Fettuccine in reichlich sprudelndem Salzwasser al dente garen. Abgießen, in eine Schüssel füllen und mit der Käsesauce vermischen. Mit geriebenem Parmesan servieren.

MACCHERONI MIT TOMATEN-RICOTTA-CREME

Für 4 Personen
1 große Dose Tomaten
3 Eßlöffel Olivenöl
1 Knoblauchzehe, fein gehackt
1 Zwiebel, fein gehackt
Salz und Pfeffer aus der Mühle
400 g Maccheroni
250 g Ricotta
2 Eßlöffel Basilikum, gehackt

Die Tomaten abtropfen lassen und fein würfeln. Das Olivenöl in einem Schmortopf erhitzen. Knoblauch und Zwiebel 5 Minuten darin weich dünsten, dann die Tomaten hinzufügen. Salzen und pfeffern. Die Sauce auf kleiner Flamme 20 Minuten durchköcheln lassen.

Während die Sauce schmort, die Maccheroni in reichlich Salzwasser al dente garen.
Eine Kelle heißes Nudelwasser abschöpfen und eßlöffelweise unter den Ricottakäse rühren, bis er schön cremig wirkt.
Die Maccheroni abgießen und in eine Schüssel füllen. Mit Ricotta und Tomatensauce vermischen. Mit Basilikum bestreuen und zu Tisch bringen.

RIGATONI IN WÜRZIGER RICOTTASAUCE

Für 6 Personen
2 Eßlöffel Olivenöl
1 Zwiebel, gehackt
500 g Ricotta
4 Eßlöffel Petersilie, gehackt
4 Eßlöffel Basilikum, gehackt
2 Eßlöffel Schnittlauch, gehackt
4 Eßlöffel geriebener Parmesan
Salz und Pfeffer aus der Mühle
500 g Rigatoni

Das Öl in einem Topf erwärmen. Die Zwiebel darin weich dünsten, dann Ricotta, Kräuter und Parmesan hinzufügen und langsam schmelzen lassen. Mit wenig Salz und etwas mehr Pfeffer kräftig abschmecken.
In der Zwischenzeit die Rigatoni in reichlich sprudelndem Salzwasser al dente garen. Eine Kelle Nudelwasser abschöpfen und beiseite stellen.
Die Nudeln abgießen und in eine vorgewärmte Servierschüssel füllen.
Die Ricottamischung nach Bedarf mit etwas Nudelwasser verflüssigen. Ricottasauce über die heißen Nudeln geben, gut durchmischen und servieren.

REGINETTE AI CINQUE FORMAGGI

Reginette sind breite Bandnudeln mit einem hübsch gewellten Rand. Zu dieser Käsesauce passen auch Pappardelle oder etwas schmalere Bandnudeln wie Tagliatelle oder Fettuccine.

Für 4 Personen
50 g Walnußkerne, grob gehackt
2 Eßlöffel Olivenöl
1 Knoblauchzehe, fein gehackt
250 g Blattspinat, verlesen und grob gehackt
200 g Sahne
150 g Ricottakäse
2 Eßlöffel geriebener Parmesan
2 Eßlöffel geriebener Pecorino
1 Eßlöffel geriebener Asiago
1 Eßlöffel geriebener Fontina
Salz und Pfeffer aus der Mühle
Muskat
400 g Reginette

Walnußkerne ohne Fett in einem Pfännchen rösten, bis sie ihren kräftigen Duft entfalten. Vom Herd ziehen und abkühlen lassen.
Das Olivenöl in einer Pfanne erhitzen. Den Knoblauch darin bei sanfter Hitze glasig dünsten, dann den Blattspinat hinzufügen und rasch zusammenfallen lassen. Vom Herd nehmen und in der Küchenmaschine zermusen.
Den Spinat wieder in einen Topf füllen, die Sahne hinzugießen und langsam erhitzen, aber nicht aufkochen lassen. Ricotta und die übrigen Käsesorten einrühren und zum Schmelzen bringen. Regelmäßig umrühren, bis eine seidig-glatte Creme entsteht. Mit wenig Salz (der Käse ist bereits sehr salzig), viel Pfeffer und frisch geriebenem Muskat kräftig abschmecken.
Während die Käsesauce schmilzt, die Pasta in sprudelndem Salzwasser al dente garen. Abgießen und gleichmäßig mit der Käsesauce überziehen. Mit den gerösteten Walnüssen bestreuen und servieren.

PENNETTE IN FONTINACREME

Für 4 Personen
40 g Butter
200 g Fontinakäse, gewürfelt
100 g Sahne
frisch geriebener Muskat
Salz und Pfeffer aus der Mühle
400 g Pennette
geriebener Parmesan
1 Eßlöffel frischer Thymian (nach Wunsch)

Butter und Fontinawürfel bei sanfter Hitze zerlassen. Sorgfältig umrühren, bis eine gleichmäßig samtige Creme entsteht. Langsam die Sahne hinzugießen, anschließend mit Muskat, Salz und Pfeffer abschmecken und gut verrühren.
Die Pennette al dente garen und abgießen, in eine Schüssel schichten und mit der Fontinacreme überziehen. Mit geriebenem Parmesan bestreuen. Nach Wunsch mit frischen Thymianblättchen garnieren.

SPAGHETTI AL LIMONE E PARMIGIANO

Für 4–6 Personen
1,5 l Fleischbrühe
1 unbehandelte Zitrone
500 g Spaghetti
Salz und Pfeffer aus der Mühle
1 Prise frisch geriebener Muskat
75 g geriebener Parmesan
Zitronenmelisse zum Garnieren (nach Wunsch)

Die Brühe zum Kochen bringen. Inzwischen die Zitronenschale abreiben und den Saft der Zitrone auspressen. Die Brühe mit der Hälfte der Zitronenschale und dem Saft verfeinern. Sobald die Brühe kocht, die Spaghetti darin al dente garen. Ab und zu umrühren.
Pasta abgießen, nicht zu stark abtropfen lassen und die noch relativ saftige Pasta in eine große Servierschüssel geben. Mit Salz, Pfeffer und Muskat würzen. Die restliche Zitronenschale und den geriebenen Parmesan unterheben. Auf Teller verteilen. Nach Wunsch mit Zitronenmelisse garnieren.

SPAGHETTI ALLA SARDA

Für 4 Personen
350 g Spaghetti
Salz und Pfeffer aus der Mühle
2 große Knoblauchzehen, fein gehackt
2 Eßlöffel Olivenöl
200 g magere Pancetta (luftgetrockneter italienischer Bauchspeck) oder Speck, fein gewürfelt
100 g geriebener Pecorino sardo

Die Spaghetti in einem großen Topf Salzwasser knapp al dente garen; ab und zu umrühren.
Während die Pasta kocht, den Knoblauch in Olivenöl andünsten. Die gewürfelte Pancetta hinzufügen und anbräunen.
Die Spaghetti abgießen, abtropfen lassen und kurz in der Pfanne schwenken. Gut durchmischen und auf Teller verteilen. Großzügig mit dem geriebenen Pecorino bestreuen und mit einer Runde Pfeffer aus der Mühle übermahlen. Heiß servieren.

SPAGHETTI CACIO E PEPE

Der mittel- und süditalienische Cacio ist ein Hartkäse mit kräftigen Geschmack. Sie können ihn durch Pecorino romano ersetzen. Für dieses Rezept ist Parmesan zu mild und nussig.

Für 2 Personen
200 g Spaghetti
Salz und Pfeffer aus der Mühle
50 g geriebener Cacio oder Pecorino romano

Die Spaghetti in reichlich sprudelndem Salzwasser al dente garen. Eine Kelle Nudelwasser abschöpfen und beiseite stellen. Pasta abgießen und in eine Servierschüssel füllen. Großzügig mit schwarzem Pfeffer übermahlen und mit dem geriebenen Käse bestreuen. Mit etwas Nudelwasser geschmeidig rühren und gut durchmischen.

STRICHETTI ALLA PARMIGIANA

Für 4–6 Personen
300 g Mehl
3 Eier
50 g geriebener Parmesan
1 Prise frisch geriebener Muskat
1 l Hühnerbrühe (nach Wunsch, s. u.)
1 Portion Fleischsauce (nach Wunsch, s. u.)

Aus Mehl, Eiern, Parmesan und Muskat einen Nudelteig herstellen und dünn ausrollen (siehe dazu auch die Anleitung im Grundrezept auf Seite 28). Den Teig zu etwa 3 x 3 Zentimeter großen Flecken, den sogenannten Strichetti, zurechtschneiden.
Die Teigflecken auf bemehlten Tüchern leicht trocknen lassen.
Die Strichetti werden entweder in Hühnerbrühe gereicht oder in Salzwasser gegart und mit einer beliebigen Fleischsauce (sehen Sie sich dazu z. B. die Grundrezepte auf den Seiten 41–43 an) angerichtet.

TAGLIATELLE AL MASCARPONE

Für 2 Personen
100 g Mascarpone
2 Eßlöffel geriebener Parmesan
2 Eßlöffel geriebener Pecorino
Salz und Pfeffer aus der Mühle
Muskat
200 g grüne Tagliatelle

Mascarpone glattrühren und in einer Pfanne ganz langsam zum Schmelzen bringen. Parmesan und Pecorino einrühren und mit Salz, Pfeffer und frisch geriebenem Muskat würzen.
Während der Mascarpone schmilzt, die Tagliatelle in reichlich sprudelndem Salzwasser knapp al dente garen. Abgießen und noch tropfend naß in die Käsepfanne geben. Auf lebhafter Flamme eine Minute sautieren und rundum mit der Mascarponesauce überziehen. Abschmecken und servieren.

TAGLIATELLE VERDI AL GORGONZOLA

Für 4 Personen
1 Portion Spinatnudelteig (siehe Grundrezept auf Seite 34)
2 Eßlöffel Butter
2 Knoblauchzehen, gehackt
100 g Gorgonzola, zerkrümelt
200 g Sahne
Salz und Pfeffer aus der Mühle
frisch geriebener Muskat
50 g Parmesan

Den Nudelteig dünn ausrollen und mit dem Schneidaufsatz der Nudelmaschine zu Tagliatelle zurechtschneiden. Auf Tüchern ausbreiten und abdecken.
Die Butter in einer weiten Pfanne zerlassen. Den Knoblauch 1–2 Minuten bei sanfter Hitze andünsten, dann die Gorgonzolakrümel und die Sahne hinzufügen. Sorgfältig verrühren und erwärmen. Mit Salz, Pfeffer und Muskat abschmecken. Die Spinatnudeln in sprudelndem Salzwasser al dente garen. Abgießen und in die Gorgonzolapfanne geben. Sorgfältig vermischen, auf Teller verteilen und mit Parmesan bestreut servieren.

TUBETTI ALLA CIOCIARA

Ciociaria heißt der Landstrich im Hinterland Kampaniens, aus dem der berühmte Büffelmozzarella kommt. Mozzarella aus Kuhmilch, den Sie im Kühlregal Ihres Supermarkts im Beutel finden, ist längst nicht so aromatisch und daher kein Ersatz.

Für 4 Personen
2 Knoblauchzehen, fein gehackt
4 Eßlöffel Olivenöl
500 g Tomatenpüree
Salz und Pfeffer aus der Mühle
1 Glas trockener Weißwein
400 g Tubetti oder andere sehr kurze Röhrennudeln
(z. B. Ditali, Mezze penne)
200 g Büffelmozzarella, fein gewürfelt
2 Eßlöffel Petersilie, gehackt

Knoblauch in 2 Eßlöffel Olivenöl andünsten. Nach 2–3 Minuten das Tomatenpüree hinzufügen. Salzen und pfeffern. Den Weißwein einrühren und heiß werden lassen. Die Wärmezufuhr drosseln und die Sauce 45 Minuten auf kleiner Flamme köcheln lassen.
Die Tubetti in sprudelndem Salzwasser al dente garen. Gelegentlich umrühren, damit sie nicht verkleben. Tubetti abgießen und in eine Servierschüssel füllen. Mit dem restlichen Olivenöl überziehen, dann mit den Mozzarellawürfeln vermischen. Nun die Tomatensauce darübergeben und gut durchmischen. Mit Petersilie bestreuen und servieren.

BASILIKUMPASTA MIT WALNÜSSEN UND CRÈME FRAÎCHE

Für 4 Personen
50 g Walnußkerne, grob gehackt
2 Eßlöffel Butter
2 Schalotten, fein gehackt
1 Büschel Basilikumblätter, in schmale Streifen geschnitten
Salz und Pfeffer aus der Mühle
250 ml Gemüsebrühe
300 g Crème fraîche
1 Portion Kräuternudeln nach dem Grundrezept auf Seite 35
(statt der angegebenen Kräuter nur Basilikum in den Teig geben),
zu Bandnudeln geschnitten

Die Walnußkerne ohne Fett in einem Pfännchen rösten, bis sie ihren kräftigen Duft entfalten. Sofort vom Herd nehmen und abkühlen lassen.
Einen Topf Nudelwasser zum Kochen bringen.
Inzwischen die Butter in einer Pfanne zerlassen. Die Schalotten darin andünsten, dann die Hälfte des Basilikums hineinrühren, salzen und pfeffern. Das Ganze 1–2 Minuten bei sanfter Hitze dünsten. Mit Gemüsebrühe auffüllen und leise durchköcheln lassen, bis die Schalotten weich sind. Die Crème fraîche einrühren, heiß werden und etwas eindicken lassen. Mit Salz und Pfeffer aus der Mühle abschmecken.
Das Nudelwasser salzen, die Basilikumnudeln hineingleiten lassen und al dente garen (ca. 60 Sekunden).
Nudeln abgießen und in die Sahnesauce geben. Mit dem restlichen Basilikum bestreuen und gut durchmischen. Auf Teller verteilen, mit den gerösteten Walnüssen garnieren und servieren.

CAPELLI D'ANGELO MIT KRÄUTER-SAHNE-SAUCE

Für 4 Personen
200 g Sahne
2 Eßlöffel Butter
Salz und Pfeffer aus der Mühle
frisch geriebener Muskat
1 Büschel Basilikum, fein gehackt
1 kleines Bund Petersilie, fein gehackt
1 kleines Bund Schnittlauch, fein gehackt
4 Eßlöffel geriebener Parmesan
400 g Capelli d'angelo (Engelshaar; oder eine andere feine Nudelsorte, z. B. Spaghettini)

Sahne und Butter in einem Topf erhitzen. Kräftig mit Salz, Pfeffer und Muskat abschmecken und auf kleiner Flamme zur gewünschten Konsistenz einköcheln lassen.

In der Zwischenzeit die Kräuter hacken.

Kräuter und Parmesan in die Sahnemischung rühren und weitere 5 Minuten köcheln lassen.

Während die Sauce köchelt, die Pasta in reichlich sprudelndem Salzwasser al dente garen. Ab und zu umrühren, damit sie nicht verklebt.

Die Pasta abgießen und mit der Kräuter-Sahne-Sauce anrichten.

CAVATELLI MIT WALNUSS-SAHNE-SAUCE

Für 4–6 Personen
250 g Walnußkerne
50 g Pinienkerne
1 Scheibe Weißbrot, in Milch eingeweicht
1 Knoblauchzehe, grob gehackt
Salz und Pfeffer aus der Mühle
50 g saure Sahne
50 g süße Sahne
4 Eßlöffel Olivenöl extra vergine
1 Teelöffel Majoran, gehackt
500 g Cavatelli oder andere kleinformatige Nudeln, an denen die Walnußsauce gut haftenbleibt (z. B. Conchiglie, Gnocchetti)
geriebener Pecorino (nach Wunsch)

Die Walnußkerne überbrühen, häuten und grob zerkleinern. Pinienkerne ebenfalls grob hacken und mit den Walnüssen in eine Schüssel geben. Das Weißbrot gut abtropfen lassen, zerpflücken und zusammen mit dem Knoblauch zu den Nüssen geben. Die Zutaten gut vermischen, salzen und pfeffern. Die Masse zu einer glatten Paste pürieren. Jetzt die saure und die süße Sahne und das Olivenöl unterrühren. Mit Majoran, Salz und Pfeffer abschmecken.
Cavatelli in reichlich sprudelndem Salzwasser al dente garen. Eine Kelle Nudelwasser abschöpfen und beiseite stellen. Die Cavatelli abgießen und in eine Schüssel füllen. Die Walnußsauce nach Wunsch mit etwas Nudelwasser verflüssigen und über die Nudeln geben. Gut vermischen. Nach Wunsch mit geriebenem Pecorino servieren.

ESTRAGONNUDELN IN SAHNESAUCE

Für 4 Personen
1 große Dose Tomaten
1 Eßlöffel Butter
2 Schalotten, fein gehackt
1 Eßlöffel Estragon, gehackt
1 Eßlöffel Petersilie, gehackt
Salz und Pfeffer aus der Mühle
300 g Sahne

400 g Penne
geriebener Parmesan

Die Dosentomaten abgießen und abtropfen lassen, dann entkernen und grob hacken.
Einen Topf Nudelwasser zum Kochen bringen und in der Zwischenzeit die Sauce zubereiten. Die Butter in einer weiten Pfanne erhitzen. Die Schalotten 2–3 Minuten darin glasig dünsten, dann die gehackten Kräuter einrühren. Salzen und pfeffern. Mit Sahne auffüllen und aufkochen lassen. Nach 30 Sekunden die Tomaten einrühren. Kräftig abschmecken und zur gewünschten Konsistenz einkochen lassen.
Das Nudelwasser salzen, die Penne hineingeben und al dente garen. Abgießen und unter die Estragonsauce rühren. Gut durchmischen, dann auf Teller verteilen und mit Parmesan servieren.

FARFALLE IN SPARGEL-SAHNE-SAUCE

Grüner Spargel ist nicht so edel wie sein weißer Bruder und kann daher problemlos für etwas rustikalere Zubereitungen wie diese üppige Sahnesauce herhalten. Grüner Spargel schmeckt intensiver und bildet zudem einen hübschen Farbkontrast zu den Farfalle.

Für 4–6 Personen
750 g grüner Spargel
3 Eßlöffel Butter
200 g Sahne
die abgeriebene Schale einer unbehandelten Zitrone
Salz und Pfeffer aus der Mühle
frisch geriebener Muskat
500 g Farfalle
geriebener Parmesan

Spargelenden abschneiden, nur dicke Stangen schälen und schräg in fingerdicke Röllchen schneiden. Die Spitzen ganz lassen. In einem Dämpfsieb ungefähr 3 Minuten garen, bis die Spargelstückchen zwar weich, aber noch leuchtend grün sind. Unter kaltem Wasser abschrecken und abtropfen lassen.
Butter und Sahne in einer Pfanne, in der Farfalle und Spargel Platz haben, langsam erwärmen. Sobald die Butter geschmolzen ist, die Zitronenschale ein-

rühren; salzen, pfeffern und mit Muskat abschmecken. Die Sauce vom Herd nehmen, abdecken und warm halten, während die Farfalle kochen.
Die Pasta in sprudelndem Salzwasser knapp al dente garen. Eine Kelle Kochwasser abmessen und in die Sahnesauce rühren.
Die Pasta abgießen und zusammen mit dem Spargel in die Sahnesauce geben. Auf den Herd setzen, gut durchmischen und heiß werden lassen. Kräftig abschmecken und mit geriebenem Parmesan servieren.

FETTUCCINE ALL'EMILIANA

Für 4 Personen
1 kleine Zwiebel, gehackt
3 Eßlöffel Butter
250 g frische, ausgepahlte Erbsen
100 ml Gemüsebrühe
200 g Sahne
Salz und Pfeffer aus der Mühle
350 g (bunte) Fettuccine
250 g gekochter Schinken, in Streifen geschnitten
4 Eßlöffel geriebener Parmesan

Die Zwiebel in der Butter glasig dünsten. Die Erbsen hinzufügen und mitdünsten, bis sie rundum glänzen. Mit Gemüsebrühe und Sahne auffüllen und garen, bis die Erbsen weich sind, aber noch leuchtend grün aussehen. Kräftig salzen und pfeffern.
Die Fettuccine in einem großen Topf Salzwasser al dente garen.
Die Schinkenstreifen unter die Erbsen rühren und erwärmen.
Die Pasta abgießen und in eine vorgewärmte Schüssel füllen. Mit der Sahnesauce vermischen und mit Parmesan servieren.

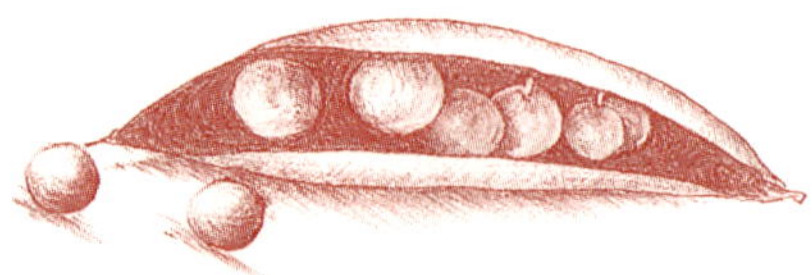

FUSILLI BOSCAIOLA

Der Zusatz »boscaiola« bedeutet, daß es sich um eine Sauce mit Pilzen handelt. Man kann diese Sauce mit und ohne Sahne zubereiten. Sehen Sie sich auch die *Pappardelle alla boscaiola* im Kapitel Gemüsesaucen an.
Spiralnudeln wie Fusilli oder gerillte Pasta wie Penne und Rigatoni passen zu dieser sahnigen Pilzsauce am besten. Die Sauce bleibt in den Vertiefungen der Nudeln hängen und macht jeden Bissen besonders schmackhaft.

Für 4–6 Personen
25 g getrocknete Steinpilze
2 Schalotten, fein gehackt
2 Knoblauchzehen, fein gehackt
50 g Butter
250 g frische Pilze, geputzt und grob zerkleinert
Salz und Pfeffer aus der Mühle
1 Teelöffel getrockneter Thymian
1 Eßlöffel Tomatenmark
100 ml trockener Rotwein
250 ml Kalbs- oder Geflügelfond aus dem Glas
400 g Fusilli
250 g Sahne
4 Eßlöffel geriebener Parmesan
nach Wunsch 1 Eßlöffel Trüffelöl

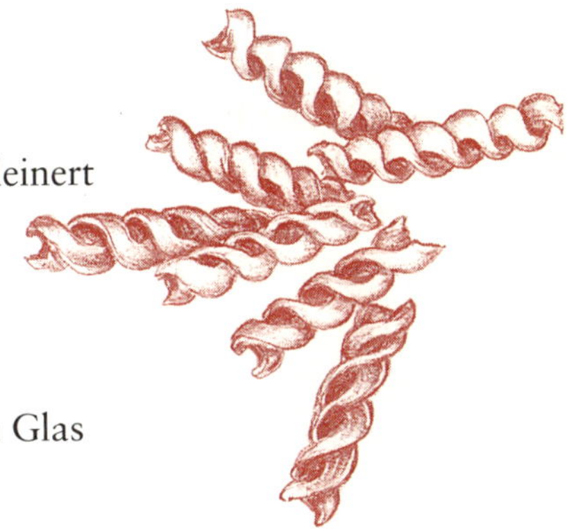

Die Steinpilze mit einem halben Liter kochendem Wasser überbrühen und 30 Minuten einweichen lassen; anschließend herausnehmen, auspressen und abtrocknen. Das Einweichwasser durch ein feines Sieb oder durch einen Kaffeefilter gießen und beiseite stellen. Die Steinpilze putzen und fein hacken.
Schalotten und Knoblauch in der Butter anglasen. Die frischen Pilze hinzufügen und auf mittlerer Flamme ca. 5 Minuten dünsten. Mit Salz, Pfeffer und Thymian würzen.
Sobald die Pilze Saft ziehen und weich werden, Tomatenmark, Wein, Kalbs- oder Geflügelfond und das Steinpilzwasser hinzugießen. Zum Kochen bringen und auf die Hälfte einkochen lassen.
Die Fusilli al dente garen.
Während die Nudeln kochen, die Sahne und die getrockneten Steinpilze in das Pilzgemüse rühren. Die Sauce in ca. 5 Minuten zur gewünschten Konsistenz eindicken lassen.

Die Fusilli abgießen und in eine Servierschüssel füllen. Mit dem Pilzgemüse und dem Parmesan vermischen, nach Belieben mit Trüffelöl aromatisieren. Nochmals abschmecken und zu Tisch bringen.

LINGUINE MIT SHIITAKEPILZEN IN SAHNESAUCE

Für 3–4 Personen
25 g getrocknete Shiitakepilze (Tongkupilze)
200 g frische Shiitakepilze
je 2 Eßlöffel Olivenöl und Butter
1 kleine Zwiebel, gehackt
2 Knoblauchzehen, gehackt
Salz und Pfeffer aus der Mühle
200 g Sahne
350 g Linguine
1 Eßlöffel Petersilie, gehackt

Die getrockneten Pilze mit kochendem Wasser überbrühen und 30 Minuten einweichen lassen. Aus dem Wasser nehmen, kräftig auspressen und abtrocknen. Die Stiele abtrennen. Die Kappen säubern und in dünne Streifen schneiden. Das Einweichwasser durch ein feines Sieb filtern und beiseite stellen.
Die frischen Pilze mit einem feuchten Küchentuch abreiben. Die harten Stengel entfernen (und beispielsweise für einen Pilzfond auskochen), die Kappen blättrig aufschneiden.
Olivenöl und Butter in einer Pfanne erhitzen. Zwiebel und Knoblauch darin glasig dünsten, dann die getrockneten und die frischen Pilze hinzufügen und auf starker Flamme 3–4 Minuten andünsten. Salzen und pfeffern. Die Sahne und das Einweichwasser der Pilze hinzugießen, aufkochen lassen und dann leise auf die Hälfte einköcheln lassen.
In der Zwischenzeit die Linguine in sprudelndem Salzwasser al dente garen. Abgießen und abtropfen lassen. In die Pilzpfanne geben und rundum mit Sauce überziehen. Nochmals abschmecken und mit der frisch gehackten Petersilie servieren.

LINGUINE AI FUNGHI

Für 3–4 Personen
2 Eßlöffel Butter
1 Schalotte, fein gehackt
1 kleine Lauchstange, in feine Streifen geschnitten
200 g gemischte Pilze oder Champignons, fein gewürfelt
1 kleine Dose Tomatenstückchen
1 Teelöffel frische Thymianblättchen
Salz und Pfeffer aus der Mühle
300 g Linguine
100 g Sahne
gehackter Schnittlauch zum Garnieren

Die Butter in einem Topf zerlassen. Schalotte und Lauch etwa 5 Minuten glasig dünsten. Die Pilze hinzufügen und weitere 5 Minuten dünsten. Die Tomatenstückchen einrühren und heiß werden lassen. Mit Thymian, Salz und Pfeffer würzen. Auf kleiner Flamme ca. 20 Minuten durchköcheln lassen.
In der Zwischenzeit die Linguine in sprudelndem Salzwasser al dente garen. Ab und zu umrühren. Abgießen und in eine vorgewärmte Servierschüssel füllen.
Die Sahne unter die Pilzsauce rühren, auf die gewünschte Konsistenz eindicken lassen und vom Herd nehmen. Über die Pasta geben und gut vermischen. Auf Portionsteller verteilen und mit frisch gehacktem Schnittlauch garnieren.

FUSILLI MIT FENCHELGRÜN

Für 2–3 Personen
1 kleine Fenchelknolle mit Blattgrün
Salz und Pfeffer aus der Mühle
1 kleine Zwiebel, gehackt
1/2 Teelöffel Fenchelsaat
2 Eßlöffel Butter
200 g Fusilli
50 g Sahne
geriebener Parmesan

Die Fenchelknolle putzen. Die Knolle und die grünen Stengel in feine Streifen schneiden, das Blattgrün fein hacken.

Fenchelknolle und Stengel ca. 10 Minuten in sprudelndem Salzwasser vorkochen. Mit einem Sieb herausfischen und abtropfen lassen. Eine Kelle Kochwasser abmessen und beiseite stellen.
Den Rest für die Fusilli aufheben.
Zwiebel und Fenchelsaat 5 Minuten in Butter andünsten. Fenchel, Fenchelstengel und Blattgrün einrühren. Die Kelle Fenchelwasser angießen, salzen und pfeffern; 5 Minuten schmoren lassen und gelegentlich umrühren.
Das Wasser im Topf wieder zum Kochen bringen. Die Fusilli darin knapp al dente garen. Eine Kelle Kochwasser abmessen und beiseite stellen. Fusilli abgießen und zusammen mit der Sahne und etwas Kochwasser in die Fenchelpfanne rühren. Sorgfältig mit dem Gemüse vermischen. Auf Teller verteilen und mit geriebenem Parmesan servieren.

PAPPARDELLE IN SAFRANSAHNE

Für 4 Personen
1 Portion Safrannudeln nach dem Grundrezept auf Seite 35
6 Salbeiblätter
1 Eßlöffel Rosmarinblättchen, fein gehackt
1 Eßlöffel Oreganoblättchen, fein gehackt
1 kleines Bund Petersilie, fein gehackt
1 Prise Safranfäden
4 Eßlöffel Butter
Salz und Pfeffer aus der Mühle
50 ml Sahne
geriebener Parmesan

Den Nudelteig dünn ausrollen und mit einem gezackten Teigrädchen 2–3 Zentimeter breite Streifen ausrädeln. Die Pappardelle auf Tüchern ausbreiten und abdecken. Einen Topf Nudelwasser zum Kochen bringen.
In der Zwischenzeit die Kräuter fein hacken und in einem Schälchen vermischen. Die Safranfäden in etwas heißem Wasser einweichen.
Die Butter in einer Pfanne zerlassen. Die Kräuter hinzufügen und sanft andünsten. Salzen und pfeffern. Dann den Safran mit dem Einweichwasser und die Sahne einrühren. Langsam erwärmen.
Die frischen Pappardelle ins sprudelnde Wasser gleiten lassen und ca. 1 Minute al dente garen. Abgießen, in die Pfanne geben und mit der Safransahne überziehen. Abschmecken und mit geriebenem Parmesan servieren.

PAPPARDELLE MIT BRUNNENKRESSE IN SAHNESAUCE

Für 2 Personen
2 Bund Brunnenkresse
1–2 Schalotten, fein gehackt
2 Eßlöffel Butter
Salz und Pfeffer aus der Mühle
50 ml trockener Weißwein
100 g Sahne
200 g Pappardelle
2 Eßlöffel geriebener Parmesan

Die Brunnenkresse waschen und von den dicken Stengeln zupfen. Die zarten Stengel und die Blättchen grob hacken.
Einen Topf Nudelwasser zum Kochen bringen.
Inzwischen die Brunnenkresse und die Schalotten in der Butter andünsten. Kräftig salzen und pfeffern. Dann den Wein angießen und bei starker Hitze einkochen lassen. Mit Sahne auffüllen und zum Köcheln bringen. Einige Minuten simmern und eindicken lassen.
Nudelwasser salzen. Die Pappardelle hineingleiten lassen und unter gelegentlichem Umrühren knapp al dente garen. Die Pappardelle abgießen und in eine Schüssel füllen. Mit der Sauce überziehen und mit Parmesan bestreuen.

PASTA ALFREDO

Wenn Sie einmal in den USA Urlaub gemacht haben, haben Sie sicher irgendwo auf einer Speisekarte die Pasta Alfredo entdeckt – für die Amerikaner der Inbegriff italienischer Nudelkunst und daher in jedem italienischen Restaurant der USA zu haben. Und wen kümmert's da schon, daß man in Italien noch nie davon gehört hat ...

Für 4 Personen
400 g Sahne
1 Büschel Basilikumblätter, fein gehackt
1 kleine Dose Tomatenstückchen
Salz und Pfeffer aus der Mühle
frisch geriebener Muskat
4 Eßlöffel geriebener Parmesan
400 g Fettuccine oder andere schmale Bandnudeln

Die Sahne in einem Topf zum Kochen bringen, dann bei sanfter Hitze 25 Minuten eindicken lassen. Das Basilikum einrühren. Die Tomatenstückchen abtropfen lassen und ebenfalls in die Sahne rühren. Heiß werden lassen und knapp 5 Minuten durchköcheln. Mit Salz, Pfeffer und Muskat herzhaft abschmecken. Zum Schluß den Parmesan unterheben.
Während die Sahne einköchelt, die Fettuccine in sprudelndem Salzwasser al dente garen. Abgießen und in eine Servierschüssel füllen. Gleichmäßig mit der Sahnesauce vermischen und zu Tisch bringen.

PENNE IN KNOBLAUCHSAHNE

Für 4 Personen
4 Knoblauchzehen, sehr fein gehackt
2 Eßlöffel Butter
200 g Sahne
Salz und Pfeffer aus der Mühle
frisch geriebener Muskat
50 g geriebener Parmesan
350 g Penne
frisch gehacktes Basilikum

Den gehackten Knoblauch in Butter goldgelb dünsten. Mit Sahne auffüllen und mit Salz, Pfeffer und Muskat würzen. Kurz aufkochen lassen, dann auf kleiner Flamme rund 10 Minuten leise eindicken lassen, dabei ab und zu umrühren. Zum Schluß den Parmesan unterheben.
Während die Sahnesauce köchelt, die Penne in sprudelndem Salzwasser al dente garen. Abgießen und mit der Sahnesauce vermischen. Auf Teller verteilen und mit Basilikum bestreut servieren.

PENNE IN GEMÜSE-SAHNE-SAUCE

Für 4 Personen
2 Eßlöffel Pinienkerne
1 rote Paprikaschote
1 Fenchelknolle mit Blattgrün
3 Eßlöffel Butter
1 Schalotte, fein gehackt
Salz und Pfeffer aus der Mühle
4 Eßlöffel Gemüsebrühe
200 g Sahne
400 g Penne

Die Pinienkerne ohne Fett in einem Pfännchen goldbraun rösten. Vom Herd nehmen und abkühlen lassen.
Die Paprikaschote unter den Grillschlangen (oder im 200 Grad heißen Backofen) braten, bis sie bräunt und Blasen wirft. Aus dem Ofen nehmen, in eine Schüssel legen, abdecken und 15 Minuten nachdämpfen lassen.
In der Zwischenzeit die Fenchelknolle putzen und in schmale Streifen schneiden. Das Blattgrün hacken und zum Garnieren beiseite stellen.
Die Butter in einer weiten Pfanne erhitzen. Fenchel und Schalotte darin andünsten. Salzen und pfeffern. Die Brühe und die Sahne hinzugießen, aufkochen lassen und dann bei milder Hitze 12–15 Minuten durchköcheln. Ab und zu umrühren.
Inzwischen die Penne im sprudelnden Wasser al dente garen. Während die Penne kochen, die Paprikaschote entkernen und in mundgerechte Streifen schneiden.
Die Paprikastreifen in die Fenchelsauce rühren. Kräftig mit Salz und Pfeffer abschmecken.
Die Penne abgießen und mit der Sauce anrichten. Mit Pinienkernen und Fenchelgrün bestreuen.

ROTELLE ALLA PANNA

Die wie Wagenräder geformten Rotelle gefallen Kindern besonders gut. Die Sauce schmeckt aber auch mit klassischen Tagliatelle all'uovo (Eiernudeln).

Für 4 Personen
1 kleine Zwiebel, gehackt
1 Möhre, gehackt
1 Knoblauchzehe
2 Eßlöffel Butter
300 g Tomatenpüree
Salz und Pfeffer aus der Mühle
100 g Sahne
400 g bunte Rotelle
geriebener Parmesan

Zwiebel, Möhre und die ganze Knoblauchzehe in Butter andünsten. Sobald die Knoblauchzehe goldbraun ist, herausfischen und wegwerfen. Das Tomatenpüree zum Gemüse geben und auf kleiner Flamme eine halbe Stunde durchköcheln. Salzen und pfeffern. Zum Schluß die Sahne unterrühren und bis zur gewünschten Konsistenz einkochen. Nochmals abschmecken.
Während die Sauce simmert, die Rotelle in reichlich sprudelndem Salzwasser al dente garen. Gelegentlich umrühren, damit sie nicht verkleben. Abgießen und mit der Sauce anrichten. Mit Parmesan servieren.

SPAGHETTI IN ZITRUS-SAHNE-SAUCE

Für 2–3 Personen
2 Eßlöffel grob gehackte Walnußkerne
1 Grapefruit mit roséfarbenem Fruchtfleisch
2 Orangen
2 Eßlöffel Butter
125 g Sahne
250 g Spaghetti
Salz
frisch geriebener Parmesan
1 Eßlöffel Petersilie, gehackt

Die Walnußkerne ohne Fett in einem Pfännchen rösten, bis sie ihren kräftigen Duft entfalten. Dann sofort vom Herd nehmen und abkühlen lassen.
Grapefruit und Orangen schälen und in Spalten teilen. Die dünnen Häutchen von den Spalten abziehen, das Fruchtfleisch in mundgerechte Happen schneiden. Arbeiten Sie dabei über einer Schüssel, damit Sie den Zitrussaft auffangen können. Insgesamt brauchen Sie 4 Eßlöffel Saft.
Zitrussaft, Butter und Sahne sanft erhitzen, bis die Butter schmilzt. Die Fruchtstückchen hineingeben und erwärmen.
In der Zwischenzeit die Spaghetti al dente garen. Gelegentlich umrühren, damit sie nicht verkleben.
Die Spaghetti abgießen, in eine Schüssel füllen und mit der Zitrussauce überziehen. Auf Teller verteilen. Jede Portion mit Parmesan, Petersilie und den gerösteten Walnußkernen bestreuen und zu Tisch bringen.

SPAGHETTI MIT TOMATEN-SCHINKEN-SAHNE-SAUCE

Für 2 Personen
50 g gekochter Schinken, gewürfelt
1–2 Eßlöffel Butter
1 kleine Zwiebel, fein gehackt
1 kleine Dose Tomatenstückchen oder Tomatenpüree
4 Basilikumblätter, grob zerzupft
Salz und Pfeffer aus der Mühle
200 g Spaghetti
4 Eßlöffel Sahne
geriebener Parmesan

Die Schinkenwürfel in der Butter anbraten. Herausheben und auf Küchenkrepp abtropfen lassen.
Die Zwiebel im verbliebenen Fett goldgelb dünsten. Die Tomaten hinzufügen, das Basilikum einstreuen, salzen und pfeffern. Die Sauce zum Kochen bringen, dann auf kleiner Flamme 25 Minuten köcheln lassen.
In der Zwischenzeit die Spaghetti in reichlich sprudelndem Salzwasser al dente garen. Gelegentlich umrühren, damit sie nicht verkleben.
Sahne in die Tomatensauce rühren, Schinkenwürfel unterheben und heiß werden lassen. Zum Schluß abschmecken.
Spaghetti abgießen und mit der Sauce anrichten. Mit Parmesan bestreuen.

SPINATNUDELN MIT PAPRIKAPÜREE

Für 4–6 Personen
6 große rote Paprikaschoten
3 Eßlöffel Olivenöl
2 Eßlöffel Butter
1 Zwiebel, grob gehackt
2 Knoblauchzehen, fein gehackt
250 ml Geflügelfond
Salz und Pfeffer aus der Mühle
500 g Spinatnudeln (Fettuccine, Tagliatelle)
2 Eßlöffel frisch gehacktes Basilikum
100 g Sahne

Backofen auf 200 Grad vorheizen. Die Paprikaschoten halbieren und entkernen. Innen und außen mit einem Hauch Olivenöl bepinseln. Mit der Schnittseite nach unten auf ein mit Backtrennpapier ausgelegtes Backblech setzen und im heißen Ofen braten, bis sie Blasen werfen. Die Schoten herausnehmen, in eine Schüssel schichten und abdecken, damit sie nachdämpfen können. Nach ca. 15 Minuten häuten, grob zerkleinern und beiseite stellen.

Das restliche Olivenöl und die Butter in einer Pfanne erhitzen. Zwiebel und Knoblauch darin andünsten, bis sie rundum glänzen. Die Paprikastückchen und den Geflügelfond hinzufügen. Salzen und pfeffern. Auf kleiner Flamme 20 Minuten schmoren lassen.

In der Zwischenzeit die Pasta in reichlich sprudelndem Salzwasser al dente garen. Das Paprikagemüse pürieren. Wieder in die Pfanne geben, Basilikum und Sahne einrühren und heiß werden lassen, aber nicht zum Kochen bringen. Noch einmal mit Salz und Pfeffer abschmecken.

Die Pasta abgießen und mit der Sauce anrichten.

TAGLIATELLE IN GRAPPASAHNE

Für 4 Personen
25 g getrocknete Steinpilze
1 kleine Mohrrübe
2 Selleriestengel
1 Zwiebel
1 Knoblauchzehe
je 1 Eßlöffel Butter und Olivenöl
Salz und Pfeffer aus der Mühle
2 Eßlöffel Grappa
100 ml Gemüsebrühe
500 g Tagliatelle
1 Eßlöffel Speisestärke
100 g Sahne
50 g geriebener Parmesan

Die Steinpilze mit kochendem Wasser überbrühen und 30 Minuten einweichen lassen. In der Zwischenzeit Mohrrübe, Sellerie, Zwiebel und Knoblauch fein hacken. Pilze aus dem Wasser heben, gut ausdrücken, abtrocknen und fein hacken. Das Pilzwasser durch ein Sieb gießen und beiseite stellen.
Butter und Öl in einem Topf erhitzen. Das Hack aus Gemüse und Pilzen einige Minuten darin andünsten. Leicht salzen und pfeffern und mit Grappa ablöschen. Sobald die Grappa verdunstet ist, die Brühe und 100 Milliliter Steinpilzwasser angießen. Das Gemüse auf kleiner Flamme 10–15 Minuten durchköcheln lassen. Inzwischen einen Topf Wasser zum Kochen bringen, salzen und die Tagliatelle darin al dente garen. Ab und zu umrühren, damit die Nudeln nicht verkleben.
Die Speisestärke in einem Eßlöffel warmem Wasser glattrühren und die Sauce damit binden. Die Sahne und den Parmesan dazugeben, salzen und pfeffern. Unter regelmäßigem Rühren 5 Minuten eindicken lassen.
Die Tagliatelle abgießen und mit der Grappasauce anrichten.

TAGLIOLINI IN ARTISCHOCKENSAHNE

Für 4 Personen
4 große Artischocken
Zitronensaft
1 Zwiebel, fein gehackt
2 Knoblauchzehen, fein gehackt
4 Eßlöffel Petersilie, fein gehackt
1 Eßlöffel Butter
2 Eßlöffel Olivenöl
100 ml trockener Weißwein
Salz und Pfeffer aus der Mühle
200 ml heiße Gemüse- oder Hühnerbrühe
1/2 Teelöffel getrockneter Thymian
100 g Sahne
350 g Tagliolini
4 Eßlöffel geriebener Parmesan

Die Artischocken von den groben äußeren Blättern und der haarigen Blüte befreien. Die Böden in Spalten schneiden und sofort in mit Zitronensaft gesäuertes Wasser tauchen, damit sie nicht braun anlaufen.
Zwiebel, Knoblauch und die Hälfte der Petersilie rund 5 Minuten in Butter und Öl andünsten. Die Artischockenstückchen abtropfen lassen und in die Pfanne geben. Kurz andünsten, bis sie rundum glänzen, dann mit Weißwein übergießen. Den Wein einkochen lassen. Die heiße Brühe und den Thymian hinzufügen. Abdecken und auf kleiner Flamme knapp 30 Minuten köcheln lassen. Zum Schluß die Sahne einrühren, heiß werden und etwas eindicken lassen.
Während die Artischocken garen, einen Topf Nudelwasser zum Kochen bringen und salzen. Die Tagliolini hineingleiten lassen und im sprudelnden Wasser al dente garen.
Tagliolini abgießen und in eine Schüssel füllen. Mit geriebenem Parmesan vemischen und mit der Artischockensauce anrichten. Mit der restlichen Petersilie garnieren und zu Tisch bringen.

TAGLIOLINI MIT MITTELMEERKRÄUTERN IN SAHNESAUCE

Für 4 Personen
1 Portion frischer Nudelteig nach dem Grundrezept auf Seite 28
oder
1 Portion Kräuternudelteig (verwenden Sie dieselben Kräuter wie für die Sauce)
je 1 kleines Bund Schnittlauch und Petersilie
je 1 Eßlöffel frische Salbei-, Thymian-, Oregano- und Rosmarinblätter, fein gehackt
1 Eßlöffel Butter
2 Schalotten
Salz und Pfeffer aus der Mühle
100 g Sahne
geriebener Parmesan

Den Nudelteig dünn ausrollen, mit Mehl überpudern und aufrollen. Mit einem scharfen Messer zu hauchdünnen Tagliolini schneiden. Auf Tüchern ausbreiten und abdecken.
Einen Topf Nudelwasser zum Kochen bringen.
In der Zwischenzeit die Kräuter fein hacken und in einem Schälchen vermischen.
Die Butter in einer Pfanne zerlassen. Die Schalotte darin andünsten. Dann die Kräutermischung hinzufügen und bei sanfter Hitze 1–2 Minuten dünsten. Salzen und pfeffern. Die Sahne hinzugießen, heiß werden und etwas eindicken lassen.
Die Tagliolini im sprudelnden Wasser al dente garen (ca. 1 Minute). Abgießen und in der Kräutersauce schwenken. Abschmecken und mit geriebenem Parmesan servieren.

TAGLIATELLE MIT PFIFFERLING-RAHM-SAUCE

Für 4 Personen
1 Portion Nudelteig nach dem Grundrezept auf Seite 28
50 g Butter
1 kleine Zwiebel, gehackt
2 Knoblauchzehen, gehackt
250 g Pfifferlinge, geputzt und zurechtgeschnitten
1 Teelöffel Mehl
100 ml Gemüsebrühe
100 g Sahne
Salz, Pfeffer aus der Mühle
1 Eßlöffel Petersilie, gehackt
1 Teelöffel Thymian, gehackt

Den Nudelteig ausrollen und mit dem Schneidaufsatz der Nudelmaschine zu Tagliatelle zurechtschneiden. Auf Tüchern ausbreiten und abdecken.
Die Butter in einer weiten Pfanne erhitzen und das Hack aus Zwiebeln und Knoblauch 5 Minuten darin andünsten. Die Pilze hinzufügen und kräftig anbraten. Mit dem Mehl bestäuben, kurz wenden, dann mit Gemüsebrühe und Sahne übergießen und weiterschmoren, bis die Pilze weich sind. Zum Schluß salzen und pfeffern und mit den gehackten Kräutern bestreuen.
Während die Pfifferlinge schmoren, einen Topf Nudelwasser zum Kochen bringen und salzen. Die frischen Tagliatelle in das sprudelnde Wasser gleiten lassen und al dente garen (ca. 1 Minute). Abgießen und mit den Pfifferlingen anrichten.

TÚRÓSCSUSZA (UNGARISCHE QUARKNUDELN MIT SPECK)

Für 4–6 Personen
300 g sehr trockener Quark oder Topfen
1 Portion Nudelteig nach dem Grundrezept auf Seite 28
150 g durchwachsener Räucherspeck, gewürfelt
Salz und Pfeffer aus der Mühle
300 g saure Sahne

Den Quark oder Topfen einige Stunden im voraus in ein mit Küchenkrepp ausgeschlagenes Sieb geben und abtropfen lassen.

Den Nudelteig dünn ausrollen und in kurze, breite Streifen schneiden. Wie beschrieben auf bemehlten Tüchern trocknen lassen.
Inzwischen die Speckwürfel in einer weiten Pfanne ohne Fett kroß ausbraten. Mit einem Sieblöffel herausheben und auf Küchenkrepp abtropfen lassen. Einen Teelöffel ausgebratenes Fett abmessen, den Rest wegschütten.
Die Nudeln in sprudelndem Salzwasser knapp al dente garen. Abgießen und abtropfen lassen.
Die saure Sahne (etwas zum Garnieren aufheben) in dem Teelöffel Fett erhitzen. Die gekochten Nudeln hineingeben und gut durchmischen. Salzen und pfeffern. Den Quark zerkrümeln und unterheben. Gut die Hälfte der ausgebratenen Speckwürfel ebenfalls untermischen. Die Nudeln nun auf vorgewärmte Teller verteilen und mit saurer Sahne und Speckwürfelchen garnieren.

ZITI IN MANGOLD-SAHNE-SAUCE

Für 2–3 Personen
750 g rotstieliger Mangold
1 Zwiebel, gehackt
2 Eßlöffel Butter
Salz und Pfeffer aus der Mühle
200 g Ziti (oder andere kurze Röhrennudeln)
50 ml Gemüsebrühe (nach Bedarf)
1 kleine getrocknete Pfefferschote, zerstoßen
50 g Sahne
1 Prise frisch geriebener Muskat
geriebener Parmesan

Den Mangold waschen und in etwa 5 Millimeter breite Streifen schneiden. (Wenn Sie keinen rotstieligen Mangold bekommen, die dicken Blattrippen des weißen Mangolds herausschneiden und beispielsweise für ein Schmorgemüse aufheben. Die Blätter wie beschrieben verarbeiten.)
Die Zwiebel in der heißen Butter goldgelb dünsten, dann den Mangold hinzufügen und in rund 10 Minuten weich dünsten. Salzen und pfeffern. Wenn die Gemüsepfanne zu stark austrocknet, etwas Gemüsebrühe oder Wasser angießen. In der Zwischenzeit die Ziti in Salzwasser knapp al dente garen, abgießen und in die Mangoldpfanne geben. Die Pfefferschote und die Sahne hinzufügen und kurz durchköcheln, bis sich die Aromen verbinden. Mit Salz, Pfeffer und Muskat abschmecken. Auf Teller verteilen und mit geriebenem Parmesan servieren.

FETTUCCINE IN RUCOLASAUCE

Für 4 Personen
1 Büschel Rucola
3 Eßlöffel Butter
1 Schalotte, fein gehackt
250 g frische Pilze, blättrig aufgeschnitten
Salz und Pfeffer aus der Mühle
350 g Fettuccine (oder andere schmale Bandnudeln)
200 g Sahne
2 Eigelb
geriebener Parmesan

Die Rucola putzen und unter kaltem Wasser abbrausen. Mit Küchenkrepp trockentupfen, große Blätter in Streifen schneiden und beiseite stellen.
Die Butter in einer Pfanne zerlassen. Die Schalotte darin glasig dünsten. Die Pilze hinzufügen und weich dünsten, aber nicht bräunen. Zum Schluß die Rucola unterheben und zusammenfallen lassen. Salzen und pfeffern.
Die Fettuccine in Salzwasser al dente garen.
In der Zwischenzeit Sahne, Eigelb und Parmesan in einer Schüssel vermischen, dann in die Pfanne rühren, erwärmen und etwas eindicken lassen.
Die Nudeln abgießen und mit der Sauce anrichten. Heiß servieren.

FUSILLI MIT ZUCCHINI UND EIERN

Für 4 Personen
2 Eier
75 g frisch geriebener Parmesan
Salz und Pfeffer aus der Mühle
1 Zwiebel, fein gehackt
2 Knoblauchzehen, fein gehackt
2 Eßlöffel Butter
1 kg Zucchini, in dünne Scheiben gehobelt
400 g Fusilli

Eier und Parmesan in einer Schüssel verquirlen, salzen und pfeffern. Beiseite stellen.
Zwiebel und Knoblauch in der Butter hellgelb dünsten. Die Zucchinischei-

ben hinzufügen, salzen und pfeffern. Bei kräftiger Hitze rund 10 Minuten dünsten.
In der Zwischenzeit die Fusilli in reichlich sprudelndem Salzwasser knapp al dente garen. Abgießen und in die Zucchinipfanne geben. Mit der Eimischung übergießen und kurz pfannenrühren, bis die Eier fest werden. Mit Salz und Pfeffer abschmecken und servieren.

RIGATONI MIT SPARGEL UND EIERN

Für 4 Personen
500 g grüner Spargel
2 Eier
2 Eßlöffel Parmesan
500 g Rigatoni
Salz und Pfeffer aus der Mühle
2 Eßlöffel Butter
1 Zwiebel, gehackt
250 g Mozzarella, gewürfelt
frisch geriebener Muskat

Den Spargel putzen. Dünne grüne Stangen brauchen nicht geschält zu werden; es genügt, die holzigen Enden abzuknipsen. Spargelstangen in 2–3 Zentimeter lange Stücke schneiden. Die Spargelspitzen ganz lassen. In ein Dämpfsieb setzen und ca. 3 Minuten vorgaren. Unter kaltem Wasser abschrecken, damit der Spargel seine knackig grüne Farbe nicht verliert.
Die Eier mit dem Parmesan verrühren und beiseite stellen.
Rigatoni in einem Topf Salzwasser knapp al dente garen. Eine Kelle Nudelwasser für die Sauce abmessen.
Während die Rigatoni kochen, die Butter in einer Pfanne zerlassen. Die Zwiebel darin andünsten, dann die Spargelstückchen und die Mozzarellawürfel hinzufügen. Etwas Nudelwasser angießen, damit die Sauce nicht austrocknet. Mit Salz, Pfeffer und Muskat abschmecken.
Rigatoni abgießen und in die Spargelpfanne geben. Mit den Eiern übergießen und pfannenrühren, bis sich alle Zutaten gut vermischt haben. Abschmecken und servieren.

SPAGHETTI ALLA CARBONARA

Für 4 Personen
2 Eier
200 g Sahne
2 Eßlöffel geriebener Pecorino (ersatzweise Parmesan)
Salz und Pfeffer aus der Mühle
100 g durchwachsener Räucherspeck, fein gewürfelt
400 g Spaghetti
1 Eßlöffel Butter

Die beiden Eier in einer Schüssel verquirlen. Die Sahne untermixen und den Pecorino einstreuen. Mit etwas Salz und einer herzhaften Dosis Pfeffer abschmecken und beiseite stellen; salzen ist in der Regel kaum nötig, da Speck und Pecorino ohnehin recht salzig sind.
Den Bauchspeck in einem Pfännchen knusprig ausbraten. Herausheben und auf Küchenkrepp abtropfen lassen.
Die Spaghetti in reichlich Salzwasser knapp al dente garen und abgießen.
Die Butter in einer weiten Pfanne zerlassen. Die Spaghetti in der heißen Butter schwenken. Die Eiermischung über die Nudeln gießen und kräftig umrühren, bis die Spaghetti gleichmäßig davon bedeckt sind und die Eier fest werden.
Auf Teller verteilen und mit den knusprig gebratenen Speckwürfeln bestreuen.

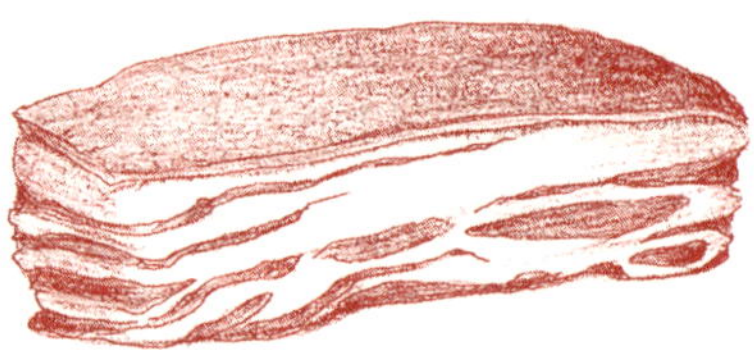

VERMICELLI MIT KÜRBISBLÜTEN

Für 4 Personen
4 Eßlöffel Olivenöl
1 Prise bzw. 1 Portionsbriefchen Safran
100 ml Gemüsebrühe
10 Kürbis- oder Zucchiniblüten, fein gehackt
1 Zwiebel, fein gehackt
1 kleines Bund Petersilie, fein gehackt
400 g Vermicelli (oder hauchfeine Spaghetti oder eine ähnliche Nudelsorte)
Salz und Pfeffer aus der Mühle
1 Ei, mit 4 Eßlöffel geriebenem Pecorino oder Parmesan verquirlt

Das Olivenöl langsam in einem Topf erhitzen. Den Safran mit ein paar Eßlöffel warmer Gemüsebrühe anrühren und im Öl erwärmen. Kürbisblüten, Zwiebel und Petersilie hinzufügen. Salzen und pfeffern. Heiß werden lassen und 10–15 Minuten durchköcheln, dabei ab und zu umrühren.
In der Zwischenzeit die Vermicelli al dente garen und abgießen.
Die Safranmischung durch ein Sieb streichen und mit der restlichen Gemüsebrühe verrühren. Die Ei-Käse-Mischung mit der Safransauce vermengen. Sofort über die Nudeln gießen und zu Tisch bringen.

FLEISCHSAUCEN

FETTUCCINE ALLO STRACOTTO – MIT ROTWEINBRATEN

Die Fettuccine allo stracotto bilden in Italien den Auftakt zu einem ganzen Sonntagsmahl. Unter »stracotto« versteht man den traditionellen Schmorbraten, der ganz langsam im Topf gart. Den Braten ißt man zum Hauptgang, während die Sauce – hausgemachte – Nudeln begleitet.

Für 4–6 Personen
1,5 kg Rinderbraten
75 g Butter
Salz und Pfeffer aus der Mühle
2 Eßlöffel Tomatenmark
Rinder- oder Gemüsebrühe
1 Portion Nudelteig nach dem Grundrezept auf Seite 28
geriebener Parmesan

Für die Marinade
1 Zwiebel
1 Selleriestange
1 Möhre
3 Knoblauchzehen
3 Gewürznelken
6 schwarze Pfefferkörner
2 Lorbeerblätter
3/4 l trockener Rotwein

Das Gemüse für die Marinade fein würfeln. Das Bratenstück säubern und in eine Glasschale setzen. Gemüse und Gewürze über dem Fleisch verteilen. Mit Wein übergießen. Abdecken und über Nacht ziehen lassen.
Den Braten aus der Marinade nehmen und trockentupfen. Die Hälfte der Butter in einem Schmortopf erhitzen und das Bratenstück von allen Seiten kräftig anrösten. Das gebräunte Fleisch salzen und pfeffern. Das Gemüse aus der Marinade fischen und 5 Minuten bei mittlerer Hitze mitdünsten. Das Tomatenmark einrühren, den Wein hinzugießen. Aufkochen lassen, dann den Topfdeckel

einen Spaltbreit öffnen und das Fleisch ganz langsam ca. 1,5–2 Stunden schmoren. Damit das Bratenstück nicht austrocknet, nach Bedarf portionsweise warme Brühe angießen.
Den Braten herausheben und warm stellen. Die verbliebene Flüssigkeit und den Bratenfond mit dem zerkochten Gemüse durch ein Sieb streichen und bei starker Hitze zur gewünschten Konsistenz reduzieren. Die restliche Butter in Flöckchen einarbeiten.
Während der Stracotto schmort, den Nudelteig dünn ausrollen und mit dem Schneidaufsatz der Nudelmaschine zu 5 Millimeter breiten Fettuccine zurechtschneiden. Die frischen Nudeln in reichlich sprudelndem Salzwasser al dente garen. Gelegentlich umrühren, damit sie nicht verkleben. Die Fettuccine abgießen und mit der Bratensauce anrichten. Geriebenen Parmesan dazu servieren.

FUSILLI AL RAGÙ PICCANTE – MIT SCHARFER FLEISCHSAUCE

Zu Saucen mit gehacktem Fleisch oder krümeligem Wurstbrät passen am besten die spiralenförmigen Fusilli, weil sich diese Saucen wunderbar in den Rillen und Vertiefungen der Pasta verstecken können.

Für 6 Personen
250 g scharf gewürzte Salsiccia (grobe italienische Bratwurst)
250 g mageres Hackfleisch
2 Eßlöffel Olivenöl
1 große Zwiebel, gehackt
2 Knoblauchzehen, gehackt
2–3 getrocknete Pfefferschoten, zerstoßen
1 große Dose Tomaten
250 g Tomatenpüree
1 Lorbeerblatt
Salz und Pfeffer aus der Mühle
500 g Fusilli
geriebener Parmesan

Das Brät der Salsiccia aus der Wursthaut pressen und mit einer Gabel grob zerpflücken. Brät und Hackfleisch in einem Eßlöffel Olivenöl krümelig rösten, dabei rundum bräunen. Aus dem Topf nehmen und auf Küchenkrepp abtropfen lassen.

Das übrige Öl im Topf erhitzen. Zwiebel und Knoblauch sowie die zerstoßenen Pfefferschoten (wenn Sie's nicht ganz so scharf mögen, die Kerne, die die meiste Schärfe enthalten, weglassen) darin andünsten. Regelmäßig umrühren. Sobald Zwiebel und Knoblauch Farbe angenommen haben, die Tomaten mit ihrem Saft sowie das Tomatenpüree einrühren. Die Tomaten mit einer Gabel zerpflücken. Fleisch, Wurstbrät und Lorbeerblatt hinzugeben, salzen und pfeffern. Das Ragù zum Kochen bringen, dann auf kleiner Flamme 45 Minuten schmoren.
Während das Ragù köchelt, die Fusilli al dente garen. Gelegentlich umrühren. Abgießen und in eine vorgewärmte Schüssel füllen.
Das Lorbeerblatt aus dem Ragù entfernen. Ragù über die Nudeln geben und gut vermischen. Mit geriebenem Parmesan servieren.

FUSILLI ALL'OSSOBUCO

Für 6 Personen
2 Eßlöffel Olivenöl
1 kg Beinscheiben vom Kalb (Ossobuco)
2 große Zwiebeln, grob gehackt
4 Knoblauchzehen, gehackt
1–2 Teelöffel Mehl
250 ml trockener Rotwein
1 l Tomatenpüree
Salz und Pfeffer aus der Mühle
1 Teelöffel getrockneter Thymian
1 Teelöffel getrockneter Oregano
500 g Farfalle

Das Olivenöl in einem Schmortopf erhitzen. Die Beinscheiben hineinsetzen und rundum bräunen. Zwiebeln und Knoblauch hinzufügen und einige Minuten andünsten. Mit Mehl überstäuben. Rotwein, Tomatenpüree, Salz, Pfeffer und Kräuter hinzufügen. Zum Kochen bringen, dann auf kleinster Flamme gar schmoren.
Ossobuco aus dem Topf nehmen und ein wenig abkühlen lassen. Sobald Sie das Fleisch anfassen können, in mundgerechte Stückchen zerteilen. In der Zwischenzeit die Sauce nach Wunsch noch etwas einkochen lassen. Die Fleischwürfel in die Sauce geben und abschmecken.
Die Fusilli in einem Topf Salzwasser al dente garen. Die Pasta abgießen und in eine vorgewärmte Schüssel füllen. Mit der Ossobuco-Sauce anrichten.

LINGUINE MIT GLASIERTER SCHWEINELENDE

Für 4 Personen
1 Glas Preiselbeermarmelade
250 ml trockener Rotwein
3 Eßlöffel Himbeer- oder Rotweinessig
2 Eßlöffel Rosmarinnadeln, gehackt
Salz und Pfeffer aus der Mühle
2 Gemüsezwiebeln
500 g Schweinelende
350 g Linguine
1–2 Eßlöffel Olivenöl
gehackte Petersilie zum Garnieren

Preiselbeeren, Rotwein, Essig und Rosmarin in eine Pfanne geben und gründlich verrühren. Zum Kochen bringen und bei starker Hitze um die Hälfte einkochen lassen. Mit Salz und Pfeffer abschmecken.
Während die Glasur kocht, die Zwiebeln und das Fleisch in Happen schneiden und abwechselnd auf 4 Grillspieße stecken. Die Spieße auf einen Grillrost legen und mit etwa einem Drittel der Preiselbeerglasur bestreichen. Unter die heißen Grillschlangen schieben (ca. 10 cm Abstand) und 5–6 Minuten bräunen. Die Spieße wenden, mit einem zweiten Drittel Glasur bestreichen und ca. 3 Minuten grillen, bis auch die andere Seite bräunt.
Die Linguine in reichlich Salzwasser knapp al dente garen. Abgießen und im Olivenöl in einer Pfanne braten.
Linguine auf Teller verteilen. Die Spießchen obenauflegen und mit der restlichen Preiselbeermischung bestreichen. Mit etwas Petersilie bestreuen und auftragen.

PAGLIA E FIENO AL MARSALA

Für 4 Personen
1 Eßlöffel Butter
1 Eßlöffel Olivenöl
1 Zwiebel, fein gehackt
1 Knoblauchzehe, fein gehackt
150 g Kalbsschnitzel, sehr fein gewürfelt
50 g Mortadella, sehr fein gewürfelt
1 Teelöffel Mehl
50 ml trockener Marsala
Salz und Pfeffer aus der Mühle
250 ml heiße Gemüse- oder Hühnerbrühe
1 Packung Paglia e fieno (weiße und grüne Bandnudeln)
geriebener Parmesan

Butter und Olivenöl in einer großen Pfanne, in der auch die Nudeln Platz haben, erhitzen. Zwiebel und Knoblauch darin glasig dünsten. Kalbfleisch- und Mortadellawürfel hinzufügen und rundum bräunen. Mit Mehl überstäuben, dann mit Marsala ablöschen. Salzen und pfeffern.
Sobald der Marsala verkocht ist, etwas Brühe angießen, salzen und pfeffern. Abdecken und auf kleiner Flamme rund 20 Minuten köcheln lassen. Nach Bedarf immer wieder etwas Brühe angießen, damit das Fleisch nicht austrocknet.
Inzwischen einen großen Topf Wasser zum Kochen bringen und salzen. Die Nudeln hineingleiten lassen und im sprudelnden Wasser knapp al dente garen. Abgießen und in die Pfanne geben. Mit der Marsalasauce vermischen und abschmecken. Auf Teller verteilen und mit Parmesan servieren.

PICI MIT HACKFLEISCH UND PILZEN

Pici stammen aus der Toskana und sind eine Art handgedrehte, grobe Spaghetti. Wenn Sie die Nudeln nicht selber machen wollen, können Sie für dieses Rezept auch ganz normale Spaghetti oder die etwas dickeren Trenette verwenden.

Für 4 Personen

Pici

350 g Mehl
1 Ei
2 Eßlöffel Olivenöl
Salz
bis zu 200 ml lauwarmes Wasser

Für die Sauce

25 g getrocknete Pilze
feines Gemüsehack aus 1 Zwiebel, 1 Selleriestange, 1 Möhre
3 Eßlöffel Olivenöl
250 g gemischtes Hackfleisch
50 ml trockener Rotwein
1 große Dose Tomatenstückchen
1 Teelöffel frischer Thymian
Salz und Pfeffer aus der Mühle

Außerdem

1 Teelöffel Butterflöckchen
geriebener Parmesan zum Servieren

Für die Sauce die Pilze mit heißem Wasser übergießen und einweichen. Das Gemüsehack in heißem Olivenöl andünsten. Hackfleisch hinzufügen und krümelig braten.

Die Pilze abtropfen lassen und fein würfeln. Das Einweichwasser durch ein sehr feines Sieb gießen und beiseite stellen. Pilze in den Topf geben und kurz andünsten. Den Wein angießen und einkochen lassen. Die Tomaten in das Pilzragout einrühren und erhitzen. Mit Thymian, Salz und Pfeffer würzen.

Topf verschließen und das Ragout knapp eineinhalb Stunden bei leiser Flamme schmoren. Gelegentlich etwas Pilzwasser nachgießen, damit die Sauce nicht zu trocken wird.

Während die Sauce kocht, die Pici zubereiten. Aus den angegebenen Zutaten

einen Nudelteig herstellen (sehen Sie sich dazu auch die Anleitung im Grundrezept auf Seite 28 an). Das Wasser nur eßlöffelweise hinzufügen, bis der Teig die richtige Konsistenz aufweist. Den Teig zu einer Kugel rollen und 30 Minuten ruhen lassen. Anschließend zu groben Spaghetti formen und in reichlich Salzwasser al dente garen. Pasta abgießen und in eine Schüssel geben.
Das Ragout auf den Nudeln anrichten und mit Butterflöckchen verfeinern. Mit geriebenem Parmesan bestreuen und servieren.

MALTAGLIATI AL RAGÙ

Für 4 Personen
1 Zwiebel, sehr fein gehackt
1 Teelöffel frischer Oregano, fein gehackt
1 Teelöffel frischer Rosmarin, fein gehackt
1 Eßlöffel Butter
1 Eßlöffel Olivenöl
250 g gemischtes Hackfleisch
500 g Tomatenpüree
50 ml trockener Rotwein
Salz und Pfeffer aus der Mühle
500 g Maltagliati
geriebener Parmesan
1 Handvoll Basilikumblätter, in feine Streifen geschnitten

Zwiebel, Oregano und Rosmarin 5 Minuten in Butter und Olivenöl andünsten. Das Hackfleisch hinzufügen und krümelig braten. Wenn das Fleisch rundum Farbe angenommen hat, Tomatenpüree und Rotwein hinzufügen. Salzen und pfeffern. Das Ragù zum Kochen bringen, dann auf kleiner Flamme 45 Minuten schmoren lassen.
In der Zwischenzeit die Maltagliati in Salzwasser al dente garen. Abgießen und mit der Sauce vermischen. Mit geriebenem Parmesan und frischem Basilikum bestreut zu Tisch bringen.

SPAGHETTI ALLA BOLOGNESE

Für 4 Personen
500 g Spaghetti
geriebener Parmesan

Für die Sauce
je 1 Eßlöffel Butter und Olivenöl
50 g durchwachsener Speck, fein gewürfelt
feines Gemüsehack aus 1 Möhre, 1 Selleriestengel, 1 Zwiebel,
1 Knoblauchzehe
1 dicke Salsiccia (italienische Bratwurst mit grobem Brät)
300 g gemischtes Hackfleisch
100 ml trockener Rotwein
1 Gewürznelke
1 Prise Zimt
Salz und Pfeffer aus der Mühle
250 g Tomatenpüree
2 Eßlöffel Tomatenmark
100 ml Fleisch- oder Gemüsebrühe

Butter und Olivenöl in einem Schmortopf erhitzen. Die Speckwürfel und das Gemüsehack sanft darin andünsten.

Wurstbrät und Hackfleisch mit einer Gabel grob zerpflücken und in einer Schüssel vermengen. Sobald das Gemüse goldgelb gedünstet ist, die Fleischmischung in den Topf geben und unter stetem Wenden von allen Seiten gut anbraten und bräunen. Den Rotwein angießen und bei starker Hitze einkochen lassen. Gewürze und Tomatenpüree hinzufügen. Das Tomatenmark in der Brühe auflösen und unterrühren. Die Sauce aufkochen lassen, dann abdecken und auf ganz kleiner Flamme eineinhalb Stunden durchköcheln lassen.

Spaghetti in reichlich sprudelndem Salzwasser al dente garen. Immer wieder umrühren. Die Pasta abgießen und mit der Sauce anrichten. Mit geriebenem Parmesan servieren.

SPAGHETTI CON CARNE E FUNGHI

Für 4 Personen
3 Eßlöffel Olivenöl
2 kleine Zwiebeln, fein gehackt
2 Knoblauchzehen, fein gehackt
Salz und Pfeffer aus der Mühle
400 g Hackfleisch
250 g Champignons, geputzt und geviertelt
1 große Dose Tomaten
1 Teelöffel gekörnte Brühe
1 Messerspitze Edelsüßpaprika
1/2 Teelöffel getrockneter Oregano
50 ml trockener Rotwein
500 g Spaghetti
geriebener Parmesan zum Servieren

Das Olivenöl in einem Schmortopf erhitzen. Die Zwiebeln und den Knoblauch bei milder Hitze darin weich dünsten. Salzen und pfeffern.
Das Hackfleisch hinzufügen und unter regelmäßigem Wenden krümelig braten. Die Champignons dazugeben und einige Minuten mitdünsten. Die Tomaten abtropfen lassen (Saft aufheben), mit einer Gabel grob zerpflücken und unter die Hackfleisch-Champignon-Mischung geben. Mit Salz, Pfeffer, der gekörnten Brühe, Paprika und Oregano würzen. Bei starker Hitze etwa 45 Minuten durchköcheln. Wenn die Sauce zu stark einkocht, etwas abgetropften Tomatensaft angießen. 10 Minuten vor Ende der Garzeit den Wein hinzufügen und im offenen Topf einkochen lassen. Zum Schluß noch einmal herzhaft abschmecken.
Die Spaghetti in reichlich Salzwasser al dente garen. Abgießen und mit dem Hackfleischsugo anrichten. Mit Parmesan bestreuen und zu Tisch bringen.

SPAGHETTINI ALL'ARROSTO – MIT BRATENSAUCE

Lassen Sie sich einmal von diesem Rezept inspirieren, wenn vom Sonntagsbraten etwas übrigbleibt. In der italienischen Küche werden Essensreste fast nie einfach nur wieder aufgewärmt. Man läßt lieber die Phantasie spielen und komponiert diese Reste zu einem ganz neuen Gericht.

Für 2 Personen
200 g Spaghettini
1 Scheibe Bratenfleisch, fein gewürfelt
1 Knoblauchzehe, fein gehackt
1 Eßlöffel Butter
4 Eßlöffel Bratensauce
4 Eßlöffel Geflügel- oder Gemüsebrühe
50 ml trockener Weißwein
Salz und Pfeffer aus der Mühle
1 Eßlöffel gehackte Petersilie

Einen Topf Wasser zum Kochen bringen und salzen. Die Spaghettini hineingleiten lassen und al dente garen.
In der Zwischenzeit Bratenfleisch und Knoblauch rasch in heißer Butter anbraten. Bratensauce, Brühe und Weißwein hinzugießen. Aufkochen lassen, dann auf kleiner Flamme 5 Minuten durchköcheln.
Nach Bedarf mit Salz und Pfeffer abschmecken (Braten und Bratensauce sind schon gewürzt!). Zum Schluß die Petersilie unterrühren.
Die Nudeln abgießen und mit der Bratensauce anrichten.

TAGLIATELLE MIT SCHWEINEFILET UND PILZRAHMSAUCE

Für 4 Personen
1 kleine Zwiebel, fein gehackt
1 Knoblauchzehe, fein gehackt
3 Eßlöffel Butter
125 g Schweinefilet, geschnetzelt
75 g durchwachsener Speck, in Streifen geschnitten
125 g Egerlinge oder Champignons, blättrig aufgeschnitten
Salz und Pfeffer aus der Mühle
2 Eßlöffel Cognac
125 g Sahne
400 g Tagliatelle oder breite Eiernudeln
gehackte Petersilie zum Garnieren

Die Zwiebel und die Knoblauchzehe in der Butter anschwitzen. Das Schweinefilet hinzufügen und scharf anbraten. Den Speck und die Pilze dazugeben und mitdünsten. Salzen und pfeffern. Nun mit Cognac ablöschen. Anschließend mit

Sahne auffüllen und die Sauce etwas einkochen lassen. Noch einmal salzen und pfeffern.
Während die Sauce köchelt, die Tagliatelle in sprudelndem Salzwasser al dente garen. Abgießen und sofort mit der Sauce anrichten. Mit der Petersilie bestreuen und zu Tisch bringen.

ZITI CON POLPETTINE – MIT FLEISCHBÄLLCHEN

Für 4–6 Personen
1 Portion Tomatensauce (siehe Grundrezepte auf den Seiten 38–40)
2 Eßlöffel Öl zum Braten
500 g Ziti oder andere kurze Nudeln (z. B. Penne, Farfalle, Rigatoni)
Salz
geriebener Parmesan

Für die Polpettine
400 g mageres Hackfleisch
4 Eßlöffel Semmelbrösel (oder mehr) zum Binden
1 verquirltes Ei
1 Eßlöffel Sahne
2 Eßlöffel geriebener Parmesan
2 Knoblauchzehen, fein gehackt
2 Eßlöffel Petersilie, fein gehackt
2 Teelöffel Thymian, fein gehackt
2 Teelöffel Oregano, fein gehackt
Salz und Pfeffer aus der Mühle
Paprikapulver

Die Tomatensauce nach dem Grundrezept zubereiten.
Inzwischen die Polpettine herstellen: Alle Zutaten in eine Schüssel füllen und zu einem glatten Teig verarbeiten. Mit den Fingern walnußgroße Bällchen formen. In heißem Olivenöl rundum knusprig bräunen, dann in die Tomatensauce setzen und 15 Minuten simmern lassen.
Die Ziti in reichlich sprudelndem Salzwasser al dente garen. Abgießen und sofort mit der Tomatensauce und den Fleischbällchen anrichten. Mit geriebenem Parmesan servieren.

BANH PHO MIT MARINIERTEM SCHWEINEFLEISCH

Für 4–6 Personen
4 ausgelöste Schweinekoteletts, in mundgerechte Stücke geschnitten
150 g flache Reisnudeln (Banh pho)
Salz
2 Eßlöffel neutrales Speiseöl
1 Zwiebel, in schmale Spalten geschnitten
1 rote Paprikaschote, in schmale Streifen geschnitten
1 kleine scharfe Chilischote, entkernt und fein gehackt
4 Knoblauchzehen, fein gehackt
4 Eßlöffel Geflügelfond oder Wasser
2 Eßlöffel Austernsauce
2 Eßlöffel Sojasauce
150 g Sojabohnensprossen
Koriandergrün zum Garnieren
geröstete Erdnüsse zum Garnieren

Für die Marinade
4 Knoblauchzehen, grob gehackt
3 cm Ingwerwurzel, grob gehackt
4 Eßlöffel Fischsauce (Naam Pblaa)
2–3 Eßlöffel Reiswein zum Kochen
Saft einer Limette oder Zitrone
1 Teelöffel Zucker

Die Zutaten für die Marinade in der Küchenmaschine zu einer glatten Paste pürieren.
Das Schweinefleisch in eine Schüssel geben und mit der Marinade überziehen. Abdecken und 2 Stunden oder länger im Kühlschrank durchziehen lassen.
Die Reisnudeln mit kochendem Wasser überbrühen und 15 Minuten einweichen. Einen Topf Salzwasser zum Kochen bringen. Die Nudeln abgießen und im kochenden Salzwasser ca. 45 Sekunden bißfest garen. Abgießen und mit kaltem Wasser abschrecken. Gut abtropfen lassen.
Das Öl im Wok rauchend heiß werden lassen. Das Schweinefleisch aus der Marinade heben und gut 5 Minuten durchbraten. Nach 3 Minuten Zwiebel, Paprika, Chili und Knoblauch hinzufügen und rührbraten, bis das Gemüse rundum glänzt.
Geflügelfond, Austern- und Sojasauce vermischen und in den Wok rühren.

Aufkochen lassen, dann die Bohnensprossen und die Nudeln hinzufügen. Kräftig herumwirbeln, bis alles gleichmäßig von Sauce überzogen ist.
Die Nudelmischung auf eine Platte häufen und mit Koriandergrün und Erdnüssen garnieren.

CHOW-MEIN MIT SCHWEINEFLEISCH

Für 3–4 Personen
150 g Schweineschnitzel, in mundgerechte Streifen geschnitten
1 Eßlöffel Speisestärke
1 Eßlöffel Sojasauce
1 Eßlöffel asiatisches Sesamöl
1 Teelöffel Zucker
250 g (chinesische) Eiernudeln
3–4 Eßlöffel Erdnußöl oder neutrales Speiseöl
2 Knoblauchzehen, fein gehackt
2–3 cm Ingwerwurzel, geschält und fein gehackt
4 Frühlingszwiebeln, in Röllchen geschnitten
2 frische Chilischoten, entkernt und fein aufgeschnitten
100 g Chinakohl, feinstreifig aufgeschnitten
100 g Sojasprossen
Salz und Pfeffer aus der Mühle

Das Fleisch mit Speisestärke überpudern und in eine Schüssel geben. Sojasauce, einen halben Eßlöffel Sesamöl und Zucker verrühren und über das Fleisch geben. Die Zutaten vermischen und eine knappe Stunde abgedeckt durchziehen lassen. Inzwischen die Nudeln nach Packungsanleitung bißfest garen. Abgießen, unter kaltem Wasser abschrecken und gut abtropfen lassen.
Das Erdnußöl in einem Wok rauchend heiß werden lassen. Knoblauch und Ingwer darin andünsten, dann das Schweinefleisch hinzufügen und bei lebhafter Hitze rührbraten. Den weißen Teil der Frühlingszwiebeln (das Grün zum Garnieren aufheben), Chilischoten, Chinakohl und Sojasprossen hinzufügen und etwa 2 Minuten rührbraten.
Die Nudeln in den Wok geben und rasch herumwirbeln, bis sie rundum glänzen und gut mit den anderen Zutaten vermischt sind. Mit dem restlichen Sesamöl würzen und mit Salz und Pfeffer abschmecken.
Auf eine Platte häufen und mit dem Grün der Frühlingszwiebeln garnieren.

CHILI-NUDELN MIT RINDFLEISCH

Für 3 Personen
175 g makelloses Rindersteak, in mundgerechte Streifen geschnitten
1 Teelöffel Speisestärke
Pfeffer aus der Mühle
Sojasauce
1 Teelöffel Zucker
2 Teelöffel Sesamöl
200 g asiatische Eiernudeln
2 Eßlöffel Öl
1 Teelöffel frisch gehackter Ingwer
1 Knoblauchzehe, fein gehackt
1 Zwiebel, in schmale Spalten geschnitten
2 Vogelaugenchillies, entkernt und in Streifen geschnitten
100 g Zuckerschoten, geputzt und halbiert
100 g kleine Champignons, geputzt und geviertelt
100 g Sojabohnensprossen
50 ml Rinderbrühe oder Geflügelfond
2 Eßlöffel chinesischer Kochwein (ersatzweise Sherry)
nach Wunsch 1–2 Teelöffel Chiliöl

Das Rindfleisch mit Speisestärke überpudern und in eine Schüssel geben. Kräftig pfeffern und mit Sojasauce, Zucker und Sesamöl überziehen. Gut durchmischen, abdecken und mindestens eine Stunde durchziehen lassen.
In der Zwischenzeit die Eiernudeln in Salzwasser knapp al dente garen. Abgießen, kalt abbrausen und abtropfen lassen.
Das Öl im Wok rauchend heiß werden lassen. Das Rindfleisch aus der Marinade heben und eine Minute im heißen Öl rührbraten. Herausheben und beiseite stellen.
Ingwer und Knoblauch 30 Sekunden im heißen Öl andünsten, dann das restliche Gemüse hinzufügen und eine Minute rührbraten. Rinderbrühe, Kochwein und 2 Eßlöffel Sojasauce hinzufügen und 2 Minuten einkochen lassen.
Die Nudeln in den Wok geben und herumwirbeln, bis sie mit dem Gemüse vermischt und gleichmäßg von Sauce überzogen sind. Wenn Sie die Nudeln besonders scharf mögen, mit etwas Chiliöl beträufeln. Auf eine Servierplatte häufen, das Rindfleisch obenauf setzen und servieren.

GEBRATENE NUDELN MIT CHINAKOHL UND SCHWEINEFLEISCH

Für 4 Personen
1 Schweineschnitzel, in mundgerechte Stücke geschnitten
200 g chinesische Eiernudeln
Salz
3 Eßlöffel Erdnußöl oder neutrales Pflanzenöl
1 Kopf Chinakohl, feinstreifig aufgeschnitten
1 Mohrrübe, in dünne Scheiben geschnitten
1 Bund Frühlingszwiebeln, in dünne Ringe geschnitten
1 Eßlöffel asiatisches Sesamöl

Für die Marinade
125 ml Hühnerbrühe
3 Eßlöffel Sojasauce
3 Eßlöffel Reisessig
1 Spritzer Tabascosauce
1 Knoblauchzehe, fein gehackt
2 cm Ingwerwurzel, geschält und fein gehackt

Die Zutaten für die Marinade verrühren. Das Schweinefleisch mit der Marinade überziehen und mindestens 30 Minuten ruhen lassen.
Die Nudeln nach Packungsanleitung al dente garen, abgießen und abtropfen lassen. Mit einem Spritzer Öl benetzen und ab und zu mit einer Gabel auflockern, damit sie nicht verkleben.
Das restliche Erdnußöl im Wok oder in einer weiten Pfanne erhitzen. Das Schweinefleisch aus der Marinade heben, abtropfen lassen und im heißen Öl scharf anbraten. Den Chinakohl hinzufügen und unter ständigem Rühren zusammenfallen lassen. Mohrrübe und den weißen Teil der Frühlingszwiebeln hinzufügen. Die Marinade angießen und fast vollständig einkochen lassen. Die Nudeln dazugeben. Mit dem Sesamöl beträufeln, rasch rührbraten und gut mit den anderen Zutaten vermischen.
Auf eine Platte häufen, mit dem Grün der Frühlingszwiebeln bestreuen und servieren.

GEBRATENE NUDELN MIT SÜSS-SAUREM SCHWEINEFLEISCH

Für 2–3 Personen
200 g chinesische Eiernudeln
2 Schweineschnitzel, in mundgerechte Streifen geschnitten
3 Eßlöffel Sojasauce
1 Eßlöffel chinesischer Reiswein zum Kochen (ersatzweise Sherry)
1 Eßlöffel asiatisches Sesamöl
Salz und Pfeffer aus der Mühle
50 ml Erdnußöl oder neutrales Speiseöl
3 Knoblauchzehen, fein gehackt
100 g Ananasstückchen
1 rote Paprikaschote, entkernt und in Streifen geschnitten
1–2 kleine scharfe Chilischoten, entkernt und fein gehackt
1 kleines Bund Frühlingszwiebeln, in Röllchen geschnitten

Für die süß-saure Sauce
1 Eßlöffel brauner Zucker
1 Teelöffel Speisestärke
3 Eßlöffel Reisessig
6 Eßlöffel Wasser
1 Eßlöffel Tomatenketchup
2 Eßlöffel Sojasauce
1 Eßlöffel Limettensaft

Die Nudeln bißfest garen. Abgießen, unter kaltem Wasser abschrecken und abtropfen lassen. Mit etwas Öl beträufeln und immer wieder mit einer Gabel auflockern.
Das Fleisch mit der Sojasauce, dem Kochwein und dem Sesamöl in eine Schüssel geben. Salzen und pfeffern und sorgfältig vermischen. Abdecken und beiseite stellen. Die Zutaten für die süß-saure Sauce glattrühren und beiseite stellen.
Das Erdnußöl in einem Wok rauchend heiß werden lassen. Die Nudeln darin rundum knusprig braten. Aus dem Wok heben und auf einer Platte warm halten.
Das Fleisch aus der Marinade heben und im heißen Wok kräftig anbraten. Sobald es rundum Farbe bekommen hat, den Knoblauch hinzufügen und etwa 30 Sekunden mitbraten. Die Marinade hinzugießen und aufkochen lassen. Die Ananasstückchen und das übrige Gemüse in den Wok geben und eine Minute lang herumwirbeln. Die süß-saure Sauce einrühren und eindicken lassen. Über die Nudeln geben und sofort servieren.

KNUSPERNUDELN MIT RINDFLEISCHSTREIFEN

Für 4 Personen
150 g makelloses Steakfleisch, in feine Streifen geschnitten
250 g feine asiatische Eiernudeln
Salz
5 Eßlöffel Erdnußöl
2 Teelöffel Ingwer, gehackt
2 Knoblauchzehen, fein gehackt
1 Zwiebel, in schmale Spalten geschnitten
1 rote Paprikaschote, in feine Streifen geschnitten
einige Brokkoliröschen
1 getrocknete Pfefferschote, zerstoßen
1 Handvoll geröstete Cashewkerne, grob gehackt

Für die Marinade
1 Teelöffel Sojasauce
1 Teelöffel asiatisches Sesamöl
1–2 Teelöffel Austernsauce
1/2 Teelöffel chinesischer Kochwein (ersatzweise Sherry)
1 Prise Salz
1 Prise Zucker
1/2 Teelöffel Speisestärke

Für die Sauce
1 Teelöffel Sojasauce
1 Teelöffel Sesamöl
1 Eßlöffel Austernsauce
1 Prise Salz
1 Prise Zucker
1 Prise Pfeffer aus der Mühle
250 ml Hühnerbrühe

Die Zutaten für die Marinade in einer Schüssel vermischen. Die Rindfleischstreifen hineingeben und mit der Marinade überziehen. Abdecken und mindestens 30 Minuten ruhen lassen.
In der Zwischenzeit die Nudeln in reichlich sprudelndem Salzwasser knapp bißfest garen. Ab und zu umrühren. Abgießen, kalt abbrausen und gut abtropfen lassen. Ab und zu mit einer Gabel auflockern, damit sie nicht verkleben.

Die Zutaten für die Sauce in einem Schälchen verrühren.
Die Hälfte des Öls in einem Wok erhitzen. Sobald es zu rauchen beginnt, die gründlich abgetropften Nudeln hineingeben. Mit einem Spatel an die Wokwände drücken und knusprig braten. Wenden und auch die andere Seite knusprig braten. Aus dem Wok nehmen und beiseite stellen.
Das restliche Öl im Wok rauchend heiß werden lassen. Ingwer und Knoblauch darin anbraten. Das übrige Gemüse hinzufügen und 1–2 Minuten rührbraten. Das Rindfleisch aus der Marinade nehmen und im Wok bräunen (knapp 1 Minute). Die Sauce hinzugießen. Die Nudeln wieder in den Wok füllen, gleichmäßig mit Sauce überziehen und mit den restlichen Zutaten vermischen. Überschüssige Flüssigkeit rasch einkochen lassen. Die bunten Nudeln auf eine Servierplatte häufen und mit Cashewkernen bestreuen.

THAI-CURRY MIT RINDFLEISCH UND REISNUDELN

Für 3–4 Personen
250 g breite Reisnudeln
2 Eßlöffel Erdnußöl
2 Knoblauchzehen, fein gehackt
175 g makelloses Rindersteak, in mundgerechte Streifen geschnitten
1 Eßlöffel grüne Currypaste
1 kleine grüne Chilischote, entkernt und in Streifen geschnitten
1 Eßlöffel Sojasauce
1 Eßlöffel Fischsauce (Naam Pblaa)
Saft einer Limette
1 Eßlöffel Zucker
400 ml Kokosmilch aus der Dose
1 Handvoll Thai-Basilikum

Die Reisnudeln in reichlich sprudelndem Salzwasser knapp bißfest garen, dabei immer wieder auflockern. Abgießen, kalt abbrausen und abtropfen lassen.
Das Öl im Wok rauchend heiß werden lassen. Knoblauch und Rindfleisch eine Minute darin rührbraten, dann die Currypaste und die Chilischote einrühren. Soja- und Fischsauce, Limettensaft und Zucker hinzufügen.
Mit Kokosmilch auffüllen und zum Köcheln bringen. Regelmäßig umrühren und bis zur gewünschten Konsistenz eindicken lassen (ca. 10 Minuten). Zum Schluß das Basilikum und die Nudeln unterheben. Heiß werden lassen und sorgfältig mit der Currysauce vermischen. Sofort servieren.

SINGAPURNUDELN MIT SCHWEINEFLEISCH UND SHRIMPS

Für 4 Personen
2 Schweineschnitzel, in mundgerechte Stücke geschnitten
12 geschälte Shrimps
350 g flache Reisnudeln
Salz
4 Eßlöffel Erdnußöl
2 cm Ingwerwurzel, geschält und fein gehackt
2 Knoblauchzehen, fein gehackt
1 Paprikaschote, in schmale Streifen geschnitten
1–2 scharfe Chilischoten, entkernt und fein aufgeschnitten
1 kleines Bund Frühlingszwiebeln, in Röllchen geschnitten
1 Eßlöffel Austernsauce
1 Eßlöffel asiatisches Sesamöl
2 Eßlöffel geröstete Erdnüsse, grob gehackt

Für die Marinade
4 Eßlöffel Sojasauce
2 Eßlöffel Honig
2 Eßlöffel Austernsauce
2 Eßlöffel Hoisinsauce
Salz und Pfeffer aus der Mühle
Cayennepfeffer
Ingwerpulver

Für die Currypaste
1 Eßlöffel Erdnußöl
1 Knoblauchzehe, fein gehackt
1–2 Eßlöffel gutes Currypulver
1 Eßlöffel gekörnte Brühe
100 ml Wasser
Salz

Die Zutaten für die Marinade in einer Schüssel vermischen. Das zurechtgeschnittene Schweinefleisch und die Shrimps hineingeben und rundum mit Marinade überziehen. Abdecken und 30–60 Minuten durchziehen lassen.
In der Zwischenzeit die Currypaste zubereiten. Das Öl rauchend heiß werden lassen und den Knoblauch darin bräunen. Currypulver, gekörnte Brühe und

Wasser hinzufügen. Kräftig umrühren, damit sich keine Klümpchen bilden. Auf kleiner Flamme 10–15 Minuten zu einer dicklichen Paste einkochen lassen. Ab und zu umrühren. Mit Salz abschmecken.
Die Reisnudeln 1–2 Minuten in sprudelndem Salzwasser knapp bißfest garen. Ab und zu umrühren. Abgießen und kalt abbrausen. Abtropfen lassen und beiseite stellen. Die Nudeln ab und zu mit einer Gabel auflockern, damit sie nicht verkleben. Nach diesen Vorbereitungsarbeiten einen Eßlöffel Erdnußöl im Wok stark erhitzen. Ingwer und Knoblauch 30 Sekunden darin rührbraten. Das übrige Gemüse hinzufügen und rührbraten, bis es glänzt (2–3 Minuten). Aus dem Wok nehmen und beiseite stellen.
Wieder einen Eßlöffel Erdnußöl im Wok erhitzen. Schweinefleisch und Shrimps aus der Marinade heben und im heißen Wok ungefähr eine Minute herumwirbeln, bis sich die Shrimps rosa färben. Austernsauce, Sesamöl und Currypaste einrühren. Sobald alles gut vermischt ist, aus dem Wok nehmen und beiseite stellen.
Das restliche Öl im Wok erhitzen. Die Nudeln hineingleiten lassen und kräftig anbraten. Nun Shrimps, Fleisch und Gemüse wieder in den Wok geben. Gründlich vermischen, heiß werden lassen und dabei rührbraten. Nun den Wokinhalt auf eine Servierplatte häufen und mit den gehackten Erdnüssen bestreuen.

PASTA »ALLA GRIGLIA« – MIT GEGRILLTER HÄHNCHENBRUST

Nudeln für den Sommer: das Außergewöhnliche an diesem Gericht ist der zarte Räuchergeschmack, der das Fleisch und die Tomaten nach dem Grillen durchzieht.

Für 4 Personen
1 Teelöffel Rosmarin, fein gehackt
1 Teelöffel Salbei, fein gehackt
Salz und Pfeffer aus der Mühle
etwa 2 Eßlöffel Olivenöl
2 Hähnchenschnitzel
12 Tomaten, quer halbiert
400 g kurze Pasta (z. B. Farfalle, Penne, Maltagliati)

Im Gartengrill eine Holzkohlenglut vorbereiten.
In der Zwischenzeit Rosmarin, Salbei, Salz, Pfeffer und Olivenöl in einem

Schälchen verrühren. Das Hähnchenfleisch auf beiden Seiten mit der Kräutermarinade bepinseln und 30 Minuten durchziehen lassen.
Sobald die Holzkohlen von einem weißen Aschenfilm überzogen sind, den Grillrost auflegen und heiß werden lassen. Die Fleischstücke auf den Grill legen und auf beiden Seiten garen. Vom Grill nehmen und leicht abkühlen lassen.
In der Zwischenzeit die Tomaten mit der Schnittseite nach unten auf den Grill setzen und weich garen. Vom Grill nehmen und abkühlen lassen.
Die Nudeln in reichlich sprudelndem Salzwasser al dente garen.
Während die Nudeln kochen, Hähnchenfleisch und Tomaten in mundgerechte Stücke zerteilen und in eine Schüssel füllen.
Die Nudeln abgießen und mit Fleisch und Tomaten vermischen. Mit Salz und Pfeffer abschmecken, wenn nötig mit etwas Olivenöl geschmeidig rühren und servieren.

RIGATONI MIT HÄHNCHENFLEISCH UND ROSENKOHL

Für 4 Personen
2 Eßlöffel Semmelbrösel
4 Eßlöffel Butter
500 g Rosenkohl
Salz und Pfeffer aus der Mühle
350 g Hähnchenbrustfilet, in mundgerechte Streifen geschnitten
2 Knoblauchzehen, fein gehackt
1 Teelöffel getrockneter Thymian
400 g Rigatoni
250 ml Geflügelfond
geriebener Parmesan

Semmelbrösel in 2 Eßlöffeln Butter goldbraun rösten und beiseite stellen.
Den Rosenkohl putzen und je nach Größe halbieren oder vierteln. In sprudelndem Salzwasser 2–3 Minuten blanchieren. Mit einem Sieb herausfischen und sofort unter kaltem Wasser abschrecken. Abtropfen lassen.
Die restliche Butter erhitzen. Hähnchenfleisch und Knoblauch darin einige Minuten anbraten. Salzen, pfeffern und mit Thymian bestreuen. Nun auch den Rosenkohl in die Pfanne geben und goldfarben anbraten. Fleisch und Gemüse aus der Pfanne heben und warm stellen.
Das Rosenkohlwasser wieder zum Kochen bringen. Die Rigatoni darin knapp al dente garen.

Während die Nudeln kochen, den Bratsatz mit Geflügelfond loskochen und die Sauce etwas eindicken lassen. Hähnchen und Rosenkohl wieder in die Pfanne geben und heiß werden lassen. Den Parmesan einrühren und die Sauce abschmecken.
Die Rigatoni abgießen und in die Pfanne geben. Mit der Sauce vermischen und auf Teller verteilen. Mit den gerösteten Semmelbröseln bestreut zu Tisch bringen.

SPAGHETTINI MIT PUTENFLEISCH UND BROKKOLI

Für 4 Personen
Salz
350 g Brokkoliröschen
400 g Spaghettini
2 Eßlöffel Olivenöl
4 Knoblauchzehen, fein gehackt
1 getrocknete Pfefferschote, zerstoßen
1 Putenschnitzel, in mundgerechte Stücke geschnitten
Pfeffer aus der Mühle
100 ml Hühnerbrühe
100 g Sahne
geriebener Parmesan

Einen großen Topf Wasser zum Kochen bringen und salzen. Brokkoliröschen 2 Minuten darin blanchieren. Mit einem Sieb herausfischen und unter kaltem Wasser abschrecken.
Spaghettini im sprudelnden Brokkoliwasser knapp al dente garen. Abgießen und abtropfen lassen. Ab und zu mit einer Gabel auflockern, damit sie nicht verkleben.
Olivenöl in einer Pfanne erhitzen. Knoblauch und zerstoßene Pfefferschote darin andünsten. Das Putenfleisch hinzufügen und rundum bräunen. Die Brokkoliröschen dazugeben, salzen und pfeffern. Brühe und Sahne angießen und kurz aufkochen lassen, dann auf kleiner Flamme zur gewünschten Konsistenz eindicken lassen.
Spaghettini in die Pfanne geben, wieder heiß werden lassen und gut mit den anderen Zutaten vermischen. Abschmecken und auf Teller verteilen. Mit geriebenem Parmesan servieren.

TAGLIATELLE MIT GETROCKNETEN TOMATEN UND HÄHNCHENFLEISCH

Für 2–3 Personen
2 Knoblauchzehen, fein gehackt
4 Eßlöffel Olivenöl
1 kleine Dose Tomatenstückchen (abtropfen lassen)
4 getrocknete Tomaten in Öl (abtropfen lassen und in Streifen schneiden)
Salz und Pfeffer aus der Mühle
2 Teelöffel frischer oder 1 Teelöffel getrockneter Oregano
50 ml trockener Weißwein
1 Hähnchenbrustfilet, in mundgerechte Streifen geschnitten
250 g Tagliatelle
frische Oreganoblättchen zum Garnieren

Den Knoblauch in 2 Eßlöffel Olivenöl andünsten. Die Tomatenstückchen und die getrockneten Tomaten hinzufügen und heiß werden lassen. Mit Salz, Pfeffer und Oregano würzen. Den Weißwein hinzugießen. Auf kleiner Flamme 25 Minuten schmoren lassen.
Während die Tomatensauce köchelt, das Hähnchenfleisch im restlichen Olivenöl goldbraun braten und durchgaren.
Die Tagliatelle in einem großen Topf Salzwasser al dente garen und ab und zu umrühren.
Tagliatelle abgießen und in eine Schüssel füllen. Mit der Tomatensauce vermischen und auf Teller verteilen. Die Hähnchenstreifen obenauf setzen und mit frischen Oreganoblättchen garnieren.

ASIENNUDELN MIT HÄHNCHENFLEISCH UND MANGOSAUCE

Für 2–3 Personen
1 vollreife Mango
2 Eßlöffel chinesischer Kochwein (ersatzweise Sherry)
3 Eßlöffel Sojasauce
3 Eßlöffel Öl
Salz und Pfeffer aus der Mühle
250 g Hähnchenschnitzel, in mundgerechte Streifen geschnitten
250 g Eiernudeln
1–2 kleine scharfe Chilischoten, entkernt und fein gehackt
1 kleines Bund Frühlingszwiebeln, in Röllchen geschnitten
2 Knoblauchzehen, fein gehackt
2 cm Ingwerwurzel, geschält und fein gehackt
1 Eßlöffel Austernsauce
4 Eßlöffel Geflügelfond
2 Eßlöffel Cashewkerne (nach Wunsch)

Die Mango schälen und vorsichtig vom flachen Kern lösen. Das Fruchtfleisch in eine Schüssel geben und mit einer Gabel zermusen. Je einen Eßlöffel Kochwein, Sojasauce und Öl hinzufügen, salzen und pfeffern. Die Hähnchenstreifen in die Marinade legen, abdecken und mindestens eine Stunde durchziehen lassen.
Währenddessen die Nudeln knapp bißfest garen. Abgießen, unter kaltem Wasser abschrecken und abtropfen lassen.
Das restliche Öl im Wok rauchend heiß werden lassen. Chillies, den weißen Teil der Frühlingszwiebeln, Knoblauch und Ingwer darin anbraten.
Das Hähnchenfleisch aus der Marinade heben und im Wok 2 Minuten rührbraten. Die Marinade hinzugießen und einkochen lassen. Den verbliebenen Kochwein, die restliche Sojasauce, die Austernsauce und den Geflügelfond einrühren und etwas eindicken lassen.
Die Nudeln hinzufügen, heiß werden lassen und gründlich mit den anderen Zutaten vermischen. Auf eine Platte häufen und mit dem Grün der Frühlingszwiebeln garnieren. Heiß servieren. Nach Wunsch mit ein paar Cashewkernen bestreuen – sie geben dem Gericht mehr »Biß«.

TAGLIATELLE MIT PUTENSTREIFEN

Für 4–6 Personen
3 Eßlöffel Pflanzenöl
250 g Putenschnitzel, in mundgerechte Stücke geschnitten
1 rote und 1 gelbe Paprikaschote, in Streifen geschnitten
1 große Gemüsezwiebel, in schmale Spalten geschnitten
125 ml trockener Wermut
500 g Tagliatelle
Salz
1 Eßlöffel Zitronensaft
Pfeffer aus der Mühle
frisch gehackte Petersilie zum Garnieren

Das Öl in einer großen Pfanne erhitzen. Die Putenstückchen rundum scharf anbraten und bräunen. Paprika und Zwiebel hinzufügen und etwa 30 Sekunden pfannenrühren. Den Wermut angießen. Pfanne abdecken und 7–8 Minuten leise köcheln lassen.
Inzwischen die Tagliatelle in Salzwasser knapp al dente garen. Gelegentlich umrühren, damit sie nicht verkleben.
Die Nudeln abgießen, in die Pfanne geben und sorgfältig mit Fleisch und Gemüse vermischen. Mit Zitronensaft, Salz und Pfeffer abschmecken. Auf Teller verteilen und mit gehackter Petersilie garnieren.

HÄHNCHENSATAY

Für 2–4 Personen
2 Hähnchenbrustfilets, in schmale Streifen geschnitten
200 g chinesische Eiernudeln
2 Eßlöffel Erdnußöl
1 Knoblauchzehe, fein gehackt
1 rote Paprikaschote, entkernt und in schmale Streifen geschnitten
1 scharfe Chilischote, entkernt und fein gehackt

Für die Marinade
2 Knoblauchzehen, fein gehackt
2 Teelöffel Ingwer, gehackt
3 Eßlöffel Erdnußöl

1 Prise Cayennepfeffer
1 Prise gemahlene Gelbwurz
1 Prise gemahlener Kreuzkümmel
3 Teelöffel Sojasauce
2 Teelöffel Fischsauce
Salz und Pfeffer aus der Mühle
1 Eßlöffel Limettensaft

Für die Erdnußsauce
1/2 Zwiebel, fein gehackt
1 Knoblauchzehe, fein gehackt
2 Eßlöffel Erdnußöl
2 gehäufte Eßlöffel gemahlene Erdnüsse
100 ml Kokosmilch aus der Dose
100 ml Hühnerbrühe oder Wasser
1 Teelöffel Zucker
1 Prise Cayennepfeffer
1 Prise gemahlene Gelbwurz
1 Teelöffel Fischsauce
1 Teelöffel Sojasauce
Salz und Pfeffer aus der Mühle

Die Hähnchenstreifen in eine Schüssel geben. Die Zutaten für die Marinade verrühren und über das Fleisch gießen. Gut durchmischen, abdecken und mindestens eine Stunde durchziehen lassen.
Während das Fleisch durchzieht, die Erdnußsauce zubereiten. Zwiebel und Knoblauch im heißen Öl andünsten. Die Erdnüsse hinzufügen und 1–2 Minuten rührbraten. Die restlichen Zutaten hinzufügen, zum Kochen bringen und dann auf kleiner Flamme in ca. 3–5 Minuten eindicken lassen.
Für das Satay die Hähnchenstreifen aus der Marinade heben, auf Spießchen stecken und rundum goldbraun grillen oder in der Pfanne braten. Dabei immer wieder mit der Marinade bepinseln, damit das Fleisch nicht austrocknet.
Die Nudeln in Salzwasser knapp al dente garen. Gelegentlich umrühren und auflockern. Abgießen, mit etwas Öl überziehen und beiseite stellen.
Das Öl im Wok rauchend heiß werden lassen. Knoblauch, Paprika und Chili scharf darin anbraten. Dann die Erdnußsauce hinzugießen (nach Bedarf mit etwas Wasser verdünnen) und zum Köcheln bringen. Die Nudeln hineingeben und gleichmäßig mit der Sauce überziehen. Auf eine Platte häufen und mit den Satayspießchen belegen. Heiß servieren.

BAMI GORENG (INDONESISCHE NUDELPFANNE)

Für 4 Personen
200 g Reisnudeln
2 Eier
Salz und Pfeffer aus der Mühle
5 Eßlöffel Erdnußöl
2 Knoblauchzehen, fein gehackt
2 cm Ingwerwurzel, fein gehackt
1 knapper Teelöffel gemahlene Gelbwurz
1 Teelöffel Chilipaste
300 g Hähnchenbrustfilet, in mundgerechte Stücke geschnitten
150 g geschälte Nordseekrabben
1 Zwiebel, in schmale Spalten geschnitten
1 rote Paprikaschote, in Streifen geschnitten
200 g Chinakohl, feinstreifig aufgeschnitten
125 ml Kokosmilch aus der Dose
1 Eßlöffel Sojasauce
Saft einer Limette
Zucker
Koriandergrün zum Garnieren

Die Nudeln in heißem Wasser einweichen.
Inzwischen die beiden Eier mit 4 Eßlöffel Wasser verquirlen, salzen und pfeffern und in etwas Öl als Omelett braten. Erkalten lassen, aufrollen und in Streifen schneiden.
Während das Omelett abkühlt, das restliche Öl in einem Wok erhitzen. Knoblauch und Ingwer mit Gelbwurz und Chilipaste hineingeben und 2–3 Minuten rührbraten. Das Fleisch, die Krabben und das übrige Gemüse hinzufügen und 2–3 Minuten im Wok herumwirbeln. Die Nudeln hineingeben und bei kräftiger Hitze eine Minute braten. Kokosmilch, Sojasauce und Limettensaft hinzugießen, aufkochen lassen und mit Salz, Pfeffer und einer Prise Zucker abschmecken.
Die Nudeln auf eine Servierplatte häufen und mit Omelettstreifen und Koriandergrün garnieren.

KNOBLAUCHNUDELN MIT HÄHNCHENSTREIFEN

Für 4 Personen
350 g Hähnchenfilet
2 Eßlöffel Speisestärke
100 ml Sojasauce
6 Knoblauchzehen, fein gehackt
2 cm Ingwerwurzel, geschält und fein gehackt
2 Mohrrüben
2 kleine Zucchini
250 g Reisnudeln
75 ml Fleisch- oder Gemüsebrühe (ersatzweise Wasser)
4 Eßlöffel neutrales Pflanzenöl
1 Teelöffel asiatisches Sesamöl
125 g Sojabohnensprossen

Hähnchenfilet in fingerdicke Streifen schneiden. Einen Eßlöffel Speisestärke, einen Eßlöffel Sojasauce, 2 Knoblauchzehen und den Ingwer vermischen. Das Hähnchenfleisch mit dieser Marinade überziehen, abdecken und 30 Minuten durchziehen lassen.
Inzwischen Mohrrüben und Zucchini putzen und streichholzfein stifteln. Die Reisnudeln in sprudelndem Salzwasser knapp bißfest garen, abgießen und gut abtropfen lassen. Immer wieder auflockern, damit sie nicht verkleben.
Restliche Speisestärke und Sojasauce mit der Brühe verrühren.
Nun 2 Eßlöffel neutrales Öl und das Sesamöl in einem Wok oder einer weiten Pfanne erhitzen. Die Hähnchenstreifen aus der Marinade heben und 2 Minuten rührbraten. Mohrrüben und Bohnensprossen hinzufügen und 2–3 Minuten in Wok oder Pfanne herumwirbeln. Mit der Sojamischung übergießen und brodeln lassen, bis die Sauce eindickt. Fleisch und Gemüse herausheben und warm stellen. Wok oder Pfanne ausreiben.
Das restliche Öl erhitzen und die übrigen Knoblauchzehen darin anbraten. Die Nudeln hinzufügen, wieder heiß werden lassen und mit Öl und Knoblauch vermischen. Auf eine Servierplatte häufen und mit dem Gemüse anrichten.

BIGOLI ALL'ANATRA – MIT ENTENRAGOUT

Bigoli sind in der nordostitalienischen Region Venetien beheimatet. Sie sehen aus wie etwas grobe Spaghetti und werden manchmal aus Vollkorn- oder Buchweizenmehl gemacht.
Für die Nudelsauce benötigt man nur die Innereien der Ente. Die Ente selbst wird als Hauptspeise nach dem Pastagang gereicht.

Für 4 Personen
1 kleine küchenfertige Ente (mit Innereien)
1 Möhre
1 Zwiebel
2 Gewürznelken
1 Selleriestange, grob gehackt
1 kleines Bund Petersilie
1 Lorbeerblatt
1 Knoblauchzehe
50 g Butter
3 Salbeiblätter
Salz und Pfeffer aus der Mühle
500 g Bigoli
geriebener Parmesan

Die Ente sorgfältig unter fließendem Wasser waschen, dann trockentupfen. Die Innereien herausnehmen und ebenfalls säubern. In einem großen Topf Wasser aufsetzen und zum Kochen bringen. Die Möhre halbieren, die Zwiebel mit den Gewürznelken spicken und zusammen mit Sellerie, Petersilie, Lorbeerblatt und Knoblauch in den Topf geben. Sobald das Wasser kocht, die Ente hineinlegen, Magen und Leber hinzufügen. Bei leicht geöffnetem Deckel etwa eine Stunde garen.
Die Ente und die Innereien aus der Brühe heben, abtropfen und etwas abkühlen lassen. Die gekochte Entenleber, den Magen sowie die rohen Innereien fein hacken. Das Fleisch der Flügel auslösen und ebenfalls fein hacken.
Die Butter in einer Pfanne zerlassen und mit den Salbeiblättern aromatisieren. Mit Salz und Pfeffer abschmecken, dann das Entenhack darin schwenken, bis es vom Salbeiaroma durchdrungen ist.
Die Bigoli in reichlich Salzwasser al dente garen. Abgießen und in eine Schüssel füllen. Das Entenragout über die Nudeln geben und sorgfältig vermischen. Die Pasta mit geriebenem Parmesan servieren.

BLUTNUDELN

Dieses traditionelle Südtiroler Sparrezept ist vielleicht nicht jedermanns Sache, dafür aber absolut authentisch. Früher mußte das hochverderbliche Schweineblut gleich nach dem Schlachten sinnvoll verarbeitet werden. Man machte daraus Blutwurst (siehe auch die Blutwursttäschchen auf Seite 395) oder verarbeitete es eben zu Nudelteig.

Für 4 Personen
300 g Mehl
150 g Schweineblut (beim Metzger vorbestellen)
2 Eier
1 Prise zerstoßene Fenchelsaat
Salz und Pfeffer aus der Mühle
frisch geriebener Muskat
zerlassene Butter und geriebener Parmesan zum Servieren

Das Mehl auf einer Arbeitsfläche zu einem Kegel aufschütten. In die Mitte eine Mulde drücken. In einem Schälchen Schweineblut, Eier und Gewürze verquirlen. Diese Masse in die Mulde gießen und mit dem Mehl sorgfältig zu einem glatten Teig verarbeiten (siehe dazu auch das Grundrezept auf Seite 28).
Den Teig dünn ausrollen und mit dem Schneidaufsatz der Nudelmaschine in breite Tagliatelle schneiden. Auf Tüchern ausbreiten, abdecken und 10–15 Minuten antrocknen lassen.
In reichlich sprudelndes Salzwasser gleiten lassen und al dente garen (die frischen Nudeln sind in wenigen Sekunden fertig). Abgießen und mit zerlassener Butter und Parmesan servieren.

FARFALLE AL CONIGLIO SARDO – MIT SARDISCHEM KANINCHENRAGOUT

Myrtenzweige machen sardische Fleischgerichte so unverwechselbar aromatisch. Leider sind sie bei uns nur schwer zu bekommen. Vielleicht bringen Sie von Ihrem nächsten Urlaub einige mit nach Hause – ansonsten können Sie das Kaninchenragout auch mit Rosmarin würzen.

Für 4 Personen
350 g Kaninchenfleisch
3 kleine Zwiebeln, in schmale Spalten geschnitten
ein paar Salbeiblätter, grob gehackt
1 Myrtenzweig (ersatzweise Rosmarin)
4 Eßlöffel Olivenöl
100 ml trockener Weißwein
100 ml Hühner- oder Gemüsebrühe
Salz und Pfeffer aus der Mühle
1 Handvoll schwarze Oliven, entsteint und grob gehackt
400 g Farfalle oder andere kurze Pasta (z. B. Eliche, Fusilli)
geriebener Pecorino

Das Kaninchenfleisch würfeln und zusammen mit Zwiebeln, Salbei und Myrten in heißem Olivenöl anbraten. Mit Weißwein und Brühe ablöschen, salzen und pfeffern. Abdecken und auf kleiner Flamme weich schmoren. Gegen Ende der Garzeit die Oliven unterrühren und heiß werden lassen. Die Pasta in Salzwasser al dente garen, abgießen und in eine Servierschüssel füllen. Mit dem Kaninchenragout vermischen und mit einem Hauch Pecorino bestreut servieren.

FETTUCCINE MIT GEMISCHTEM HÜHNERKLEIN

Für 4 Personen
200 g Hühnermägen
70 g Hühnerlebern
6 Hühnerherzen
1 Handvoll Petersilie
1 Zwiebel
1 Selleriestange
1 Eßlöffel Butter

2 Eßlöffel Öl
100 g Tomatenpüree
100 ml kräftiger Rotwein
4 Salbeiblätter, fein gehackt
1 Lorbeerblatt
Salz und Pfeffer aus der Mühle
400 g Fettuccine

Die Hühnerinnereien sorgfältig waschen. Mit einem scharfen Messer Häutchen und harte Fasern entfernen. Nach Sorten getrennt klein schneiden.
Petersilie, Zwiebel und Sellerie fein hacken. Butter und Öl in einem Topf erhitzen und das Gemüsehack darin andünsten. Die Hühnermägen hinzufügen und ungefähr zehn Minuten rührbraten. Tomatenpüree und Rotwein angießen und 10 Minuten weiterschmoren. Hühnerlebern und Herzen hinzufügen, mit Salbei und Lorbeer würzen, salzen und pfeffern. Topf verschließen und den Sugo zu einer dicklichen Creme einkochen.
Inzwischen die Fettuccine in einem großen Topf Salzwasser al dente garen und ab und zu umrühren. Abgießen und in eine Schüssel geben. Mit der Sauce überziehen und sofort servieren.

FETTUCCINE MIT HÜHNERLEBER UND PILZEN

Für 4 Personen
25 g getrocknete Steinpilze
50 g Parmaschinken, gewürfelt
1 Zwiebel, fein gehackt
6 Eßlöffel Olivenöl
250 g Hühnerlebern, fein gehackt
1 Teelöffel Mehl
100 ml trockener Weißwein
500 g Tomatenpüree
Salz und Pfeffer aus der Mühle
400 g Fettuccine
2 Eßlöffel Petersilie, gehackt

Die Steinpilze mit kochendem Wasser überbrühen. Nach 30 Minuten herausheben, fest auspressen und fein hacken. Das Einweichwasser durch einen Kaffeefilter gießen und beiseite stellen.

Parmaschinken und Zwiebel rund 5 Minuten in 3 Eßlöffel Olivenöl andünsten, dann die Hühnerlebern hinzufügen und bei kräftiger Hitze rundum bräunen. Mit Mehl überstäuben, kurz wenden und aus der Pfanne nehmen. Die Steinpilze mit dem restlichen Öl in die Pfanne geben und andünsten. Mit Weißwein ablöschen, dann das Tomatenpüree hinzufügen und auf kleiner Flamme 25 Minuten schmoren. Wenn die Sauce zu stark eindickt, etwas Steinpilzwasser angießen. Salzen und pfeffern.
Während die Tomatensauce schmort, die Fettuccine al dente garen.
Die Hühnerlebern wieder in die Tomatensauce setzen und heiß werden lassen. Die Nudeln abgießen und in eine vorgewärmte Servierschüssel füllen. Mit der Sauce vermischen und mit Petersilie bestreut servieren.

KUSKUS MIT LAMMRAGOUT

Für 4 Personen
750 g Lammfleisch ohne Knochen
3–4 Eßlöffel Olivenöl
1 Gemüsezwiebel, gehackt
3 Knoblauchzehen, fein gehackt
2 Mohrrüben, grob zerkleinert
2 Selleriestengel, grob zerkleinert
1 kleine Dose Tomatenstückchen (ca. 400 g)
Salz und Pfeffer aus der Mühle
2 Lorbeerblätter
2 Eßlöffel frische Oreganoblättchen
1 Handvoll getrocknete schwarze Oliven, entsteint und grob gehackt
500 ml trockener Rotwein
1/2 Portion Kuskus, siehe Rezept auf Seite 459 (oder Instant-Kuskus)

Das Lammfleisch in gulaschgroße Würfel schneiden. Das Öl in einem Schmortopf erhitzen und das Fleisch rundum kräftig anbraten. Das Gemüse in den Topf geben und einige Minuten mitrösten. Salzen und pfeffern, Lorbeer und Oregano sowie die Hälfte der Oliven in den Topf geben. Den Rotwein hinzugießen und aufkochen lassen. Dann auf kleiner Flamme ca. 90 Minuten schmoren, bis das Lammfleisch mürbe ist.
Den Kuskus zubereiten und auf eine Servierplatte häufen. Das Lammragout auf den Kuskus betten, mit den übrigen Oliven bestreuen und zu Tisch bringen.

MACCHERONI AL RAGÙ D'AGNELLO – MIT LAMMRAGOUT

Für 4 Personen
2 rote Paprikaschoten
4 Eßlöffel Olivenöl extra vergine
400 g Lammfleisch, in gulaschgroße Würfel geschnitten
Salz und Pfeffer aus der Mühle
1 kleine Zwiebel, fein gehackt
500 g Tomatenpüree
1 Teelöffel getrockneter Oregano
1 Teelöffel getrockneter Rosmarin
1 Teelöffel getrockneter Thymian
500 g Maccheroni
geriebener Pecorino

Die Paprikaschoten unter dem Backofengrill rösten, bis sich die Haut bräunlich verfärbt und Blasen wirft. Schoten in eine Schüssel legen, abdecken und ca. 15 Minuten nachdämpfen lassen. Paprika häuten und fein würfeln.
Olivenöl in einem Topf erhitzen. Das Lammfleisch kräftig bräunen, salzen und pfeffern. Nun die Zwiebel hinzufügen und glasig dünsten. Paprikawürfelchen und Tomatenpüree, Kräuter, Salz und frisch gemahlenen Pfeffer einrühren. Die Sauce aufkochen lassen, dann 45 Minuten auf kleiner Flamme schmoren.
Die Nudeln in Salzwasser al dente garen. Abgießen, in eine Schüssel füllen und sofort mit dem Lammragout anrichten. Mit geriebenem Pecorino servieren.

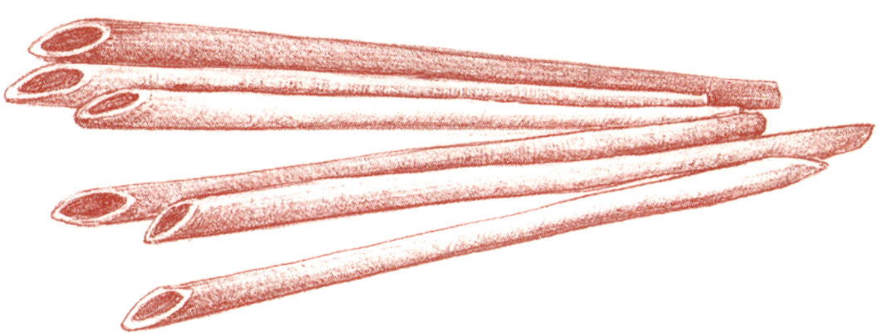

PAPPARDELLE CON LA LEPRE – MIT HASENRAGOUT

Für 4 Personen
350 g Hasenfleisch
1 Rosmarinzweig, fein gehackt
2 Knoblauchzehen, fein gehackt
4 Thymianzweige, fein gehackt
4 Eßlöffel Olivenöl
1 kleine Möhre, grob gehackt
1 Selleriestengel, grob gehackt
1 Zwiebel, grob gehackt
100 ml trockener Rotwein
100 ml Gemüsebrühe
Salz und Pfeffer aus der Mühle
1 Eßlöffel Tomatenmark
400 g Pappardelle

Das Hasenfleisch säubern und grob zerkleinern. Das Olivenöl in einem Schmortopf erhitzen. Die Kräuter darin andünsten, dann das Fleisch und das gehackte Gemüse hinzufügen und rundum kräftig anbraten. Wenn das Fleisch Farbe angenommen hat, Rotwein und Brühe angießen, salzen und pfeffern. Das Tomatenmark einrühren und das Fleisch auf kleiner Flamme in ca. 30–40 Minuten weich schmoren.
Die Pappardelle in reichlich Salzwasser al dente garen. Dabei ab und zu umrühren. Abgießen und mit dem Hasenragout anrichten.

PASTA CON LUMACHE – MIT SCHNECKENSAUCE

Für 4 Personen
30 Schnecken aus der Dose
4 Eßlöffel Olivenöl
2 Knoblauchzehen
1 Zwiebel, fein gehackt
1 getrocknete Pfefferschote, zerstoßen
1 Eßlöffel Petersilie, fein gehackt
2 Tomaten, gewürfelt und entkernt
1 Gläschen Grappa
Salz und schwarzer Pfeffer aus der Mühle

350 g Spaghetti oder Linguine
2 Eßlöffel geriebener Pecorino

Schnecken aus der Dose abtropfen lassen, dabei den Sud auffangen.
Das Öl, die ganzen Knoblauchzehen, die gehackte Zwiebel und die Pfefferschote in einen Schmortopf geben und andünsten. Die Schnecken hineinsetzen und anbraten. Petersilie und Tomaten hinzufügen. Mit Grappa ablöschen, salzen und pfeffern. Gut 45 Minuten leise schmoren lassen.
Die Pasta in reichlich Salzwasser al dente garen. Abgießen und mit der Schneckensauce anrichten. Mit geriebenem Pecorino bestreuen und servieren.

PERCIATELLI CON LUMACHE – MIT SCHNECKENRAGOUT

Perciatelli sind feine Röhrennudeln und praktisch mit Bucatini gleichzusetzen. Für diese Zubereitung eignen sich auch Spaghetti oder Linguine.

Für 4 Personen
1 kg küchenfertige Schnecken
1 Eßlöffel Butter
1 Eßlöffel Olivenöl
2 Schalotten, fein gehackt
100 ml Weißwein
200 g Knollensellerie, fein gewürfelt
300 g Lauch, in feine Ringe geschnitten
Salz und Pfeffer aus der Mühle
heiße Gemüsebrühe
250 ml Tomatenpüree
500 g Perciatelli
frisch gehackte Petersilie

Schnecken aus der Dose abtropfen lassen. Butter und Öl in einer Pfanne erhitzen. Die Schalotten darin glasig dünsten. Anschließend die Schnecken hineinsetzen und mitgaren. Weißwein angießen und langsam einkochen lassen.
Lauch und Sellerie in die Pfanne geben und mit den Schnecken dünsten. Salzen, pfeffern. Mit Gemüsebrühe und Tomatenpüree bedecken und 2 Stunden leise schmoren.
Perciatelli al dente garen. Abgießen und mit dem Schneckenragout anrichten. Mit frischer Petersilie garnieren und zu Tisch bringen.

RIGATONI ALLA ROMANA

Für 4–6 Personen
1 kleine Zwiebel, sehr fein gehackt
1 Selleriestengel, sehr fein gehackt
1 Möhre, sehr fein gehackt
1 Knoblauchzehe, sehr fein gehackt
2 Eßlöffel Butter
2 Eßlöffel Olivenöl
Salz und Pfeffer aus der Mühle
insgesamt 250 g gemischtes Hackfleisch und fein gehackte Innereien wie Hühner- oder Schweineleber, Kalbsbries (zu gleichen Teilen oder nach Belieben)
500 ml Tomatenpüree
1 Teelöffel getrockneter Oregano
100 ml trockener Rotwein
500 g Rigatoni
geriebener Pecorino

Zwiebel, Sellerie, Möhre und Knoblauch in heißer Butter und Olivenöl 2–3 Minuten andünsten. Salzen und pfeffern und 2 Minuten weiterdünsten.
Das Hackfleisch und die Innereien hinzufügen und bei starkrer Hitze rundum bräunen. Das Tomatenpüree hinzugießen, den Oregano einstreuen. Die Sauce zum Kochen bringen und etwa eineinhalb Stunden leise simmern lassen. In regelmäßigen Abständen etwas Wein angießen und gut verrühren.
Die Rigatoni in sprudelndem Salzwasser al dente garen. Abgießen und mit der Sauce vermischen. Mit geriebenem Pecorino servieren.

SPAGHETTI MIT HÜHNERLEBER UND SELLERIE

Für 4 Personen
200 g Hühnerlebern, sehr fein gehackt
1 Selleriestengel, fein gewürfelt
1 Knoblauchzehe, fein gehackt
2 Eßlöffel Butter
250 ml Tomatenpüree
1 Teelöffel frischer Thymian
Salz und Pfeffer aus der Mühle
400 g Spaghetti
geriebener Parmesan

Die Hühnerlebern zusammen mit Sellerie und Knoblauch in heißer Butter anbraten. Das Tomatenpüree hinzufügen, mit Thymian, Salz und Pfeffer würzen und etwa 5 Minuten durchköcheln. Einen großen Topf Wasser zum Kochen bringen und salzen. Die Spaghetti hineingleiten lassen und al dente garen. Ab und zu umrühren. Spaghetti abgießen, in eine Schüssel füllen und mit der Sauce vermischen. Mit geriebenem Parmesan servieren.

BUCATINI POLLO E PROSCIUTTO – MIT HÄHNCHENFLEISCH UND SCHINKEN

Für 6 Personen
4 Eßlöffel Mehl
100 g Butter
500 ml warme Hühnerbrühe
200 g Sahne
Salz und Pfeffer aus der Mühle
250 g Champignons, fein gehackt
250 g Hähnchenbrustfilet, fein geschnetzelt
200 g gekochter Schinken, in feine Streifen geschnitten
50 ml trockener Weißwein
500 g Bucatini
geriebener Parmesan

Das Mehl in der Hälfte der Butter hell anschwitzen. Die Hühnerbrühe portionsweise hinzugießen und gut verrühren, damit sich keine Klümpchen bilden. Die

Sahne hinzufügen und unter ständigem Rühren eindicken lassen. Salzen und pfeffern.
Die restliche Butter in einer weiten Pfanne, in der später auch die Bucatini Platz haben, erhitzen. Champignons, Hähnchenfleisch und gekochten Schinken darin andünsten. Mit Weißwein ablöschen, salzen und pfeffern und auf kleiner Flamme weich schmoren. Die Sahnesauce hinzugießen und gut verrühren.
Die Bucatini in reichlich Salzwasser knapp al dente garen, dabei ab und zu umrühren, damit sie nicht verkleben. Abgießen und in die Pfanne geben. Sorgfältig mit der Sauce vermischen. Herzhaft abschmecken, auf Teller verteilen und mit geriebenem Parmesan servieren.

BUCHWEIZENSPÄTZLE IN SPECKSAUCE

Für 4 Personen
1 Portion Buchweizenspätzle nach dem Rezept auf Seite 458
75 g durchwachsener Speck, gewürfelt
1 Eßlöffel Butter
100 g Sahne
4 Eßlöffel geriebener Parmesan oder Emmentaler

Den Spätzleteig nach dem Rezept auf Seite 458 vorbereiten.
Die Speckwürfel in Butter knusprig braten, dann die Sahne hinzugießen und ein wenig einkochen lassen.
Währenddessen den Spätzleteig über ein Brett oder mit einem Spätzlehobel in sprudelndes Salzwasser schaben. Sobald die Spätzle an die Oberfläche steigen, mit einem Sieblöffel herausheben und in die Specksauce geben. Gut vermischen, auf Teller verteilen und mit geriebenem Käse servieren.

GARGANELLI CON SALSICCIA

Garganelli sind kurze Röhrennudeln aus der Romagna. Wenn Sie keine Garganelli bekommen, können Sie diese Pastaspezialität durch Penne rigate ersetzen.

Für 4 Personen
200 g Salsiccia (grobe italienische Bratwurst)
1 Eßlöffel Olivenöl
1 kleine Aubergine, fein gewürfelt
1 Knoblauchzehe, fein gehackt
1 Teelöffel Fenchelsaat
200 g Tomatenpüree
Salz und Pfeffer aus der Mühle
350 g Garganelli
gehackte Petersilie zum Garnieren

Das Brät der Salsiccia aus der Haut pressen und in Olivenöl krümelig braten. Sobald das Brät rundum schön gebräunt ist, die Auberginenwürfel, den Knoblauch und die Fenchelsaat hinzufügen und einige Minuten unter ständigem Wenden dünsten. Das Tomatenpüree hinzugießen, salzen und pfeffern. Die Sauce zum Kochen bringen, dann bei kleiner Hitze 30 Minuten durchköcheln. Die Garganelli al dente garen, abgießen und mit der Salsiccia anrichten. Mit gehackter Petersilie bestreuen und zu Tisch bringen.

MACCHERONI ALLA CHITARRA – MIT SPECKSAUCE

Die »Chitarra« ist ein Drahtrahmengestell, mit dem der Nudelteig zurechtgeschnitten wird. Man erhält damit Fadennudeln mit einem quadratischen Querschnitt. Da Sie wahrscheinlich keine »Chitarra« besitzen, können Sie dieses Rezept schlicht und einfach mit Trenette oder Spaghetti nachkochen.

Für 4 Personen
1 große Dose Tomaten
100 g Pancetta (luftgetrockneter italienischer Bauchspeck) oder ungeräucherter Speck, gewürfelt
1 getrocknete Pfefferschote, zerstoßen
Salz und Pfeffer aus der Mühle
400 g Maccheroni
frische Petersilie zum Garnieren

Die Tomaten abtropfen lassen, in eine Schüssel geben und mit einer Gabel grob zerpflücken.
Die Speckwürfel in einer Pfanne glasig dünsten, dann die Pfefferschote und die Tomaten einrühren. Salzen und pfeffern. Die Sauce zum Kochen bringen, dann 25 Minuten leise auf kleiner Flamme durchköcheln.
Die Nudeln al dente garen, dabei ab und zu umrühren, damit sie nicht verkleben. Abgießen und mit der Specksauce anrichten. Die Petersilie mit den Fingern grob zerzupfen und über die Nudeln streuen.

MACCHERONI AL PROSCIUTTO

Für 2 Personen
4 Eßlöffel Olivenöl
2 große Schalotten, grob gehackt
2 Scheiben geräucherter Schinken, in Streifen geschnitten
1 kleine Dose Tomatenstückchen
100 ml trockener Weißwein
1/2 Teelöffel frischer Oregano
1/2 Teelöffel frischer Thymian
Salz und Pfeffer aus der Mühle
200 g Maccheroni
geriebener Parmesan

Olivenöl in einem Topf erhitzen. Schalotten und Schinkenstreifen darin andünsten, aber nicht bräunen. Tomatenstückchen, Weißwein, Kräuter und Gewürze hinzufügen. Die Sauce zum Kochen bringen, dann auf kleiner Flamme 20–30 Minuten köcheln lassen.
In der Zwischenzeit die Maccheroni in reichlich sprudelndem Salzwasser al dente garen. Ab und zu umrühren. Pasta abgießen und in eine vorgewärmte Schüssel füllen. Mit der Schalottensauce vermischen und abschmecken. Mit geriebenem Parmesan servieren.

MALLOREDDUS (SARDISCHE NUDELN)

Für 4 Personen
1 Portion Nudelteig ohne Eier (siehe Grundrezept auf Seite 28)
3 Eßlöffel Olivenöl
1 kleine Zwiebel, fein gehackt
150 g Salsicciabrät (grobe italienische Bratwurst), zerpflückt
1 große Dose Tomaten
1 Prise Safran
Salz
5–6 Basilikumblätter
50 g geriebener Pecorino

Den Nudelteig nach der Anleitung auf Seite 28 vorbereiten. Den Teig nach und nach zu Schnüren mit einem halben Zentimeter Durchmesser rollen. Von den Schnüren einen Zentimeter lange Portionen abschneiden. Diese Teigportionen mit der Daumenkuppe über die Zinken einer Gabel abstreichen, damit sie sich wölben und auf einer Seite das typische Rillenmuster bekommen. Auf einem bemehlten Blech oder Holzbrett ausbreiten und zwei Tage trocknen lassen.
Für die Sauce das Olivenöl in einem Schmortopf erhitzen. Die Zwiebel und das Salsicciabrät im heißen Öl anbraten. Die Tomaten abtropfen lassen und hinzufügen. Mit Safran und Salz würzen. 25 Minuten auf kleiner Flamme schmoren. Das Basilikum zerzupfen und einige Minuten mitkochen.
Während die Sauce kocht, die Maloreddus in sprudelndem Salzwasser al dente garen und abgießen.
Die Sauce vom Herd nehmen und über den Malloreddus verteilen. Mit geriebenem Pecorino bestreuen und sofort servieren.

MALTAGLIATI MIT SALSICCIA UND PAPRIKA

Für 4 Personen
250 g Salsiccia (italienische Wurst mit grobem Brät)
3 Eßlöffel Olivenöl
1 Zwiebel, fein gehackt
2 Knoblauchzehen, fein gehackt
2 rote Paprikaschoten, in schmale Streifen geschnitten
1 große Dose geschälte Tomaten
100 ml trockener Rotwein
1 Teelöffel getrockneter Oregano
1/2 Teelöffel getrockneter Thymian
1 Lorbeerblatt
1 getrocknete Pfefferschote, zerstoßen
1/2 Teelöffel Fenchelsaat
Salz und Pfeffer aus der Mühle
nach Bedarf etwas Fleischbrühe
500 g Maltagliati (oder andere kleinere Nudeln, z. B. Casarecce, Farfalle, Cavatelli)
geriebener Pecorino

Salsiccia häuten, das Wurstbrät mit einer Gabel grob zerpflücken und ohne zusätzliches Fett in einem Topf scharf anbraten. Sobald es rundum Farbe angenommen hat, herausheben und auf Küchenkrepp abtropfen lassen. Das ausgebratene Fett wegschütten.

Olivenöl im Topf erhitzen. Zwiebel, Knoblauch und Paprikastreifen kurz andünsten, dann die Tomaten mit ihrem Saft hinzufügen. Tomaten mit einer Gabel zerpflücken. Wein, Kräuter und Gewürze hinzufügen. Die Sauce aufkochen lassen, dann auf kleiner Flamme 45 Minuten schmoren. Wenn die Sauce zu stark einkocht, etwas Brühe hinzugießen. In den letzten 10 Minuten die Salsicciahappen hineingeben und wieder heiß werden lassen.

Die Pasta al dente garen. Abgießen und in eine Schüssel füllen. Mit der Sauce vermischen und mit geriebenem Pecorino servieren.

PENNE MIT SALSICCIA UND PAPRIKASAUCE

Für 4–6 Personen
1 kg rote Paprikaschoten, entkernt und halbiert
4–6 Eßlöffel Olivenöl
500 g Salsiccia (grobe italienische Bratwurst)
2 Knoblauchzehen, grob gehackt
500 g Champignons, blättrig aufgeschnitten
1 kleines Bund Petersilie, gehackt
1 Eßlöffel frischer Oregano, gehackt
1 Eßlöffel frischer Thymian, gehackt
1 getrocknete rote Pfefferschote, zerstoßen
Salz und Pfeffer aus der Mühle
100 ml trockener Weißwein
500 g Penne
geriebener Parmesan

Backofen auf 200 Grad vorheizen. Die Paprikahälften rundum mit einem Hauch Olivenöl einpinseln und mit der Schnittfläche nach unten auf ein mit Backtrennpapier ausgelegtes Blech setzen. Im heißen Ofen braten, bis sie bräunen und Blasen werfen (ca. 45 Minuten). Herausnehmen und zum Nachdämpfen in eine Schüssel geben; 15 Minuten ruhen lassen, dann mit einem scharfen Messer häuten und in mundgerechte Streifen schneiden.

Während die Paprikaschoten braten, das Salsicciabrät mit einer Gabel grob zerpflücken und ohne zusätzliches Fett in einer Pfanne krümelig braten. Wenn die Salsiccia Farbe angenommen hat, herausheben und auf Küchenkrepp abtropfen lassen. Pfanne ausreiben.

Nun das restliche Olivenöl in der Pfanne erhitzen. Knoblauch andünsten, dann die Champignons hinzufügen und bei lebhafter Hitze kurz anrösten. Die gehackten Kräuter und die Pfefferschote einrühren, salzen und pfeffern. Den Weißwein hinzugießen und leise einkochen lassen.

Während die Pilze braten, die Penne in reichlich sprudelndem Salzwasser knapp al dente garen. Eine Kelle Nudelwasser abschöpfen und beiseite stellen.

Die Penne abgießen und zu den Pilzen geben. Salsiccia und Paprikastreifen hinzufügen, gut vermischen und schön heiß werden lassen. Nach Bedarf etwas Nudelwasser einrühren. Nudeln mit Salz und Pfeffer abschmecken. Bei Tisch geriebenen Parmesan dazu reichen.

PASTA ALLA FRANTOIANA – NACH ÖLMÜLLERART

Für 4 Personen
500 ml leichter Weißwein
1 l Wasser
4 Lorbeerblätter
Salz und Pfeffer aus der Mühle
500 g Tonnarelli, große Penne oder Rigatoni
50 ml Olivenöl
100 g Parmaschinken im Stück
geriebener Pecorino

Wein und Wasser in eine hochwandige Auflaufform gießen. Mit Lorbeerblättern, Salz und Pfeffer würzen. Zum Kochen bringen. Die Nudeln nun in einer Schicht auf dem Boden der Form ausbreiten. Bei sanfter Hitze die Flüssigkeit einkochen lassen und die Nudeln garen.
In der Zwischenzeit den Schinken würfeln und in einem Eßlöffel Olivenöl braten. Die gegarten Nudeln mit Olivenöl beträufeln, mit Schinkenwürfeln und Pecorino bestreuen. Kurz unter dem Backofengrill bräunen und in der Form servieren.

PENNE MIT SPECK, SPINAT UND PILZEN

Für 4 Personen
1 kg frischer Blattspinat
100 g Räucherspeck, gewürfelt
1 Eßlöffel Olivenöl
250 g Champignons, blättrig geschnitten
2 Knoblauchzehen, fein gehackt
Salz und Pfeffer aus der Mühle
frisch geriebener Muskat
400 g Penne

Blattspinat waschen und verlesen; in Streifen schneiden und beiseite stellen. Speckwürfel in einer Pfanne knusprig braten, herausheben und auf Küchenkrepp abtropfen lassen. Einen Eßlöffel vom ausgebratenen Fett abmessen, den Rest wegschütten. Einen Eßlöffel Olivenöl hinzufügen und heiß werden lassen. Champignons und Knoblauch kräftig anbraten, dann den Spinat hinzufügen und in der heißen Pfanne zusammenfallen lassen. Mit Salz, Pfeffer und Muskat würzen.

Während Sie die Sauce zubereiten, die Penne in reichlich Salzwasser al dente garen. Abgießen und in eine Schüssel füllen. Spinat und Pilze hinzufügen und sorgfältig vermischen. Auf Teller verteilen, die Speckwürfel als Garnierung obenauf setzen.

SPAGHETTI ALL'AMATRICIANA

Für 4 Personen
1 Teelöffel Butter
150 g Vorderschinken, fein gewürfelt
1 kleine Zwiebel, fein gehackt
300 g Tomatenpüree
Salz und Pfeffer aus der Mühle
400 g Spaghetti
geriebener Pecorino

Die Butter in einem Töpfchen erhitzen, die Schinkenwürfel darin anbraten. Herausheben und das überschüssige Fett auf Küchenkrepp abtropfen lassen. Die Zwiebel in der verbliebenen Butter anbräunen. Das Tomatenpüree einrühren. Zurückhaltend salzen (der Schinken ist in der Regel schon sehr salzig) und mit dem frisch gemahlenen Pfeffer abschmecken. 25–30 Minuten leise schmoren. Die Schinkenwürfel zum Schluß wieder unterheben und heiß werden lassen.
Die Spaghetti in der Zwischenzeit in reichlich sprudelndem Salzwasser al dente garen. Abgießen und in eine Schüssel füllen.
Die Sauce über die Spaghetti geben und mit geriebenem Pecorino servieren.

SPAGHETTI MIT SPECK UND PILZEN

Für 4–6 Personen
150 g Frühstücksspeck, gewürfelt
1 Zwiebel, fein gehackt
250 g Champignons, blättrig aufgeschnitten
500 g Tomatenpüree
100 ml trockener Weißwein
1 kleines Bund Petersilie, fein gehackt
Salz und Pfeffer aus der Mühle
1 getrocknete Pfefferschote, zerstoßen
500 g Spaghetti

Speckwürfel in einer Pfanne knusprig ausbraten. Herausheben und auf Küchenkrepp abtropfen lassen. Zwei Eßlöffel vom ausgebratenen Fett aufheben, den Rest abgießen. Zwiebel und Champignons im ausgebratenen Fett andünsten.
Tomatenpüree und Weißwein hinzufügen. Petersilie, Salz, Pfeffer und die Pfefferschote einrühren. Auf kleiner Flamme 30 Minuten leise köcheln lassen.
Die Spaghetti al dente garen, abgießen und sofort mit der Sauce vermischen.

SPAGHETTI MIT SPECK UND ZWIEBELN

Ein schnelles Sparrezept aus der italienischen Bauernküche.

Für 4 Personen
200 g ungeräucherter Speck
1 Zwiebel, fein gehackt
3 Eßlöffel Tomatenmark
200 ml Fleisch- oder Gemüsebrühe
Salz und Pfeffer aus der Mühle
400 g Spaghetti
geriebener Pecorino

Den Speck mit einem Schinkenmesser in winzige Stücke schaben. Speck und Zwiebel ohne zusätzliches Fett in einer Pfanne glasig dünsten. Das Tomatenmark mit der Brühe verrühren und in die Pfanne gießen. Salzen, pfeffern und ca. 20 Minuten köcheln lassen.

Spaghetti in der Zwischenzeit in reichlich sprudelndem Salzwasser al dente garen. Abgießen und mit der Specksauce anrichten. Mit geriebenem Pecorino servieren.

SPINATSPÄTZLE MIT SCHINKENSAUCE

Für 4 Personen
1 Portion Spinatspätzle (siehe Rezept auf Seite 457)
2 Eßlöffel Butter
150 g gekochter Schinken, gewürfelt
100 ml trockener Weißwein
150 g Sahne
Pfeffer aus der Mühle
4 Eßlöffel geriebener Parmesan

Die Spätzle nach dem Rezept auf Seite 457 vorbereiten.
Die Butter in einer Pfanne zerlassen. Die Schinkenwürfel darin anbraten, dann den Weißwein hinzugießen und leicht einkochen lassen. Die Sauce mit Sahne auffüllen und mit Salz, Pfeffer und etwas Muskat abschmecken.
Die Spätzle in sprudelndem Salzwasser garen. Sobald sie an die Oberfläche steigen, mit einem Sieblöffel herausfischen und in die Schinkensauce setzen. Gut vermischen und mit Parmesan bestreuen. Heiß servieren.

TAGLIATELLE MIT LAUCH UND SALSICCIA

Für 4 Personen
2 dicke italienische Salsiccie (Bratwürste mit grobem Brät)
2 Eßlöffel Olivenöl
2 dicke Lauchstangen
1 Schalotte, fein gehackt
250 ml Geflügelfond
Salz und Pfeffer aus der Mühle
400 g Tagliatelle
geriebener Parmesan

Das Brät der Salsiccie mit einer Gabel grob zerpflücken. Mit einem Hauch Olivenöl kräftig anbraten, bis es rundum gebräunt ist. Aus der Pfanne heben und auf Küchenkrepp abtropfen lassen.

Die Lauchstangen putzen. Wurzeln und dunkelgrüne Enden abschneiden. Den weißen und hellgrünen Teil längs halbieren, ausspülen und quer in schmale Streifen schneiden.

Das restliche Öl in der Pfanne erhitzen, den Lauch und die Schalotte hineingeben und bei mittlerer Hitze 5 Minuten dünsten. Den Geflügelfond hinzugießen, salzen und pfeffern. Die Lauchpfanne bei kleiner Hitze 5 Minuten simmern lassen. Zum Schluß das Wurstbrät wieder in die Pfanne setzen und heiß werden lassen.

Während der Lauch gart, die Tagliatelle al dente garen. Die Nudeln abgießen und mit der Lauchsauce anrichten. Mit geriebenem Parmesan servieren.

FISCH UND MEERESFRÜCHTE

BIGOLI ALL'ANGUILLA – MIT SAUER GESCHMORTEM AAL

Für 4 Personen
600 g Flußaal, küchenfertig vorbereitet
3–4 Eßlöffel Olivenöl
2 Knoblauchzehen, fein gehackt
100 ml trockener Weißwein
400 g Tomatenpüree
2 Lorbeerblätter
Salz, Pfeffer aus der Mühle
8 Reineclauden, halbiert
400 g Bigoli (oder Trenette bzw. Spaghetti)

Den Aal in mundgerechte Happen zerteilen und beiseite stellen.
Das Olivenöl in einer weiten Pfanne langsam erhitzen. Den Knoblauch im heißen Öl glasig dünsten. Die Aalstückchen in die Pfanne geben und mit Weißwein übergießen. Den Wein etwas einkochen lassen, dann das Tomatenpüree hinzufügen und erwärmen. Mit den Lorbeerblättern aromatisieren, salzen und pfeffern.
Die Reineclauden vom Stein lösen, halbieren und in die Pfanne geben. Mit ihrem säuerlichen Fruchtfleisch machen sie den fetten Aal bekömmlicher. Pfanne zudecken und bei milder Hitze 30 Minuten schmoren.
Die Bigoli al dente garen, dabei ab und zu umrühren. Abgießen und mit dem geschmorten Aal anrichten.

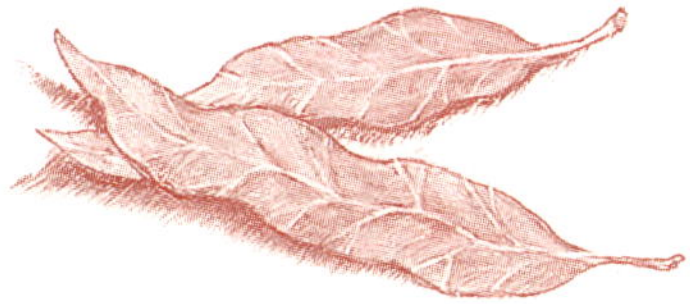

BUCATINI MIT FRISCHEM THUNFISCH

Für 4 Personen
400 g Thunfischsteak
2 Eßlöffel weiche Butter
1 Eßlöffel Sardellenpaste
1 Knoblauchzehe, fein gehackt
2 Eßlöffel Olivenöl
500 ml Tomatenpüree
4 Eßlöffel Fischfond aus dem Glas
50 ml trockener Weißwein
2 Eßlöffel schwarze Oliven, entsteint und grob gehackt
1 Eßlöffel Kapern, gehackt
Salz und Pfeffer aus der Mühle
1 Eßlöffel Petersilie, fein gehackt
1 Eßlöffel Basilikum, fein gehackt
400 g Bucatini (oder andere lange, dünne Röhrennudeln, z. B. Perciatelli, oder einfach Spaghetti)

Den Thunfisch in mundgerechte Stücke schneiden und in einem Eßlöffel Butter bräunen. Aus der Pfanne nehmen und beiseite stellen.
Die Sardellenpaste mit dem zweiten Eßlöffel Butter verkneten.
Die Knoblauchzehe im Olivenöl andünsten. Tomatenpüree, Fischfond und Weißwein hinzufügen, Oliven und Kapern einrühren. Salzen und pfeffern. Die Tomatensauce auf kleiner Flamme 30 Minuten durchköcheln lassen. In den letzten 5 Minuten Petersilie, Basilikum und die Sardellenbutter einrühren. Zum Schluß die Thunfischhappen in die Sauce geben und wieder heiß werden lassen. Während die Tomatensauce köchelt, die Bucatini al dente garen und ab und zu umrühren. Die Pasta abgießen und mit der Thunfischsauce anrichten.

BIGOLI CON LE ACCIUGHE FRESCHE – MIT FRISCHEN SARDELLEN

Für 4 Personen
350 g Bigoli (ersatzweise Spaghetti oder Trenette)
1 Eßlöffel Olivenöl
2 Eßlöffel Butter
4 frische Sardellen, filetiert
200 ml Tomatenpüree
50 ml trockener Weißwein
Salz und Pfeffer aus der Mühle
frisch gehackte Petersilie

Die Pasta in reichlich sprudelndem Salzwasser al dente garen, dabei immer wieder umrühren. Eine Kelle Kochwasser abschöpfen und beiseite stellen.
Während die Pasta kocht, Olivenöl und Butter in einer Pfanne sanft erwärmen. Die Sardellenfilets hineingeben und leise anbraten. Tomatenpüree, Weißwein, Salz und Pfeffer einrühren und heiß werden lassen. 3–4 Minuten durchköcheln, dann vom Herd nehmen. Wenn die Sauce zu trocken wird, etwas Nudelwasser einrühren.
Bigoli abgießen und mit der Sardellensauce anrichten. Mit frisch gehackter Petersilie servieren.

BUCATINI MIT SARDINEN UND FRISCHEM FENCHEL

Für 4 Personen
1 Fenchelknolle mit Blattgrün
4 Eßlöffel Olivenöl
1 Zwiebel, fein gehackt
1 Knoblauchzehe, fein gehackt
Salz und Pfeffer aus der Mühle
250 g Tomatenpüree
100 ml Gemüsebrühe
400 g Bucatini oder andere dünne Röhrennudeln (z. B. Perciatelli, Maccheroni)
200 g Sardinen aus der Dose
gehackte Petersilie zum Garnieren

Die Fenchelknolle putzen und in feine Streifen schneiden, das Blattgrün abzupfen und zum Garnieren beiseite stellen.
Olivenöl in einer Pfanne erhitzen. Zwiebel und Knoblauch darin glasig dünsten, dann die Fenchelstreifen einrühren und 2–3 Minuten mitdünsten. Salzen und pfeffern. Das Tomatenpüree und die Gemüsebrühe hinzugießen. Zum Kochen bringen, dann auf kleiner Flamme ca. 25 Minuten köcheln lassen, bis der Fenchel weich ist.
In der Zwischenzeit die Bucatini in Salzwasser knapp al dente garen.
Die Sardinen abtropfen lassen und mit einer Gabel in mundgerechte Bissen zerpflücken. In die Fenchelsauce geben und heiß werden lassen.
Bucatini abgießen und in die Sardinenpfanne geben. Sorgfältig mit der Sauce vermischen. Auf Teller verteilen und mit gehackter Petersilie garnieren.

CAPELLI D'ANGELO CON TONNO E POMODORO – MIT THUNFISCH-TOMATEN-SAUCE

Für 4 Personen
2 Eßlöffel Butter
2 Eßlöffel Olivenöl
1 Knoblauchzehe, fein gehackt
1 gelbe Paprikaschote, in schmale Streifen geschnitten
500 g Tomatenpüree
100 ml trockener Weißwein
100 ml Muschelsaft oder Fischfond aus dem Glas
Salz und Pfeffer aus der Mühle
1 Eßlöffel Korianderkörner, geschrotet
1 Eßlöffel schwarze Pfefferkörner, geschrotet
2–3 Thunfischsteaks (insgesamt ca. 500 g)
500 g Capelli d'angelo oder andere feine Fadennudeln
(z. B. Capelvenere, Vermicelli)
gehackte Petersilie

Einen Eßlöffel Butter und einen Eßlöffel Olivenöl in einer weiten Pfanne erhitzen. Knoblauch und Paprikastreifen 5 Minuten darin andünsten. Tomatenpüree, Wein und Muschelsaft hinzufügen. Salzen und pfeffern. Auf kleiner Flamme 5–10 Minuten durchköcheln, damit sich die Aromen schön verbinden.
Inzwischen Koriander und Pfefferkörner vermischen und auf einen Teller geben. Die Thunfischsteaks darin wenden.

Restliche Butter und Öl in einer zweiten Pfanne sehr heiß werden lassen. Thunfischsteaks hineingeben und etwa 2 Minuten pro Seite anbraten. Thunfisch herausnehmen und mit einer Gabel in mundgerechte Stücke zerteilen. In die Tomatensauce geben und etwa 2 Minuten mitgaren, wenn die Stückchen innen noch rosa und saftig sein sollen (entsprechend länger garen, wenn Sie möchten, daß der Thunfisch durchgebraten ist).
Während Sie Sauce und Thunfisch zubereiten, einen großen Topf Wasser zum Kochen bringen und salzen. Die Pasta hineingleiten lassen und al dente garen. Abgießen und mit der Thunfischsauce anrichten. Mit Petersilie bestreuen und zu Tisch bringen.

CONCHIGLIE MIT THUNFISCHHÄPPCHEN

Für 4–6 Personen
750 g vollreife Tomaten (oder 1 große Dose Tomaten)
6 Sardellenfilets
1 Dose Thunfisch in Öl (ca. 175 g)
Salz und Pfeffer aus der Mühle
400 g Conchiglie
4 Eßlöffel Olivenöl
2 Knoblauchzehen, fein gehackt
10 schwarze Oliven, entsteint und grob gehackt
1 Eßlöffel Zitronensaft, frisch gepreßt
2 Eßlöffel Basilikum, fein gehackt
2 Eßlöffel Petersilie, fein gehackt

Tomaten 30 Sekunden in kochendes Wasser tauchen, herausheben und häuten. Quer halbieren und die Kerne herausspulen. Mit der Schnittfläche nach unten auf ein Gitter setzen und abtropfen lassen. Dann grob zerkleinern.
Inzwischen die Sardellenfilets abspülen und grob hacken, den Thunfisch abtropfen lassen und mit einer Gabel grob zerpflücken.
Einen großen Topf Wasser zum Kochen bringen und salzen. Die Conchiglie hineingeben und im sprudelnden Wasser al dente garen. Ab und zu umrühren.
Während die Nudeln kochen, das Olivenöl in einer Pfanne erwärmen. Den Knoblauch sanft darin andünsten. Wenn der Knoblauch hellgelb glänzt, die Tomaten und alle anderen Zutaten in die Pfanne rühren und sanft erwärmen, aber nicht zum Kochen bringen.
Die Pasta abgießen und mit der Thunfischsauce anrichten.

CUSCUS ALLA SICILIANA

Für 6–8 Personen

Für die Fischsuppe

1,5 kg gemischte Speisefische und Meeresfrüchte (Tintenfische, Muscheln, Knurrhahn, Meeräschen usw.)
5 Eßlöffel Olivenöl
2 Lorbeerblätter
2 Knoblauchzehen, gehackt
1 große Zwiebel, gehackt
1 kleines Bund Petersilie, gehackt
1 Tomate, gehäutet, entkernt und gewürfelt
Salz und Pfeffer aus der Mühle

Für den Kuskus

1 Portion Kuskus nach dem Rezept auf Seite 459, mit Safran
je 1 Prise Zimt und frisch geriebener Muskat
schwarzer Pfeffer aus der Mühle
2 Gewürznelken

Fisch wenn nötig putzen, ausnehmen, unter fließendem Wasser sorgfältig waschen und in mundgerechte Stücke teilen. Das Olivenöl in einem großen Suppentopf erhitzen und mit den Lorbeerblättern aromatisieren. Knoblauch, Zwiebel und Petersilie im heißen Öl andünsten. Die Tomate hinzufügen. Fische nach Möglichkeit nebeneinander in den Topf schichten und mit 2,5 Liter Wasser bedecken. Salzen und pfeffern. Zum Kochen bringen und wenige Minuten leise im Sud wallen lassen, bis der Fisch gar ist (das Fleisch sieht dann weiß und fest aus). Fisch aus dem Topf heben und beiseite stellen.

Den Kochsud durchseihen und für den Kuskus verwenden; 2 Liter abmessen, ggf. mit Wasser ergänzen. Den Kuskus wie im Rezept auf Seite 459 beschrieben garen.

Den gegarten Kuskus mit Zimt, Muskat, Pfeffer und Gewürznelken würzen. Den Fisch darauf anrichten und servieren.

FARFALLE CON TONNO E PISELLI – MIT THUNFISCH UND ERBSEN

Haben Sie sich auch schon oft überlegt, was Sie mit der angebrochenen Dose Thunfisch machen sollen? Mit diesem einfachen Rezept für die schnelle Alltagsküche wird daraus im Nu ein köstliches Pastagericht.

Für 2 Personen
1 Teelöffel Butter
1 kleine Zwiebel, fein gehackt
1 kleine Dose Tomatenstückchen (abtropfen lassen)
75 g Thunfisch aus der Dose
2 Eßlöffel TK-Erbsen
Salz und Pfeffer aus der Mühle
2 Eßlöffel Sahne
200 g Farfalle

Die Butter in einem Töpfchen zerlassen. Die Zwiebel darin glasig dünsten. Die Tomaten hinzufügen und zum Kochen bringen. Den Thunfisch abtropfen lassen, mit einer Gabel grob zerpflücken und unter die Tomaten rühren. Die Erbsen hinzufügen. Salzen und pfeffern. Den Topf verschließen, die Sauce zum Kochen bringen, dann auf kleiner Flamme rund 15 Minuten schmoren lassen. Zum Schluß mit der Sahne verfeinern.
Inzwischen die Farfalle al dente garen, abgießen und mit der Thunfischsauce anrichten.

FARFALLE MIT GEBRATENEN SARDINEN

Für 2 Personen
200 g Farfalle
Salz und Pfeffer aus der Mühle
4 frische Sardinen, filetiert
Mehl zum Wenden
2 Eßlöffel Olivenöl
1 kleine Zwiebel, fein gehackt
2 Eßlöffel Kapern, fein gehackt
2 Eßlöffel Zitronensaft
1 Eßlöffel Petersilie, fein gehackt

Einen großen Topf Wasser zum Kochen bringen und salzen. Farfalle hineingeben und im sprudelnden Wasser knapp al dente garen. Ab und zu umrühren, damit sie nicht verkleben. Eine Kelle Nudelwasser abschöpfen und beiseite stellen.
Während die Pasta kocht, die Sardinenfilets in Mehl wenden, überschüssiges Mehl abklopfen. Olivenöl in einer Pfanne erhitzen. Die Zwiebel darin andünsten, dann die Sardinenfilets hinzufügen und goldbraun braten. Kapern und Zitronensaft einrühren, salzen und pfeffern.
Farfalle abgießen und zu den Sardinen geben. Gut durchmischen. Nach Bedarf etwas Nudelwasser hinzugießen, damit die Sauce nicht zu trocken wird. Mit Petersilie bestreuen und servieren.

FUSILLI CON TONNO E CAPPERI – MIT THUNFISCH UND KAPERN

Für 3–4 Personen
1 Dose Thunfisch in Öl (ca. 175 g)
2 Eßlöffel Olivenöl
1 Knoblauchzehe, fein gehackt
1 kleine Dose Tomatenstückchen (abtropfen lassen)
2 Eßlöffel Kapern, gehackt
1 Lorbeerblatt
1/2 Teelöffel getrockneter Oregano
Salz und Pfeffer aus der Mühle
350 g Fusilli

Thunfisch abtropfen lassen und mit einer Gabel grob zerpflücken.
Olivenöl in einer Pfanne erhitzen. Knoblauch sanft darin andünsten. Tomaten, Thunfisch, Kapern, Kräuter und Gewürze hinzufügen und 15 Minuten leise durchköcheln lassen.
Während die Sauce kocht, die Fusilli in Salzwasser al dente garen. Eine Kelle Nudelwasser abschöpfen und nach Bedarf die Sauce damit verflüssigen.
Fusilli abgießen und mit der Thunfischsauce anrichten.

FARFALLE MIT GERÄUCHERTEM FORELLENFILET

Für 2 Personen
150 g geräuchertes Forellenfilet
1 Schalotte, fein gehackt
1 Eßlöffel Dill, fein gehackt
Salz und Pfeffer aus der Mühle
2 Eßlöffel Zitronensaft
100 g Crème fraîche
200 g Farfalle
1 kleine Tomate, gehäutet und fein gewürfelt
einige frische Dillspitzen zum Garnieren

Das Forellenfilet in kleine Happen zerpflücken und in eine Schüssel geben. Schalotte und Dill unterheben und mit Salz, Pfeffer und Zitronensaft würzen und mit der Crème fraîche zu einer glatten Creme verrühren.
Die Farfalle in reichlich Salzwasser al dente garen. Abgießen und sofort mit der Forellencreme vermischen. Auf Teller verteilen. Die Tomatenwürfel und die Dillspitzen als Farbtupfer obenauf setzen.

GEMELLI MIT RÄUCHERLACHS UND ZIEGENFRISCHKÄSE

Für 4 Personen
1 Zwiebel, fein gehackt
2 Eßlöffel Butter
Salz und Pfeffer aus der Mühle
200 g Sahne
150 g Ziegenfrischkäse (z. B. die italienischen Caprini)
1 Eßlöffel abgeriebene Zitronenschale
1 Spritzer Worcestershiresauce
2 Eßlöffel Minze, gehackt
200 g Räucherlachs, in feine Streifen geschnitten
400 g Gemelli oder andere kurze Nudeln

Die Zwiebel sanft in Butter andünsten. Salzen und pfeffern. Die Sahne angießen, den Käse hineinkrümeln und zum Kochen bringen. Regelmäßig umrühren und auf kleiner Flamme zur gewünschten Konsistenz eindicken lassen.
Zitronenschale, Worcestershiresauce, einen Eßlöffel Minze und die Hälfte der

Lachsstreifen in die Sauce rühren und heiß werden lassen. Nochmals abschmecken.
Während die Sauce kocht, die Gemelli in Salzwasser al dente garen. Die Nudeln abgießen und in eine Schüssel geben. Mit der Sauce vermischen und auf Teller verteilen. Jede Portion mit einigen Lachsstreifen und frischer Minze garnieren.

GNOCCHETTI ALLA LIVORNESE

»Gnocchetti« heißen in der italienischen Küche nicht nur die typischen Kartoffelklößchen, sondern auch kleine Nudeln, die in ihrem Aussehen an diese Klößchen oder Gnocchi erinnern. Wie diese sind sie gewölbt und haben eine gerillte Außenseite. In ihren Vertiefungen bleibt herrlich viel Sauce hängen! Statt Gnocchetti können Sie ähnliche Pastaformate verwenden. Probieren Sie auch einmal Cavatelli oder Conchigliette.

Für 4 Personen
1 Knoblauchzehe, fein gehackt
2 Eßlöffel Olivenöl
500 g Tomatenpüree
1 getrocknete Pfefferschote, zerstoßen
Salz und Pfeffer aus der Mühle
250 g Kabeljaufilet
Mehl zum Wenden
50 ml Weißwein
400 g Gnocchetti
gehackte Petersilie zum Garnieren

Knoblauch im heißen Olivenöl andünsten. Das Tomatenpüree einrühren, die Pfefferschote hinzufügen, salzen und pfeffern. Die Sauce zum Kochen bringen, dann auf kleiner Flamme 10 Minuten leise durchköcheln.
Inzwischen das Kabeljaufilet in handtellergroße Stücke zerteilen, salzen und pfeffern. Fischstücke in Mehl wenden. Überschüssiges Mehl abklopfen.
Kabeljau in die Tomatensauce setzen und mit Weißwein übergießen. Die Fischstücke in der Sauce 15–20 Minuten garen, bis sie sich aufzulösen beginnen (ggf. mit einer Gabel in mundgerechte Bissen zerteilen).
In der Zwischenzeit die Gnocchetti in Salzwasser al dente garen. Abgießen und in eine Schüssel füllen. Mit der Livorneser Fischsauce anrichten. Mit frisch gehackter Petersilie garnieren und zu Tisch bringen.

PAPPARDELLE MIT SEEZUNGENFILETS

Für 4 Personen
1 Portion Nudelteig (siehe Grundrezept auf Seite 28)
2 Eßlöffel Mehl
8 Eßlöffel Butter
350 ml Fisch- oder Gemüsebrühe
150 g Sahne
1 Eßlöffel Senf
Salz und Pfeffer aus der Mühle
1 dicke Lauchstange
1 Schalotte, fein gehackt
8 Seezungenfilets
100 ml trockener Weißwein
Edelsüßpaprika

Den Nudelteig mit der Maschine dünn ausrollen und zu Pappardelle oder anderen, relativ breiten Bandnudeln zurechtschneiden. Die Nudeln auf Tüchern ausbreiten und abdecken. Einen großen Topf Wasser aufsetzen und salzen.
Das Mehl in 4 Eßlöffel Butter hellgelb anschwitzen. Mit Brühe und Sahne ablöschen. Mit Senf, Salz und Pfeffer würzen. Zum Kochen bringen, dann auf kleiner Flamme 10 Minuten durchköcheln. Unterdessen den weißen und hellgrünen Teil der Lauchstange in Ringe schneiden; die Ringe halbieren und gründlich waschen. Abtropfen lassen, ggf. mit Küchenkrepp trockentupfen.
Nun 2 Eßlöffel Butter in einer Pfanne erhitzen. Schalotte und Lauch darin andünsten und zusammenfallen lassen. Salzen und pfeffern. Das Gemüse in die Sahnesauce rühren und gut vermischen.
Die Fischfilets waschen, trockentupfen, salzen und pfeffern. Der Länge nach halbieren; die Filetstreifen mit der Hautseite nach innen aufrollen und mit einem Zahnstocher feststecken. Die restliche Butter und den Wein in einer Pfanne erhitzen. Die Seezungenröllchen hineingeben und auf kleiner Flamme 3–4 Minuten gar ziehen lassen.
Während die Seezungenröllchen garen, die Nudeln ins sprudelnde Salzwasser gleiten lassen. Umrühren, damit sie nicht verkleben, und al dente garen (bei frischen Nudeln ca. 60 Sekunden; bei gekauften Nudeln Herstellerangaben beachten. Die Nudeln müssen kurz vor den Seezungenfilets fertig sein!)
Pasta abgießen und mit der Sahnesauce überziehen. Auf Teller verteilen, die Seezungenröllchen dekorativ oben aufsetzen. Mit einem Hauch Edelsüßpaprika überstäuben und zu Tisch bringen.

PASTA ALLA PUTTANESCA

Für 4 Personen
3 Eßlöffel Olivenöl
3 große Knoblauchzehen, fein gehackt
500 g Tomatenpüree
8 Sardellenfilets in Olivenöl, in Stücke geschnitten
20 schwarze Oliven, entsteint und grob gehackt
2 Eßlöffel kleine Kapern (abtropfen lassen)
1 getrocknete Pfefferschote, zerstoßen
Salz und Pfeffer aus der Mühle
50 ml trockener Weißwein
400 g Spaghetti
frisch gehackte Petersilie

Olivenöl in einer Pfanne erhitzen. Den Knoblauch 3–4 Minuten sanft weich dünsten, aber nicht bräunen. Tomatenpüree, Sardellen, Oliven, Kapern, Pfefferschote, Salz und Pfeffer hinzufügen. Die Sauce zum Kochen bringen, dann auf kleiner Flamme 30 Minuten schmoren lassen. Nach 20 Minuten den Weißwein hinzugießen.
Während die Sauce köchelt, die Spaghetti al dente garen. Spaghetti abgießen und mit der Sauce vermischen. Abschmecken und mit Petersilie bestreut servieren.

LINGUINE ALLA GAETA

Für 4 Personen
400 g Linguine
Salz und Pfeffer aus der Mühle
2 Knoblauchzehen, fein gehackt
2 Eßlöffel Olivenöl
100 g Gaeta-Oliven, entsteint und grob gehackt
1–2 Eßlöffel Kapern, grob gehackt
100 g in Salz eingelegte Sardellenfilets, geputzt und gehackt
1 Eßlöffel Petersilie, fein gehackt

Linguine knapp al dente garen, dabei ab und zu umrühren. Eine Kelle Nudelwasser abschöpfen und beiseite stellen.
Während die Pasta kocht, den Knoblauch in Olivenöl hellgelb dünsten. Oliven, Kapern, Sardellen und Petersilie einrühren und 2 Minuten mitdünsten. Mit dem beiseite gestellten Nudelwasser auffüllen und leise durchköcheln. Zurückhaltend salzen (Oliven, Kapern und Sardellen sind bereits sehr salzig!) und pfeffern.
Die Linguine abgießen und in die Olivenpfanne geben. Gründlich mit der Sauce vermischen. Auf Teller verteilen und auftragen.

RIGATONI MIT SEEHECHT UND SCHWARZEN OLIVEN

Für 4 Personen
2 Eßlöffel Olivenöl
2 Knoblauchzehen, fein gehackt
1 kg Friseesalat, feinstreifig aufgeschnitten
250 ml Hühnerbrühe
100 ml trockener Weißwein
350–400 g Seehechtfilet, in mundgerechte Stücke geschnitten
20 schwarze Oliven, entsteint und grob gehackt
1 Eßlöffel Dill, fein gehackt
Salz und Pfeffer aus der Mühle
500 g Rigatoni (oder andere kurze Röhrennudeln, z. B. Tonnarelli, Tortiglioni)
geriebener Pecorino

Das Olivenöl in einer Pfanne erhitzen. Knoblauch darin weich dünsten, dann den Friseesalat hinzufügen und unter gelegentlichem Umrühren zusammenfallen lassen (2 Minuten). Mit Brühe und Weißwein auffüllen und aufkochen lassen. Die Fischstücke in die Pfanne geben und auf kleiner Flamme 3–5 Minuten garen. Zum Schluß die Oliven und den Dill unterrühren. Mit Salz und Pfeffer abschmecken.
Während der Fisch gart, die Rigatoni in sprudelndem Salzwasser al dente garen. Rigatoni abgießen und mit der Fisch-Oliven-Sauce anrichten. Mit geriebenem Pecorino servieren.

RIGATONI CON TONNO E PEPERONCINO

Für 2 Personen
1 kleine Zwiebel, fein gehackt
2 Eßlöffel Olivenöl
Salz und Pfeffer aus der Mühle
1 kleine getrocknete Pfefferschote, zerstoßen
50 ml trockener Weißwein
1 Dose Thunfisch in Öl (ca. 175 g)
200 g Rigatoni
1 Eßlöffel Petersilie, gehackt

Die Zwiebel in Olivenöl andünsten. Salz, Pfeffer, die Pfefferschote und den Weißwein hinzufügen. Den Thunfisch abtropfen lassen und mit einer Gabel zerpflücken. Wenn die Zwiebel fast zerkocht ist, den Thunfisch in die Pfanne rühren und heiß werden lassen.
Während Sie die Sauce zubereiten, die Rigatoni in reichlich sprudelndem Salzwasser knapp al dente garen. Ab und zu umrühren, damit sie nicht verkleben. Rigatoni abgießen und kurz in der Thunfischpfanne sautieren. Mit gehackter Petersilie bestreuen und servieren.

SPAGHETTI MIT MEERÄSCHENROGEN

»Bottarga« oder »Buttariga« nennt man den Rogen von Meeräschen, die in den meisten Lagunen Sardiniens heimisch sind. Der Rogen wird einige Stunden in Salz eingelegt, zwischen zwei Holzplatten in Form gepreßt und dann zum Trocknen aufgehängt. Nach zwei Wochen ist die Bottarga bernsteinfarben und kann zum Kochen verwendet werden. Ihr besonderer, eigenwilliger Geschmack kommt am besten zur Geltung, wenn man sie natur, in Scheiben geschnitten oder zu Spaghetti ißt. Statt Meeräschenrogen nimmt man für die Bottarga manchmal auch Thunfischrogen, der einen rötlichen Farbton und einen äußerst intensiven Geschmack hat.
Bottarga ist in Deutschland nur selten erhältlich. Spezielle Fischgeschäfte oder besonders gute italienische Feinkostläden führen diese Delikatesse bisweilen.

Für 4 Personen
4 vollreife Tomaten
4 Eßlöffel Olivenöl
Salz und Pfeffer aus der Mühle
1 Eßlöffel Petersilie, fein gehackt
350 g Spaghetti
100 g Bottarga von der Meeräsche oder vom Thunfisch

Die Tomaten kurz in heißes Wasser tauchen, häuten und entkernen. Fein würfeln und in eine Schüssel geben. Mit Olivenöl benetzen, salzen und pfeffern. Die Petersilie unter die Tomaten mischen. Ein paar Minuten ziehen lassen.
Die Spaghetti in reichlich Salzwasser al dente garen, dabei ab und zu umrühren. In der Zwischenzeit die Bottarga blättrig aufschneiden.
Nudeln abgießen und auf Teller verteilen. Mit Tomatenwürfeln anrichten und die Bottargablätter in einem dekorativen Muster obenauf setzen.

SPAGHETTI AGLIO, OLIO E ACCIUGHE – MIT KNOBLAUCH, ÖL UND SARDELLEN

Für 2 Personen
75 ml Olivenöl
2 Knoblauchzehen
1 getrocknete Pfefferschote
4 Sardellenfilets in Salz (abspülen und grob hacken)
2 Eßlöffel Petersilie, gehackt
Salz und Pfeffer aus der Mühle
200 g Spaghetti

Das Olivenöl in einer Pfanne erhitzen. Die ganzen, geschälten Knoblauchzehen und die ganze Pfefferschote hineingeben und Farbe annehmen lassen. Wenn der Knoblauch goldgelb wird, herausfischen und wegwerfen. Die Pfefferschote ebenfalls entfernen.
Die Sardellenfilets in das aromatisierte Öl rühren und sanft zerkochen lassen. Zum Schluß die Petersilie einrühren und mit wenig Salz und etwas mehr Pfeffer abschmecken.
Während die Sauce köchelt, die Spaghetti al dente garen. Spaghetti abgießen und mit der Sardellensauce anrichten.

SPINATNUDELN MIT LACHS

Die Farbkombination aus grüner Pasta, zartrosa Lachs und cremig-weißer Sahnesauce sieht einfach umwerfend aus.

Für 6 Personen
3–4 Lachssteaks
250 ml trockener Weißwein
200 g Sahne
200 ml Gemüsebrühe
50 g Butter
Salz und Pfeffer aus der Mühle
frisch geriebener Muskat
500 g Spinatnudeln (Fettuccine, Tagliatelle)
1 Eßlöffel geriebener Parmesan
4 Eßlöffel Dill, fein gehackt

Die Lachssteaks in eine weite Pfanne setzen. Den Weißwein angießen und gerade bis zum Siedepunkt erhitzen. Pfanne abdecken und den Lachs leise pochieren. Der Fisch ist gar, wenn er sich mühelos mit einer Gabel zerpflücken läßt. Lachs aus der Pfanne nehmen und etwas abkühlen lassen. Sobald Sie die Steaks anfassen können, Haut und Gräten entfernen, in mundgerechte Stücke zerpflücken und beiseite stellen.
Sahne, Gemüsebrühe und die Hälfte der Butter in einem Topf erhitzen und um ein Drittel einkochen lassen. Mit Salz, Pfeffer und Muskat kräftig würzen.
Die Nudeln in reichlich sprudelndem Salzwasser al dente garen. Ab und zu umrühren.
Während die Nudeln kochen, die Lachsstückchen zusammen mit dem Parmesan und der Hälfte des Dills in die Sahne rühren und wieder heiß werden lassen.
Die Nudeln abgießen und in eine Schüssel füllen. Mit der restlichen Butter überziehen. Mit der Lachssauce vermischen und auf Teller verteilen. Jede Portion mit frisch gehacktem Dill garnieren.

CAPELLI D'ANGELO CON CAPESANTE – MIT JAKOBSMUSCHELN

Für 4 Personen
4 Eßlöffel fruchtiges Olivenöl
500 g frisches Jakobsmuschelfleisch
100 ml trockener Weißwein
2 Eßlöffel Zitronensaft
1 Eßlöffel Kapern, fein gehackt
Salz und Pfeffer aus der Mühle
350 g Capelli d'angelo oder andere feine Nudeln
(z. B. Vermicelli oder Spaghettini)
gehackte Petersilie zum Garnieren

Das Olivenöl in einer großen Pfanne erhitzen. Das Muschelfleisch hineingeben und rundum bräunen. Mit Weißwein und Zitronensaft ablöschen. Die Kapern einrühren, salzen und pfeffern.
Gleichzeitig mit den Muscheln auch die Pasta vorkochen: in sprudelndes Salzwasser gleiten lassen und knapp al dente garen. Abgießen und kurz in der Muschelpfanne schwenken. Auf Teller verteilen und mit gehackter Petersilie garnieren.

TAGLIOLINI MIT FLUSSKREBSEN

Für 2 Personen
350 g Flußkrebse
1/2 Portion Nudelteig nach dem Grundrezept auf Seite 28
Salz und Pfeffer aus der Mühle
1 Eßlöffel Butter
1–2 Teelöffel Mehl
100 g Sahne
Zitronensaft
1 Eßlöffel Petersilie, fein gehackt
1 Eigelb

Für den Sud
100 ml trockener Weißwein
Salz
einige Pfefferkörner
1 Lorbeerblatt
3–4 Petersilienzweige

Die Zutaten für den Sud mit einem Liter Wasser aufsetzen und 20 Minuten durchkochen.
Die Krebse unter fließendem Wasser waschen und abbürsten. Kopfüber in den kochenden Sud werfen und bei sanfter Hitze 15 Minuten gar ziehen lassen. Krebse im Sud abkühlen lassen.
In der Zwischenzeit den Nudelteig hauchdünn ausrollen. Mit etwas Mehl bestäuben und kurz antrocknen lassen. Aufrollen und mit einem scharfen Messer in hauchdünne Tagliolini schneiden. Nudelwasser aufsetzen und salzen.
Krebse aus dem Sud heben und abtropfen lassen. (Sie können den Krebssud in kleinen Portionen einfrieren und zum Würzen verwenden oder auch die Tagliolini darin kochen.) Das Fleisch aus den Schalen lösen.
Die Butter in einem Topf erhitzen, das Mehl darüberstäuben und hell anschwitzen. Mit einer Kelle Krebssud und mit der Sahne auffüllen. Zur gewünschten Konsistenz einkochen lassen.
Sauce mit Salz, Pfeffer und Zitronensaft abschmecken. Die feingehackte Petersilie unterrühren. Vom Herd nehmen und mit dem Eigelb legieren. Das ausgelöste Krebsfleisch hineingeben und erwärmen.
Die Tagliolini ins sprudelnde Salzwasser gleiten lassen und al dente garen (ca. 60 Sekunden). Abgießen und sofort mit den Flußkrebsen anrichten.

FETTUCCINE MIT JAKOBS- UND MIESMUSCHELN

Für 4–6 Personen
6 Eßlöffel Semmelbrösel
2 Eßlöffel Butter
2 Eßlöffel Basilikum, fein gehackt
500 g Miesmuscheln, geputzt
125 ml trockener Weißwein
125 ml Wasser
1 Lorbeerblatt
2 Eßlöffel Olivenöl
1 kleine Zwiebel, fein gehackt
1 kleine Zucchini, streichholzfein gestiftelt
1 rote Paprikaschote, streichholzfein gestiftelt
250 g Jakobsmuschelfleisch
Salz und Pfeffer aus der Mühle
500 g Fettuccine

Semmelbrösel in Butter goldbraun rösten. Mit dem Basilikum vermischen und beiseite stellen.
Miesmuscheln mit Wein, Wasser und Lorbeerblatt aufsetzen. Abdecken und garen, bis sie sich öffnen (gut 5 Minuten). Muscheln, die sich nicht geöffnet haben, wegwerfen. Die restlichen Muscheln in eine Schüssel geben und warm halten. Den Sud durch ein feines Sieb gießen und beiseite stellen.
Das Olivenöl in einer Pfanne erhitzen. Das Gemüse 3 Minuten bei sanfter Hitze dünsten. Dann die Jakobsmuscheln hineingeben und 2–3 Minuten mitdünsten. Salzen und pfeffern. Den Muschelsud hinzugießen, aufkochen lassen und etwa 3 Minuten simmern, bis Gemüse und Jakobsmuscheln gar sind. Zum Schluß die Miesmuscheln in die Pfanne geben und wieder heiß werden lassen.
Während das Gemüse gart, die Fettuccine al dente garen. Abgießen und mit der Muschelsauce vermischen. Auf Teller verteilen und mit den gerösteten Semmelbröseln bestreut servieren.

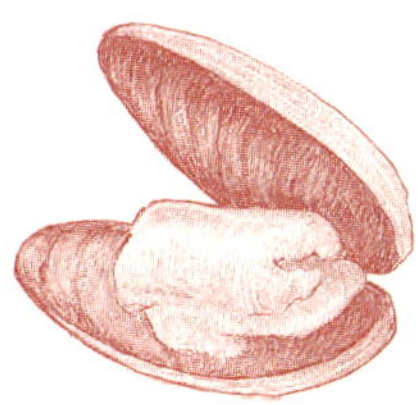

FETTUCCINE MIT MIESMUSCHELN UND LAUCH

Für 4 Personen
1 kg Miesmuscheln
125 ml trockener Weißwein
1 kg Lauch
50 g Butter
Salz und Pfeffer aus der Mühle
frisch geriebener Muskat
125 ml Gemüsebrühe
400 g Fettuccine
200 g Sahne

Die Miesmuscheln verlesen und gründlich unter kaltem Wasser waschen. Geöffnete Muscheln wegwerfen.
Wein in einem großen Topf zum Kochen bringen. Die Muscheln hineinschütten und zugedeckt 5 Minuten garen. Die Muscheln mit einem Sieblöffel herausheben und etwas abkühlen lassen, damit man sie aus den Schalen lösen kann. Ungeöffnete Muscheln wegwerfen. Den Muschelsud durch ein Sieb gießen und aufheben.
Den Lauch längs halbieren und sorgfältig ausspülen. Abtrocknen und quer in schmale Streifen schneiden. Die Butter in einer weiten Pfanne erhitzen, Lauchstreifen darin andünsten. Mit Salz, Pfeffer und Muskat würzen. Die Gemüsebrühe angießen. Den Lauch ca. 15 Minuten auf kleiner Flamme weich garen.
Inzwischen einen Topf Nudelwasser aufsetzen und salzen. Die Fettuccine ins sprudelnde Salzwasser gleiten lassen und al dente garen.
Die ausgelösten Muscheln in die Lauchpfanne geben. Die Sahne und etwas Muschelsud hinzugießen, zum Kochen bringen und ein wenig einkochen lassen. Fettuccine abgießen und mit der Muschelsauce anrichten.

GARNELENPFANNE MIT FETTUCCINE

Für 4–6 Personen
500 g Fettuccine
3 Eßlöffel Olivenöl
1 Knoblauchzehe, fein gehackt
1 Schalotte, fein gehackt
500 g rohe, geschälte Garnelen
Salz und Pfeffer aus der Mühle

50 ml trockener Weißwein
1 Dose Tomatenstückchen mit ihrem Saft
2 Eßlöffel Petersilie, fein gehackt
2 Eßlöffel Basilikum, fein gehackt

Einen großen Topf Wasser zum Kochen bringen und salzen. Die Fettuccine hineingleiten lassen und knapp al dente garen. Ab und zu umrühren, damit sie nicht verkleben.
Während die Nudeln kochen, das Olivenöl in einer Pfanne erhitzen. Knoblauch und Schalotte hellgelb andünsten. Die Garnelen hinzufügen und rosa braten (ca. eine Minute). Salzen und pfeffern und mit dem Weißwein ablöschen. Tomaten einrühren. Die Sauce köcheln lassen, bis das Fleisch der Garnelen weiß und fest wird (1–2 Minuten).
Fettuccine abgießen und zusammen mit den Kräutern in die Garnelenpfanne rühren. Sorgfältig vermischen. Auf Teller verteilen und servieren.

LINGUINE ALLA PESCATORA

Für 4–6 Personen
2 Knoblauchzehen, fein gehackt
2 Eßlöffel Olivenöl
500 g Tomatenpüree
50 ml trockener Weißwein
1 getrocknete Pfefferschote, zerstoßen
1 Eßlöffel Petersilie, fein gehackt
200 g Tintenfischringe
200 g kleine ganze Tintenfische, geputzt
8 ganze, geschälte Garnelen
Salz und Pfeffer aus der Mühle
500 g Linguine

Knoblauch in Olivenöl andünsten. Tomatenpüree, Weißwein, Pfefferschote und Petersilie hinzufügen. Aufkochen lassen, dann auf kleiner Flamme durchköcheln. Nach 15 Minuten Tintenfischringe und ganze Tintenfische hinzufügen und 15 Minuten mitgaren. Dann die Garnelen in die Sauce geben und knapp 5 Minuten garen. Salzen und pfeffern.
Während die Sauce köchelt, die Linguine in reichlich sprudelndem Salzwasser al dente garen. Abgießen und mit der Pescatorasauce anrichten.

LINGUINE ALLE VONGOLE – MIT VENUSMUSCHELN

Für 4 Personen
1 kg Venusmuscheln
1 Eßlöffel Butter
1 Eßlöffel Öl
1 Schalotte, fein gehackt
1 Selleriestengel, fein gewürfelt
1 Mohrrübe, fein gewürfelt
Salz und Pfeffer aus der Mühle
1 Lorbeerblatt
100 ml trockener Weißwein
350 g Linguine
gehackte Petersilie zum Garnieren

Venusmuscheln putzen und verlesen. Geöffnete Muscheln wegwerfen.
Butter und Öl in einem Topf erhitzen. Schalotte, Sellerie und Mohrrübe bei sanfter Hitze darin andünsten. Salzen und pfeffern. Wenn die Schalottenwürfel eine hellgelbe Farbe angenommen haben, Muscheln, Lorbeerblatt und Weißwein hinzufügen. Topf verschließen und die Muscheln dämpfen (ca. 5 Minuten), bis sie sich öffnen. Die Muscheln mit einem Sieblöffel aus dem Sud heben, ungeöffnete Muscheln aussortieren und wegwerfen. Den Sud durch ein Sieb gießen und warm halten. Die Muscheln aus ihren Schalen lösen (nach Wunsch ein paar Muscheln ganz lassen und zum Garnieren aufheben) und warm halten.
Während die Muscheln garen, die Linguine in reichlich sprudelndem Salzwasser al dente garen. Abgießen und in eine vorgewärmte Schüssel geben. Mit dem Muschelfleisch vermischen und mit etwas Sud geschmeidig rühren. Auf Teller verteilen. Jede Portion mit ein paar ganzen Muscheln und gehackter Petersilie garnieren.

LINGUINE LOUISIANA STYLE

Die Küche der amerikanischen Südstaaten, vor allem aber die Louisianas, kennt viele Zubereitungen mit dem hoch aromatischen Crawfish, einer Garnelenart, die in den Gewässern in großer Zahl vorkommt. Wenn Sie den typischen Louisiana »Crawdaddy«, wie ihn die Einheimischen liebevoll nennen, bei Ihrem Fischhändler nicht erhalten, nehmen Sie statt dessen Shrimps oder Garnelen Ihrer Wahl.

Für 4–6 Personen
2 Eßlöffel Butter
2 Eßlöffel Öl
4 Eßlöffel Mehl
1 Schalotte, fein gehackt
1 Zwiebel, fein gehackt
1 rote Paprikaschote, fein gewürfelt
250 g Okraschoten, in Ringe geschnitten
500 ml warme Fisch- oder Gemüsebrühe
500 g Crawfish oder Garnelen, geschält
1 Eßlöffel Tomatenmark
1 Eßlöffel Worcestershiresauce
1 Spritzer Tabascosauce
Saft einer Zitrone
Salz und Pfeffer aus der Mühle
500 g Linguine
frisch gehackte Petersilie zum Garnieren

Einen großen Topf Wasser für die Linguine aufsetzen.
Butter und Öl in einem großen Topf erhitzen. Das Mehl einrühren und goldbraun anschwitzen. Das vorbereitete Gemüse hinzufügen und unter ständigem Wenden rund 5 Minuten andünsten. Nun langsam die vorgewärmte Brühe einrühren und zum Kochen bringen. Die Garnelen hineingeben und bei sanfter Hitze knapp 5 Minuten garen. Mit Tomatenmark, Worcestershire- und Tabascosauce, Zitronensaft, Salz und Pfeffer herzhaft abschmecken und abgedeckt 5–10 Minuten ziehen lassen.
Das Nudelwasser salzen und die Linguine darin al dente garen, dabei ab und zu umrühren. Abgießen und mit der Louisianasauce anrichten. Mit frisch gehackter Petersilie garnieren und zu Tisch bringen.

LINGUINE MIT GARNELEN IN COGNACSAUCE

Für 4–6 Personen
500 g mittelgroße Garnelen
2 Eßlöffel Butter
2 große Schalotten, fein gehackt
2 Eßlöffel Cognac
200 ml Fischfond oder Brühe
100 g Sahne
Salz und Pfeffer aus der Mühle
500 g Linguine
frisch gehackte Petersilie

Die Garnelen schälen, dann den Rücken entlang aufschlitzen und den dunklen Darm entfernen. Beiseite stellen.

Die Butter in einer weiten Pfanne zerlassen. Die Schalotten sanft darin weich dünsten. Die Garnelen hinzufügen und unter ständigem Rühren 3–4 Minuten garen. Salzen und pfeffern. Herausheben und beiseite stellen.

Den Bratsatz mit Cognac und Fischfond loskochen. Mit Sahne auffüllen. Die Sauce zur gewünschten Konsistenz einkochen lassen. Die Garnelen wieder hineingeben und abschmecken. Während Sie die Garnelensauce zubereiten, einen großen Topf Wasser zum Kochen bringen und salzen. Die Linguine ins sprudelnde Wasser gleiten lassen und knapp al dente garen. Die Pasta abgießen und in die Garnelenpfanne füllen. Gut durchmischen und auf Teller verteilen. Mit Petersilie bestreuen und servieren.

LINGUINE MIT GARNELEN UND SCHAFSKÄSE

Für 4–6 Personen
500 g rohe Garnelen
2 Eßlöffel Olivenöl
1 Zwiebel, fein gehackt
500 g Tomatenpüree
50 ml trockener Retsina
Salz und Pfeffer aus der Mühle
500 g Linguine
150 g griechischer Schafskäse
gehackte Petersilie zum Garnieren

Die Garnelen schälen, dann den Rücken entlang aufschlitzen und den dunklen Darm entfernen. Beiseite stellen.
Das Olivenöl in einer weiten Pfanne erhitzen. Die Zwiebel sanft darin andünsten. Das Tomatenpüree und den Retsina einrühren. (Wenn Sie den harzigen Geschmack von Retsina nicht mögen, können Sie auch einen trockenen Weißwein verwenden.) Salzen und pfeffern. Auf kleiner Flamme 25 Minuten garen.
In der Zwischenzeit die Linguine in sprudelndem Salzwasser al dente garen. Schafskäse mit den Händen zerkrümeln. Ungefähr 100 Gramm in die Tomatensauce rühren. Die Garnelen hinzufügen und 3–4 Minuten garen.
Linguine abgießen und in eine Schüssel füllen. Mit der Garnelen-Schafskäse-Sauce vermischen. Auf Teller verteilen und die einzelnen Portionen mit dem restlichen Schafskäse und etwas gehackter Petersilie garnieren.

MACCHERONCINI CON SCAMPI

Für 2 Personen
350 g rohe Scampi
1 Eßlöffel Butter
1 Eßlöffel Olivenöl
100 ml trockener Weißwein
2 Fenchelknollen, in schmale Streifen geschnitten
1 Knoblauchzehe, fein gehackt
1 kleine Dose Tomatenstückchen
1 Eßlöffel Tomatenmark
Salz und Pfeffer aus der Mühle
250 g Maccheroncini (oder andere feine Röhrennudeln)
Fenchelgrün zum Garnieren

Scampi schälen, der Länge nach halbieren und entdarmen. Butter und Olivenöl in einer Pfanne erhitzen. Die Scampi darin braten, bis ihr Fleisch weiß und fest aussieht; herausnehmen und beiseite stellen.
Den Bratsatz mit Weißwein loskochen. Fenchelstreifen und Knoblauch hineingeben und 4–5 Minuten sanft andünsten. Tomatenstückchen und Tomatenmark (mit einem Eßlöffel Wasser glattrühren) hinzufügen, salzen und pfeffern. Die Sauce zugedeckt 20 Minuten köcheln lassen.
In der Zwischenzeit die Maccheroncini al dente garen. Scampihälften in die Tomatensauce geben und wieder erwärmen. Pasta abgießen und mit der Sauce anrichten. Abschmecken und mit fein gehacktem Fenchelgrün garnieren.

PENNE MIT VENUS- UND MIESMUSCHELN

Für 4 Personen
500 g Miesmuscheln
500 g Venusmuscheln
2 Eßlöffel Olivenöl
1 Schalotte, fein gehackt
1 Selleriestengel, fein gewürfelt
250 ml trockener Weißwein
1 kleine Dose Tomatenstückchen mit Saft
Salz und Pfeffer aus der Mühle
400 g Penne

Muscheln unter fließendem Wasser reinigen. Geöffnete Muscheln aussortieren und wegwerfen.
Einen Eßlöffel Olivenöl in einem großen Topf, der die Muscheln fassen kann (sie brauchen im geöffneten Zustand doppelt soviel Platz!), erhitzen. Schalotte und Sellerie darin andünsten, dann die Muscheln einfüllen. Mit Weißwein übergießen. Topf verschließen und die Muscheln dämpfen, bis sie sich öffnen (ca. 5 Minuten).
Muscheln mit einem Schaumlöffel herausheben und etwas abkühlen lassen. Ungeöffnete Muscheln wegwerfen. Das Muschelfleisch aus den Schalen lösen und beiseite stellen. Sud durch ein Sieb gießen und für die Sauce aufheben.
Den zweiten Eßlöffel Olivenöl in einer Pfanne erhitzen. Die Tomaten hineingeben, mit dem Muschelsud auffüllen und zum Kochen bringen, dann auf kleiner Flamme etwa 20 Minuten durchköcheln lassen. Zum Schluß die Muscheln hineingeben und wieder erwärmen. Salzen und pfeffern.
Unterdessen die Penne in sprudelndem Salzwasser al dente garen. Pasta abgießen und mit der Muschelsauce anrichten.

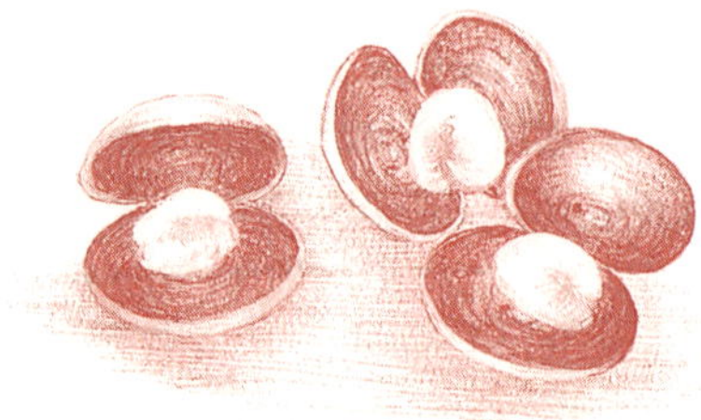

SPAGHETTI ALLE CAPESANTE

Ein Blitzrezept für Genießer: diese Spaghetti sind in 15 Minuten auf dem Tisch!

Für 2–3 Personen
250 g Spaghetti
200 g Jakobsmuschelfleisch
200 g geschälte Garnelen
2 Eßlöffel Butter
Salz und Pfeffer aus der Mühle
75 ml trockener Weißwein
gehackte Petersilie zum Garnieren

Spaghetti al dente garen.
Während die Spaghetti kochen, Jakobsmuscheln und Garnelen in heißer Butter sautieren. Salzen, pfeffern und mit Weißwein ablöschen.
Die Spaghetti abgießen und zu den Meeresfrüchten geben. Sorgfältig vermischen, auf Teller verteilen und mit gehackter Petersilie garnieren.

TAGLIATELLE DI MARE AL PROSECCO

Für 4 Personen
750 g Meeresfrüchte (Scampi, Krabben, Miesmuscheln, Venusmuscheln usw.)
250 ml Prosecco
1 Eßlöffel Butter
2 Selleriestengel, fein gewürfelt
Salz und Pfeffer aus der Mühle
500 g Tagliatelle
gehackte Petersilie zum Garnieren

Scampi und Krabben nach Bedarf schälen, die Muscheln sauber schrubben und beiseite stellen.
Die Muscheln in einen Topf geben, mit Prosecco übergießen und garen, bis sie sich öffnen (ca. 5–7 Minuten). Die Muscheln herausheben, ungeöffnete Muscheln wegwerfen; die guten Muscheln warm stellen, den Fond durchseihen.
Die Butter in einer Pfanne sanft erwärmen. Den Sellerie kurz darin andünsten, dann die übrigen Meeresfrüchte hineingeben. Scampi und Krabben nur kurz in

der Butter schwenken, bis ihr Fleisch weiß und fest aussieht, und mit einem Sieblöffel herausheben.
Den Bratsatz mit dem Muschelfond loskochen, salzen und pfeffern.
Muscheln aus ihren Schalen lösen und zusammen mit den Scampi usw. in den Sud setzen.
Während die Meeresfrüchte garen (ca. 5 Minuten), die Tagliatelle in sprudelndem Salzwasser al dente garen. Ab und zu umrühren.
Die Pasta abgießen und mit den Meeresfrüchten anrichten. Über jede Portion etwas Sud träufeln; mit Petersilie garnieren.

SPAGHETTI ALL'ARAGOSTA – MIT HUMMERFLEISCH

Für 4–6 Personen
2 kleine Hummer (insgesamt ca. 1 kg)
50 g Butter
1 Schalotte, fein gehackt
Salz und Pfeffer aus der Mühle
500 g Spaghetti
150 g zerlassene Butter

Einen großen Topf Wasser zum Kochen bringen. Die Hummer kopfüber hineintauchen und in wenigen Minuten garen. Sobald sie sich rosa verfärben, herausheben und abkühlen lassen. Den Hummersud beiseite stellen.
Das Hummerfleisch auslösen und in mundgerechte Happen schneiden.
Butter in einem Topf zerlassen. Die Schalotte darin sanft andünsten. Das Hummerfleisch hinzufügen, salzen und pfeffern. Etwas Hummersud angießen und leise einige Minuten durchköcheln.
Den Hummersud wieder zum Kochen bringen. Die Spaghetti darin al dente garen. Abgießen und in eine Servierschüssel füllen. Mit etwas zerlassener Butter überziehen. Das Hummerfleisch vorsichtig unterheben. Die Spaghetti servieren. Bei Tisch die restliche zerlassene Butter dazu reichen.

SAFRANNUDELN MIT FRISCHEN GARNELEN

Für 4 Personen
1 Eßlöffel und 1 Teelöffel Butter
400 g rohe Garnelen, geschält und entdarmt
Salz und Pfeffer aus der Mühle
50 ml trockener Weißwein
2 kleine Schalotten, fein gehackt
1,5 Eßlöffel Tomatenmark
125 ml warmes Wasser
1 Prise Safranfäden
250 ml Muschelsaft oder Fischfond aus dem Glas
150 g Crème fraîche
1 Portion Safrannudeln nach dem Grundrezept auf Seite 35, zu Fettuccine geschnitten

Einen großen Topf Wasser für die Nudeln zum Kochen bringen.
Inzwischen einen Eßlöffel Butter in einer Pfanne erhitzen. Die Garnelen bei starker Hitze unter ständigem Wenden in 3–4 Minuten rosa braten. Dabei salzen und pfeffern. Garnelen aus der Pfanne heben und beiseite stellen.
Den Bratsatz mit Weißwein loskochen. Die Flüssigkeit fast vollständig einkochen lassen, dann die restliche Butter und die Schalotten einrühren und weich dünsten. Das Tomatenmark in einem Schälchen mit 100 Milliliter warmem Wasser glattrühren, im restlichen Wasser die Safranfäden einweichen.
Das Tomatenmark, den Muschelsaft und die Crème fraîche in die Pfanne rühren und heiß werden lassen. Zum Schluß den Safran unterrühren. Die Garnelen in die Sauce geben und wieder erwärmen. Mit Salz und Pfeffer abschmecken.
Das Nudelwasser salzen. Die frischen Safrannudeln ins sprudelnde Salzwasser gleiten lassen und al dente garen (ca. 1 Minute). Abgießen und sofort mit der Garnelensauce anrichten. Bei gekauften Nudeln auf die längere Garzeit und entsprechendes Timing achten. Die Garnelen dürfen nicht zu lange in der Sauce liegen, weil sie sonst hart werden.

SCHWARZE SPAGHETTI MIT MEERESFRÜCHTEN

Für 4–6 Personen
500 g Shrimps
1 kg Miesmuscheln
500 g Venusmuscheln
125 ml Wasser
125 ml trockener Weißwein
2 Eßlöffel Olivenöl
500 g schwarze Spaghetti
Salz und Pfeffer aus der Mühle
2 Eßlöffel gehackter Schnittlauch zum Garnieren

Für die Marinade
100 ml Olivenöl
2 Eßlöffel Zitronensaft
1 Eßlöffel Petersilie, fein gehackt
1 Eßlöffel Schnittlauch, fein gehackt
Salz und Pfeffer aus der Mühle

Die Zutaten für die Marinade in einem Schälchen verrühren und beiseite stellen. Shrimps schälen. Miesmuscheln und Venusmuscheln putzen und verlesen. Geöffnete Muscheln wegwerfen. Mit Wasser und Wein in einen großen Topf füllen (die gegarten Muscheln brauchen doppelt soviel Platz!) und 4–5 Minuten dämpfen, bis sie sich öffnen. Ungeöffnete Muscheln wegwerfen.

Die Shrimps in Olivenöl dünsten, bis ihr Fleisch nicht mehr durchsichtig ist, sondern weiß leuchtet.

Die Muscheln aus ihren Schalen lösen und zusammen mit der Hälfte der Shrimps (die andere Hälfte zum Garnieren beiseite stellen) in eine Schüssel füllen. Mit der Hälfte der Marinade anmachen, abdecken und durchziehen lassen.

In der Zwischenzeit die schwarzen Spaghetti in Salzwasser al dente garen. Abgießen und in eine Schüssel füllen. Mit der restlichen Marinade überziehen, bis sie rundum glänzen. Nun die Meeresfrüchte unterheben und gut durchmischen. Mit Salz und Pfeffer abschmecken, dann auf Teller verteilen. Auf jede Portion als Farbtupfer ein paar Shrimps setzen. Mit gehacktem Schnittlauch bestreuen und servieren.

SPAGHETTI MIT EINGELEGTEN GARNELEN

Für 2 Personen
250 g geschälte Garnelen
zartes Olivenöl
Salz und Pfeffer aus der Mühle
50 ml Fischfond aus dem Glas
2 Eßlöffel Zitronensaft
50 g schwarze Oliven, entsteint und grob gehackt
1 getrocknete Pfefferschote, zerstoßen
1 kleines Bund Petersilie, fein gehackt
200 g Spaghetti

Die Garnelen der Länge nach halbieren und dabei die Därme entfernen. Etwas Olivenöl in einer Pfanne erhitzen und die Garnelenhälften darin rasch rosa braten. Salzen und pfeffern. Aus der Pfanne nehmen und beiseite stellen.
Den Bratsatz mit Fischfond loskochen und in eine Schüssel füllen. Abkühlen lassen, dann Zitronensaft, Olivenstückchen, Pfefferschote und gehackte Petersilie hinzufügen. Gut vermischen. Die Garnelen in diese Marinade legen, abdecken und 30 Minuten durchziehen lassen. Die Spaghetti al dente garen. Abgießen und mit den eingelegten Garnelen anrichten.

SPAGHETTI AI FRUTTI DI MARE – MIT MEERESFRÜCHTEN

Für 6 Personen
1 kg gemischte Muscheln
2–3 Eßlöffel Butter
1 Schalotte, fein gehackt
1 Selleriestengel, fein gewürfelt
Salz und Pfeffer aus der Mühle
200 ml trockener Weißwein
250 g Jakobsmuschelfleisch
250 g geschälte Garnelen
500 g Spaghetti
gehackte Petersilie zum Garnieren

Die Muscheln sorgfältig putzen und verlesen. Geöffnete Muscheln wegwerfen. Einen Eßlöffel Butter in einem großen Topf zerlassen. Schalotte und Sellerie sanft

darin andünsten, salzen und pfeffern. Die geputzten Muscheln hinzufügen und mit Weißwein übergießen. Topf verschließen und Muscheln garen, bis sie sich geöffnet haben (ca. 5 Minuten). Während des Garens den Topf mehrmals rütteln. Muscheln mit einem Sieblöffel herausfischen (ungeöffnete Muscheln wegwerfen). Den Sud durch ein Sieb gießen und aufheben.
Etwas Butter in einer Pfanne erhitzen. Jakobsmuscheln und Garnelen kurz darin sautieren, bis ihr Fleisch milchig-weiß anläuft.
Während Sie die Meeresfrüchte zubereiten, einen Topf Wasser zum Kochen bringen und salzen. Die Spaghetti dann ins sprudelnde Wasser gleiten lassen und al dente garen.
Spaghetti abgießen und in eine Schüssel füllen. Mit den vorbereiteten Meeresfrüchten vermischen. Abschmecken und nach Wunsch etwas Muschelsud angießen. Mit Petersilie bestreuen und servieren.

SPAGHETTI MIT MUSCHELN UND TOMATEN

Für 4 Personen
1 kg gemischte Muscheln
2 Eßlöffel Olivenöl
2 Knoblauchzehen, fein gehackt
500 g Tomatenpüree
Salz und Pfeffer aus der Mühle
50 ml trockener Weißwein
400 g Spaghetti
gehackte Petersilie

Muscheln sorgfältig waschen und verlesen. Geöffnete oder beschädigte Muscheln wegwerfen.
Olivenöl in einer weiten Pfanne erhitzen. Den Knoblauch darin hellgelb dünsten. Das Tomatenpüree einrühren, salzen und pfeffern. Zugedeckt zum Kochen bringen, dann auf kleiner Flamme köcheln lassen.
Nach 15 Minuten die vorbereiteten Muscheln hineingeben und mit Weißwein übergießen. In der offenen Pfanne garen, bis sich die Muscheln öffnen und die Tomatensauce schön eingedickt ist.
Inzwischen die Spaghetti in sprudelndem Salzwasser al dente garen.
Spaghetti abgießen und in eine Schüssel füllen. Mit der Muschelsauce vermischen und mit Petersilie bestreut zu Tisch bringen.

SPAGHETTI MIT OKTOPUS UND TOMATEN

Für 4 Personen
500 g kleine, küchenfertige Oktopusse
50 ml Olivenöl
3 in Salz eingelegte Sardellen, geputzt und gehackt
1 Knoblauchzehe, fein gehackt
4 Tomaten, enthäutet und entkernt
Salz und Pfeffer aus der Mühle
1 getrocknete Pfefferschote, zerstoßen
400 g Spaghetti
gehackte Petersilie zum Garnieren

Die kleinen Oktopusse gründlich unter fließendem Wasser abspülen. Mit dem Wasser, das vom Waschen noch anhaftet, in eine Pfanne setzen. Zugedeckt 10 Minuten dünsten. Dann das Öl hinzugießen und nacheinander die Sardellen, den Knoblauch und die in Würfel geschnittenen Tomaten dazugeben. Salzen und pfeffern und die Pfefferschote einstreuen. 30 Minuten schmoren. Wenn die Sauce zu stark einkocht, etwas warmes Wasser hinzugießen.
Spaghetti in der Zwischenzeit in Salzwasser al dente garen. Abgießen und mit den geschmorten Oktopussen anrichten.
Mit gehackter Petersilie bestreuen und servieren.

SPAGHETTI CON SCAMPI

Für 4 Personen
400 g Scampi
4 Eßlöffel Olivenöl
2 Knoblauchzehen, fein gehackt
1 Eßlöffel Petersilie, fein gehackt
1–2 Eßlöffel Semmelbrösel
Salz
1 Lorbeerblatt
100 ml trockener Weißwein
4 Eßlöffel Tomatenpüree
350 g Spaghetti

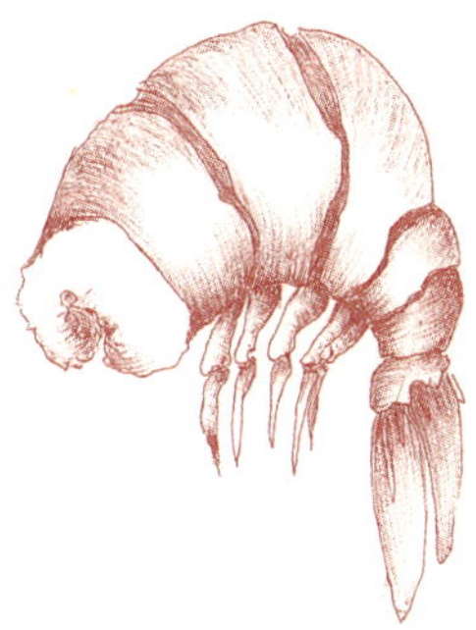

Die Scampi der Länge nach halbieren, aber nicht schälen.
Das Olivenöl langsam in einer Pfanne erhitzen. Die Knoblauchzehen und die Petersilie darin andünsten; 1–2 Eßlöffel Semmelbrösel einstreuen, mit Salz und Lorbeerblatt würzen.
Die Scampi (mit der Schale) hineingeben und mit einem Spritzer Weißwein ablöschen. Dann den restlichen Wein aufgießen. Das Tomatenpüree einrühren und ein wenig einkochen lassen. So viel Wasser aufgießen, bis die Scampi bedeckt sind. Einkochen lassen, bis die Scampi gar sind und die Sauce schön sämig wird. Nachsalzen und mit den inzwischen al dente gegarten Spaghetti servieren.

SPAGHETTI MIT VENUSMUSCHELN UND GEMÜSE

Für 4 Personen
60 Venusmuscheln
1 Eßlöffel Olivenöl
1 kleine Schalotte, fein gehackt
100 ml trockener Weißwein
1 Möhre
1 kleine Zucchini
1 Lauchstange
1 Selleriestange
Salz und Pfeffer aus der Mühle
350 g Spaghetti
gehackte Petersilie zum Garnieren

Die Venusmuscheln unter fließendem Wasser abbürsten, geöffnete Muscheln aussortieren und wegwerfen.
Das Olivenöl in einem Topf erhitzen und die Schalotte darin andünsten. Die Venusmuscheln hinzufügen und den Weißwein angießen. Den Topf gut verschließen und die Venusmuscheln ca. 5 Minuten garen, bis sie sich öffnen. Muscheln abgießen und den Sud dabei auffangen. Ungeöffnete Muscheln wegwerfen.
Das Gemüse in streichholzfeine Streifen schneiden und in Salzwasser blanchieren. Mit einem Sieblöffel aus dem Wasser heben und abtropfen lassen.
Die Spaghetti im sprudelnden Gemüsewasser al dente garen.
In der Zwischenzeit den Muschelsud mit den Gemüsestreifen verrühren und beiseite stellen. Die Muscheln aus der Schale lösen. Nach Belieben zum Garnieren

einige Muscheln in ihrer Schale lassen und beiseite stellen. Die ausgelösten Muscheln unter das Gemüse heben. Mit Salz und Pfeffer abschmecken.
Die Spaghetti abgießen und in den Topf zurückschütten. Die Muschelsauce unterheben, dann die Nudeln auf Teller verteilen. Zum Garnieren die ganzen Muscheln obenauf setzen und mit der gehackten Petersilie bestreuen.

TAGLIATELLE MIT CHICORÉE UND JAKOBSMUSCHELN

Für 2 Personen
2 Chicoréekolben
2 Eßlöffel Butter
1 kleine Schalotte, fein gehackt
Salz und Pfeffer aus der Mühle
150 ml trockener Weißwein
200 g Jakobsmuschelfleisch
1 kleines Lorbeerblatt
100 g Crème fraîche
200 g Tagliatelle
1 kleine Tomate, fein gewürfelt, zum Garnieren

Chicorée putzen und in schmale Ringe schneiden; die Ringe halbieren und beiseite stellen.
Butter in einer Pfanne erhitzen. Die Schalotte darin glasig dünsten, dann die Chicoréeschnipsel hinzufügen und zusammenfallen lassen. Salzen und pfeffern. Wein, Muscheln und Lorbeerblatt in die Pfanne geben. Aufkochen lassen, dann auf kleiner Flamme köcheln, bis die Flüssigkeit zur Hälfte eingekocht ist und das Muschelfleisch weiß leuchtet. Dann die Crème fraîche einrühren und knapp eine Minute simmern. Das Lorbeerblatt entfernen. Die Sauce mit Salz und Pfeffer abschmecken.
Tagliatelle in reichlich sprudelndem Salzwasser knapp al dente garen. Tagliatelle abgießen und in die Muschelpfanne geben. Kurz herumwirbeln, bis sie sich gleichmäßig mit der Sauce vermischt haben. Auf Teller verteilen und ein paar Tomatenwürfel als Farbtupfer obenauf setzen.

TAGLIOLINI ALLA VENETA

Für 4 Personen
4 Tintenfische à ca. 100 g
1 kleine Zwiebel, fein gehackt
1 Knoblauchzehe, fein gehackt
2 Eßlöffel Olivenöl
1 Eßlöffel Petersilie, fein gehackt
50 ml trockener Weißwein
Salz und Pfeffer aus der Mühle
350 g schmale Bandnudeln
feingehackte Petersilie zum Garnieren

Die Tintenfische putzen. Dazu die gefleckte Haut abziehen, den Kopf abtrennen und die Tinte in eine Schüssel auffangen. Mit einer Drehbewegung den durchsichtigen Knochen in der Mitte heraustrennen, dann die Augen entfernen. Tintenfische unter fließendem Wasser abwaschen und trockentupfen. In mundgerechte Stückchen schneiden und beiseite stellen.
Zwiebel und Knoblauch im heißen Olivenöl andünsten. Die Petersilie einrühren. Den klein geschnittenen Tintenfisch hinzufügen und kurz mitdünsten (Vorsicht: er wird sehr schnell zäh wie Gummi). Mit Weißwein ablöschen, einkochen lassen und vom Herd nehmen. Etwas abkühlen lassen, dann mit Tinte einfärben. Dabei nicht zu viel Schwärze verwenden, sonst wird die Sauce dick wie Pech. Mit Salz und Pfeffer abschmecken.
Die Nudeln in Salzwasser al dente garen. Abgießen und wieder in den Topf zurückgeben. Mit der Sauce verrühren und die Nudeln gleichmäßig einfärben, bis sie in etwa rauchgrau aussehen. Auf Teller verteilen und jede Portion mit der feingehackten Petersilie garnieren.

TRENETTE MIT SHRIMPS UND FRISCHEM SOMMERGEMÜSE

Für 4 Personen
500 g geschälte, vorgekochte Shrimps
1 rote und 1 gelbe Paprikaschote, in schmale Streifen geschnitten
500 g vollreife Tomaten, in Streifen geschnitten
250 g Prinzeßbohnen, blanchiert
1 kleines Büschel Petersilie, fein gehackt
1 kleine Chilischote, in feine Ringe geschnitten

mildes Olivenöl
Zitronensaft
Salz und Pfeffer aus der Mühle
400 g Trenette

Shrimps, Paprika, Tomaten und Bohnen in einer Schüssel vermischen. Die Petersilie und die Chilischote unterheben. Mit Olivenöl, Zitronensaft, Salz und Pfeffer anmachen. Abdecken und 45 Minuten durchziehen lassen.
Die Trenette in sprudelndem Salzwasser al dente garen. Abgießen und sofort mit Shrimps und Gemüse vermischen. Auf Teller verteilen und zu Tisch bringen.

VERMICELLI MIT JAKOBSMUSCHELN

Für 4 Personen
500 g Jakobsmuschelfleisch
2 Eßlöffel Butter
1 Schalotte, fein gehackt
Salz und Pfeffer aus der Mühle
200 g Sahne
200 ml Muschelsaft oder Fischfond aus dem Glas
2 Eßlöffel Dijonsenf
500 g Vermicelli (oder andere feine Pasta, z. B. Capellini)
1 Eßlöffel Petersilie, fein gehackt

Jakobsmuscheln unter kaltem Wasser gründlich abspülen. Mit Küchenkrepp trockentupfen.
Butter in einer weiten Pfanne zerlassen. Schalotte darin hellgelb dünsten. Jakobsmuscheln in die Pfanne geben und sautieren, bis das Fleisch milchig-weiß anläuft. Salzen und pfeffern. Aus der Pfanne nehmen und warm stellen.
Sahne, Muschelsaft und Senf in die Pfanne rühren und aufkochen lassen. Auf die gewünschte Konsistenz eindicken, dann die Muscheln wieder hineingeben und erwärmen.
Während Sie die Jakobsmuscheln zubereiten, einen großen Topf Wasser zum Kochen bringen und salzen. Die Pasta hineingleiten lassen und knapp al dente garen. Ab und zu umrühren, damit sie nicht verklebt. Abgießen und in die Muschelpfanne geben. Muscheln und Pasta sorgfältig vermischen. Auf Teller verteilen und mit gehackter Petersilie servieren.

VERMICELLI MIT KRABBENFLEISCH

Für 4 Personen
2 Eßlöffel Olivenöl
1 Knoblauchzehe, fein gehackt
1 Schalotte, fein gehackt
250 g Tomatenpüree
250 g ausgelöstes Krabbenfleisch
100 ml Muschelsaft oder Fischfond aus dem Glas
Salz und Pfeffer aus der Mühle
350 g Vermicelli

Olivenöl in einer Pfanne erhitzen. Knoblauch und Schalotte sanft darin weich dünsten. Tomatenpüree, Krabbenfleisch und Muschelsaft hinzufügen. Salzen und pfeffern. Aufkochen lassen, dann auf kleiner Flamme 15 Minuten durchköcheln.
In der Zwischenzeit die Vermicelli al dente garen. Abgießen und mit der Krabbensauce anrichten.

VERMICELLI VELOCI

Wie der Name bereits sagt – eine superschnelle und supereinfache Köstlichkeit!

Für 2 Personen
je nach Größe 8–12 rohe Garnelen
200 g Vermicelli
Salz und Pfeffer aus der Mühle
2 Eßlöffel Butter oder Olivenöl
etwas trockener Weißwein
gehackte Petersilie zum Garnieren

Die Garnelen schälen, der Länge nach halbieren und entdarmen.
Vermicelli in reichlich sprudelndem Salzwasser al dente garen.
Während die Pasta kocht, einen Eßlöffel Butter oder Öl in einer Pfanne erhitzen. Die Garnelen darin rosa braten; sie sind gar, wenn ihr Fleisch milchig-weiß anläuft. Salzen und pfeffern und mit einigen Spritzern Weißwein ablöschen.
Vermicelli abgießen, mit der restlichen Butter oder mit Öl überziehen und mit den Garnelen anrichten. Mit gehackter Petersilie garnieren.

ASIENNUDELN MIT MARINIERTEN JAKOBSMUSCHELN

Für 4 Personen
500 g Jakobsmuschelfleisch
350 g flache Reisnudeln
Salz
3 Eßlöffel Öl
1 Zwiebel, in schmale Spalten geschnitten
1 rote Paprikaschote, in schmale Streifen geschnitten
125 g Zuckerschoten
gehacktes Koriandergrün zum Garnieren

Für die Marinade
6 Eßlöffel Wasser
6 Eßlöffel Kochwein oder trockener Sherry
6 Eßlöffel Sojasauce
1 Eßlöffel asiatisches Sesamöl
4 Eßlöffel (brauner) Zucker
2–3 cm Ingwerwurzel, geschält und gehackt
1 Knoblauchzehe, fein gehackt
1 Eßlöffel Speisestärke

Die Zutaten für die Marinade in einem Töpfchen sanft erhitzen und etwas eindicken lassen. Dabei ständig umrühren, damit sich keine Klümpchen bilden. Vom Herd nehmen und abkühlen lassen.
Die Muscheln unter kaltem Wasser gründlich abspülen. Mit Küchenkrepp trockentupfen und in eine Schüssel geben. Mit der Hälfte der Marinade übergießen, abdecken und eine Stunde durchziehen lassen.
In der Zwischenzeit die Reisnudeln mit heißem Wasser überbrühen und 15 Minuten einweichen. Die Reisnudeln abgießen und in sprudelndem Salzwasser etwa 45 Sekunden al dente garen. Abgießen, kalt abspülen und gründlich abtropfen lassen. Ab und zu mit einer Gabel auflockern.
Öl in einem Wok oder in einer weiten Pfanne erhitzen. Die Jakobsmuscheln aus der Marinade heben und rasch rührbraten, bis das Fleisch weiß anläuft. Aus der Pfanne heben und warm stellen.
Zwiebel, Paprika und Zuckerschoten 2 Minuten rührbraten. Die zweite Hälfte der Marinade und die Nudeln hinzufügen. Kräftig durchmischen. Auf eine Platte häufen, die Muscheln dekorativ obenauf setzen. Mit Koriandergrün bestreuen und sofort servieren.

BALINESISCHE GARNELENPFANNE

Für 4 Personen
250 g Reisnudeln oder asiatische Eiernudeln
100 ml Erdnußöl
2 Knoblauchzehen, fein gehackt
1 kleine Chilischote, entkernt und fein gehackt
1 rote und 1 grüne Paprikaschote, in schmale Streifen geschnitten
250 g Champignons, blättrig aufgeschnitten
500 g frische, geschälte Garnelen
1 Handvoll (Thai-)Basilikum, grob gehackt
1 Handvoll frische Minze, grob gehackt

Für die Sauce
250 ml Kokosmilch aus der Dose
4 Eßlöffel trockener Sherry
2 Eßlöffel Austernsauce

Die Zutaten für die Sauce in einer Schüssel verrühren und beiseite stellen.
Die Nudeln nach Packungsanleitung knapp al dente garen. Abgießen, kalt abbrausen und gründlich abtropfen lassen.
Die Hälfte des Öls in einem Wok rauchend heiß werden lassen. Den Wok drehen und wenden, damit auch die Wände mit heißem Öl überzogen sind. Die Nudeln hineingeben und an Boden und Wände pressen. Goldbraun braten (5–6 Minuten), wenden und auch die andere Seite goldbraun braten. Nach Bedarf etwas mehr Öl in den Wok geben. Die Nudeln herausnehmen, auf Küchenkrepp abtropfen lassen und im Backofen warm halten.
Das restliche Öl im Wok erhitzen. Das Gemüse und die Garnelen hineingeben und rasch rührbraten, bis das Gemüse glänzt und die Garnelen sich rosa verfärbt haben (2–3 Minuten).
Nun die Kräuter und die Sauce einrühren. Zum Kochen bringen und auf die gewünschte Konsistenz einkochen lassen. Die Nudeln auf eine Servierplatte häufen. Garnelen und Gemüse abschmecken und über die Nudeln geben. Heiß servieren.

FADENNUDELN MIT CHINAKOHL UND SHRIMPS

Für 4 Personen
25 g getrocknete Tongkupilze
200 g Reisnudeln
250 g Shrimps oder Nordseekrabben
3 Eßlöffel Öl
3 cm Ingwerwurzel, fein gehackt
1 Knoblauchzehe, fein gehackt
1 Bund Frühlingszwiebeln, in dünne Ringe geschnitten
1 kleiner Kopf Chinakohl, feinstreifig aufgeschnitten
250 ml Gemüsebrühe

Zum Würzen
4 Eßlöffel Sojasauce
4 Eßlöffel Reisessig
1 Eßlöffel asiatisches Sesamöl
1 Eßlöffel Austernsauce
1 Eßlöffel Speisestärke

Die Pilze mit heißem Wasser übergießen und 30 Minuten einweichen lassen. Aus dem Wasser nehmen und in Streifen schneiden. Das Einweichwasser durch ein feines Sieb gießen und aufheben.
Die Reisnudeln ebenfalls mit heißem Wasser übergießen und einweichen lassen, bis sie weich und biegsam sind (ca. 15 Minuten). Abgießen und gut abtropfen lassen. Ab und zu mit einer Gabel auflockern.
Die Shrimps in einem Eßlöffel Öl rosa braten. Herausnehmen und beiseite stellen.
Die Zutaten für die Würze in einem Schälchen glatt rühren und beiseite stellen.
Das restliche Öl in einer weiten Pfanne erhitzen. Ingwer, Knoblauch und den weißen Teil der Frühlingszwiebeln darin andünsten. Die Pilze und den in Streifen geschnittenen Chinakohl hinzufügen und 2–3 Minuten pfannenrühren. Gemüsebrühe und das Einweichwasser der Pilze angießen. Die Würzmischung einrühren. Zum Kochen bringen und unter gelegentlichem Rühren leicht eindicken lassen.
Die Nudeln unterheben und gut durchmischen. Nochmals abschmecken. Mit dem Grün der Frühlingszwiebeln bestreuen und servieren.

GLASNUDELN MIT SHRIMPS, LIMETTEN UND KORIANDER

Für 4 Personen
500 g rohe Shrimps, geschält
200 g Glasnudeln
1 Teelöffel asiatisches Sesamöl
1 Eßlöffel geschmacksneutrales Öl
grob gehacktes Koriandergrün zum Garnieren

Für die Marinade
100 ml Limettensaft
3 Knoblauchzehen, sehr fein gehackt
1 Eßlöffel Koriandergrün, fein gehackt
1 Eßlöffel Sojasauce
1 Teelöffel asiatisches Sesamöl

Die Zutaten für die Marinade in einer Schüssel vermischen. Die Shrimps hineingeben und rundum mit Marinade überziehen. Abdecken und eine knappe Stunde durchziehen lassen.

Die Glasnudeln nach Packungsanleitung in warmem Wasser einweichen. Herausheben, abtropfen lassen und mit einer Schere in 10–15 Zentimeter lange Stränge schneiden.

Die Shrimps aus der Marinade nehmen und auf Küchenkrepp abtropfen lassen. Die Marinade aufheben.

Sesamöl und neutrales Öl in einer weiten Pfanne erhitzen. Die Shrimps unter ständigem Wenden 2 Minuten rührbraten. Die Nudeln hinzufügen und mit den Shrimps vermischen. Mit der Marinade übergießen. Rasch durchrühren, dann auf eine Platte häufen und mit Koriandergrün bestreut servieren.

PAD THAI – GEBRATENE REISNUDELN MIT GARNELEN

Für 2 Personen
200 g flache Reisnudeln
4 Eßlöffel Erdnußöl
1–2 Vogelaugenchillies (oder andere scharfe Chillies), entkernt und fein gehackt
2 Knoblauchzehen, fein gehackt
4 Frühlingszwiebeln, in dünne Röllchen geschnitten
100 g geschälte Garnelen (ggf. grob zerkleinern)
1 verquirltes Ei
Saft einer Limette
1 Eßlöffel Fischsauce (Naam Pblaa)
1 Teelöffel Zucker
2 Eßlöffel Tomatenmark
125 g Sojabohnensprossen
2 Eßlöffel geröstete Erdnüsse, grob gehackt

Die Reisnudeln mit heißem Wasser überbrühen und 25 Minuten einweichen. Abgießen und gut abtropfen lassen.
Das Öl in einem Wok rauchend heiß werden lassen. Chillies, Knoblauch, den weißen Teil der Frühlingszwiebeln und die Garnelen hineingeben und 30 Sekunden herumwirbeln.
Das Ei, den Limettensaft, die Fischsauce und den Zucker hinzufügen. Das Tomatenmark mit 2 Eßlöffel Wasser glattrühren und ebenfalls in den Wok geben; 30 Sekunden mitköcheln.
Nun die Nudeln und die Sojabohnensprossen hinzufügen, heiß werden lassen und gründlich mit den anderen Zutaten vermischen.
Den Wokinhalt auf eine Servierplatte häufen. Mit dem Grün der Frühlingszwiebeln und den gerösteten Erdnüssen bestreuen.

REISNUDELN MIT MUSCHEL-KORIANDER-SAUCE

Für 2 Personen
175 g Reisnudeln
Salz und Pfeffer aus der Mühle
3 Eßlöffel Öl
2 Schalotten, fein gehackt
1 Teelöffel frisch gehackter Ingwer
1 kleine Chilischote, entkernt und fein gehackt
125 ml trockener Wermut
24 Venusmuscheln, verlesen und geputzt
1 kleines Bund Koriandergrün
1 kleines Bund Petersilie
1 Eßlöffel Limettensaft

Die Reisnudeln mit heißem Wasser überbrühen und kurz einweichen lassen. Gleichzeitig einen großen Topf Wasser zum Kochen bringen und salzen. Die eingeweichten Nudeln abgießen und im sprudelnden Salzwasser al dente garen (ca. 45 Sekunden). Abgießen, kalt abbrausen und gut abtropfen lassen. Ab und zu auflockern, damit sie nicht verkleben.

Zwei Eßlöffel Öl in einer Pfanne erhitzen. Schalotten, Ingwer und Chili bei sanfter Hitze darin weich dünsten. Salzen und pfeffern. Wermut hinzugießen und 5 Minuten köcheln lassen. Die Muscheln in die Pfanne geben, abdecken und dämpfen, bis sie sich öffnen (ca. 5 Minuten).

Die geöffneten Muscheln mit einem Sieblöffel herausheben und warm stellen (ungeöffnete Muscheln aussortieren und wegwerfen). Den Sud durch ein Sieb gießen und für die Sauce aufheben.

Koriander und Petersilienblätter, Limettensaft und Muschelsud pürieren.

Das restliche Öl in der Pfanne erhitzen. Die Reisnudeln kurz darin braten. Die Kräutersauce und die Muscheln unterheben, heiß werden lassen und gut durchmischen. Sofort servieren.

THAI-CURRY MIT SCHWEINEFLEISCH UND GARNELEN

Was uns Europäern erst einmal ungewöhnlich erscheint, ist in den Küchen Asiens durchaus üblich: Fleisch und Fisch oder Meeresfrüchte werden während eines Gangs oder sogar in einem einzigen Gericht miteinander kombiniert.

Für 4 Personen
200 g flache Reisnudeln
2 Eßlöffel Erdnußöl
1 Zwiebel, in schmale Spalten geschnitten
100 g geschälte Garnelen
100 g Schweinehack
100 g fester Tofu, gewürfelt
100 g Brokkoliröschen
100 g Sojabohnensprossen
1 Eßlöffel Fischsauce (Naam Pblaa)
2 Eßlöffel Limettensaft
1 verquirltes Ei
gehacktes Koriandergrün zum Garnieren

Für das Curry
400 ml Kokosmilch aus der Dose
2 Knoblauchzehen, fein gehackt
2 Kaffirzitronenblätter, haarfein aufgeschnitten
1 Eßlöffel gutes Currypulver
1–2 ganze Vogelaugenchillies

Die Zutaten für das Curry in einen Topf geben und zum Kochen bringen. Auf kleiner Flamme 15 Minuten köcheln und eindicken lassen. Ab und zu umrühren. Vor dem Servieren die Chillies entfernen.
Währenddessen die Reisnudeln mit kochendem Wasser überbrühen und ca. 5 Minuten einweichen. Abgießen, kalt abbrausen und abtropfen lassen. Ab und zu mit einer Gabel auflockern.
Das Öl im Wok rauchend heiß werden lassen. Zwiebel, Garnelen, Hackfleisch und Tofu hineingeben und 2 Minuten rührbraten. Nudeln, Brokkoli, Sojasprossen, Fischsauce, Limettensaft und Ei hinzufügen; 2 Minuten im Wok herumwirbeln und rührbraten, so daß alle Zutaten gut vermischt sind.
Die Nudelmischung auf eine Platte häufen. Mit dem heißen Curry übergießen und mit Koriandergrün garnieren.

Salate

CONCHIGLIE MIT FRISCHEN ERBSEN UND PARMASCHINKEN

Für 4 Personen
300 g frische, geschälte Erbsen
2 Eßlöffel Butter
125 ml Hühner- oder Gemüsebrühe
250 g Conchiglie (oder andere kurze Nudeln, z. B. Posthörnle oder Farfalle)
Salz und Pfeffer aus der Mühle
125 g Parmaschinken, in feine Streifen geschnitten
4 Eßlöffel frisch geriebener Parmesan
250 g saure Sahne
Zitronensaft
1 Eßlöffel frisch gehackte Petersilie

Die Erbsen in heißer Butter andünsten, bis sie rundum glänzen. Mit Brühe übergießen und zugedeckt in rund 10–15 Minuten weich garen (die Erbsen sollten noch leuchtend grün aussehen).
Während die Erbsen garen, die Pasta in reichlich sprudelndem Salzwasser al dente garen. Abgießen, kalt abbrausen und abtropfen lassen.
Den Parmaschinken unter die gegarten Erbsen rühren, salzen und pfeffern. Die restliche Flüssigkeit auf starker Hitze fast vollständig einkochen. Vom Herd nehmen und abkühlen lassen.
Pasta und Erbsen in eine Schüssel füllen. Den Parmesan unterheben und den Salat mit saurer Sahne, Zitronensaft, Salz und Pfeffer anmachen. Mit Petersilie bestreuen und gut gekühlt servieren.

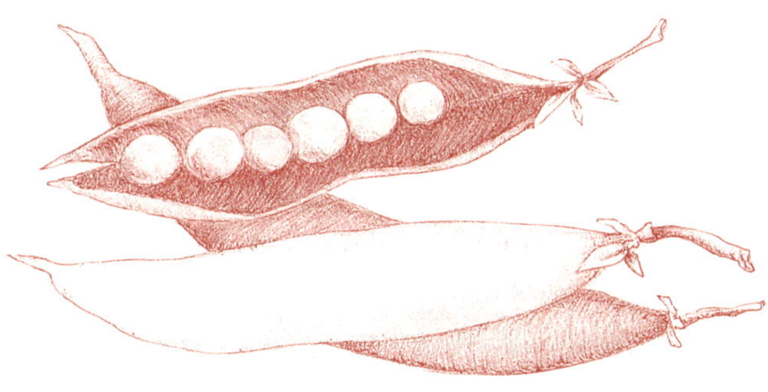

FARFALLE MIT BRUNNENKRESSE UND MARINIERTEM RINDFLEISCH

Für 4 Personen
250 g Rinderfilet in hauchdünnen Scheiben
250 g Farfalle
50 g grob gehackte Walnußkerne
2 Büschel Brunnenkresse
1 Knoblauchzehe, fein gehackt
2 Teelöffel Dijonsenf

Für die Marinade
abgeriebene Schale und Saft von 2 unbehandelten Zitronen
Salz und Pfeffer aus der Mühle
1 Prise Zucker
4 Eßlöffel neutrales Pflanzenöl

Die Zutaten für die Marinade verrühren.
Das Fleisch in eine flache Schale schichten und mit der Marinade übergießen. Abdecken und eine Stunde im Kühlschrank durchziehen lassen.
In der Zwischenzeit die Farfalle in reichlich sprudelndem Salzwasser al dente garen. Abgießen, kalt abbrausen und abtropfen lassen. Außerdem die Walnüsse ohne Fett in einem Pfännchen rösten, bis sie ihren intensiven nussigen Duft entfalten. Vom Herd ziehen und abkühlen lassen. Die Brunnenkresse waschen und abtropfen lassen. Die groben Stengel entfernen.
Das Rindfleisch aus der Marinade heben, gut abtropfen lassen und in eine Schüssel geben. Farfalle und Brunnenkresse hinzufügen und gut vermischen.
Die Marinade mit Knoblauch und Senf verrühren und noch einmal abschmecken. Über den Salat gießen, gut durchmischen und sofort servieren, damit die zarte Brunnenkresse nicht zusammenfällt.

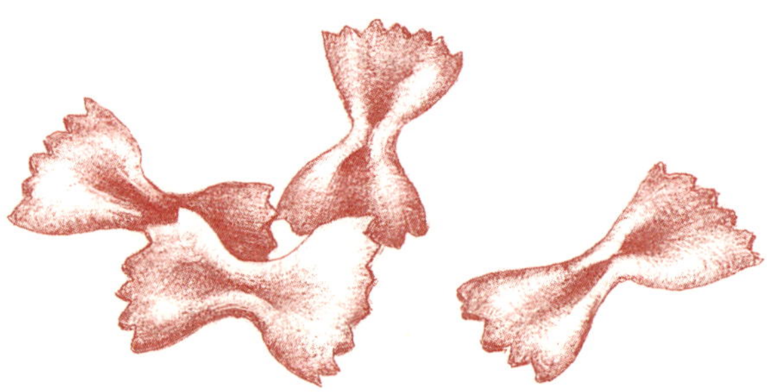

FARFALLE MIT BROKKOLI

Für 4–6 Personen
350 g Brokkoliröschen
Salz und Pfeffer aus der Mühle
250 g Farfalle
50 g Walnußkerne
Saft und abgeriebene Schale einer Zitrone
3–4 Eßlöffel fruchtiges Olivenöl

Die Brokkoliröschen waschen und unschöne Stellen entfernen; 2–3 Minuten in sprudelndem Salzwasser blanchieren. Mit einem Sieblöffel aus dem Wasser fischen und sofort in einer Schale Eiswasser abschrecken, damit sie ihre appetitliche, knackig grüne Farbe behalten. Abgießen und gründlich abtropfen lassen.
Das Blanchierwasser wieder zum Kochen bringen, die Farfalle darin al dente garen. Abgießen und kalt abbrausen. Gut abtropfen lassen.
Die Walnußkerne grob zerkleinern und ohne Fett in einem Pfännchen rösten. Sobald sich der typische nussige Duft entfaltet, das Pfännchen vom Herd ziehen und abkühlen lassen.
Brokkoliröschen und Farfalle in eine Salatschüssel geben. Mit Salz, Pfeffer, Zitronenschale und -saft und dem Olivenöl anmachen. Die Nüsse hinzufügen und gut durchmischen.

FARFALLE MIT RUCOLA UND TOMATEN

Für 4–6 Personen
200 g Farfalle
4 Eßlöffel Olivenöl
2 dicke Büschel Rucola, geputzt
500 g reife Tomaten, in schmale Spalten geschnitten
1 gelbe Paprikaschote, in schmale Streifen geschnitten
einige Spritzer Balsamicoessig
Salz und Pfeffer aus der Mühle

Farfalle in reichlich sprudelndem Salzwasser al dente garen. Abgießen, kalt abschrecken und in eine Schüssel füllen. Sofort mit etwas Olivenöl überziehen, damit sie nicht verkleben. Mit Rucola, Tomaten und Paprika vermischen. Mit Olivenöl, Balsamicoessig, Salz und Pfeffer anmachen und sofort servieren.

FUSILLI MIT AUBERGINENPASTE

Damit die Auberginenpaste so richtig schön durchziehen kann, sollten Sie sie bereits einige Stunden im voraus oder am Vortag zubereiten.

Für 4–6 Personen
500 g Auberginen
4 Eßlöffel Olivenöl
125 g Naturjoghurt
Saft einer Zitrone
4 Knoblauchzehen, fein gehackt
Salz und Pfeffer aus der Mühle
400 g Fusilli
gehackte Petersilie zum Garnieren

Backofen auf 200 Grad vorheizen.
Die Auberginen längs halbieren. Die Schnittfläche an mehreren Stellen mit einer Gabel einstechen, dann mit einem Hauch Olivenöl bepinseln. Im heißen Ofen weich braten (je nach Größe der Auberginen ca. 30 Minuten).
Währenddessen den Joghurt mit 2 Eßlöffel Olivenöl, Zitronensaft, Knoblauch, Salz und Pfeffer zu einem herzhaften Dressing verrühren.
Auberginen aus dem Rohr holen und ein wenig abkühlen lassen, dann das Auberginenfleisch ausschaben und in die Joghurtmischung rühren. Abschmecken und einige Stunden durchziehen lassen.
Die Fusilli in einem großen Topf Salzwasser al dente garen. Abgießen und gut abtropfen lassen. In eine Schüssel geben und mit dem restlichen Olivenöl benetzen, dann mit der Auberginenpaste verrühren. Mit Petersilie bestreuen und zimmerwarm servieren.

FUSILLI MIT THUNFISCH UND PAPRIKA

Für 4 Personen
250 g Fusilli
1 Dose Thunfisch in Öl (ca. 175 g)
1 rote Paprikaschote, gewürfelt
2 Eßlöffel Petersilie, fein gehackt
2 hartgekochte Eier, geviertelt

Für das Dressing
2 Teelöffel Dijonsenf
1–2 Eßlöffel Zitronensaft
1 Spritzer Worcestershiresauce
Olivenöl
Salz und Pfeffer aus der Mühle

Fusilli in reichlich sprudelndem Salzwasser al dente garen. Abgießen, kalt abbrausen und in eine Schüssel füllen. Mit einem Hauch Olivenöl überziehen.
Den Thunfisch abtropfen lassen und mit einer Gabel grob zerpflücken. Zusammen mit den Paprikawürfeln unter die Pasta heben.
Die Zutaten für das Dressing verrühren und über den Salat geben. Mit der gehackten Petersilie bestreuen und gut durchmischen. Die hartgekochten Eier dekorativ obenauf setzen.

MACCHERONI IN INSALATA (MACCHERONISALAT)

Für 4 Personen
150 g Maccheroni (oder andere lange Röhrennudeln)
Salz und Pfeffer aus der Mühle
1 Dose Thunfisch in Öl (ca. 175 g)
1 Fenchelknolle mit Blattgrün
4 Tomaten, in Spalten geschnitten
1 gelbe oder rote Paprikaschote, in feine Streifen geschnitten
1/2 Salatgurke, in Stifte geschnitten
Olivenöl
Balsamicessig

Die Pasta in Salzwasser al dente garen, abgießen und kalt abschrecken. In einem Sieb abtropfen lassen.
Während die Pasta kocht, den Thunfisch abtropfen lassen, mit einer Gabel grob zerpflücken und in eine Schüssel geben. Den Fenchel putzen und klein schneiden. Das Fenchelgrün fein hacken und zum Garnieren beiseite stellen.
Maccheroni mit Thunfisch, Fenchel, Tomaten, Paprika und Gurke vermischen. Mit Olivenöl, Essig, Salz und Pfeffer anmachen. Mit dem Fenchelgrün garnieren.

PASTASALAT MIT ARTISCHOCKEN UND OLIVEN

Für 4 Personen
12 Artischockenherzen aus dem Glas
16 schwarze getrocknete Oliven, entsteint und grob gehackt
100 g griechischer Schafskäse, zerkrümelt
2 Eßlöffel Petersilie, fein gehackt
2 Knoblauchzehen, fein gehackt
Olivenöl
4 Eßlöffel Zitronensaft
Salz und Pfeffer aus der Mühle
350 g kurze Pasta (z. B. Farfalle, Orecchiette, Panierini)

Artischockenherzen abtropfen lassen, dann vierteln oder in mundgerechte Stücke schneiden. In eine Schüssel geben und mit Oliven, Schafskäse, Petersilie und Knoblauch vermischen. Mit Olivenöl, Zitronensaft, Salz und Pfeffer anmachen und eine Stunde durchziehen lassen.
Die Pasta in reichlich sprudelndem Salzwasser al dente garen. Abgießen, kalt abschrecken und abtropfen lassen. Mit dem Artischockensalat vermischen und servieren.

PASTASALAT MIT GEBRATENEM HÄHNCHENFLEISCH

Für 4–6 Personen
250 g Hähnchenbrust
Salz und Pfeffer aus der Mühle
1 Eßlöffel Öl
250 g Brokkoliröschen
250 g kurze Pasta (z. B. Farfalle, Eliche, Casarecce)
1 gelbe Paprikaschote, gewürfelt
2 Tomaten, gewürfelt

Für das Dressing
200 g saure Sahne
4 Eßlöffel frisch gehackte und gemischte Kräuter (z. B. Schnittlauch, Petersilie, Kerbel, Estragon)
Champagneressig
Salz und Pfeffer aus der Mühle

Das Hähnchenfleisch in fingerdicke Streifen schneiden, salzen und pfeffern. In heißem Öl durchbraten, aus der Pfanne heben und auf Küchenkrepp abtropfen lassen.

Unterdessen die Brokkoliröschen 2–3 Minuten in sprudelndem Salzwasser blanchieren. Mit einem Sieblöffel aus dem Wasser fischen und sofort in einer Schale Eiswasser abschrecken, damit sie ihre appetitliche, knackig grüne Farbe behalten. Abgießen und gründlich abtropfen lassen.

Das Blanchierwasser wieder zum Kochen bringen und die Pasta darin al dente garen. Abgießen und kalt abbrausen. Gut abtropfen lassen.

Während die Pasta kocht, das Dressing vorbereiten. Sämtliche Zutaten in ein Schälchen geben und sorgfältig verrühren. Herzhaft abschmecken und 15 Minuten durchziehen lassen.

Paprika und Tomaten in eine Salatschüssel geben. Brokkoli, Pasta und Hähnchenfleisch hinzufügen und vorsichtig vermischen. Mit dem Dressing anmachen und noch einmal mit Salz und Pfeffer würzen. Sofort servieren.

PASTASALAT MIT KRÄUTERDRESSING

Für 4 Personen
250 g Brokkoliröschen
150 g Zuckerschoten
2 Mohrrüben, in Scheiben geschnitten
2 Selleriestengel, in Streifen geschnitten
350 g kurze Pasta (z. B. Creste di gallo, Fusilli, Farfalle)

Für das Dressing
150 g saure Sahne
4 Eßlöffel Salatmayonnaise
1 Teelöffel Senf
Salz und Pfeffer aus der Mühle
Zitronensaft
1 Spritzer Worcestershiresauce
2 Eßlöffel Basilikum, fein gehackt
2 Eßlöffel Petersilie, fein gehackt
1 Knoblauchzehe, fein gehackt

Brokkoliröschen und Zuckerschoten in sprudelndem Salzwasser blanchieren. Mit einem Sieblöffel herausfischen und sofort unter kaltem Wasser abschrecken.

Abtropfen lassen, in eine Schüssel füllen und mit Mohrrüben und Sellerie vermischen.
Die Pasta im sprudelnden Blanchierwasser al dente garen.
Während die Pasta kocht, die Zutaten für das Dressing verrühren.
Pasta abgießen und kalt abschrecken. Kurz abtropfen lassen, dann mit dem Gemüse vermischen. Mit dem Dressing überziehen und servieren.

PASTASALAT MIT KREUZKÜMMELDRESSING

Für 4 Personen
250 g sehr kleine Nudeln (z. B. Anellini, Quadrucci, »Reiskörner«, »Melonenkerne« oder Sternchennudeln)
250 g Maiskörner aus der Dose
400 g Kidneybohnen aus der Dose
500 g Tomaten, in Spalten geschnitten
1 Bund Frühlingszwiebeln, in dünne Ringe geschnitten

Für das Dressing
Saft einer Limette
1 Spritzer Reisessig
6 Eßlöffel Olivenöl
1 Teelöffel gemahlener Kreuzkümmel
1 Knoblauchzehe, fein gehackt
Salz und Pfeffer aus der Mühle

Die Pasta in Salzwasser al dente garen. Abgießen und abtropfen lassen.
Während die Pasta kocht, Mais und Bohnen abbrausen und abtropfen lassen.
Pasta, Mais, Bohnen, Tomaten und den weißen Teil der Frühlingszwiebeln in eine Schüssel füllen und gut vermischen.
Die Zutaten für das Dressing verrühren. Den Pastasalat damit anmachen. Mit dem Grün der Frühlingszwiebeln bestreuen und zu Tisch bringen.

PASTASALAT MIT MEERESFRÜCHTEN UND BASILIKUMPÜREE

Für 4 Personen
1 kg geputzte Miesmuscheln
125 ml trockener Weißwein (nach Wunsch)
1 dickes Büschel Basilikum
mildes Olivenöl
250 g Fusilli oder Conchigliette
350 g gekochte Shrimps
1 rote Paprikaschote, gewürfelt
1 kleine rote Zwiebel, fein gehackt
20 schwarze oder grüne Oliven, entsteint und grob gehackt
Saft einer Zitrone
Salz und Pfeffer aus der Mühle

Miesmuscheln mit Weißwein oder der entsprechenden Menge Wasser aufsetzen und dämpfen, bis sie sich geöffnet haben (rund 5 Minuten). Aus dem Topf heben und etwas abkühlen lassen. Dann das Muschelfleisch aus den Schalen lösen und beiseite stellen. Ungeöffnete Muscheln wegwerfen.
Für das Basilikumpüree die Basilikumblätter von den Stengeln zupfen und grob zerkleinern. Mit 2–3 Eßlöffeln Olivenöl in der Küchenmaschine glattpürieren. Das Basilikumpüree hält sich einige Tage im Kühlschrank, so daß Sie es auch schon im voraus zubereiten können.
Die Pasta in einem Topf sprudelndem Salzwasser al dente garen.
Die ausgelösten Muscheln, Shrimps, Paprika, Zwiebel und Oliven in eine Schüssel füllen. Die Pasta abgießen, kalt abschrecken und in die Schüssel geben. Basilikumpüree, Olivenöl, Zitronensaft, Salz und Pfeffer in einem Schälchen zu einem Dressing verrühren. Über den Salat gießen und sorgfältig vermischen.

PASTASALAT MIT THUNFISCHMAYONNAISE

Für 4–6 Personen
250 g Brokkoliröschen
Salz und Pfeffer aus der Mühle
250 g kurze Pasta (z. B. Conchiglie, Eliche, Hörnchennudeln)
1 Dose Thunfisch in Öl (ca. 175 g)
250 g Salatmayonnaise
2 Eßlöffel Sahne
Zitronensaft
500 g Tomaten, grob zerkleinert

Brokkoliröschen ca. 3 Minuten in sprudelndem Salzwasser blanchieren. Mit einem Sieblöffel herausfischen und sofort unter kaltem Wasser abschrecken, damit sie knackig grün bleiben. Das Blanchierwasser für die Pasta aufheben.
Thunfisch abtropfen lassen und mit einer Gabel zerpflücken. Mit der Mayonnaise, der Sahne und einem Spritzer Zitronensaft in die Küchenmaschine füllen und zu einer glatten Creme pürieren. Mit Salz und Pfeffer abschmecken.
Das Blanchierwasser wieder zum Kochen bringen und die Pasta darin al dente garen. Abgießen, kalt abbrausen und in eine Schüssel füllen.
Brokkoliröschen und zerkleinerte Tomaten unter die Pasta mischen (einen kleinen Rest Tomatenstückchen zum Garnieren aufheben). Pasta und Gemüse mit der Thunfischmayonnaise überziehen und gut durchmischen. Ein paar Tomatenstückchen als Farbtupfer obenauf setzen.

PASTASALAT TRICOLORE

Für 4–6 Personen
300 g geschälte Erbsen (frisch oder tiefgekühlt)
Salz und Pfeffer aus der Mühle
250 g kurze Nudeln (z. B. Creste di gallo, Conchigliette, Hörnchennudeln)
500 g Tomaten, in schmale Spalten geschnitten
250 g Salatmayonnaise
1 Kästchen Kresse, fein gehackt
2 Eßlöffel Schnittlauch, fein gehackt
2 Eßlöffel Petersilie, fein gehackt
einige Spritzer Zitronensaft oder Weißweinessig

Einen großen Topf Wasser zum Kochen bringen und salzen. Die frischen Erbsen darin garen, bis sie zwar weich sind, aber noch leuchtend grün aussehen. Abgießen und kalt abschrecken. (TK-Erbsen nur kurz aufkochen lassen und sofort abgießen und abschrecken.)
Die Pasta al dente garen. Abgießen, kalt abbrausen und in eine Schüssel geben. Tomaten und Erbsen unterheben.
Die Mayonnaise mit den gehackten Kräutern verrühren und mit Salz, Pfeffer, Zitronensaft oder Essig abschmecken. Mit Nudeln und Gemüse vermischen und vor dem Servieren gut durchziehen lassen.

PENNE MIT BLUMENKOHL, OLIVEN UND TOMATEN

Für 4 Personen
1 mittelgroßer Kopf Blumenkohl
250 g Penne (oder andere kurze Röhrennudeln)
500 g Tomaten, in schmale Spalten geschnitten
12 schwarze oder grüne Oliven, entsteint und grob gehackt
1 Eßlöffel Petersilie, fein gehackt
1 Eßlöffel Basilikum, fein gehackt

Für das Dressing
3 Eßlöffel Weißweinessig
Salz und Pfeffer aus der Mühle
1 Schalotte, fein gehackt
1 Knoblauchzehe, fein gehackt
50 g Sardellenfilets, fein gehackt
125 ml Olivenöl

Den Blumenkohl putzen und in Röschen zerteilen. In sprudelndem Salzwasser ca. 5 Minuten garen (die Röschen sollten dann noch etwas »Biß« haben). Mit einem Sieblöffel herausheben und kalt abschrecken. Abtropfen lassen.
Das Blumenkohlwasser wieder zum Kochen bringen. Die Penne darin al dente garen.
Inzwischen die Zutaten für das Dressing verrühren.
Penne abgießen, kalt abbrausen und zusammen mit Blumenkohl, Tomaten und Oliven in eine Schüssel geben. Mit dem Dressing anmachen, gut durchmischen und mit den Kräutern bestreuen.

RADIATORI MIT MIESMUSCHELN

»Radiatori«, »Heizkörper« heißen die kleinen Nudeln, weil sie mit ihrem Rillenmuster an die Rippen eines Heizkörpers erinnern. Statt der witzigen Radiatori passen auch Fusilli oder andere Nudeln mit tiefen Einkerbungen, die den Salat gut aufnehmen können.

Für 4 Personen
1 kg Miesmuscheln
200 g Radiatori
1 rote Paprikaschote, in Streifen geschnitten
2 Selleriestengel, in Streifen geschnitten
100 g geschälte Erbsen, blanchiert
200 g Brokkoliröschen, blanchiert
Weißweinessig
Olivenöl
Salz und Pfeffer aus der Mühle
frisch gehackte Petersilie

Die Miesmuscheln putzen und verlesen. Geöffnete Muscheln wegwerfen. Muscheln mit einem Viertelliter Wasser aufsetzen und dämpfen, bis sie sich öffnen (rund 5 Minuten). Abgießen, etwas abkühlen lassen und das Muschelfleisch aus den Schalen lösen. Ungeöffnete Muscheln wegwerfen.
Während die Miesmuscheln garen, die Pasta in Salzwasser al dente garen. Abgießen, kalt abbrausen und abtropfen lassen.
Pasta, Muscheln und Gemüse in eine Schüssel geben und gut vermischen. Mit Essig, Öl, Salz und Pfeffer anmachen und mit frisch gehackter Petersilie bestreut servieren.

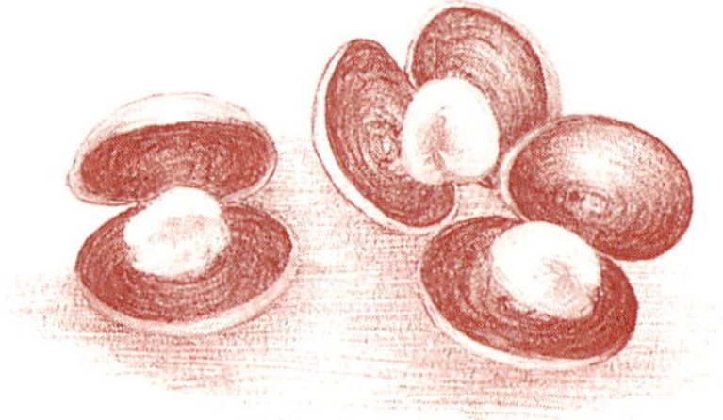

REGINETTE MIT DUNKLEM BASILIKUM

Reginette sind hübsche kurze Bandnudeln mit einem gewellten Rand. Wenn Sie dieses Format nicht erhalten können, nehmen Sie eine andere Nudelsorte, die die Zutaten gut aufnimmt, beispielsweise die gewölbten Cavatelli, Conchiglie und Gnocchetti.

Für 4 Personen
350 g Cocktailtomaten
2 Eßlöffel dunkles Basilikum, fein gehackt
je 1 Eßlöffel Majoran, Thymian und Petersilie, fein gehackt
2 Eßlöffel Kapern
16 schwarze Oliven, entsteint und halbiert
Olivenöl
Balsamicoessig
Salz und Pfeffer aus der Mühle
350 g Reginette
ganze dunkle Basilikumblätter zum Garnieren

Cocktailtomaten waschen und halbieren oder vierteln. Der Salat sieht besonders hübsch aus, wenn Sie nicht nur rote, sondern auch gelbe und orangefarbene Tomaten kombinieren.
Tomaten, Kräuter, Kapern und Oliven in einer Salatschüssel vermischen. Mit Öl, Balsamicoessig, Salz und Pfeffer anmachen und durchziehen lassen, während die Pasta kocht.
Reginette in reichlich sprudelndem Salzwasser al dente garen. Gelegentlich umrühren, damit sie nicht verkleben.
Abgießen, kalt abbrausen und kurz abtropfen lassen. Mit dem Gemüse vermischen und nach Bedarf nachwürzen. Mit den ganzen Basilikumblättern garnieren.

ROTELLE AN BUTTERMILCHDRESSING

Hier sind kurze Nudeln mit einer interessanten Form gefragt, die das Dressing gut aufnehmen können.
Statt Rotelle eignen sich auch Creste di gallo, Radiatori, die klassischen Fusilli oder Panierini oder eine bunte Mischung – vorausgesetzt, alle Pastatypen haben dieselbe Garzeit.

Für 4 Personen
250 g (bunte) Rotelle
500 g Cocktailtomaten, geviertelt
1/2 Salatgurke, gewürfelt
1 gelbe Paprikaschote, in Streifen geschnitten

Für das Dressing
2 Knoblauchzehen, zerstoßen
125 ml Buttermilch
125 g Naturjoghurt
Salz und Pfeffer aus der Mühle
1 Büschel frischer Dill, fein gehackt

Für das Dressing Knoblauch mit Buttermilch, Joghurt, Salz und Pfeffer vermischen. Gut die Hälfte des Dills unterrühren, den Rest zum Garnieren beiseite stellen.
Die Pasta in reichlich sprudelndem Salzwasser al dente garen. Abgießen, kalt abbrausen und mit dem zurechtgeschnittenen Gemüse in eine Schüssel geben. Dressing über den Salat geben und gut durchmischen. Mit frisch gehacktem Dill garnieren und zu Tisch bringen.

SPAGHETTINI ALLA CAPRESE

Für 3–4 Personen
250 g Spaghettini
Salz und Pfeffer aus der Mühle
Olivenöl
2 große Tomaten, fein gewürfelt
250 g Mozzarella (2 Kugeln aus dem Beutel), fein gewürfelt
1 Eßlöffel Basilikum, fein gehackt
1 Eßlöffel Oregano, fein gehackt
10 schwarze Oliven, entsteint und grob gehackt (nach Wunsch)

Spaghettini in reichlich sprudelndem Salzwasser al dente garen. Abgießen, kalt abbrausen und in eine Schüssel füllen. Sofort mit etwas Olivenöl überziehen, damit sie nicht verkleben, und die Tomaten- und Mozzarellawürfel unterheben. Mit den Kräutern, Olivenöl, Salz und Pfeffer anmachen. Nach Wunsch mit den gehackten Oliven bestreuen.

SPAGHETTISALAT MIT FRISCHEM THYMIAN

Für 4 Personen
4 große, vollreife Tomaten
2 Eßlöffel frische Thymianblättchen
Olivenöl
Salz und Pfeffer aus der Mühle
300 g Spaghetti

Tomaten 30 Sekunden in kochendes Wasser tauchen. Herausheben und häuten. Quer halbieren und entkernen. Das Fruchtfleisch fein würfeln, in eine Schüssel geben und mit Thymian, Olivenöl, Salz und Pfeffer würzen. Abdecken und durchziehen lassen, während Sie die Spaghetti al dente garen.
Die gekochten Spaghetti abgießen, kalt abbrausen und mit den übrigen Zutaten vermischen. Herzhaft abschmecken und servieren.

SPAGHETTISALAT MIT SCHARFEN CHILISCHOTEN

Für 4 Personen
100 ml Olivenöl
2 Knoblauchzehen, fein gehackt
1 Bund Frühlingszwiebeln, in dünne Ringe geschnitten
1 rote Paprikaschote, grob gewürfelt
3 scharfe grüne Chilischoten, entkernt und in dünne Ringe geschnitten
Salz und Pfeffer aus der Mühle
250 g Spaghetti
125 g Mozzarella (1 Kugel aus dem Beutel), gewürfelt
Balsamicoessig
2 Eßlöffel Petersilie, fein gehackt
500 g Tomaten, in schmale Spalten geschnitten

Olivenöl in einer weiten Pfanne erhitzen. Knoblauch, Frühlingszwiebeln, Paprika und Chillies bei mäßiger Hitze darin weich dünsten. Salzen, pfeffern und abkühlen lassen. Die Spaghetti al dente garen. Abgießen und kalt abschrecken. Nudeln, Gemüse und Mozzarellawürfel in eine Schüssel füllen und gut vermischen. Mit Salz, Pfeffer und einem Spritzer Balsamicoessig abschmecken. Abdecken und im Kühlschrank eine Stunde durchziehen lassen. Vor dem Servieren die Petersilie und die Tomatenspalten unterheben.

SPARGELSALAT MIT PENNE UND HASELNÜSSEN

Für 4 Personen
500 g grüner Spargel
500 g weißer Spargel (Bruchspargel genügt)
1 Teelöffel Zucker
Salz und Pfeffer aus der Mühle
1 Eßlöffel Butter
250 g Brokkoliröschen
6 Eßlöffel Sherryessig
8 Eßlöffel Nußöl
250 g Penne
50 g geröstete Haselnüsse, grob gehackt

Spargel schälen (beim grünen Spargel nur die dicken Stangen), die holzigen Enden abtrennen. Spargelstangen schräg in 5 cm lange Stücke schneiden, die Spitzen ganz lassen.

Einen großen Topf Wasser zum Kochen bringen, etwas Salz, Zucker und Butter darin auflösen. Spargel ins sprudelnde Wasser geben und in ca. 15 Minuten al dente garen (der grüne Spargel sollte seine knackig grüne Farbe nicht verlieren; deshalb erst nach dem weißen Spargel ins Wasser geben). Mit einem Sieblöffel herausfischen und kalt abschrecken. Abtropfen lassen.

Im Spargelwasser dann die Brokkoliröschen blanchieren. Abgießen und kalt abschrecken.

Aus Salz, Pfeffer, Sherryessig und Öl ein Dressing rühren. Die Penne in sprudelndem Salzwasser al dente garen. Abgießen, kalt abbrausen und in eine Schüssel geben. Das Gemüse hinzufügen. Das Ganze mit dem Dressing anmachen, abdecken und eine Stunde durchziehen lassen. Vor dem Servieren sorgfältig durchmischen, ggf. nachwürzen. Mit den Haselnüssen bestreut servieren.

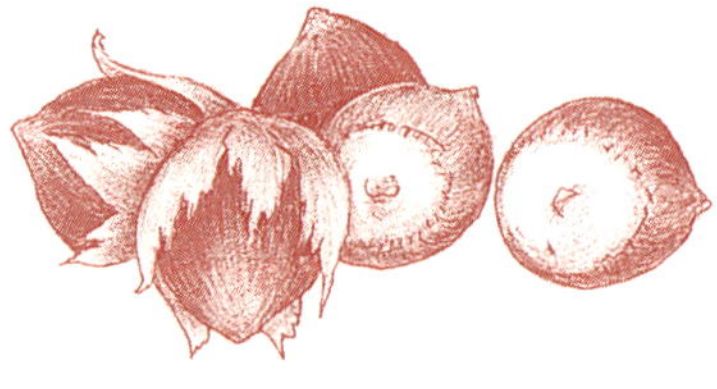

SPINATNUDELSALAT MIT THUNFISCH UND TOMATEN

Für 2–4 Personen
250 g grüne Spaghetti
1 Dose Thunfisch in Öl (ca. 175 g)
30 g Kapern
500 g Tomaten, in Spalten geschnitten
2 Knoblauchzehen, fein gehackt
Olivenöl
Saft einer Zitrone
Salz und Pfeffer aus der Mühle

Spaghetti in reichlich sprudelndem Salzwasser al dente garen.
Inzwischen den Thunfisch abtropfen lassen und mit einer Gabel zerpflücken. Die Kapern ebenfalls abtropfen lassen. Beides in eine Schüssel füllen.
Die Spaghetti abgießen, kalt abschrecken und zu Thunfisch und Kapern geben. Die Tomaten und den Knoblauch unterheben. Den Salat mit Olivenöl, Zitronensaft, Salz und Pfeffer anmachen und servieren.

VERMICELLI OLIVETO

Für 4 Personen
2 Eßlöffel Pinienkerne
1 kg vollreife Tomaten
20 schwarze Oliven, entsteint und halbiert
2 Knoblauchzehen, fein gehackt
Olivenöl
Balsamicoessig
Salz und Pfeffer aus der Mühle
350 g Vermicelli

Pinienkerne ohne Fett in einem Pfännchen goldbraun rösten. Vom Herd nehmen und abkühlen lassen.
Die Tomaten ca. 30 Sekunden in kochendes Wasser tauchen, dann häuten, entkernen und grob hacken. In eine Schüssel füllen und mit Oliven und Knoblauch vermischen. Mit Olivenöl, Essig, Salz und Pfeffer anmachen.
Vermicelli al dente garen. Abgießen, kalt abschrecken und mit den Tomaten vermischen. Mit den Pinienkernen bestreuen und servieren.

WARMER RAVIOLISALAT

Für 4–6 Personen
1 rote Zwiebel, fein gehackt
1 rote Paprikaschote, fein gehackt
2 Mohrrüben, in Scheiben geschnitten
150 g geschälte Erbsen
4 Eßlöffel Olivenöl
500 g Ravioli nach Wahl
Salatblätter zum Anrichten

Für das Dressing
100 ml Olivenöl
2–4 Eßlöffel Balsamicoessig
1 Teelöffel Zucker
Salz und Pfeffer aus der Mühle

Die Zutaten für das Dressing verrühren und beiseite stellen.
Das Gemüse in Olivenöl einige Minuten weich dünsten. Salzen und pfeffern.
Die Ravioli in Salzwasser nur knapp al dente garen. Mit einer Schaumkelle herausheben und in die Gemüsepfanne geben. Vorsichtig vermischen.
Mit dem Dressing übergießen und einmal aufkochen lassen. Vom Herd nehmen und auf einem Bett aus Blattsalat anrichten. Zimmerwarm servieren.

MEXIKANISCHER NUDELSALAT

Für 4 Personen
300 g kurze Nudeln (z. B. Conchiglie, Hörnchen- oder Spiralnudeln)
2 Fleischtomaten, grob gewürfelt
1 kleine Dose Maiskörner
1 gelbe und eine rote Paprikaschote, grob gewürfelt
200 g Monterey-Jack oder Gouda, gewürfelt
1–2 grüne Chilischoten (vorzugsweise Jalapeño), entkernt, fein gehackt
Öl
3 Eßlöffel Limettensaft
Salz und Pfeffer aus der Mühle
1 reife Avocado
3 Eßlöffel Koriandergrün, fein gehackt

Nudeln in reichlich sprudelndem Salzwasser al dente garen. Abgießen, kalt abbrausen und abtropfen lassen. In eine Schüssel füllen und mit dem vorbereiteten Gemüse vermischen.
Aus Öl, Limettensaft, Salz und Pfeffer ein Dressing rühren und über den Nudelsalat gießen. Zum Schluß die Avocado schälen und würfeln und unter den Salat heben. Alle Zutaten vorsichtig vermischen und nach Bedarf nachwürzen. Mit Koriandergrün bestreuen und servieren.

KUSKUS MIT TOMATEN UND FRISCHER MINZE

Für 2 Personen
125 g Instant-Kuskus
2 Tomaten, in Spalten geschnitten
8 schwarze Oliven, entsteint und in Streifen geschnitten
1 Bund Frühlingszwiebeln, in dünne Ringe geschnitten
1 Büschel Minzeblättchen
Olivenöl
Apfelessig
Salz und Pfeffer aus der Mühle
1–2 Eßlöffel gestiftelte Mandeln (nach Wunsch)

Den Kuskus nach Packungsanleitung zubereiten und abkühlen lassen. Mit einer Gabel auflockern und in eine Schüssel füllen. Mit Tomaten, Oliven und Frühlingszwiebeln vermischen. Die Minzeblättchen grob zerzupfen und in den Salat streuen. Mit Olivenöl, Essig, Salz und Pfeffer anmachen.
Wenn Sie dem Salat etwas mehr »Biß« geben möchten, die gestiftelten Mandeln ohne Fett in einer Pfanne goldbraun rösten und über den Salat streuen.

ASIATISCHER NUDELSALAT MIT SAUREM GEMÜSE

Die chinesische Küche liebt saures Gemüse in jeder Form – ob zum Frühstück, wie in China üblich, oder wie hier zu einem pikanten Salat kombiniert.

Für 4 Personen
Salz
3 Mohrrüben, in Scheiben geschnitten
3 Selleriestengel, in Streifen geschnitten
250 g Brokkoliröschen
100 g Chinakohl, feinstreifig geschnitten
1 rote Zwiebel, in schmale Spalten geschnitten
Reisessig
1 kleine Salatgurke
2 frische Chilischoten
2 Frühlingszwiebeln
200 g dünne Eiernudeln

Für das Dressing
Reisessig
2 Eßlöffel Zucker
Salz und Pfeffer aus der Mühle
1 Eßlöffel asiatisches Sesamöl

Einen großen Topf Salzwasser zum Kochen bringen. Mohrrüben, Sellerie, Brokkoli, Chinakohl und Zwiebel eine Minute darin blanchieren. Abgießen, unter kaltem Wasser abschrecken und sofort mit Reisessig besprengen, damit das Gemüse seine leuchtende Farbe behält.
Die Gurke schälen und längs halbieren. Die Kerne ausschaben und die Gurke in dünne Halbmonde schneiden. Die Chilischoten entkernen und in hauchfeine Streifen, die Frühlingszwiebeln in dünne Ringe schneiden.
Das Gemüse in eine Schüssel füllen. Die Zutaten für das Dressing vermischen und darübergeben. Gut durchmischen, abdecken und etwa eine Stunde ziehen lassen. In der Zwischenzeit die Nudeln in reichlich sprudelndem Salzwasser bißfest kochen. Abgießen und kalt abbrausen. Mit dem Gemüse vermischen, nach Bedarf nachwürzen und kalt servieren.

CHINESISCHER NUDELSALAT MIT FRISCHEM SPROSSENGEMÜSE

Für 2–4 Personen
3 Eßlöffel Sesamsaat
250 g chinesische Fadennudeln
200 g Sojasprossen
100 g Alfalfasprossen
50 g Sonnenblumensprossen
1 Bund Frühlingszwiebeln, in dünne Ringe geschnitten

Für das Dressing
4–5 Eßlöffel Reisessig
1 Eßlöffel asiatisches Sesamöl
neutrales Speiseöl
1 Prise Zucker
1 getrocknete Pfefferschote, zerstoßen
3 cm Ingwerwurzel, fein gehackt
Salz und Pfeffer aus der Mühle

Die Sesamsaat ohne Fett in einem Pfännchen goldbraun rösten. Sobald die Körner platzen, Pfännchen vom Herd ziehen und abkühlen.
Die Zutaten für das Dressing verrühren und durchziehen lassen.
Die Nudeln nach Packungsanleitung al dente garen. Abgießen, kalt abbrausen und abtropfen.
Die Nudeln mit der Hälfte des Dressings anmachen und durchziehen lassen.
Inzwischen das Sprossengemüse waschen und abtropfen lassen. Die Alfalfasprossen auseinanderziehen.
Sprossen und Frühlingszwiebeln unter die Nudeln heben und mit dem restlichen Dressing anmachen. Gut durchmischen. Mit der Sesamsaat bestreuen und zu Tisch bringen.

CHINESISCHER NUDELSALAT MIT PAPRIKA UND AUBERGINEN

Für 4 Personen
500 g möglichst kleine Auberginen
asiatisches Sesamöl zum Bepinseln
150 g Zuckerschoten
Salz
350 g chinesische Eiernudeln
1 cm Ingwerwurzel, geschält und fein gehackt
1 Knoblauchzehe, fein gehackt
1 rote Paprikaschote, in feine Streifen geschnitten
4 Frühlingszwiebeln, in dünne Ringe geschnitten
geröstete Sesamsaat

Für die Marinade
3 Eßlöffel Erdnußöl
3 Eßlöffel asiatisches Sesamöl
3 Eßlöffel Reisessig
6 Eßlöffel Sojasauce
Salz und Pfeffer aus der Mühle
1 getrocknete Chilischote, zerstoßen

Backofen auf 200 Grad vorheizen. Die Auberginen längs halbieren. Die Schnittfläche an mehreren Stellen mit einer Gabel einstechen, dann mit Sesamöl bepinseln. Im Ofen weich braten. (Je nach Größe der Auberginen ca. 15 Minuten.) Herausholen und abkühlen lassen.
Die Zutaten für die Marinade in einem Schälchen verrühren und beiseite stellen.
Die Zuckerschoten in einem großen Topf Salzwasser blanchieren. Mit einem Sieb herausfischen und kalt abschrecken. Abtropfen lassen und beiseite stellen.
Die Nudeln im sprudelnden Blanchierwasser al dente garen. Abgießen, kalt abbrausen und gut abtropfen lassen. In eine Schüssel füllen, mit der Hälfte des Dressings überziehen.
Die Auberginen in schmale Streifen schneiden und zusammen mit Ingwer, Knoblauch, Paprika, den Zuckerschoten und dem weißen Teil der Frühlingszwiebeln zu den Nudeln geben. Mit dem restlichen Dressing anmachen und gründlich vermischen. Mit dem Grün der Frühlingszwiebeln und der gerösteten Sesamsaat garnieren.

GLASNUDELSALAT MIT ORANGEN-CHILI-DRESSING

Für 4 Personen
250 g Glasnudeln
250 g Brokkoliröschen
150 g Zuckerschoten
1 rote Paprikaschote, in schmale Streifen geschnitten
100 g Sojasprossen
frisch gehacktes Koriandergrün zum Garnieren

Für das Dressing
3 cm Ingwerwurzel, geschält und fein gehackt
2 Knoblauchzehen, fein gehackt
1 Eßlöffel abgeriebene Orangenschale
1–2 Chilischoten, entkernt und fein gehackt
1 Prise Zucker
50 ml Reisessig
2 Eßlöffel asiatisches Sesamöl
neutrales Pflanzenöl
Salz und Pfeffer aus der Mühle

Die Nudeln mit kochendem Wasser überbrühen und einweichen.
Inzwischen Brokkoliröschen und Zuckerschoten nacheinander in sprudelndem Salzwasser blanchieren. Mit einem Sieb herausfischen und kalt abschrecken.
Die Zutaten für das Dressing verrühren.
Nudeln abgießen und in 10 Zentimeter lange Stränge schneiden. Zusammen mit dem Gemüse in eine Schüssel geben und gut vermischen. Das Dressing darübergeben, mit Koriandergrün bestreuen und servieren.

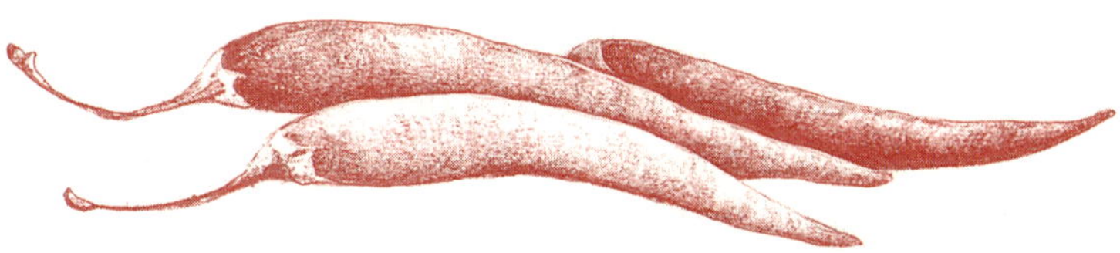

GLASNUDELSALAT MIT SHRIMPS AN ZITRONEN-SHERRY-DRESSING

Für 4 Personen
250 g Glasnudeln
1 Eßlöffel Sesamsaat
1 kleiner Chinakohl, feinstreifig aufgeschnitten
125 g Zuckerschoten, in streichholzfeine Streifen geschnitten
1 große rote Paprikaschote, in feine Streifen geschnitten
3 Mohrrüben, grob geraspelt
1 Bund Frühlingszwiebeln, in dünne Ringe geschnitten
250 g geschälte und gegarte Shrimps
1 Eßlöffel asiatisches Sesamöl

Für das Dressing
2 cm Ingwerwurzel, geschält und fein gehackt
2 Knoblauchzehen, fein gehackt
3 Eßlöffel Zitronensaft
2 Eßlöffel Sherry
1 Eßlöffel Reisessig
100 ml Sojasauce
75 ml Wasser
1 Eßlöffel Speisestärke

Die Nudeln mit kochendem Wasser überbrühen und ca. 15 Minuten (beachten Sie die Anweisung auf der Packung) einweichen lassen.
In der Zwischenzeit die Sesamsaat ohne Fett in einem Pfännchen goldbraun rösten. Vom Herd nehmen und abkühlen lassen.
Die Zutaten für das Dressing in einem Töpfchen aufkochen lassen. Eine Minute durchkochen und umrühren, damit sich die Speisestärke auflöst. Vom Herd nehmen und abkühlen lassen.
Die Nudeln abgießen und abtropfen lassen, in 10–12 Zentimeter lange Stränge schneiden und in eine Schüssel füllen. Mit dem Gemüse und den Shrimps vermischen und rundum mit Sesamöl benetzen. Mit dem Dressing anmachen und mit gerösteter Sesamsaat bestreuen.

GLASNUDELSALAT MIT SÜSS-SAUREM DRESSING

Für 3–4 Personen
175 g Glasnudeln
1 Eßlöffel Erdnußöl
2 Knoblauchzehen, fein gehackt
2 cm Ingwerwurzel, geschält und fein gehackt
1 Bund Frühlingszwiebeln, in dünne Ringe geschnitten
50 g Zuckerschoten
125 g Sojabohnensprossen
1 kleine Salatgurke, streichholzfein gestiftelt
2 Eßlöffel geröstete Erdnüsse, grob gehackt

Für das Dressing
2 Eßlöffel Reisessig
1 Eßlöffel Limettensaft (nach Wunsch)
2 Eßlöffel Sojasauce
1 Eßlöffel Fischsauce
2 getrocknete Chilischoten, zerstoßen
1 Eßlöffel Zucker

Die Glasnudeln in heißem Wasser einweichen.
Inzwischen die Zutaten für das Dressing in einem Schälchen verrühren.
Das Öl im Wok rauchend heiß werden lassen. Knoblauch, Ingwer, den weißen Teil der Frühlingszwiebeln und die Zuckerschoten 30 Sekunden rührbraten, dann die Sojasprossen und die gestiftelte Gurke einrühren und weitere 30 Sekunden rührbraten. Den Wokinhalt in eine Salatschüssel füllen und abkühlen lassen.
Die Nudeln abgießen, in 10 Zentimeter lange Stränge schneiden und mit dem Gemüse vermischen. Mit dem Dressing überziehen und mit dem Grün der Frühlingszwiebeln und den Erdnüssen bestreuen.

REISNUDELSALAT MIT GARNELEN

Für 4 Personen
250 g Reisnudeln
Salz
16–20 frische Garnelen
2 Eßlöffel Zitronensaft
1/2 Salatgurke, gestiftelt
4 Frühlingszwiebeln, in dünne Ringe geschnitten
1–2 kleine grüne Chilischoten, entkernt und in hauchfeine Streifen geschnitten
2 Knoblauchzehen, fein gehackt
1 Büschel frische Minze, grob gehackt
1 Büschel frisches Koriandergrün, grob gehackt
2 Eßlöffel geröstete Erdnüsse, grob gehackt

Für das Dressing
4 Eßlöffel Reisessig
3 Eßlöffel Fischsauce
1–2 Eßlöffel Limettensaft
1 Eßlöffel Zucker

Die Zutaten für das Dressing in einem Schälchen verrühren. Abdecken und eine Stunde durchziehen lassen.
Die Reisnudeln 15 Minuten in heißem Wasser einweichen. Inzwischen einen Topf Nudelwasser zum Kochen bringen und salzen. Die Nudeln abgießen und im kochenden Wasser 45 Sekunden garen. Abgießen, kalt abbrausen und abtropfen lassen.
Die Garnelen schälen und entdarmen. In mit Zitronensaft gesäuertem Wasser etwa 2 Minuten garen, bis ihr Fleisch milchig-weiß aussieht. Abgießen und kalt abschrecken. Längs halbieren.
Nudeln in 10 Zentimeter lange Stränge schneiden und in eine Schüssel füllen. Mit dem vorbereiteten Gemüse und den Garnelen vermischen. Mit Dressing überziehen und gut durchmischen. Auf eine Servierplatte häufen und mit Kräutern und Erdnüssen garnieren.

REISNUDELSALAT MIT GEBRATENER ENTENBRUST

Für 4 Personen
175 g Reisnudeln
2 Entenbrüste
Öl zum Braten
250 g Feldsalat
2 Mohrrüben, in dünne Scheiben geschnitten
1 rote Paprikaschote, gewürfelt
50 g geröstete Cashewkerne

Für das Dressing
3 cm Ingwerwurzel, geschält und fein gehackt
2 Knoblauchzehen, fein gehackt
4 Eßlöffel Reisessig
2 Eßlöffel Sojasauce
1 Eßlöffel asiatisches Sesamöl
Erdnußöl oder neutrales Pflanzenöl
1 Prise Zucker
1 Eßlöffel Hoisinsauce
Salz und Pfeffer aus der Mühle

Die Reisnudeln in heißem Wasser 15 Minuten einweichen, dann abgießen und in sprudelndem Salzwasser 30–45 Sekunden bißfest garen. Abgießen, kalt abbrausen und abtropfen lassen. Ab und zu mit einer Gabel auflockern.
Die Haut der Entenbrüste kreuzweise einritzen. Entenbrüste in heißem Öl scharf braten, bis das Fleisch außen kroß, innen aber noch zartrosa ist. Aus der Pfanne heben und in dünne Scheiben oder mundgerechte Streifen schneiden.
Feldsalat waschen und verlesen. Die Zutaten für das Dressing verrühren.
Nudeln, Entenfleisch und das vorbereitete Gemüse in eine Schüssel füllen und gut durchmischen. Mit Dressing anmachen, mit den Cashewkernen bestreuen und sofort servieren.

REISNUDELSALAT MIT ZITRONENGRAS UND MARINIERTEM RINDFLEISCH

Für 4–6 Personen
500 g Hüftsteak vom Rind
250 g Reisnudeln
Salz
1/2 Salatgurke, in feine Streifen geschnitten
1 rote Paprikaschote, in feine Streifen geschnitten
1 kleines Büschel Thai-Basilikum, gehackt
1 kleines Büschel frische Minze, gehackt
1 kleines Büschel Koriandergrün, gehackt
2 Vogelaugenchillies, entkernt und haarfein aufgeschnitten
Öl zum Braten
50 g geröstete Cashews, grob gehackt

Für die Marinade
2 Stengel Zitronengras
4 Knoblauchzehen, grob gehackt
2 Eßlöffel Sojasauce
1 Eßlöffel Zucker
2 Eßlöffel Pflanzenöl
1 Teelöffel asiatisches Sesamöl
2 Eßlöffel Fischsauce (Naam Pblaa)

Für das Dressing
Saft von 2 Limetten
3 Eßlöffel Fischsauce (Naam Pblaa)
1 Eßlöffel Zucker
125 ml warmes Wasser
1 Knoblauchzehe, fein gehackt
1–2 Vogelaugenchillies, entkernt und haarfein aufgeschnitten

Für die Marinade das Zitronengras von den groben äußeren Blättern befreien. Die unteren 10–12 Zentimeter so gut es geht in Ringe schneiden, den Rest wegwerfen. Mit den übrigen Zutaten der Marinade vermischen.
Das Steak in mundgerechte Streifen schneiden und in die Marinade legen, abdecken und mehrere Stunden durchziehen lassen.
Die Zutaten für das Dressing verrühren.

Die Reisnudeln 15 Minuten in heißem Wasser einweichen, dann in sprudelndem Salzwasser al dente garen (ca. 45 Sekunden). Abgießen, kalt abbrausen und in eine Schüssel füllen. Mit Gemüse und Kräutern (ein paar zum Garnieren aufheben) vermischen. Mit der Hälfte des Dressings anmachen und durchziehen lassen. Auf eine Servierplatte häufen.
Steakstreifen aus der Marinade heben und in heißem Öl rundum scharf anbraten. Über den vorbereiteten Salat geben, mit ein paar Kräutern und Cashewkernen garnieren und zu Tisch bringen.

SESAMNUDELSALAT MIT CHILIDRESSING

Für 4 Personen
1–2 Eßlöffel Sesamsaat
1–2 Eßlöffel Erdnußöl
1 Knoblauchzehe, fein gehackt
2 cm Ingwerwurzel, geschält und fein gehackt
100 g Zuckerschoten
100 g Sojabohnensprossen
2 Eßlöffel chinesischer Kochwein (ersatzweise Sherry)
200 g chinesische Eiernudeln

Für das Dressing
3 Eßlöffel asiatisches Sesamöl
1–2 Eßlöffel Sojasauce
Salz und Pfeffer aus der Mühle
1 Teelöffel Chiliöl (oder 1 getrocknete und zerkrümelte Chilischote und 1 Eßlöffel Öl)

Die Sesamsaat ohne zusätzliches Fett in einem Pfännchen rösten. Sobald die Körner platzen, vom Herd nehmen und abkühlen lassen.
Die Zutaten für das Dressing in einem Schälchen verrühren.
Das Erdnußöl im Wok rauchend heiß werden lassen. Knoblauch, Ingwer und Zuckerschoten 30 Sekunden darin rührbraten, dann die Sojasprossen hinzufügen und weitere 30 Sekunden rührbraten. Den Kochwein hinzugießen und alle Zutaten damit benetzen. Wokinhalt in eine Schüssel füllen und abkühlen lassen.
Inzwischen die Nudeln in reichlich Salzwasser bißfest garen. Abgießen und kalt abbrausen, dann mit dem gebratenen Gemüse vermischen und das Dressing darübergeben. Mit der gerösteten Sesamsaat bestreuen und zu Tisch bringen.

UDONNUDELN MIT MARINIERTEN HÄHNCHENSTREIFEN

Für 4 Personen
500 g Hähnchenschnitzel
2 Knoblauchzehen, fein gehackt
3 cm Ingwerwurzel, geschält und fein gehackt
5 Eßlöffel Reisessig
250 g Udonnudeln
Salz
2 Eßlöffel asiatisches Sesamöl
1 Büschel Koriandergrün, gehackt
1 Bund Frühlingszwiebeln, in dünne Ringe geschnitten
Öl zum Braten
2 Eßlöffel geröstete Sesamsaat

Hähnchenfleisch in mundgerechte Streifen schneiden und in eine Schüssel geben. Mit Knoblauch, Ingwer und einem Eßlöffel Reisessig vermischen. Abdecken und 30 Minuten durchziehen lassen.
Udonnudeln in reichlich sprudelndem Salzwasser 2 Minuten garen. Dabei ab und zu umrühren. Einen Viertelliter Wasser hinzugießen und wieder zum Kochen bringen. Zweimal wiederholen, bis die Nudeln bißfest sind. Abgießen, mit kaltem Wasser abbrausen und in eine Schüssel füllen.
Die Nudeln mit Reisessig und Sesamöl überziehen. Koriandergrün und Frühlingszwiebeln unterheben.
Hähnchenstreifen aus der Marinade heben und in heißem Öl unter ständigem Wenden bräunen. Auf dem Nudelbett anrichten. Mit gerösteter Sesamsaat bestreuen und zu Tisch bringen.

Pasta aus dem Ofen

MIT FLEISCH UND FISCH

CANNELLONI ALLA NAPOLETANA

Für 4 Personen
2 Eßlöffel Olivenöl
1 Zwiebel, gehackt
1 Knoblauchzehe, gehackt
1 kg Tomatenpüree
1 Handvoll Basilikumblätter, grob zerzupft
Salz und Pfeffer aus der Mühle
300 g Ricotta
2 Eier
100 g geriebener Pecorino
200 g Mozzarella, gewürfelt
150 g gekochter Schinken, gewürfelt
1/2 Portion Nudelteig nach dem Grundrezept auf Seite 28
oder 250 g Cannellonihüllen
50 g Butterflöckchen

Das Olivenöl in einem Topf erhitzen. Zwiebel und Knoblauch darin andünsten. Tomatenpüree und Basilikum einrühren. Salzen und pfeffern. Auf kleiner Flamme 30 Minuten durchköcheln.

Für die Füllung die Ricotta in eine Schüssel geben und mit Eiern, 50 Gramm Pecorino, den Mozzarella- und Schinkenwürfeln vermischen und herzhaft abschmecken.

Nun den frischen Nudelteig auf der Nudelmaschine dünn ausrollen und zu 8 x 12 Zentimeter großen Teigblättern schneiden. Die gekauften Cannellonihüllen nach Packungsanleitung vorkochen, aus dem Topf heben und auf Küchentüchern abkühlen lassen.

Backofen auf 190 Grad vorheizen.

Etwa 2–3 Eßlöffel Tomatensauce auf dem Boden einer Auflaufform verstreichen. Die Nudeln füllen und dicht an dicht in die Form setzen.

Bei frischen Cannelloniblättern die Füllung auf dem unteren Drittel verteilen, dann aufrollen. Mit der Nahtseite nach unten in die Form setzen.

Cannelloni mit der restlichen Tomatensauce überziehen. Darauf achten, daß auch die Ränder mit Sauce bedeckt sind, weil sie sonst austrocknen. Mit dem übrigen Pecorino bestreuen und die Butterflöckchen obenauf setzen. In etwa 45 Minuten goldbraun überbacken. Nach Bedarf gegen Ende der Backzeit mit Alufolie abdecken. Vor dem Servieren 5–10 Minuten ruhen lassen.

CANNELLONI ALLA ROMANA

Die römische Küche kennt eine Vielzahl von Gerichten mit dem sogenannten »fünften Viertel«, das heißt den billigen Stücken und Innereien von Schlachttieren und Geflügel. Sie werden zu Sugos, Ragouts und – wie hier – zu Nudelfüllungen verarbeitet.

Für 4 Personen
Nudelteig aus 200 g Mehl und 2 Eiern (entspricht 2/3 des Grundrezepts auf Seite 28) oder Cannellonihüllen aus dem Laden
etwas Öl für die Form
50 g geriebener Parmesan

Für die Füllung
6 Hühnerlebern
1 Knoblauchzehe, fein gehackt
1 Eßlöffel Butter
100 g Parmaschinken, gewürfelt
1 Eßlöffel Petersilie, fein gehackt
50 g geriebener Parmesan
1 Ei
Semmelbrösel zum Binden (nach Bedarf)
Salz und Pfeffer aus der Mühle

Für die Sauce
3 Eßlöffel Butter
1 Zwiebel, gehackt
400 g gemischte Innereien vom Huhn
50 ml trockener Weißwein
100 ml Hühnerbrühe
250 ml Tomatenpüree
Salz und Pfeffer aus der Mühle
frisch geriebener Muskat

Zunächst die Füllung zubereiten. Die Hühnerlebern fein hacken und zusammen mit dem Knoblauch in heißer Butter anbraten. In eine Schüssel füllen und mit den übrigen Zutaten vermischen und würzen.
Für die Sauce die Butter in einer Pfanne erhitzen. Die Zwiebel sanft darin andünsten, dann die Hühnerinnereien dazugeben und rundum bräunen. Mit Weißwein ablöschen; wenn der Wein eingekocht ist, die Hühnerbrühe und das Tomatenpüree hinzufügen. Mit Salz, Pfeffer und Muskat würzen und kurz durchköcheln lassen.
Backofen auf 220 Grad vorheizen. Gekaufte Cannellonihüllen vorkochen, aus dem Topf nehmen und auf Küchentüchern abkühlen lassen.
Den Nudelteig dünn ausrollen und zu Quadraten mit 12 Zentimeter Kantenlänge zurechtschneiden. Die Füllmasse auf dem unteren Drittel verteilen. Die Cannelloni aufrollen und mit der Nahtseite nach unten in eine geölte Auflaufform geben. Mit der Sauce überziehen und mit geriebenem Parmesan bestreuen. Im heißen Ofen rund 15 Minuten überbacken. Vor dem Servieren ein paar Minuten ruhen lassen.

CANNELLONI ALL'EMILIANA

Für 8–12 Personen
500 g Hähnchenbrust
250 g Mortadella
250 g gekochter Schinken
4 Eßlöffel Butter
1 Zwiebel, fein gehackt
Salz und Pfeffer aus der Mühle
200 g geriebener Parmesan
1 Portion Nudelteig (siehe Grundrezept auf Seite 28)
oder 500 g Cannellonihüllen
1 Portion Béchamelsauce (siehe Grundrezept auf Seite 44)
1 Portion Tomatensauce (siehe Grundrezepte auf den Seiten 38–40)

Hähnchenfleisch, Mortadella und Schinken mit einem Messer hauchfein hacken oder einmal durch den Fleischwolf drehen.
Die Butter in einer weiten Pfanne erhitzen. Die Zwiebel in der heißen Butter glasig dünsten, dann Hähnchenfleisch und Schinken und Mortadella hinzufügen und rundum anbraten. Salzen und pfeffern. Vom Herd nehmen und die Hälfte des Parmesans einrühren.

Den frischen Nudelteig mit der Nudelmaschine dünn ausrollen und zu 8 x 12 Zentimeter großen Teigblättern schneiden. Die gekauften Cannellonihüllen einige Minuten in sprudelndem Salzwasser vorkochen. Aus dem Topf heben und auf Küchentüchern abkühlen lassen.

Inzwischen die Béchamelsauce erhitzen. Ungefähr die Häfte in die Fleischmischung rühren. Etwa 3 Eßlöffel Béchamel auf dem Boden von zwei Auflaufformen verstreichen. Den Rest beiseite stellen. (Sie müssen für diese Mengen nicht unbedingt zwei Formen verwenden. Sie können die Cannelloni auch in zwei Lagen in eine Form schichten.)

Die Cannelloni mit der Fleischmischung füllen. Selbstgemachte Cannelloni auf einer Arbeitsfläche ausbreiten. Die Füllung auf das untere Drittel der Teigblätter geben, dann aufwickeln und mit der Nahtseite nach unten in die Form legen.

Die Cannelloni mit der Tomatensauce überziehen und mit Parmesan bestreuen. Schließlich mit der restlichen Béchamelsauce abdecken und mit dem restlichen Parmesan bestreuen.

Auflaufform(en) mit Alufolie abdecken und auf der mittleren Einschubleiste des Backofens 30 Minuten backen. Die Folie abnehmen und 10 Minuten weiterbacken, bis die Käseschicht goldbraun aussieht und Blasen wirft. Aus dem Ofen holen, 5 Minuten ruhen lassen und zu Tisch bringen.

CANNELLONI CON SALSICCIA

Für 4 Personen
6 Eßlöffel Olivenöl
Gemüsehack aus 1 Zwiebel, 1 Selleriestengel, 1 Mohrrübe
500 g Hackfleisch
150 g Salsiccia (italienische Bratwurst mit grobem Brät)
50 g durchwachsener Speck, gewürfelt
100 ml trockener Rotwein
2 Eßlöffel Tomatenmark
Salz und Pfeffer aus der Mühle
1/2 Portion Nudelteig (siehe Grundrezept auf Seite 28)
oder 250 g Cannellonihüllen
1 Ei
4 Eßlöffel geriebener Parmesan
1 Portion Béchamel (siehe Grundrezept auf Seite 44)
1/2 Portion Tomatensauce (siehe Grundrezepte auf den Seiten 38–40)

Olivenöl in einem Topf erhitzen. Das Gemüsehack darin andünsten, dann das Hackfleisch, das zerpflückte Brät der Salsiccia und den Speck hinzufügen und rundum anbraten. Rotwein und Tomatenmark, das mit 2 Eßlöffel Wasser glattgerührt wurde, hinzufügen. Salzen und pfeffern. Die Sauce abdecken und 45 Minuten auf kleiner Flamme durchköcheln.
Inzwischen den frischen Nudelteig auf der Nudelmaschine dünn ausrollen und zu 8 x 12 Zentimeter großen Teigblättern schneiden. Die gekauften Cannellonihüllen kurz vorkochen, weil sie sonst nicht richtig weich werden. Aus dem Topf heben und auf feuchten Küchentüchern auskühlen lassen.
Die Sauce vom Herd nehmen, in eine Schüssel füllen und leicht abkühlen lassen. Mit Ei, Parmesan und der Hälfte der Béchamelsauce vermischen.
Backofen auf 190 Grad vorheizen.
Eine Auflaufform mit einem Hauch Béchamelsauce ausstreichen. Die Cannelloni mit der vorbereiteten Sauce füllen. Bei frischen Cannelloniblättern die Füllung auf das untere Drittel setzen, dann aufrollen und dicht an dicht mit der Nahtseite nach unten in die Form setzen.
Cannelloni zunächst mit Tomaten und dann mit Béchamelsauce überziehen. Darauf achten, daß auch die Ränder gut bedeckt sind. Im heißen Ofen in 45 Minuten goldbraun überbacken. Gegen Ende der Backzeit u. U. mit Alufolie abdecken. Vor dem Servieren 5–10 Minuten ruhen lassen.

CANNELLONI MIT PUTENFLEISCH UND PILZEN

Für 4–6 Personen
3 Eßlöffel Butter
1 Zwiebel, fein gehackt
250 g Champignons, blättrig aufgeschnitten
500 g Putenschnitzel, fein gehackt
100 g Schinkenwürfel
1 Prise Nelkenpulver
Salz und Pfeffer aus der Mühle
1 Ei + 1 Eigelb, verquirlt
1 Portion Béchamelsauce (siehe Grundrezept auf Seite 44)
250 g Cannellonihüllen
1/2 Portion Tomatensauce (siehe Grundrezept auf Seite 38)
30 g frisch geriebener Parmesan

Die Butter in einer Pfanne zerlassen. Zwiebel darin sanft weich dünsten. Die Pilze, das Putenfleisch, Schinken, Nelkenpulver, Salz und Pfeffer hinzufügen. Etwa 5 Minuten Farbe nehmen lassen und häufig wenden. Vom Herd ziehen und abkühlen lassen.

Ei, Eigelb sowie 3 Eßlöffel Béchamelsauce unter die Fleischmischung rühren.

Backofen auf 200 Grad vorheizen.

Die Cannelloni in reichlich Salzwasser halb al dente garen. Dabei gelegentlich umrühren. Herausheben, auf feuchten Küchentüchern abkühlen lassen und trockentupfen.

Den Boden einer Auflaufform mit 2–3 Eßlöffel Tomatensauce bestreichen. Je 1–2 Eßlöffel Füllmasse in die Cannelloniröhren stopfen. Nebeneinander in die Form setzen.

Die Cannelloni mit der restlichen Tomatensauce überziehen. Béchamel darüberstreichen. Darauf achten, daß auch die Ränder bedeckt sind, weil sie sonst austrocknen. Mit Parmesan bestreuen. Die Cannelloni auf der mittleren Leiste des Ofens etwa 15 Minuten goldbraun überbacken.

CANELONES MIT FLEISCHFÜLLUNG

Als die Spanier Italien beherrschten, lernten sie auch die italienische Pasta kennen und brachten diese Canelones auf die Iberische Halbinsel, auf der es ansonsten nicht sehr viele Nudelspezialitäten gibt.

Für 4–6 Personen
1 Packung Cannellonihüllen
2 Eßlöffel Olivenöl
1 Zwiebel, fein gehackt
1 Knoblauchzehe, fein gehackt
750 g gemischtes Hackfleisch
100 g Schinkenwürfel
1/2 Portion Tomatensauce (siehe Grundrezepte auf Seite 38)
2 Eßlöffel trockener Sherry
2 Eßlöffel Petersilie, fein gehackt
Salz und Pfeffer aus der Mühle
1 Ei
2 Eßlöffel Semmelbrösel
50 g geriebener Queso Manchego (oder Pecorino oder Parmesan)
1 Portion Béchamelsauce (siehe Grundrezept auf Seite 44)
Butterflöckchen

Die Cannelloni in reichlich Salzwasser knapp al dente garen. Einzeln herausheben, abtropfen und abkühlen lassen.
Inzwischen die Füllung zubereiten. Zwiebel und Knoblauch in Olivenöl weich dünsten. Das Hackfleisch hinzufügen und bräunen. Die Schinkenwürfel einrühren und eine Minute mitbraten. Gut die Hälfte der Tomatensauce, den Sherry und die Petersilie hinzufügen. Salzen und pfeffern. Abdecken und auf kleiner Flamme 10 Minuten schmoren. Vom Herd nehmen und etwas abkühlen lassen. Inzwischen Ei, Semmelbrösel und die Hälfte des Käses vermischen. Unter die Fleischsauce rühren.
Backofen auf 220 Grad vorheizen.
Die restliche Tomatensauce in eine Auflaufform gießen. Die Cannelloni mit der vorbereiteten Farce füllen und dicht an dicht in die Form geben. Die Béchamelsauce darübergeben. Mit dem restlichen Käse bestreuen und ein paar Butterflöckchen obenauf setzen. Im heißen Ofen 10–15 Minuten goldbraun überbacken.

CONCHIGLIONI AL MANZO

Für 6 Personen
250 g Conchiglioni (große Muschelnudeln, die sich zum Füllen eignen)
1 Portion Tomatensauce (z. B. nach dem Grundrezept auf Seite 38)
100 g Provolone, geraspelt oder in Scheiben
50 g geriebener Parmesan
2 Eßlöffel Butterflöckchen

Für die Füllung
2 Eßlöffel Olivenöl
1 kleine Zwiebel, fein gehackt
2 Knoblauchzehen, fein gehackt
500 g mageres Rinderhack
Salz und Pfeffer aus der Mühle
150 g Ricotta
3 Eßlöffel geriebener Parmesan
1–2 Eier
1 Prise frisch geriebener Muskat
1 knapper Teelöffel getrockneter Oregano
Semmelbrösel zum Binden (nach Bedarf)

Für die Füllung das Olivenöl in einer Pfanne erhitzen. Zwiebel und Knoblauch darin andünsten. Das Rinderhack hinzufügen und bei lebhafter Hitze krümelig braten. Salzen und pfeffern und vom Herd ziehen. Vollständig abkühlen lassen.
In der Zwischenzeit die Conchiglioni in reichlich Salzwasser knapp al dente garen. Sie dürfen nicht zu weich werden, weil sie sich sonst nicht mehr füllen lassen. Einzeln aus dem Wasser heben und auf einem feuchten Küchentuch abkühlen lassen.
Backofen auf 190 Grad vorheizen. Eine Auflaufform fetten.
Nun die Füllung fertigstellen: Ricotta, Parmesan und Ei in einer Schüssel vermengen. Mit Salz, Pfeffer, Muskat und Oregano würzen. Das Hackfleisch unterrühren. Je nach Konsistenz das zweite Ei oder die Semmelbrösel unter die Füllmasse geben. Die Conchiglioni damit füllen.
Etwas Tomatensauce auf dem Boden der Auflaufform verstreichen. Die gefüllte Pasta hineingeben und mit der restlichen Tomatensauce bedecken. Mit Provolone und Parmesan bestreuen. Mit Alufolie abdecken, in den heißen Ofen schieben und 40 Minuten überbacken. Die Alufolie abnehmen, die Butterflöckchen obenauf setzen und 10–15 Minuten bräunen.

MANICOTTI MIT HACKFLEISCH-RICOTTA-FÜLLUNG

Manicotti, »Ärmelchen«, heißen diese Nudelhüllen. Und mit ihren dicken Streifen sehen sie auch tatsächlich so aus wie die Ärmel eines Strickpullovers.

Für 4 Personen
3–4 Eßlöffel Olivenöl
1 Zwiebel, fein gehackt
2 Knoblauchzehen, fein gehackt
1 Möhre, fein gewürfelt
1 Selleriestengel, fein gewürfelt
2 große Champignons, fein gewürfelt
350 g Hackfleisch oder Bratenreste (durch den Fleischwolf drehen)
50 ml Weißwein
Salz und Pfeffer aus der Mühle
250 g Ricotta
6 Eßlöffel geriebener Parmesan
1 Ei
250 g Manicotti (oder Cannellonihüllen)
1/2 Portion Tomatensauce (siehe Grundrezepte auf Seite 38)
1 Portion Béchamelsauce (siehe Grundrezept auf Seite 44)

Olivenöl in einer Pfanne erhitzen. Das Gemüse sanft darin weich dünsten und Saft ziehen lassen. Das Fleisch hinzufügen und ein paar Minuten unter ständigem Wenden mitbraten. Weißwein angießen und einkochen lassen. Salzen und pfeffern. Pfanne vom Herd nehmen.
Die Hackfleischmasse mit Ricotta, Parmesan und Ei vermischen und kräftig abschmecken.
Während Sie die Füllung zubereiten, die Manicotti in einem großen Topf Salzwasser knapp al dente garen. Einzeln herausheben und auf Küchentüchern abkühlen lassen.
Backofen auf 190 Grad vorheizen.
Den Boden einer Auflaufform mit einem Hauch Tomatensauce bestreichen. Die Manicotti mit der Hackfleischmasse füllen und dicht an dicht in die Form geben. Mit der restlichen Tomatensauce überziehen. Dabei darauf achten, daß auch die Ränder bedeckt sind, damit sie nicht austrocknen. Die Béchamelsauce darübergießen.
Die Pasta im heißen Ofen 45–50 Minuten goldbraun überbacken. (Falls die Béchamelsauce zu stark bräunt, mit Alufolie abdecken.)

MANICOTTI MIT SPINAT UND HÄHNCHENFLEISCH

Für 4 Personen
250 g Manicotti (oder Cannellonihüllen)
Salz und Pfeffer aus der Mühle
2 Eßlöffel Butter
1 Packung TK-Spinat (300 g)
300 g gekochtes Hähnchenfleisch, fein gehackt
4 Eßlöffel Sahne
50 g geriebener Parmesan
Semmelbrösel zum Binden
2 Eier
2 Eßlöffel Petersilie, fein gehackt
Frisch geriebener Muskat
1 Portion Béchamelsauce (siehe Grundrezept auf Seite 44)
1 Portion Tomatensauce (siehe Grundrezepte auf Seite 38)

Manicotti in reichlich sprudelndem Salzwasser knapp al dente garen. Einzeln aus dem Topf heben und auf Küchentüchern abkühlen lassen.
Für die Füllung die Butter in einer Pfanne erhitzen. Spinat kurz darin andünsten, dann in eine Schüssel füllen und etwas abkühlen lassen. Mit Hähnchenfleisch und Sahne vermischen. Mit Parmesan, Semmelbröseln und Eiern binden. Mit Petersilie, Salz, Pfeffer und Muskat würzen.
Backofen auf 190 Grad vorheizen.
Einen Hauch Béchamelsauce auf dem Boden einer Auflaufform verteilen. Die Manicotti mit der Hähnchenmasse füllen und dicht an dicht in die Form geben. Mit Tomaten und dann mit Béchamelsauce überziehen. Im heißen Ofen etwa 40 Minuten goldbraun überbacken. Bei Bedarf mit Alufolie abdecken. Vor dem Servieren 5–10 Minuten ruhen lassen.

LASAGNE AL FORNO

Der Klassiker unter den Lasagnegerichten: mit Hackfleischfüllung.

Für 4 Personen
2 Eßlöffel Olivenöl
2 Knoblauchzehen, fein gehackt
1 Zwiebel, fein gehackt
1 kleines Bund Petersilie, fein gehackt
250 g Rinderhack
Salz und Pfeffer aus der Mühle
100 ml trockener Weißwein
100 ml Fleisch- oder Gemüsebrühe
350 g Lasagneblätter
1 Portion Tomatensauce (z. B. nach einem Grundrezept auf den Seiten 38–40)
1 Portion Béchamelsauce (siehe Grundrezept auf Seite 44)
100 g gekochter Schinken, in feine Streifen geschnitten
125 g Fontina, in Scheiben geschnitten
25 g geriebener Parmesan

Das Olivenöl in einem Schmortopf erhitzen. Knoblauch, Zwiebel und die Petersilie sanft darin andünsten. Dann das Hackfleisch hinzufügen und rundum bräunen. Salzen und pfeffern. Mit Wein und Brühe übergießen und auf kleiner Flamme einkochen lassen.

In der Zwischenzeit die Lasagneblätter in reichlich Salzwasser vorkochen, einzeln herausheben und auf feuchten Küchentüchern auslegen, damit sie nicht verkleben.

Backofen auf 180 Grad vorheizen.

3–4 Eßlöffel Tomatensauce auf den Boden einer Auflaufform streichen. Mit einer Schicht Lasagneblätter auslegen. Etwas Fleisch, ein paar Eßlöffel Tomatensauce und anschließend etwas Béchamelsauce darüber verteilen. Mit Schinkenstreifen und Käsescheiben belegen. Mit Lasagneblättern abdecken und wieder von vorne beginnen. Die oberste Lage Fontina und Schinken mit einem Rest Béchamelsauce bestreichen. Mit Parmesan bestreuen und im heißen Backofen 30–40 Minuten goldbraun überbacken.

FISCHLASAGNE

Für 8 Personen
6 dicke Lauchstangen
4 Eßlöffel Butter
Salz und Pfeffer aus der Mühle
50 ml trockener Weißwein
750 g Kabeljau- oder Seehechtfilet, fein gewürfelt
350 g Lasagneblätter
4 Eßlöffel Petersilie, fein gehackt
1 verquirltes Ei
Saft einer Zitrone
2–3 Eßlöffel Semmelbrösel
100 g geriebener Parmesan

Für die Sauce
3–4 Eßlöffel Mehl
50 g Butter
250 ml Fischfond
250 ml Milch
2 Eßlöffel trockener Weißwein
Salz und Pfeffer aus der Mühle
200 g Sahne

Für die Sauce das Mehl in der Butter hell anschwitzen. Mit Fischfond, Milch und Wein auffüllen und unter gelegentlichem Rühren eindicken lassen (ca. 10 Minuten). Mit Salz und Pfeffer abschmecken.
Lauch putzen. Wurzelenden und den dunkelgrünen Teil abtrennen. Den weißen und hellgrünen Teil längs halbieren und sorgfältig ausspülen. Dann quer in schmale Streifen schneiden. In 2 Eßlöffel Butter sanft andünsten. Salzen und pfeffern, Weißwein angießen. Den Lauch abdecken und leise weich garen.
Unterdessen die restliche Butter in einer zweiten Pfanne erhitzen und die Fischwürfel darin andünsten, bis das Fischfleisch weiß und milchig aussieht.
Die Lasagneblätter knapp al dente garen. Einzeln aus dem Topf heben und auf feuchten Küchentüchern ausbreiten und abkühlen lassen.
Lauch und Fisch in einer Schüssel vermischen und mit Petersilie, Ei und Zitronensaft verrühren.
Die Sahne steif, aber nicht zu fest schlagen und unter die Sauce ziehen.
Backofen auf 190 Grad vorheizen.

Den Boden einer Auflaufform mit einem Hauch Sahnesauce bestreichen. Eine Lage Lasagneblätter darüberschichten. Die Lasagneblätter sollten dicht an dicht liegen, dürfen sich aber nicht überlappen. Ein Drittel der Fischfüllung darauf verteilen und mit einem Eßlöffel Semmelbrösel bestreuen. Etwas Sauce darübergeben und glattstreichen. Mit geriebenem Parmesan bestreuen.
Die restlichen Zutaten wie beschrieben in die Form füllen. Die oberste Lage bildet eine Schicht Sauce, die mit dem restlichen Parmesan bestreut wird.
Lasagne mit Alufolie abdecken und auf der mittleren Einschubleiste des Backofens 30 Minuten backen. Die Folie abnehmen und 10 Minuten weiterbacken, bis die Käseschicht goldbraun brodelt. Aus dem Rohr holen, 5 Minuten ruhen lassen und zu Tisch bringen.

LASAGNE MIT HÄHNCHENFLEISCH UND ROTEM PAPRIKA

Für 8 Personen
750 g Hähnchenbrust
2 Knoblauchzehen, fein gehackt
1 Zwiebel, fein gehackt
3 Eßlöffel Olivenöl
4 Eßlöffel trockener Weißwein
2 rote Paprikaschoten, fein gewürfelt
500 ml Tomatenpüree
Salz und Pfeffer aus der Mühle
350 g Lasagneblätter
1 Portion Béchamelsauce (siehe Grundrezept auf Seite 44)
100 g geriebener Parmesan

Das Hähnchenfleisch durch den Fleischwolf drehen oder mit einem Messer sehr fein hacken.
Knoblauch und Zwiebel in Olivenöl andünsten. Das Hähnchenfleisch hinzufügen und unter ständigem Wenden bräunen. Aus der Pfanne nehmen und beiseite stellen. Den Bratsatz mit Weißwein loskochen. Paprika hinzufügen und im Wein andünsten. Das Tomatenpüree einrühren, salzen und pfeffern. Die Sauce aufkochen lassen, dann 30 Minuten auf kleiner Flamme schmoren. In den letzten 10 Minuten das Hähnchenfleisch dazugeben und mitgaren. Mit Salz und Pfeffer abschmecken.
Während die Tomatensauce köchelt, die Lasagneblätter in einem großen Topf Salzwasser knapp al dente garen. Gelegentlich umrühren, damit sie nicht ver-

kleben. Herausheben, auf feuchten Küchentüchern ausbreiten und abkühlen lassen.

Backofen auf 200 Grad vorheizen.

Eine Auflaufform mit einem Hauch Tomaten-Hähnchen-Sauce ausstreichen. Eine Lage Lasagneblätter darüberschichten. Die Lasagneblätter sollten dicht an dicht liegen, dürfen sich aber nicht überlappen. Die Pasta mit Fleischsauce bestreichen. Mit etwas Béchamelsauce überziehen und mit geriebenem Parmesan bestreuen.

Die verbliebenen Zutaten wie beschrieben in die Form schichten. Die oberste Lage bildet eine dicke Schicht geriebener Käse.

Lasagne auf der mittleren Einschubleiste des Backofens ca. 30 Minuten goldbraun überbacken. Aus dem Ofen holen, vor dem Anschneiden 5 Minuten ruhen lassen, dann zu Tisch bringen.

LASAGNE MIT KRÄUTER- UND HÄHNCHENFÜLLUNG

Für 8 Personen

1 Eßlöffel frischer Oregano
1 Eßlöffel frischer Salbei, fein gehackt
1 Eßlöffel frischer Rosmarin, fein gehackt
1 Eßlöffel frischer Thymian, fein gehackt
350 g Lasagneblätter
Salz und Pfeffer aus der Mühle
3–4 Eßlöffel Olivenöl
1 kg Hähnchenbrust, in schmale Streifen geschnitten
3 Knoblauchzehen, fein gehackt
2 Eßlöffel trockener Weißwein
250 g Champignons, blättrig aufgeschnitten
500 g Blattspinat, verlesen und grob gehackt
500 g Ricotta
1 Ei
100 g geriebener Parmesan
1 Portion Béchamelsauce (siehe Grundrezept auf Seite 44)
Butter für die Form

Die Kräuter in einem Schälchen vermischen. Die Lasagneblätter in reichlich sprudelndem Salzwasser vorkochen. Herausheben und auf Küchentüchern ausbreiten.

Das Olivenöl in einer Pfanne erhitzen. Die Hähnchenstreifen mit Knoblauch und der Hälfte der Kräutermischung bräunen. Salzen und pfeffern. Aus der Pfanne heben und in eine Schüssel füllen.
Den Bratsatz mit Weißwein loskochen. Pilze, Spinat und die restlichen Kräuter hinzufügen und zusammenfallen lassen. Salzen, pfeffern und dünsten, bis der aus Pilzen und Spinat gezogene Saft verkocht ist. Das Gemüse zum Hähnchenfleisch geben und gründlich vermischen.
Ricotta, Ei und die Hälfte des Parmesans vermischen, salzen und pfeffern.
Backofen auf 190 Grad vorheizen.
Eine Auflaufform buttern. Den Boden der Form mit der Hälfte der Béchamelsauce bestreichen. Mit Lasagneblättern abdecken, die dicht an dicht liegen, sich aber nicht überlappen sollen. Die Hälfte der Fleischmischung darauf verteilen. Mit Lasagneblättern abdecken. Nun die Hälfte der Ricottamischung darübergeben und eine Lage Lasagneblätter anschließen. Die restlichen Zutaten wie beschrieben in die Form füllen. Mit Lasagneblättern und mit der restlichen Béchamelsauce schließen. Darauf achten, daß auch die Ränder bedeckt sind, damit sie nicht austrocknen. Mit Parmesan bestreuen.
Lasagne mit Alufolie abdecken und auf der mittleren Einschubleiste des Backofens 40 Minuten backen. Die Folie abnehmen und 10 Minuten weiterbacken, bis die Käseschicht goldbraun aussieht und brodelt. Vor dem Anschneiden 5–10 Minuten ruhen lassen.

LASAGNE MIT LAMMFLEISCH- UND AUBERGINENFÜLLUNG

Für 8 Personen
1 kg Auberginen
Salz
Olivenöl
2 Zwiebeln, gehackt
4 Knoblauchzehen, gehackt
750 g Hackfleisch vom Lamm
1 große Dose Tomatenstückchen mit ihrem Saft
Salz und Pfeffer aus der Mühle
1 Messerspitze Nelkenpulver
350 g Lasagneblätter
1 Portion Béchamelsauce (siehe Grundrezept auf Seite 44)
100 g Schafskäse

Auberginen längs in dünne Scheiben schneiden und auf beiden Seiten mit Salz einreiben. Senkrecht in ein Sieb schichten und eine Stunde ziehen lassen. Auberginenscheiben danach sorgfältig abspülen und trockentupfen. Auf beiden Seiten mit Olivenöl bepinseln und unter dem Backofengrill pro Seite 3 Minuten bräunen.

Während die Auberginen durchziehen, die Fleischsauce zubereiten: Zwiebeln und Knoblauch in Olivenöl andünsten. Das Lammfleisch hinzufügen und krümelig braten. Sobald es Farbe angenommen hat, die Tomaten einrühren und mit Salz, Pfeffer und Nelken würzen. 30 Minuten auf kleiner Flamme köcheln lassen.

In der Zwischenzeit die Lasagneblätter in reichlich sprudelndem Salzwasser knapp al dente garen. Ab und zu umrühren. Aus dem Topf heben und auf feuchten Küchentüchern ausbreiten.

Backofen auf 190 Grad vorheizen.

Eine Auflaufform mit einem Hauch Lammsauce ausstreichen. Eine Lage Lasagneblätter darüberschichten. Die Lasagneblätter sollten dicht an dicht liegen, dürfen sich aber nicht überlappen. Mit Fleischsauce bestreichen und mit einer Lage Auberginenscheiben abdecken, über die Béchamelsauce gegeben wird.

Die restlichen Zutaten wie beschrieben in die Form schichten. Die oberste Schicht bildet die Béchamelsauce, die mit zerkrümeltem Schafskäse bestreut wird.

Auflaufform mit Alufolie abdecken und auf der mittleren Einschubleiste des Ofens 30 Minuten backen. Die Folie abnehmen und 10 Minuten weiterbacken, bis die oberste Schicht Blasen wirft. Wenn Sie Ihre Lasagne zusätzlich noch bräunen möchten, können Sie während der letzten 2 Minuten den Backofengrill zuschalten. Aus dem Ofen holen, 5 Minuten ruhen lassen und zu Tisch bringen.

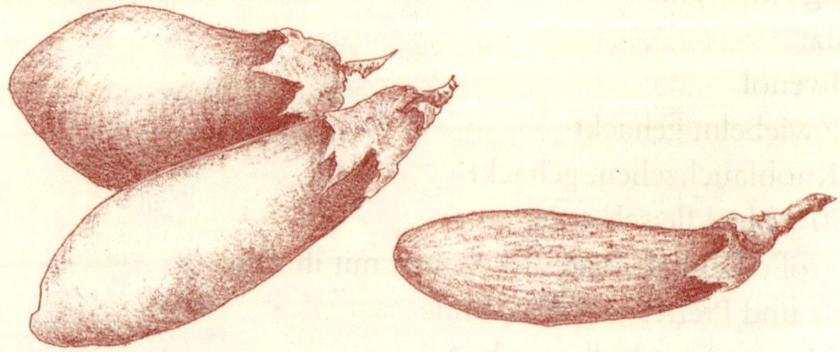

LASAGNE MIT RICOTTA UND PUTENFLEISCH

Für 8 Personen
750 g Putenschnitzel
2 Eßlöffel Olivenöl
1 Portion Tomatensauce (siehe Grundrezept auf Seite 38)
Salz und Pfeffer aus der Mühle
350 g Lasagneblätter
500 g Ricotta
1 verquirltes Ei
150 g Fontina, geraspelt oder gerieben
150 g geriebener Parmesan

Das Putenfleisch durch den Fleischwolf drehen, dann in heißem Olivenöl krümelig braten. Wenn es Farbe angenommen hat, mit der Tomatensauce übergießen und 30 Minuten leise durchköcheln lassen. Mit Salz und Pfeffer abschmecken.

In der Zwischenzeit die Lasagneblätter in reichlich sprudelndem Salzwasser knapp al dente garen. Immer wieder umrühren. Einzeln herausheben und auf feuchten Küchentüchern ausbreiten.

Die Ricotta mit dem Ei verrühren und kräftig salzen und pfeffern. Fontina und Parmesan untermischen.

Backofen auf 190 Grad vorheizen.

Eine Auflaufform mit einem Hauch Tomaten-Hackfleisch-Sauce ausstreichen. Eine Lage Lasagneblätter darüberschichten. Die Lasagneblätter sollten dicht an dicht liegen, dürfen sich aber nicht überlappen. Nun mit Tomaten-Hackfleisch-Sauce bestreichen, ein Drittel der Ricottamischung darübergeben und mit etwas Käsemischung bestreuen.

Die verbliebenen Zutaten wie beschrieben einschichten, bis alles aufgebraucht ist. Die oberste Lage bildet eine dicke Schicht Käse.

Auflaufform mit Alufolie abdecken und auf der mittleren Einschubleiste 30 Minuten backen. Die Folie abnehmen und 10 Minuten weiterbacken, bis die Käseschicht goldbraun aussieht und Blasen wirft. Aus dem Ofen holen, 5 Minuten ruhen lassen und zu Tisch bringen.

LASAGNE MIT RINDFLEISCH UND GEMÜSE

Für 8 Personen
300 g TK-Blattspinat
1 Eßlöffel Butter
350 g Lasagneblätter
Salz und Pfeffer aus der Mühle
2 Eßlöffel Olivenöl
2 Knoblauchzehen, fein gehackt
500 g Rinderhack
500 ml Tomatenpüree
1 Eßlöffel getrockneter Oregano
4 Eßlöffel Petersilie, frisch gehackt
500 g Ricotta
150 g geriebener Parmesan
frisch geriebener Muskat

Den Blattspinat in Butter dünsten, bis alle Flüssigkeit verdampft ist. Abkühlen lassen und grob hacken.
In der Zwischenzeit die Lasagneblätter in einem großen Topf Salzwasser al dente garen. Herausheben und auf feuchten Küchentüchern ausbreiten.
Das Olivenöl in einem Topf erhitzen. Den Knoblauch darin andünsten, dann das Rinderhack hinzufügen und krümelig braten. Tomatenpüree, Oregano, 2 Eßlöffel Petersilie, Salz und Pfeffer einrühren und 5–10 Minuten schmoren lassen.
Ricotta, 50 Gramm Parmesan, Spinat und die restliche Petersilie in einer Schüssel vermischen. Mit Salz, Pfeffer und Muskat kräftig abschmecken.
Backofen auf 190 Grad vorheizen.
Den Boden einer Auflaufform mit der Hackfleisch-Tomaten-Sauce bestreichen. Mit Lasagneblättern belegen. Die Lasagneblätter sollten dicht an dicht liegen, dürfen sich aber nicht überlappen. Die Hälfte der Ricottamischung hineingeben und glattstreichen. Mit Parmesan bestreuen. Etwas Sauce darübergeben. Die restlichen Zutaten wie beschrieben einschichten. Die Lasagne mit der Hackfleischsauce und geriebenem Parmesan abdecken.
Die Auflaufform mit Alufolie abdecken und auf der mittleren Schiene des Ofens 30 Minuten backen. Die Folie abnehmen und 10 Minuten weiterbacken, bis die Käseschicht goldbraun aussieht und Blasen wirft. Aus dem Ofen holen, 5 Minuten ruhen lassen und zu Tisch bringen.

LASAGNE TORDELLATE

Für 6–8 Personen
30 g Butter
2 Eßlöffel Olivenöl
1 Zwiebel, fein gehackt
1 Bund Petersilie, fein gehackt
600 g gemischtes Hackfleisch
Salz und Pfeffer aus der Mühle
50 ml trockener Weißwein
500 g Tomatenpüree
etwas Hühner- oder Gemüsebrühe (nach Bedarf)
500 g Mangoldblätter
1 in Milch eingeweichtes Brötchen
100 g geriebener Parmesan
3 Eier
350 g Lasagneblätter oder
1 Portion frischer Nudelteig (siehe Grundrezept Seite 28)

Für die Füllung Butter und Öl langsam in einem Schmortopf erhitzen. Zwiebel und Petersilie fein hacken und im Fett andünsten. Das Hackfleisch hinzufügen und bei kräftiger Hitze rundum anbraten. Salzen, pfeffern und mit dem Wein ablöschen. Wein einkochen lassen, die Temperatur wieder zurückschalten und das Tomatenpüree hinzufügen. Abdecken und etwa 30 Minuten bei milder bis mittlerer Hitze schmoren. Falls die Flüssigkeit zu stark einkocht, etwas Brühe hinzugießen.

Die groben Rippen der Mangoldblätter entfernen; Mangoldgrün dünsten.

Tomatensauce vom Herd nehmen und etwas abkühlen lassen. Dann mit den Mangoldblättern und dem eingeweichten und zerpflückten Brötchen vermengen. Diese Masse pürieren und anschließend mit 2 Eßlöffel geriebenem Parmesan und den Eiern verarbeiten und pfeffern.

Die gekauften Nudelblätter in reichlich Salzwasser vorkochen. Herausheben und abtropfen lassen. Frischen Nudelteig zu Lasagneblättern ausrollen. Auf Tüchern ausbreiten und abdecken. Frische Lasagneblätter müssen nicht eigens vorgekocht werden.

Eine Auflaufform buttern und mit Lasagneblättern auslegen. Nun abwechselnd Füllung und Nudelblätter einschichten. Die oberste Schicht mit reichlich Parmesan bestreuen. Diese Lasagne wird nicht im Ofen gebacken, sondern nur kurz unter dem heißen Backofengrill gebräunt.

LASAGNE PIEMONTESI

Für 8 Personen
350 g Lasagneblätter
Salz und Pfeffer aus der Mühle
Butter für die Form
200 g gekochter Schinken, gewürfelt
200 g Fontina (oder ein anderer halbfester Schnittkäse, der gut schmilzt), gewürfelt
1 doppelte Portion Béchamelsauce (siehe Grundrezept auf Seite 44)
3 Eßlöffel geriebener Parmesan

Salzwasser in einem großen Topf zum Kochen bringen und die Lasagneblätter darin blanchieren. Herausheben und sofort den Boden einer gefetteten Auflaufform mit einigen Blättern auslegen. Die restlichen Blätter auf einem feuchten Küchentuch ausbreiten, damit sie nicht zusammenkleben.
Backofen auf 180 Grad vorheizen.
Schinken- und Käsewürfel über die Nudeln in der Form streuen. Mit Béchamelsauce bedecken. Wieder eine Schicht Nudeln in die Form legen und so fortfahren, bis alle Zutaten aufgebraucht sind. Die oberste Schicht mit Béchamelsauce bestreichen und mit Parmesan bestreuen. Auflauf in 45 Minuten goldbraun backen. Vor dem Anschneiden 5 Minuten ruhen lassen.

SAGNE CHINE – KALABRISCHE ARTISCHOCKENLASAGNE

Für 6 Personen
2 frische Artischocken
Zitronensaft
200 g gemischte Pilze, blättrig aufgeschnitten
6 Eßlöffel Olivenöl
1 Zwiebel, fein gehackt
1 Stange Sellerie, fein gewürfelt
300 g geschälte Erbsen
1 Lorbeerblatt
Salz und Pfeffer aus der Mühle
150 g Schweinehack
300 g ausgelöstes Schweinekotelett
6 Eßlöffel geriebener Pecorino

4 Eier
350 g Lasagneblätter
125 g Fontina oder Scamorza
Butterflöckchen zum Überbacken

Zunächst die Füllung zubereiten. Die Artischocken putzen, die harten äußeren Blätter und das haarige Innenleben entfernen. Die Artischockenherzen in Spalten schneiden. Sofort in mit Zitronensaft gesäuertes Wasser legen, damit sie nicht braun anlaufen. Die Pilze mit einem feuchten Tuch abreiben, putzen und blättrig aufschneiden.

Zwei Eßlöffel Olivenöl in einem großen Topf erhitzen. Zwiebel und Sellerie darin andünsten. Nach und nach Artischocken, Pilze und Erbsen hinzufügen und mit dem Lorbeerblatt aromatisieren. Salzen und pfeffern. Auf kleiner Flamme schmoren und regelmäßig umrühren. Nun 2 Eßlöffel Olivenöl in einer Pfanne erhitzen. Das Hackfleisch darin krümelig braten. Aus der Pfanne nehmen und in eine Schüssel geben. Im gleichen Öl die Schweinekoteletts braten. Aus der Pfanne nehmen, abkühlen lassen und in Scheiben schneiden.

Das Hackfleisch mit 3 Eßlöffel Pecorino und einem Ei vermengen. Salzen und pfeffern. Wieder etwas Öl in einer Pfanne erhitzen. Aus dem Fleischteig nußgroße Kügelchen formen und im heißen Öl braten.

Die restlichen 3 Eier hart kochen, unter kaltem Wasser abschrecken und abkühlen lassen. Schälen und in Scheiben schneiden.

Die Lasagneblätter in Salzwasser knapp al dente garen. Herausheben und auf einem Küchentuch ausbreiten.

Ofen auf 180 Grad vorheizen.

Eine Auflaufform mit Olivenöl ausstreichen und mit einer Schicht Nudelblätter auslegen. Den Käse in Scheiben schneiden und zusammen mit den aufgeschnittenen Eiern darüber verteilen. Dann Gemüse, Fleischbällchen und Kotelettscheiben hineinschichten. Mit einer Lage Lasagne abdecken und so fortfahren, bis alle Zutaten aufgebraucht sind. Die oberste Schicht mit geriebenem Pecorino bestreuen. Ein paar Butterflöckchen obenauf setzen und ca. 30 Minuten im heißen Ofen überbacken. Vor dem Servieren einige Minuten ruhen lassen.

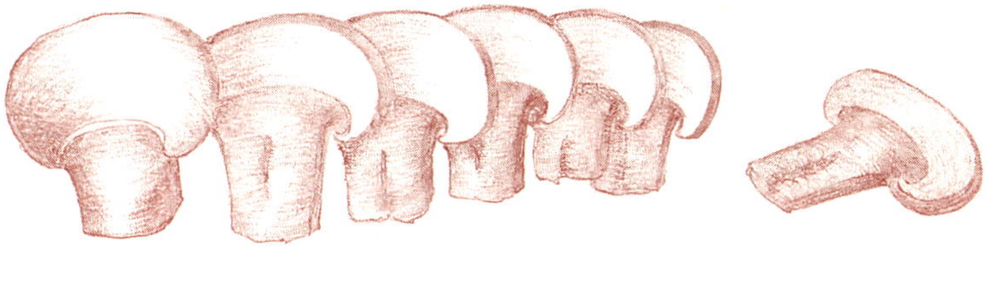

LASAGNE VALDAOSTA

Für 6–8 Personen
2 kg Lauch
4 Eßlöffel Butter
Salz und Pfeffer aus der Mühle
1 Portion Béchamelsauce (siehe Grundrezept auf Seite 44)
350 g Lasagneblätter oder 1 Portion frischer Nudelteig
(siehe Grundrezept auf Seite 28)
250 g gekochter Schinken, gewürfelt
250 g Fontinakäse, gewürfelt
100 g geriebener Parmesan

Lauch putzen. Den dunkelgrünen Teil abtrennen und anderweitig verwenden. Den weißen und hellgrünen Teil längs halbieren und sorgfältig ausspülen. Dann quer in schmale Streifen schneiden. Die Butter in einer Pfanne erhitzen, den Lauch bei sanfter Hitze darin weich dünsten.

Während der Lauch dünstet, die gekauften Lasagneblätter in reichlich sprudelndem Salzwasser knapp al dente garen. Gelegentlich umrühren, damit sie nicht verkleben. Abgießen und auf feuchten Küchentüchern ausbreiten.

Frischen Nudelteig mit der Nudelmaschine dünn ausrollen, zu Lasagneblättern zurechtschneiden. Auf bemehlten Tüchern ausbreiten und abdecken. Frische Lasagneblätter müssen nicht vorgekocht werden.

Die Béchamelsauce erwärmen, dann mit dem gedünsteten Lauch verrühren.

Backofen auf 190 Grad vorheizen.

Eine Auflaufform mit etwas Lauchsauce ausstreichen. Eine Lage Lasagneblätter darüberschichten. Die Nudelblätter sollten dicht an dicht liegen, sich aber nicht überlappen. Mit etwas Lauchsauce überziehen, dann mit gekochtem Schinken und Fontinakäse bestreuen. Etwas Lauchsauce darübergeben und glattstreichen. Mit Parmesan abschließen. Die restlichen Zutaten wie beschrieben in die Form schichten. Die oberste Lage bildet eine dicke Schicht geriebener Parmesan.

Lasagne mit Alufolie abdecken und auf der mittleren Einschubleiste des Ofens 30 Minuten backen. Die Folie abnehmen und 10 Minuten weiterbacken, bis die Käseschicht goldbraun ist und Blasen wirft. Aus dem Ofen holen, 5 Minuten ruhen lassen und zu Tisch bringen.

VINCISGRASSI

Für 6 Personen

Für den Teig

300 g Mehl
150 g Hartweizengrieß
3 Eier
3 Eßlöffel trockener Marsala oder Vin Santo
1–2 Eßlöffel Butter
Salz

Für die Füllung

1 Zwiebel, fein gehackt
1 Möhre, fein gewürfelt
1–2 Eßlöffel Butter
100 g Parmaschinken, gewürfelt
300 g gemischte Hühnerinnereien, fein gehackt
Salz
100 ml trockener Weißwein
350 g Tomatenpüree
400 g Kalbsbries und Kalbshirn
6 Eßlöffel geriebener Parmesan
200 g Sahne (auf die Hälfte einkochen)

Außerdem

Butter und Semmelbrösel für die Form

Mehl und Grieß vermengen. Auf eine Arbeitsfläche häufen und in der Mitte eine Vertiefung formen. Eier, Marsala, Butter und eine Prise Salz hineingeben und alle Zutaten zu einem gleichmäßigen Teig verkneten. Zu einer Kugel rollen, mit einem Küchentuch abdecken und 2 Stunden ruhen lassen. Sehen Sie sich auch die Anleitung im Grundrezept auf Seite 28 an.

In der Zwischenzeit die Füllung zubereiten. Zwiebel und Möhre in heißer Butter andünsten. Schinkenwürfel und Innereien (ohne Leber) in die Pfanne geben und mitdünsten. Salzen und mit Weißwein ablöschen. Sobald der Weißwein verkocht ist, das Tomatenpüree hinzufügen und auf kleiner Flamme 30 Minuten schmoren lassen.

Unterdessen Bries und Kalbshirn in kochendem Wasser blanchieren, herausheben und fein würfeln. Zu Tomaten und Innereien geben und 30 Minuten

mitschmoren. Zum Schluß die Hühnerlebern hinzufügen und nur wenige Minuten garen. Pfanne vom Herd ziehen und Füllung abkühlen lassen.
Den Nudelteig mit der Maschine dünn ausrollen und Lasagneblätter mit 10–12 Zentimeter Seitenlänge ausschneiden. In sprudelndem Salzwasser eine Minute blanchieren. Herausheben und auf einem feuchten Küchentuch ausbreiten, damit sie nicht verkleben.
Backofen auf 200 Grad vorheizen. Eine Auflaufform buttern und mit einem Hauch Semmelbröseln ausstreuen. Eine Schicht Lasagneblätter hineinlegen. Einen Teil der Füllmasse daraufstreichen und mit geriebenem Parmesan bestreuen. Etwas von der eingedickten Sahne darüberträufeln. Mit einer Schicht Lasagne abdecken und wie beschrieben fortfahren, bis alle Zutaten aufgebraucht sind. Die oberste Schicht bilden Parmesan und Sahne.
Vincisgrassi ca. 20 Minuten im heißen Ofen knusprig überbacken.

FETTUCCINE AL FORNO – MIT ZARTEN FISCHFILETS

Für 4–6 Personen
1 kg Blattspinat
1 Eßlöffel Olivenöl
500 g Fischfilets
Saft einer Zitrone
Salz und Pfeffer aus der Mühle
400 g Fettuccine
Butter für die Form
200 g geriebener Fontina

Für die Sauce
3 Eßlöffel Butter
3 Eßlöffel Mehl
400 ml Fischfond aus dem Glas
150 g Crème fraîche

Blattspinat sorgfältig waschen und verlesen. Abtropfen lassen. Das Olivenöl in einer Pfanne erhitzen. Den Spinat hinzufügen und unter regelmäßigem Wenden zusammenfallen lassen. Abkühlen, die restliche Feuchtigkeit herauspressen und grob hacken.
Inzwischen die Fischfilets abspülen und trockentupfen. Mit Zitronensaft, Salz und Pfeffer würzen.

Aus Butter und Mehl eine helle Mehlschwitze bereiten. Mit Fond und Crème fraîche auffüllen und 5 Minuten durchkochen. Regelmäßig umrühren, damit sich keine Klümpchen bilden. Herzhaft abschmecken.
Fettuccine in reichlich sprudelndem Salzwasser knapp al dente garen.
Backofen auf 200 Grad vorheizen.
Eine Auflaufform buttern. Die Fettuccine abgießen und die Hälfte in die Form füllen. Mit einem Drittel der Sauce übergießen. Fischfilets und die Hälfte des Spinats darauf betten und mit dem zweiten Saucendrittel bestreichen. Den Spinat und die restlichen Fettuccine darübergeben. Mit der verbliebenen Sauce überziehen. Mit Fontina bestreuen und im heißen Ofen rund 45 Minuten goldbraun überbacken. Nach Bedarf mit Alufolie abdecken. Vor dem Servieren 5–10 Minuten ruhen lassen.

PASTITSIO

Für 8 Personen
100 ml Olivenöl
2 Zwiebeln, fein gehackt
2 Knoblauchzehen, fein gehackt
750 g mageres Hackfleisch vom Lamm
1 kleine Dose Tomatenwürfel
250 g Tomatenpüree
1 Teelöffel getrockneter Oregano
Salz und Pfeffer aus der Mühle
50 g Semmelbrösel
1 verquirltes Ei
500 g kurze Röhrennudeln (z. B. Penne, Rigatoni, Ziti)
1 Portion Béchamelsauce (siehe Grundrezept auf Seite 44)
75 g geriebener Parmesan

Olivenöl (2 Eßlöffel für die Form aufheben) in einer weiten Pfanne erhitzen. Zwiebeln und Knoblauch darin weich dünsten. Das Lammfleisch hinzufügen und rundum bräunen. Tomaten, Tomatenpüree, Oregano, Salz und Pfeffer einrühren. Sauce aufkochen lassen, dann auf kleiner Flamme ca. 20 Minuten schmoren. Vom Herd nehmen. Die Hälfte der Semmelbrösel und das Ei untermischen.
Backofen auf 180 Grad vorheizen.
Die Nudeln al dente garen.

Eine Auflaufform mit dem restlichen Olivenöl ausstreichen und mit den verbliebenen Semmelbröseln ausstreuen. Die Nudeln abgießen und die Hälfte davon in die Form geben. Die Fleischsauce darüber verteilen und glattstreichen. Mit der Hälfte der Béchamelsauce überziehen und mit der Hälfte des Parmesans bestreuen. Die restlichen Nudeln einschichten und mit Béchamelsauce und Parmesan abdecken. 45 Minuten goldbraun überbacken. Nach Bedarf mit Alufolie abdecken. Vor dem Anschneiden 5 Minuten ruhen lassen.

SPAGHETTI AL FORNO – SIZILIANISCHE NUDELPFANNE

Bis heute erkennt man in der traditionellen Küche Siziliens die Einflüsse der arabischen Fremdherrschaft. Diese Nudelpfanne, die mit Rosinen, Pinienkernen und Safran angereichert wird, ist dafür ein köstliches Beispiel.

Für 4 Personen
12 frische Sardinen, filetiert
Mehl zum Wenden
Öl zum Braten
50 g Rosinen
1 Prise Safranfäden
500 g frischer Fenchel mit Blattgrün
Salz und Pfeffer aus der Mühle
2 Knoblauchzehen, fein gehackt
1 kleine Zwiebel, fein gehackt
1 Lorbeerblatt
5 Sardellenfilets, geputzt und fein gehackt
4 Eßlöffel Pinienkerne, grob gehackt
400 g Spaghetti
4 Eßlöffel Semmelbrösel, in 2 Eßlöffel Olivenöl goldbraun geröstet

Ein Drittel der Sardinen mit einer Gabel zerpflücken und beiseite stellen. Die restlichen Fischfilets in Mehl wenden. Überschüssiges Mehl abklopfen. In heißem Öl goldbraun braten. Beiseite stellen.
Rosinen und Safranfäden in 2 Schälchen geben und jeweils 15–20 Minuten in warmem Wasser einweichen.
Inzwischen den Fenchel putzen und in feine Streifen schneiden. 10 Minuten in sprudelndem Salzwasser garen. Aus dem Topf fischen und abtropfen lassen; das Kochwasser für die Nudeln aufheben.

Wieder etwas Öl in der Pfanne erhitzen. Knoblauch und Zwiebel darin andünsten. Die zerpflückten Sardinen, den vorgekochten Fenchel, das Lorbeerblatt und die Sardellenfilets hineingeben. Auf kleiner Flamme dünsten, bis sich die Sardellen auflösen. Dabei immer wieder etwas Fenchelwasser hinzugießen, damit die Sauce nicht austrocknet.
Die Rosinen aus ihrem Einweichwasser heben und in die Pfanne rühren. Safran mit dem Einweichwasser und die Pinienkerne hinzufügen. Salzen und pfeffern. Einige Minuten durchköcheln lassen, damit sich die Aromen schön verbinden. Während die Sauce kocht, die Spaghetti im sprudelnden Fenchelwasser knapp al dente garen. Abgießen und mit dem Fenchelgemüse vermischen.
Eine Auflaufform einölen, die Spaghettimischung hineingeben und mit den gebratenen Sardinen belegen. Mit gerösteten Semmelbröseln bestreuen und im 200 Grad heißen Ofen 10–15 Minuten überbacken. Heiß servieren.

TAGLIATELLE AL FORNO ALL'EMILIANA

Für 4–6 Personen
750 g frischer Blattspinat oder Mangoldblätter
3 Eßlöffel Olivenöl
1 Zwiebel, fein gehackt
2 Knoblauchzehen, fein gehackt
Salz und Pfeffer aus der Mühle
frisch geriebener Muskat
3 Eßlöffel Mehl
3 Eßlöffel Butter
125 g Sahne
125 ml Milch
500 g Tagliatelle
200 g Schinkenwürfel
Butter für die Form
50 g Semmelbrösel
2 Eßlöffel zerlassene Butter

Spinat oder Mangold sorgfältig waschen und verlesen. Grob hacken, in ein Sieb geben und ein wenig abtropfen lassen.
Das Olivenöl in einer Pfanne erhitzen. Zwiebel und Knoblauch darin andünsten, dann den Spinat hinzufügen und zusammenfallen lassen. Mit Salz, Pfeffer und Muskat würzen. In eine große Schüssel füllen und beiseite stellen.

Aus Mehl und Butter eine helle Mehlschwitze bereiten. Mit Sahne und Milch auffüllen und unter ständigem Rühren aufkochen lassen. Mit Salz, Pfeffer und Muskat würzen. Vom Herd nehmen und in die Spinatmischung rühren.
Backofen auf 180 Grad vorheizen.
Die Tagliatelle in reichlich sprudelndem Salzwasser knapp al dente garen.
Die Tagliatelle abgießen und zusammen mit den Schinkenwürfeln unter die Spinatmischung geben.
Eine flache Auflaufform buttern und mit einem Hauch Semmelbrösel ausstreuen. Die Nudelmischung einfüllen. Die restlichen Semmelbrösel und zerlassene Butter verrühren und über den Nudeln verteilen. Im heißen Rohr ungefähr 20 Minuten goldbraun überbacken.

TAGLIATELLE AL FORNO CON TONNO – THUNFISCHAUFLAUF

Für 4–6 Personen
1 Portion Tomatensauce (siehe Grundrezepte auf Seite 38)
1 Portion Béchamelsauce (siehe Grundrezept auf Seite 44)
100 g geriebener Fontina oder Greyerzer
2 Dosen Thunfisch (insgesamt ca. 350 g)
250 g Tagliatelle all'uovo (oder andere Eiernudeln)
4 Eßlöffel Petersilie, fein gehackt
Salz und Pfeffer aus der Mühle
4–6 Eßlöffel Semmelbrösel
2 Eßlöffel zerlassene Butter

Backofen auf 190 Grad vorheizen.
Tomaten- und Béchamelsauce erwärmen. Den Käse in die Béchamelsauce geben und unter Rühren zum Schmelzen bringen.
Den Thunfisch inzwischen abtropfen lassen, in eine große Schüssel füllen und mit einer Gabel zerpflücken. Dann mit der heißen Käsesauce und der Tomatensauce vermischen.
Die Nudeln in sprudelndem Salzwasser al dente garen. Abgießen und zusammen mit der gehackten Petersilie unter die Thunfischmasse heben. Mit Salz und Pfeffer abschmecken.
Die Pasta in eine gefettete Auflaufform füllen. Semmelbrösel in die zerlassene Butter rühren, bräunen und über den Auflauf gießen. Im heißen Ofen ungefähr 30 Minuten goldbraun überbacken.

TAGLIATELLE VERDI MIT PARMESANKRUSTE

Für 4–6 Personen
250 g grüne Tagliatelle
2 Eßlöffel Butter
1 Eßlöffel Olivenöl
1 Knoblauchzehe, fein gehackt
200 g Champignons, blättrig aufgeschnitten
125 g gekochter Schinken, in feine Streifen geschnitten
150 g Sahne
Salz und Pfeffer aus der Mühle
frisch geriebener Muskat
1 Portion Béchamelsauce (siehe Grundrezept auf Seite 44)
50 g frisch geriebener Parmesan

Butter und Öl in einer weiten Pfanne, in der später auch die Nudeln Platz haben, erhitzen. Den Knoblauch sanft darin andünsten. Champignons hinzufügen und unter ständigem Wenden mitgaren, bis der gezogene Pilzsaft einkocht. Zum Schluß auch die Schinkenstreifen hineingeben und etwa eine Minute mitbraten. Dann die Sauce mit Sahne auffüllen.
Die Tagliatelle knapp al dente garen. Abgießen und zu den restlichen Zutaten geben. Sorgfältig vermischen. Herzhaft salzen und pfeffern und mit einem Hauch Muskat abschmecken.
Während Sie die Schinkensauce vorbereiten, die Béchamelsauce sanft erwärmen. Die Nudelmischung in eine Auflaufform schichten. Mit der warmen Béchamelsauce übergießen und mit geriebenem Parmesan bestreuen. Unter dem Grill goldbraun überbacken.

TIMBALLO ALLA SALSICCIA – PASTAKUCHEN MIT BRATWURSTFÜLLUNG

Für 8 Personen

Für den Kuchen

3 Eßlöffel Butter
1 kleine Zwiebel, fein gehackt
2 Eßlöffel Mehl
350 ml warme Hühnerbrühe
Salz und Pfeffer aus der Mühle
350 g feine Fadennudeln (z. B. Vermicelli oder Spaghettini)
4 Eßlöffel geriebener Parmesan
100 g geriebener Fontina
3 Eier
Butter und Semmelbrösel für die Form

Für die Füllung

4 dicke Salsiccie (grobe italienische Bratwurst)
1 Eßlöffel Öl
1 Knoblauchzehe, fein gehackt
1 kleine Zwiebel, fein gehackt
1 rote Paprikaschote, fein gewürfelt
50 g geriebener Fontina
1/2 Teelöffel Fenchelsaat
2 Eßlöffel Petersilie, fein gehackt
Salz und Pfeffer aus der Mühle

Außerdem

eine beliebige Tomatensauce zum Servieren
(siehe z. B. die Grundrezepte auf den Seiten 38–40)

Die Butter in einem Töpfchen zerlassen und die Zwiebel darin glasig dünsten. Das Mehl einrühren und hell anschwitzen. Mit Brühe auffüllen und kurz durchkochen, bis die Sauce eindickt. Salzen, pfeffern und vom Herd nehmen.
Die Nudeln in einem großen Topf Salzwasser knapp al dente garen. Abgießen und in eine Schüssel füllen. Mit der Sauce, den beiden Käsesorten und den Eiern vermischen. Salzen und pfeffern und ruhen lassen.
Inzwischen für die Füllung das Brät aus den Salsiccie pressen und ohne zusätzliches Fett in einer Pfanne bräunen. Herausnehmen und auf Küchenkrepp abtrop-

fen lassen. Das ausgebratene Fett wegschütten. Das Öl in die Pfanne geben und das Gemüse darin weich dünsten.
Bratwursthappen, Gemüse, Fontina, Fenchelsaat und Petersilie vermischen. Salzen und pfeffern.
Backofen auf 190 Grad vorheizen.
Eine Springform buttern und mit Semmelbröseln bestreuen. Die Hälfte der Nudelmischung in die Form geben. In die Mitte eine weite Mulde drücken. Die Bratwurstmasse in diese Mulde füllen. Mit den restlichen Nudeln abdecken. Glattstreichen und mit einem Hauch Semmelbröseln bestreuen. Ein paar Butterflöckchen daraufsetzen.
40 Minuten im heißen Ofen goldbraun backen.
In der Zwischenzeit eine Tomatensauce zubereiten.
Den Kuchen aus dem Ofen nehmen, einige Minuten ruhen lassen und mit der Tomatensauce servieren.

TORTIGLIONI AL FORNO

Für 4 Personen
1 Knoblauchzehe, fein gehackt
2 Eßlöffel Butter
150 g Schinkenwürfel
1 Packung TK-Blattspinat (300 g)
Salz und Pfeffer aus der Mühle
frisch geriebener Muskat
250 g Tortiglioni (oder andere kurze Röhrennudeln)
1 Portion Béchamelsauce (siehe Grundrezept auf Seite 44)
Semmelbrösel und Butterflöckchen zum Bestreuen

Die Knoblauchzehe in der Butter andünsten. Schinkenwürfel und Blattspinat hinzufügen und mitdünsten, bis der Spinat kein Wasser mehr zieht. Mit Salz, Pfeffer und Muskat würzen und vom Herd nehmen.
Inzwischen die Tortiglioni in reichlich Salzwasser knapp al dente garen.
Backofen auf 180 Grad vorheizen und eine Auflaufform buttern.
Die Tortiglioni abgießen und in die Form füllen. Mit der Schinken-Spinat-Mischung bedecken. Mit Béchamelsauce überziehen. Semmelbrösel darüberstreuen und einige Butterflöckchen daraufsetzen.
Die Maccheroni in den Ofen schieben und in 30–40 Minuten goldbraun überbacken.

TIMBALLO ALL'EMILIANA

Mit »Nudeltäschchen im Teigmantel« könnte man diesen Timballo wohl am treffendsten umschreiben. Er ist in der norditalienischen Region Emilia zu Hause, wo man es bei der Zubereitung aufwendiger Nudelgerichte zu wahrer Meisterschaft bringt.

Etwas Zeit können Sie sparen, wenn Sie statt der Mürbeteighülle Blätterteig aus der Tiefkühltruhe verwenden; noch schneller geht es, wenn Sie fertige Ravioli oder Tortellini im Laden kaufen.

Für 8 Personen
1 Portion Nudeltäschchen mit einer Fleischfüllung nach Wahl
(siehe dazu die Rezepte auf den Seiten 391–420)
100 g zerlassene Butter
100 g geriebener Parmesan
1 Portion Fleisch- oder Tomatensauce
(siehe Grundrezepte auf den Seiten 38–43)
1 Portion Béchamelsauce (siehe Grundrezept auf Seite 44)
1 Eigelb zum Bepinseln

Für den Mürbeteig
400 g Mehl
Salz
50 g geriebener Parmesan
200 g Butter
die abgeriebene Schale einer halben Zitrone
4 Eigelbe
Butter für die Form

Die gewünschten Nudeltäschchen zubereiten und auf einem mit einem Küchentuch belegten Backblech ausbreiten. Mit einem Küchentuch abdecken und ruhen lassen.

In der Zwischenzeit den Mürbeteig herstellen: Mehl, eine Prise Salz und Parmesan in einer Schüssel vermischen. Die Butter in Flöckchen hinzufügen und mit zwei Messern einarbeiten. Zitronenschale und Eigelbe rasch untermengen. Den Teig zu einer Kugel rollen, in Haushaltsfolie wickeln und eine Stunde in den Kühlschrank legen.

Während der Teig ruht, die Nudeltäschchen portionsweise knapp al dente garen. Mit einem Sieblöffel herausheben, gut abtropfen lassen und in eine Schüssel

schichten. Jede Portion mit etwas zerlassener Butter und geriebenem Parmesan überziehen.
Backofen auf 190 Grad vorheizen.
Eine große Springform (28 cm) buttern. Den Mürbteig in zwei ungleiche Hälften teilen. Die größere Hälfte ausrollen und damit den Boden und die Wände der Springform auskleiden. Die vorgekochten Nudeltäschchen lagenweise einschichten. Jede Lage zuerst mit etwas Tomaten- oder Fleischsauce und dann mit Béchamelsauce überziehen. Mit Parmesan bestreuen. Die zweite Teighälfte ausrollen, als Deckel daraufsetzen und an den Rändern gut festdrücken. Mit Eigelb bepinseln. Mit einem Messer kleine Löcher in den Teigdeckel ritzen, damit der beim Backen entstehende Dampf entweichen kann.
Im heißen Ofen 40 Minuten backen. Aus dem Ofen holen, 10 Minuten ruhen lassen und aus der Form nehmen.

ZITI AL FORNO

Für 6–8 Personen
500 g Salsiccia (grobe italienische Bratwurst)
3 Eßlöffel Olivenöl
2 Knoblauchzehen, fein gehackt
1 Zwiebel, fein gehackt
500 ml Tomatenpüree
100 ml trockener Rotwein
1 Teelöffel Fenchelsaat
1 kleiner Rosmarinzweig
Salz und Pfeffer aus der Mühle
500 g kurze Ziti (oder andere gerillte Röhrennudeln, z. B. Penne, Rigatoni)
100 g geriebener Parmesan
2 Eßlöffel zerlassene Butter

Das Brät aus den Würsten pressen und grob zerpflücken. Die Happen in einem Eßlöffel Olivenöl scharf anbraten. Sobald das Brät Farbe angenommen hat, aus der Pfanne heben und auf Küchenkrepp abtropfen lassen. Das ausgebratene Fett wegschütten.
Das restliche Olivenöl in der Pfanne erhitzen, Knoblauch und Zwiebel darin andünsten. Tomatenpüree, Rotwein, Fenchelsaat und Rosmarinblättchen hinzufügen. Salzen und pfeffern.

Die Sauce bei kleiner Hitze 30 Minuten durchkochen.
Inzwischen die Ziti in reichlich sprudelndem Salzwasser knapp al dente garen und abgießen.
Backofen auf 180 Grad vorheizen.
Den Boden einer gefetteten Auflaufform mit der Hälfte der Ziti auskleiden. Die Hälfte der Tomatensauce darübergießen und die Hälfte der Bratwursthappen darauf verteilen. Mit einem Drittel Parmesan bestreuen. Die restlichen Zutaten wie beschrieben einschichten.
Das letzte Drittel Parmesan mit der zerlassenen Butter verrühren und über dem Auflauf verteilen.
Die Form mit Alufolie abdecken und auf der mittleren Einschubleiste des Ofens 30 Minuten backen. Die Folie abnehmen und 10 Minuten weiterbacken, bis die Käseschicht goldbraun aussieht und Blasen wirft. Aus dem Ofen holen, 5 Minuten ruhen lassen und zu Tisch bringen.

MIT GEMÜSE UND KÄSE

CANNELLONI CON LE BIETE – MIT MANGOLD

Für 4–6 Personen
150 g Walnußkerne
2 Eßlöffel Olivenöl
2 Knoblauchzehen, fein gehackt
1,5 kg Mangoldblätter, gewaschen und verlesen
(dicke weiße Rippen entfernen)
500 g Ricotta
100 g geriebener Parmesan
4 Eier
Salz und Pfeffer aus der Mühle
frisch geriebener Muskat
12–14 Cannellonihüllen oder 1 Portion frischer Nudelteig
(siehe Grundrezept auf Seite 28)
1 Portion Béchamelsauce (siehe Grundrezept auf Seite 44)

Walnußkerne ohne Fett in einem Pfännchen rösten, bis sie ihren nussigen Duft entfalten. Vom Herd nehmen und abkühlen lassen, dann grob zerkleinern.
Olivenöl in einer Pfanne erhitzen. Den Knoblauch darin andünsten, dann das Mangoldgrün hinzufügen und zusammenfallen lassen. Vom Herd nehmen, abkühlen lassen, dann fein hacken (nach Bedarf vorher ausdrücken, denn die Füllung darf nicht zu naß werden). Mangold mit Ricotta, Parmesan und Eiern vermischen. Die Hälfte der Walnüsse unterheben und mit Salz, Pfeffer und Muskat herzhaft abschmecken.
Frischen Nudelteig ausrollen, zu 10 x 12 Zentimeter großen Blättern zurechtschneiden und abdecken. Gekaufte Cannelloni in reichlich Salzwasser vorkochen. Herausheben und auf Küchentüchern abtropfen lassen.
Backofen auf 190 Grad vorheizen.
Den Boden einer Auflaufform mit etwas Béchamelsauce bestreichen. Die Nudeln füllen und dicht an dicht in die Form geben.
Bei frischen Cannelloniblättern die Füllung auf dem unteren Drittel verteilen, dann aufrollen. Mit der Nahtseite nach unten in die Form geben.
Cannelloni mit den Walnüssen bestreuen und mit der restlichen Béchamelsauce

überziehen. Darauf achten, daß auch die Ränder bedeckt sind, damit sie beim Backen nicht austrocknen. 20–30 Minuten goldbraun überbacken.

CONCHIGLIONI AL FORNO

Für 4–6 Personen
250 g Conchiglioni (große Muschelnudeln, die sich zum Füllen eignen)
1 Ei
250 g Ricotta
100 g geriebener Parmesan
1 Bund Basilikum, fein gehackt
4 Eßlöffel Sahne
Salz und Pfeffer aus der Mühle
1 Portion Tomatensauce (siehe Grundrezept auf Seite 38)

Conchiglioni in sprudelndem Salzwasser nur knapp al dente garen, dabei ab und zu umrühren. Aus dem Topf heben und auf Küchentüchern ausbreiten. Etwas abkühlen lassen.
Inzwischen für die Füllung Ei, Ricotta und die Hälfte des Parmesans vermischen. Das Basilikum unterheben und mit der Sahne glatt rühren. Salzen und pfeffern. Backofen auf 180 Grad vorheizen.
Gut ein Drittel der Tomatensauce auf dem Boden einer Auflaufform verstreichen. Die Conchiglioni mit der Ricottamischung füllen und in die Form geben. Mit der restlichen Sauce abdecken und mit Parmesan bestreuen. 20–30 Minuten goldbraun überbacken.

CRESPELLE AL FORMAGGIO

Für 4 Personen
2 Eier
2 Eßlöffel Mehl
200 ml Milch
Salz
Öl zum Braten
1 Portion Tomatensauce (siehe Grundrezepte auf den Seiten 38–40)
400 g Fontina, fein gewürfelt
4 Eßlöffel geriebener Parmesan

Aus Eiern, Mehl, Milch und einer Prise Salz einen glatten und relativ flüssigen Teig herstellen. Das Öl in einer Pfanne erhitzen. Das Öl muß so heiß sein, daß sich der Teig sofort setzt. Einen dünnen Teigfilm in die Pfanne gießen und auf beiden Seiten goldbraun backen. Fortfahren, bis der gesamte Teig aufgebraucht ist. Crespelle auf einen Teller schichten und erkalten lassen.
Backofen auf 180 Grad vorheizen.
Den Boden einer Auflaufform mit etwas Tomatensauce bestreichen.
Die Crespelle auf einer Arbeitsfläche ausbreiten und mit den Käsewürfeln belegen. Crespelle aufrollen und dicht an dicht mit der Naht nach unten in die Form geben. Mit der restlichen Tomatensauce bedecken. Mit Parmesan bestreuen und im heißen Ofen 20 Minuten überbacken.

MANICOTTI AI TRE FORMAGGI

Für 6–8 Personen
12–14 Manicotti oder Cannellonihüllen
500 g Ricotta
250 g geriebener Fontina
50 g geriebener Parmesan
1 verquirltes Ei
2 Eßlöffel Petersilie, fein gehackt
Salz und Pfeffer aus der Mühle
1 Portion Tomatensauce (siehe Grundrezepte auf den Seiten 38–40)

Manicotti oder Cannelloni in reichlich Salzwasser vorkochen. Herausheben und auf Küchentüchern abtropfen lassen.
Ricotta, Fontina und die Hälfte des Parmesans in einer Schüssel vermischen. Ei und Petersilie einarbeiten. Kräftig salzen und pfeffern.
Backofen auf 180 Grad vorheizen.
Die Käsemischung in die Nudelröhrchen füllen.
Den Boden einer Auflaufform mit 2–3 Eßlöffel Tomatensauce überziehen. Die gefüllten Nudeln dicht an dicht in die Form geben. Die restliche Sauce über die Nudeln gießen. Darauf achten, daß auch die Ränder bedeckt sind, damit sie nicht austrocknen. Mit dem übrigen Parmesan bestreuen.
Manicotti mit Folie abdecken und im heißen Ofen 30 Minuten überbacken. Folie abnehmen und 15 Minuten weiterbacken, bis der Käse goldbraun aussieht.

MANICOTTI AI PEPERONI – MIT PAPRIKASAUCE

Für 6–8 Personen
3 Paprikaschoten (rot und/oder gelb), in Streifen geschnitten
1 kleine Zucchini, längs halbiert und in Scheiben geschnitten
1 Gemüsezwiebel, in schmale Spalten geschnitten
2 Knoblauchzehen, gehackt
3 Eßlöffel Olivenöl
50 ml trockener Weißwein
500 ml Tomatenpüree
1 getrocknete Pfefferschote, zerstoßen
1 Büschel Basilikumblätter, in Streifen geschnitten
Salz und Pfeffer aus der Mühle
12–14 Manicotti oder Cannellonihüllen
500 g Ricotta
250 g geriebener Fontina
1 verquirltes Ei
frisch geriebener Muskat
4 Eßlöffel geriebener Parmesan

Paprika, Zucchini, Zwiebel und Knoblauch in heißem Olivenöl weich dünsten. Weißwein, Tomatenpüree, Pfefferschote, Basilikum, Salz und Pfeffer hinzufügen. Die Sauce zum Kochen bringen und 30 Minuten leise schmoren.
Inzwischen Manicotti oder Cannelloni in reichlich Salzwasser vorkochen. Herausheben und auf Küchentüchern abtropfen lassen.
Ricotta, Fontina und Ei in einer Schüssel vermischen. Kräftig salzen und pfeffern und mit Muskat abschmecken.
Backofen auf 180 Grad vorheizen.
Die Käsemischung in die Nudeln füllen.
Den Boden einer Auflaufform mit etwas Paprikasauce bestreichen. Die gefüllten Nudeln dicht an dicht in die Form geben. Die restliche Sauce über die Nudeln gießen. Darauf achten, daß auch die Ränder bedeckt sind, damit sie nicht austrocknen. Den Parmesan darüberstreuen.
Manicotti mit Folie abdecken und im heißen Ofen 30 Minuten überbacken. Folie abnehmen und 15 Minuten weiterbacken, bis der Käse goldbraun aussieht.

LASAGNE AI QUATTRO FORMAGGI

Für 6–8 Personen
2 kg Blattspinat, gewaschen und verlesen
2 Eßlöffel Öl
350 g Lasagneblätter
150 g geriebener Fontina
100 g geriebener Parmesan
250 g Ricotta
1 Ei
Salz und Pfeffer aus der Mühle
frisch geriebener Muskat
1 Portion Béchamelsauce (siehe Grundrezept auf Seite 44)
300 g Gruyère, gewürfelt

Den Blattspinat in heißem Olivenöl zusammenfallen lassen. Vom Herd nehmen, abkühlen lassen und grob hacken.
Die Lasagneblätter in reichlich Salzwasser vorkochen. Ab und zu umrühren, damit sie nicht verkleben. Herausheben und auf Küchentüchern ausbreiten.
Spinat, Fontina, die Hälfte des Parmesans (den Rest zum Überbacken aufheben), Ricotta und Ei vermischen. Kräftig mit Salz, Pfeffer und Muskat würzen.
Backofen auf 190 Grad vorheizen.
Den Boden einer Auflaufform mit 2–3 Eßlöffel Béchamelsauce bestreichen. Mit Lasagneblättern abdecken. Die Nudelblätter sollen dicht an dicht liegen, dürfen sich aber nicht überlappen. Die Hälfte der Spinatmischung darauf verteilen. Mit Gruyèrewürfeln bestreuen. Mit Lasagne abdecken und die übrigen Zutaten in dieser Reihenfolge in die Form schichten. Mit Nudelblättern abdecken und mit der restlichen Béchamelsauce überziehen. Darauf achten, daß auch die Ränder bedeckt sind, damit sie nicht austrocknen. Mit dem Rest Parmesan bestreuen.
Lasagne mit Alufolie abdecken und auf der mittleren Einschubleiste des Ofens 30 Minuten backen. Die Folie abnehmen und 10 Minuten weiterbacken, bis die Käseschicht goldbraun aussieht und blubbert. Vor dem Servieren 5 Minuten ruhen lassen.

LASAGNE GIARDINIERA – MIT BUNTEM GARTENGEMÜSE

Für 6–8 Personen
250 g Lasagneblätter
500 g Ricotta
250 g saure Sahne
1 Ei
Salz und Pfeffer aus der Mühle
2 Eßlöffel Olivenöl
1 Zwiebel, fein gehackt
1 Knoblauchzehe, fein gehackt
2 grüne Zucchini, gewürfelt
2 gelbe Zucchini, gewürfelt
2 gelbe Paprikaschoten, gewürfelt
1 Portion Tomatensauce (siehe Grundrezepte auf den Seiten 38–40)
250 g geriebener Fontina
50 g geriebener Parmesan

Die Lasagneblätter in reichlich sprudelndem Wasser vorkochen. Herausheben und auf Küchentüchern ausbreiten.
Ricotta mit saurer Sahne und dem Ei vermischen. Kräftig salzen und pfeffern.
Olivenöl in einer Pfanne erhitzen. Zwiebel, Knoblauch, Zucchini und Paprika darin sanft weich dünsten. Salzen und pfeffern.
Backofen auf 190 Grad vorheizen.
Den Boden einer Auflaufform mit etwas Tomatensauce bestreichen.
Mit Lasagneblättern abdecken. Die Nudelblätter sollen dicht an dicht liegen, dürfen sich aber nicht überlappen. Die Hälfte der Gemüsemischung darauf verteilen und wieder mit Teigblättern abdecken. Die Lasagne mit der Ricottamischung überziehen und mit etwas Fontina und Parmesan schließen. Die übrigen Zutaten wie beschrieben in die Form schichten. Mit Teigblättern abdecken und mit der restlichen Tomatensauce überziehen. Darauf achten, daß auch die Ränder bedeckt sind, damit sie nicht austrocknen. Mit dem Rest Fontina und Parmesan schließen.
Auflaufform mit Alufolie abdecken und auf der mittleren Einschubleiste des Ofens 30 Minuten backen. Die Folie abnehmen und 10 Minuten weiterbacken, bis die Käseschicht goldbraun aussieht und Blasen wirft. Vor dem Anschneiden 5–10 Minuten ruhen lassen.

LASAGNE LAMPO – »BLITZSCHNELLE« LASAGNE

Für 3–4 Personen
250 g Lasagneblätter
Salz und Pfeffer aus der Mühle
2 Knoblauchzehen, fein gehackt
4 Eßlöffel Olivenöl
1 kg Tomaten, gehäutet und entkernt
1 Handvoll Basilikumblätter
100 g Parmesan

Die Lasagne in sprudelndem Salzwasser vorkochen. Aus dem Topf heben und auf feuchten Küchentüchern ausbreiten.
Den Knoblauch in 2 Eßlöffel Olivenöl andünsten. Die Tomaten hinzufügen und mit einer Gabel zerpflücken. Das Basilikum grob zerzupfen und unter die Tomaten rühren. Salzen und pfeffern. 5 Minuten durchköcheln und vom Herd nehmen.
Backofen auf 180 Grad vorheizen.
Das restliche Olivenöl in eine Auflaufform gießen. Eine Lage Lasagne einschichten. Die Hälfte der Tomaten und des Parmesans darauf verteilen. Mit Lasagneblättern abdecken. Wieder Tomaten und Käse darübergeben und im heißen Ofen goldbraun überbacken.

LASAGNE MIT KÜRBIS- UND PAPRIKA-FÜLLUNG

Hier ist eine aromatische Kürbissorte gefragt, denn sonst schmecken diese Lasagne langweilig. Nehmen Sie italienischen Kürbis, der ein angenehm süßliches Aroma besitzt, oder probieren Sie einmal den ebenfalls süß schmeckenden amerikanischen Butternuß-Kürbis, den man inzwischen immer häufiger sieht.

Für 6–8 Personen
4 rote Paprikaschoten
Olivenöl
ca. 2 kg Kürbis
Salz und Pfeffer aus der Mühle
2 Eßlöffel getrockneter Rosmarin, gerebelt
1 l Milch
3 Knoblauchzehen, fein gehackt
4 Eßlöffel Mehl
50 g Butter
350 g Lasagneblätter
150 g geriebener Parmesan
250 g Ricotta

Backofen auf 220 Grad vorheizen.
Die Paprikaschoten halbieren und entkernen. Auf beiden Seiten leicht einölen und mit der Schnittfläche nach unten auf ein mit Backtrennpapier ausgelegtes Blech legen. Im heißen Ofen braten, bis die Haut Blasen wirft und bräunt. Herausnehmen und in eine Schüssel legen. Abdecken und 15 Minuten nachdämpfen lassen. Dann mit einem scharfen Messer häuten, entkernen und in Streifen schneiden.
Während die Paprikaschoten braten, den Kürbis schälen, entkernen und in zentimetergroße Würfel schneiden. Die Kürbiswürfel in eine Schüssel geben.
Mit 3 Eßlöffel Öl benetzen, salzen, pfeffern und mit einem Eßlöffel Rosmarin würzen. Gut durchmischen, dann auf Backblechen ausbreiten und nach den Paprika im heißen Ofen (ebenfalls 220 Grad) gut 15 Minuten weich braten.
Inzwischen die Béchamelsauce zubereiten: Die Milch mit Knoblauch und dem restlichen Rosmarin aufkochen, dann auf kleiner Flamme 10 Minuten ziehen lassen. Das Mehl in der Butter hell anschwitzen. Die Milch durch ein Sieb gießen und langsam in die Mehlschwitze rühren. Zum Kochen bringen und auf kleiner Flamme etwa 10 Minuten eindicken lassen. Dabei gelegentlich umrühren.

Die Lasagneblätter in reichlich sprudelndem Wasser vorkochen. Herausheben und auf Küchentüchern ausbreiten.
Backofentemperatur auf 190 Grad reduzieren.
Eine Auflaufform mit einem Hauch Béchamelsauce bestreichen. Mit Lasagneblättern abdecken. Die Nudelblätter müssen dicht an dicht liegen, dürfen sich aber nicht überlappen. Mit Béchamelsauce bestreichen, dann die Hälfte der Kürbiswürfel und der Paprikastreifen darüber verteilen. Mit etwas Parmesan bestreuen. Eine Lage Lasagneblätter anschließen und wie beschrieben fortfahren, bis alle Zutaten aufgebraucht sind. Mit Lasagneblättern abschließen, diese mit Ricotta bestreichen und mit Parmesan bestreuen.
Auflaufform mit Alufolie abdecken und auf die mittlere Einschubleiste des Backofens schieben. 30 Minuten backen. Die Folie abnehmen und 10 Minuten weiterbacken, bis die Käseschicht goldbraun aussieht und blubbert. Aus dem Ofen holen, 5 Minuten ruhen lassen und zu Tisch bringen.

LASAGNE MIT PILZEN, LAUCH UND RÄUCHERKÄSE

Der geräucherte Käse verleiht dieser Pasta eine interessante Note. Nehmen Sie geräucherten Mozzarella, Scamorza oder auch geräucherten Gouda, der schön schmilzt.

Für 6–8 Personen
1 kg Lauch
4 Eßlöffel Öl oder Butter
1 kg Champignons, blättrig aufgeschnitten
Salz und Pfeffer aus der Mühle
1 Packung Lasagneblätter
250 g geräucherter Käse, gerieben
100 g Fontina, gerieben
1 Portion Béchamelsauce (siehe Grundrezept auf Seite 44)

Die Lauchstangen putzen. Den dunkelgrünen Teil abtrennen und für ein anderes Gericht verwenden. Den weißen und hellgrünen Teil längs halbieren, dann quer dazu in schmale Streifen schneiden. Sorgfältig abspülen und trockentupfen.
Öl oder Butter in einer weiten Pfanne erhitzen. Den Lauch darin sanft andünsten und zusammenfallen lassen. Die Pilze hinzufügen und braten, bis ihre Flüssigkeit verdunstet ist. Das Gemüse herzhaft salzen und pfeffern.

Während das Gemüse dünstet, die Lasagneblätter in reichlich sprudelndem Wasser vorkochen. Herausheben und auf Küchentüchern abtropfen lassen.
Etwa ein Viertel des geräucherten Käses beiseite stellen, den Rest mit dem Fontina vermischen.
Backofen auf 190 Grad vorheizen.
Eine Auflaufform mit etwas Béchamelsauce ausstreichen. Mit Lasagneblättern abdecken, die dicht an dicht liegen müssen, sich aber nicht überlappen dürfen. Anschließend mit Béchamelsauce bestreichen, dann ein Drittel des Lauchgemüses darüber verteilen. Mit der Hälfte der Käsemischung bestreuen und mit Nudelblättern abdecken. Die restlichen Zutaten in der beschriebenen Reihenfolge in die Form schichten. Die oberste Lasagneschicht mit dem geräucherten Käse bestreuen.
Lasagne mit Alufolie abdecken und auf der mittleren Einschubleiste des Ofens 30 Minuten backen. Die Folie abnehmen und 10 Minuten weiterbacken, bis die Käseschicht goldbraun aussieht und brodelt. Aus dem Ofen holen und vor dem Anschneiden 5–10 Minuten ruhen lassen.

LASAGNE MIT ZWIEBEL-ZUCCHINI-FÜLLUNG

Für 6–8 Personen
50 g Butter
1 kg Gemüsezwiebeln, in dünne Ringe geschnitten
Salz und Pfeffer aus der Mühle
175 ml trockener Weißwein
3–4 mittelgroße Zucchini (ca. 750 g), in dünne Scheiben geschnitten
350 g Lasagneblätter
1 Portion Béchamelsauce (siehe Grundrezept auf Seite 44)
250 g geriebener Fontina
100 g geriebener Parmesan

Die Hälfte der Butter in einer weiten Pfanne erhitzen. Die Zwiebeln hineingeben und langsam goldbraun dünsten (ca. 30 Minuten). Salzen und pfeffern. Den Weißwein hinzugießen und bei lebhafter Hitze fast vollständig einkochen lassen.
Während die Zwiebeln dünsten, die Zucchinischeiben in einer zweiten Pfanne mit der restlichen Butter goldbraun braten. Salzen und pfeffern.
Während Sie das Gemüse zubereiten, die Lasagneblätter in reichlich sprudelndem Salzwasser vorkochen. Immer wieder umrühren, damit sie nicht verkleben. Herausheben und auf Küchentüchern ausbreiten.

Backofen auf 190 Grad vorheizen.
Den Boden einer Auflaufform mit ein paar Eßlöffel Béchamelsauce bestreichen und mit Lasagneblättern abdecken. Die Nudelblätter sollen dicht an dicht liegen, dürfen sich aber nicht überlappen. Die Hälfte der Zwiebeln und die Hälfte der Zucchini auf die Lasagne geben. Mit einem Drittel Béchamelsauce überziehen und mit der Hälfte des Fontinakäses bestreuen. Lasagneblätter auflegen und die übrigen Zutaten wie beschrieben in die Form schichten. Mit Nudelblättern schließen und diese mit der restlichen Béchamelsauce überziehen. Darauf achten, daß auch die Ränder bedeckt sind, damit sie nicht austrocknen. Mit dem Parmesan bestreuen.
Auflaufform mit Alufolie abdecken und auf der mittleren Einschubleiste des Ofens 30 Minuten backen. Die Folie abnehmen und 10 Minuten weiterbacken, bis die Käseschicht goldbraun aussieht und Blasen wirft. Vor dem Anschneiden 5–10 Minuten ruhen lassen.

LASAGNE TRICOLORE

Für 6–8 Personen
3 große rote oder gelbe Paprikaschoten, fein gewürfelt
2 Eßlöffel Butter oder Öl
500 g Ricotta
Salz und Pfeffer aus der Mühle
750 g kleine Brokkoliröschen
1 Packung Lasagneblätter
1 Portion Tomatensauce (siehe Grundrezepte auf den Seiten 38–40)
300 g geriebener Fontina
150 g geriebener Parmesan

Paprikawürfel in Butter oder Öl weich dünsten. Vom Herd nehmen und mit Ricotta vermischen. Salzen und pfeffern.
Die Brokkoliröschen in sprudelndem Salzwasser blanchieren. Mit einem Sieb herausfischen, kalt abschrecken und trockentupfen. Unter die Ricottamasse heben und würzen.
Das Brokkoliwasser wieder zum Kochen bringen und die Lasagneblätter darin vorkochen. Herausheben und auf Küchentüchern ausbreiten.
Backofen auf 190 Grad vorheizen.
Den Boden einer Auflaufform mit 2–3 Eßlöffel Tomatensauce bestreichen. Mit Lasagneblättern abdecken. Die Nudelblätter müssen dicht an dicht liegen, dürfen

sich aber nicht überlappen. Etwa ein Drittel der Ricottamischung darüber verteilen und glattstreichen. Mit Fontina und einem Hauch Parmesan bestreuen und wiederum Lasagneblätter anschließen. Die restliche Ricottamischung, Käse und Lasagne wie beschrieben in die Form schichten. Mit Lasagne abdecken und mit der restlichen Tomatensauce überziehen. Darauf achten, daß auch die Ränder bedeckt sind, damit sie beim Überbacken nicht austrocknen. Den übrigen Käse darübergeben.
Lasagne mit Alufolie abdecken und auf der mittleren Einschubleiste des Ofens 30 Minuten backen. Die Folie abnehmen und 10 Minuten weiterbacken, bis die Käseschicht goldbraun aussieht und Blasen wirft. Aus dem Ofen holen, 5 Minuten ruhen lassen und zu Tisch bringen.

LASAGNE VERDI

Für 6–8 Personen
2 kg frischer Blattspinat, gewaschen und verlesen
3 Eßlöffel Butter
1 Packung grüne Lasagneblätter oder 1 Portion Spinatnudelteig
(siehe Rezept auf Seite 34)
250 g Ricotta
100 g geriebener Parmesan
1 Ei
Salz und Pfeffer aus der Mühle
1 Portion Béchamelsauce (siehe Grundrezept auf Seite 44)
250 g Ziegenfrischkäse (z. B. den italienischen Caprino) oder
milder und cremiger Schafskäse

Blattspinat in heißer Butter andünsten und zusammenfallen lassen. Vom Herd nehmen und so weit abkühlen lassen, bis Sie ihn anfassen können, dann grob hacken.
Die Lasagneblätter in sprudelndem Salzwasser kurz vorgaren. Herausheben und auf Küchentüchern ausbreiten. Frischen Nudelteig ausrollen und zu Lasagneblättern schneiden. Auf Tüchern ausbreiten und abdecken. Frische Lasagneblätter müssen nicht vorgekocht werden.
Ricotta, die Hälfte des Parmesans und das Ei vermischen. Den Spinat unterheben. Salzen und pfeffern.
Backofen auf 190 Grad vorheizen.
Den Boden einer Auflaufform mit etwas Béchamelsauce bestreichen. Mit Lasa-

gneblättern abdecken. Die Nudelblätter sollen dicht an dicht liegen, dürfen sich aber nicht überlappen. Die Hälfte der Spinatmischung darauf verteilen. Ein Drittel Ziegenkäse darüberkrümeln. Mit Lasagne abdecken und darauf den restlichen Spinat verteilen. Mit dem zweiten Drittel Ziegenkäse bestreuen. Lasagneblätter anschließen und mit der restlichen Béchamelsauce überziehen. Darauf achten, daß auch die Ränder bedeckt sind, damit sie nicht austrocknen. Mit dem Rest Ziegenkäse und Parmesan bestreuen.

Lasagne mit Alufolie abdecken und auf der mittleren Einschubleiste des Ofens 30 Minuten backen. Die Folie abnehmen und 10 Minuten weiterbacken, bis die Käseschicht goldbraun aussieht. Vor dem Servieren 5 Minuten ruhen lassen.

AUBERGINENPASTICCIO

Für 4–6 Personen
4 Eßlöffel Olivenöl
2 Knoblauchzehen, gehackt
1 kleine Zwiebel, gehackt
1–2 dicke Auberginen (insgesamt ca. 750 g), gewürfelt
1 kleine Zucchini, gewürfelt
1 rote oder gelbe Paprikaschote, gewürfelt
Salz und Pfeffer aus der Mühle
1 Handvoll Basilikumblätter, grob gehackt
250 g Ricotta
2 verquirlte Eier
200 g Sahne
100 g geriebener Parmesan
frisch geriebener Muskat
1 Portion Tomatensauce (z. B. nach einem Grundrezept auf Seite 38)
250 g Penne oder Rigatoni

Olivenöl in einer Pfanne erhitzen. Knoblauch und Zwiebel darin glasig braten, dann Auberginen, Zucchini und Paprika hinzufügen und in gut 10 Minuten weich dünsten. Salzen, pfeffern und das Basilikum unterrühren. Das Gemüse in eine Schüssel füllen und durchziehen lassen.

Ricotta, Eier, Sahne und eine Handvoll Parmesan vermischen. Mit Salz, Pfeffer und Muskat herzhaft würzen.

Backofen auf 180 Grad vorheizen. Den Boden einer Auflaufform mit etwas Tomatensauce bestreichen.

In der Zwischenzeit die Pasta in Salzwasser knapp al dente garen. Abgießen und mit der restlichen Tomatensauce vermischen. Diese Nudelmischung in der Form verteilen. Mit dem Gemüse abdecken und mit der Hälfte des verbliebenen Parmesans bestreuen. Die Ricottamischung darüber verstreichen. Mit dem Rest Käse bestreuen. Pasticcio im heißen Ofen rund 30 Minuten goldbraun überbacken. Vor dem Anschneiden einige Minuten ruhen lassen.

FUSILLI AL FORNO

Für 6–8 Personen
200 g Sahne
100 ml trockener Weißwein
150 g Gorgonzola, zerkrümelt
250 g geriebener Fontina oder Gruyère
100 g geriebener Parmesan
Salz und Pfeffer aus der Mühle
1 Eßlöffel getrockneter Salbei, gerebelt
1 Eßlöffel getrockneter Thymian, gerebelt
Butter für die Form
500 g grüne oder bunte Fusilli
1 Tomate zum Garnieren

Sahne und Weißwein in einem Topf langsam erwärmen. Nach und nach Gorgonzola, Fontina oder Gruyère und die Hälfte des Parmesans einrühren und schmelzen lassen. Mit Salz, Pfeffer, Thymian und Salbei abschmecken.
Backofen auf 180 Grad vorheizen und eine Auflaufform buttern.
Inzwischen die Fusilli in Salzwasser knapp al dente garen. Abgießen. Ein Drittel der Pasta in die Auflaufform füllen. Mit einem Drittel Käsemischung überziehen und mit etwas Parmesan bestreuen. Wie beschrieben fortfahren, bis alle Zutaten aufgebraucht sind.
Die Auflaufform mit Alufolie abdecken und auf der mittleren Einschubleiste des Ofens 30 Minuten backen. Die Folie abnehmen und 10 Minuten weiterbacken, bis die Käseschicht goldbraun aussieht und brodelt. Aus dem Ofen holen und vor dem Anschneiden 5 Minuten ruhen lassen. Die Tomate fein würfeln und als Farbtupfer auf den Fusilli verteilen.

FUSILLI AL FORNO CON CIPOLLE – MIT KARAMELISIERTEN ZWIEBELN

Für 6–8 Personen
3–4 Eßlöffel Olivenöl
ca. 2 kg Gemüsezwiebeln, in dünne Ringe geschnitten
2 Knoblauchzehen, fein gehackt
Salz und Pfeffer aus der Mühle
150 ml trockener Weißwein
150 g Walnußkerne
20 Basilikumblätter, gehackt
1 Portion Tomatensauce (siehe Grundrezepte auf den Seiten 38–40)
500 g grüne Fusilli
250 g Ricotta
4 Eßlöffel geriebener Parmesan

Das Olivenöl in einer weiten Pfanne erhitzen. Die Zwiebeln rund 10 Minuten darin dünsten, bis sie weich werden und Saft ziehen. Knoblauch hinzufügen und bei mittlerer Hitze weiterdünsten. Salzen und pfeffern. Ab und zu den Bratsatz abschaben, damit die Zwiebeln nicht anbrennen. Sobald die Zwiebeln die gewünschte Bräunung erreichen (sie sollten einen satten Gold- oder Bernsteinton haben), mit dem Weißwein ablöschen und auf kleiner Flamme simmern lassen, bis die Flüssigkeit fast vollständig verdunstet ist und die Zwiebeln ganz weich sind und süßlich schmecken.
Die Walnüsse ohne zusätzliches Fett in einem Pfännchen rösten, bis sie ihren typischen, nussigen Duft entfalten. Sofort vom Herd nehmen und abkühlen lassen. Sobald Sie die Walnüsse anfassen können, grob zerkleinern und zusammen mit dem Basilikum unter die karamelisierten Zwiebeln heben.
Backofen auf 190 Grad vorheizen.
Den Boden einer Auflaufform mit etwas Tomatensauce bestreichen.
Die Fusilli in reichlich Salzwasser knapp al dente garen. Abgießen. Die Hälfte der Fusilli in die Form geben. Die Zwiebelmischung auf den Nudeln verteilen und mit Ricotta bestreichen. Mit den restlichen Fusilli abdecken. Die Tomatensauce darüberstreichen. Darauf achten, daß auch die Ränder bedeckt sind, damit sie nicht austrocknen. Mit dem Parmesan bestreuen.
Auflaufform mit Alufolie abdecken und auf der mittleren Einschubleiste des Ofens 30 Minuten backen. Die Folie abnehmen und 10 Minuten weiterbacken, bis die Käseschicht goldbraun aussieht und brodelt. Aus dem Ofen holen, 5 Minuten ruhen lassen und zu Tisch bringen.

KÄSESPÄTZLE

Für 4 Personen
1 Portion Spätzleteig (siehe Rezept auf Seite 456)
1–2 Eßlöffel Butter
200 g geriebener Käse, der gut schmilzt (z. B. Greyerzer, Fontina oder Emmentaler)
2 Zwiebeln, fein gehackt

Die Spätzle wie beschrieben garen und gut abtropfen lassen.
Backofen auf 200 Grad vorheizen.
Eine feuerfeste Form buttern. Abwechselnd eine Schicht Spätzle und eine Schicht geriebenen Käse in die Form füllen. Mit einer Käseschicht schließen. In den vorgeheizten Ofen schieben und goldbraun überbacken.
In der Zwischenzeit die Zwiebeln in der restlichen Butter bräunen. Über die überbackenen Spätzle streuen und zu Tisch bringen.

KRAUTSPÄTZLE

Für 4 Personen
2 Eßlöffel Butter oder Schweineschmalz
1 Zwiebel, gehackt
1 Apfel, in Scheiben geschnitten
500 g Sauerkraut
1/4 l Gemüsebrühe oder Weißwein
1 Lorbeerblatt
5 Wacholderbeeren
Salz und Pfeffer aus der Mühle
1 Portion Spätzleteig (siehe Rezept auf Seite 456)
Fett für die Form

Butter oder Schmalz in einem großen Topf erhitzen, Zwiebel und Apfelscheiben darin andünsten.
Das Sauerkraut hinzufügen und mitdünsten. Brühe oder Wein angießen, Gewürze dazugeben und bei milder Hitze sanft garen.
In der Zwischenzeit die Spätzle nach Rezept zubereiten.
Backofen auf 200 Grad vorheizen.
Eine feuerfeste Form einfetten. Abwechselnd eine Schicht Spätzle und eine

Schicht Kraut in die Form füllen. Im heißen Ofen backen, bis alle Zutaten schön heiß sind.

Tip: Sie können die Krautspätzle mit durchwachsenem Räucherspeck ein wenig aufpeppen: 100 g Speck in dünnen Scheiben obenauf legen und im Ofen knusprig überbacken.

PASTA AL FORNO CON FUNGHI – MIT PILZEN UND WÜRZIGEM EIERGUSS

Für 6–8 Personen
3 Eßlöffel Butter
2 Knoblauchzehen, fein gehackt
500 g gemischte Pilze oder Champignons, blättrig aufgeschnitten
Salz und Pfeffer aus der Mühle
6 Eier
1 Büschel Basilikum, grob gehackt
400 g Sahne
100 g geriebener Pecorino oder Parmesan
250 g grüne Fettuccine oder Tagliatelle

In einer weiten Pfanne 2 Eßlöffel Butter erhitzen. Knoblauch und Pilze darin dünsten, bis die Flüssigkeit der Pilze fast vollständig verdampft ist. Salzen und pfeffern.
Eier, Basilikum, Sahne und Pecorino oder Parmesan sorgfältig mit einem Schneebesen verrühren. Salzen und pfeffern.
Backofen auf 180 Grad vorheizen und eine Auflaufform mit der restlichen Butter einfetten.
Fettuccine oder Tagliatelle in sprudelndem Salzwasser knapp al dente garen. Abgießen. Die Nudeln in die Form schichten und mit den gedünsteten Pilzen belegen. Mit der Eimasse übergießen.
Die Form mit Alufolie abdecken und in eine größere Form oder in die Saftpfanne des Ofens setzen. Etwa zwei Finger breit Wasser in die größere Form gießen. Die Pasta in diesem Wasserbad rund 45 Minuten garen, bis sich der Guß gesetzt hat. Vor dem Servieren 10 Minuten ruhen lassen.

PASTA GRATINATA – MIT FRISCHEM SOMMERGEMÜSE

Für 4–6 Personen
250 g Rigatoni oder Penne
2 mittlere Zucchini, gewürfelt
2 Fleischtomaten, gewürfelt
1 Paprikaschote, gewürfelt
125 g geriebener Fontina oder Emmentaler
1 Büschel Basilikum, grob gehackt
Salz und Pfeffer aus der Mühle

Zum Überbacken
2 Knoblauchzehen, fein gehackt
250 g Champignons, blättrig aufgeschnitten
2 Eßlöffel Butter
1 Eßlöffel Mehl
2 Eßlöffel Tomatenmark
250 ml Milch
250 ml Sahne
frisch geriebener Muskat
Semmelbrösel
Butterflöckchen

Zunächst die Sauce zum Überbacken vorbereiten: Knoblauch und Champignons in der Butter weich dünsten. Salzen und pfeffern. Wenn die Flüssigkeit verdampft ist, die Pilze mit Mehl überstäuben und 2 Minuten durchrühren. Tomatenmark, Milch und Sahne mit einem Schneebesen einrühren und unter ständigem Rühren aufkochen lassen. Eine knappe Minute eindicken lassen, dann vom Herd nehmen. Mit Salz, Pfeffer und Muskat würzen.
Die Rigatoni in reichlich sprudelndem Salzwasser knapp al dente garen. Abgießen und in eine Schüssel füllen. Mit dem Gemüse, dem Käse und dem Basilikum vermischen. Salzen und pfeffern.
Backofen auf 200 Grad vorheizen.
Die Pastamischung in eine flache, gebutterte Gratinform füllen. Die Pilzsauce gleichmäßig darüber verteilen und glattstreichen. Mit einem Hauch Semmelbrösel bestreuen. Reichlich Butterflöckchen obenauf setzen. Im heißen Ofen 30 Minuten goldbraun überbacken. Vor dem Servieren 5–10 Minuten ruhen lassen.

PASTA VERDE AL FORNO

Für 4–6 Personen
1 Knoblauchzehe, fein gehackt
2 Zwiebeln, fein gehackt
Olivenöl
1 große Dose Tomaten
2 Eßlöffel Tomatenmark
Salz und Pfeffer aus der Mühle
1/2 Teelöffel getrockneter Oregano
50 ml trockener Weißwein
500 g grüne Tagliatelle (oder andere Bandnudeln)
250 g Fontina, gewürfelt
4 Eßlöffel geriebener Parmesan

Knoblauch und Zwiebeln in etwas Olivenöl weich dünsten. Die Tomaten hinzufügen und mit einer Gabel grob zerpflücken. Tomatenmark, Salz und Pfeffer, Oregano und Weißwein einrühren. Die Sauce zum Kochen bringen und 30 Minuten auf kleiner Flamme schmoren lassen.
In der Zwischenzeit die Tagliatelle in sprudelndem Salzwasser vorkochen. Ab und zu umrühren, damit sie nicht verkleben.
Backofen auf 180 Grad vorheizen und eine Auflaufform mit Olivenöl ausstreichen.
Tagliatelle abgießen und mit den Fontinawürfeln vermischen. In die Form füllen. Mit Tomatensauce überziehen und mit Parmesan bestreuen. Etwa 20 Minuten überbacken.

PENNE AL FORNO – MIT RÄUCHERKÄSE

Für 6–8 Personen
3 Eßlöffel Butter
1 Zwiebel, fein gehackt
3 Eßlöffel Mehl
1 Eßlöffel Senfpulver
500 ml Milch oder Gemüsebrühe
150 g Crème fraîche
1 Spritzer Zitronensaft
1 Spritzer Worcestershiresauce
Salz und Pfeffer aus der Mühle
1 Prise Cayennepfeffer
250 g geriebener Räucherkäse (z. B. Gouda oder Scamorza)
500 g Penne oder andere kurze Röhrennudeln
4 Eßlöffel geriebener Parmesan
6 Eßlöffel Semmelbrösel
Butterflöckchen zum Überbacken

Die Butter in einem Topf erhitzen. Die Zwiebel darin weich dünsten, dann das Mehl und das Senfpulver hinzufügen und 1–2 Minuten anschwitzen. Mit Milch oder Gemüsebrühe und Crème fraîche auffüllen, Zitronensaft, Worcestershiresauce und die Gewürze hinzufügen und kurz durchkochen. Den Räucherkäse einrühren und schmelzen lassen.

Backofen auf 190 Grad vorheizen. Eine Auflaufform buttern.

Penne in Salzwasser knapp al dente garen. Abgießen, in eine Schüssel geben und mit der Käsesauce vermischen. In die Auflaufform füllen und mit geriebenem Parmesan und Semmelbröseln bestreuen, die Butterflöckchen daraufsetzen. Die Form mit Alufolie abdecken und in den heißen Ofen schieben. 30 Minuten backen. Die Folie abnehmen und 10 Minuten weiterbacken, bis die Pasta goldbraun und knusprig aussieht. Vor dem Servieren 10 Minuten ruhen lassen.

PIZZOCCHERI

Pizzoccheri sind eine deftige Spezialität aus der gebirgigen Valtellina, dem äußersten Norden der Lombardei. Die Nudeln werden traditionsgemäß aus Buchweizenmehl hergestellt.

Für 4–6 Personen
250 g Buchweizenmehl
250 g Weizenmehl
etwas Milch und Wasser
1 Ei
Salz und Pfeffer aus der Mühle
250 g Kartoffeln, in Scheiben geschnitten
1/2 Wirsingkohl, in Streifen geschnitten
200 g zerlassene Butter
2 Knoblauchzehen, fein gehackt
6 große Salbeiblätter
200 g geriebener Fontina
100 g geriebener Parmesan

Die beiden Mehlsorten vermischen. Mit etwas Milch und Wasser und einem Ei zu einem glatten Teig verarbeiten und 10 Minuten durchkneten. Sehen Sie sich dazu auch die Anleitung im Grundrezept auf Seite 28 an. Teig abdecken und 30 Minuten ruhen lassen. Teig dünn ausrollen und in fingerlange und fingerbreite Streifen schneiden.
Backofen auf 220 Grad vorheizen.
Inzwischen einen großen Topf Wasser zum Kochen bringen und salzen. Kartoffeln und Wirsing hineingeben und 5 Minuten vorkochen. Dann die Nudeln hineingleiten lassen und mitkochen, bis sie al dente sind.
Während das Gemüse und die Nudeln kochen, die Butter mit Knoblauch und Salbei aromatisieren.
Pizzoccheri und Gemüse abgießen und mit fast der ganzen Butter und dem Fontinakäse vermischen. In eine Auflaufform füllen. Mit Parmesan bestreuen und mit der restlichen Salbeibutter beträufeln. Kurz im heißen Ofen überbacken.

RIGATONI ALLA NAPOLETANA

Für 4–6 Personen
400 g Rigatoni
1 Portion Tomatensauce (siehe Grundrezepte auf Seite 38)
100 g geriebener Parmesan
300 g Mozzarella (nach Möglichkeit Büffelmozzarella), gewürfelt

Für die Teighülle
300 g Mehl
150 g eiskalte Butterflöckchen
1 Ei
1 Prise Salz

Zunächst die Teighülle herstellen. Mehl in eine Schüssel sieben. Die Butterflöckchen mit zwei Messern einarbeiten, bis eine feinkörnige Masse entsteht. Ei und Salz hinzufügen und rasch zu einem glatten Teig vermischen. Zur Kugel formen, in Haushaltsfolie schlagen und eine Stunde im Kühlschrank ruhen lassen.
Backofen auf 190 Grad vorheizen.
Den Teig in zwei ungleiche Hälften teilen und ausrollen. Mit der größeren Hälfte den Boden und die Wände einer gebutterten Springform auskleiden.
Inzwischen die Rigatoni in reichlich sprudelndem Salzwasser knapp al dente garen. Ab und zu umrühren, damit sie nicht verkleben. Abgießen und mit etwas Tomatensauce und Parmesan vermischen. Die Hälfte der Rigatoni in die Form füllen. Mit der Hälfte der verbliebenen Tomatensauce überziehen und mit den Mozzarellawürfeln bestreuen. Mit einer Lage Rigatoni abdecken. Die restliche Sauce darübergießen.
Den Teigdeckel aufsetzen und an den Rändern gut festdrücken. Mit einem Messer kleine Löcher in den Teigdeckel ritzen, damit der beim Backen entstehende Dampf entweichen kann. 30 Minuten im heißen Ofen backen.

RIGATONI ALLA PUGLIESE

Für 4 Personen
2 Auberginen (ca. 600 g)
Salz und Pfeffer aus der Mühle
1 Ei
Paniermehl

Olivenöl zum Braten
350 g Rigatoni
1 Portion einfache Tomatensauce (siehe Grundrezept auf Seite 38)
125 g Scamorza oder Fontina, in Scheiben geschnitten
50 g geriebener Pecorino oder Parmesan

Die Auberginen längs in zentimeterdicke Scheiben schneiden. Auf beiden Seiten salzen und in ein Sieb schichten. 30 Minuten durchziehen lassen.
Das Ei mit etwas Salz verquirlen. Die Auberginen gründlich abspülen und mit Küchenkrepp trockentupfen. In Ei und Paniermehl wenden und in heißem Öl goldbraun braten.
Backofen auf 200 Grad vorheizen.
Inzwischen die Rigatoni in Salzwasser knapp al dente garen. Abgießen.
Eine Auflaufform mit Öl ausstreichen und mit einem Hauch Paniermehl ausstreuen. Etwas Tomatensauce auf dem Boden der Form verstreichen. Eine Lage Auberginen einschichten, dann eine Lage Rigatoni darüber verteilen. Mit Käsescheiben belegen und mit der Hälfte des Pecorinos oder Parmesans bestreuen. Die restlichen Zutaten wie beschrieben einschichten. Im heißen Ofen rund 20 Minuten goldbraun überbacken.

ROTELLINE AL FORNO

Dieser einfache Auflauf ist schnell gemacht und hat sich bei Kindergeburtstagen als großer Renner erwiesen. Wählen Sie für solche Zwecke bunte Nudeln mit einer interessanten Form: Die Wagenräder kommen bei Kindern erfahrungsgemäß am besten an!

Für 6–8 hungrige Kinder
3 Eßlöffel Mehl
3 Eßlöffel Butter
750 ml Milch
Salz und Pfeffer aus der Mühle
frisch geriebener Muskat
400 g bunte Rotelline
1 Eßlöffel Worcestershiresauce
300 g Fontina, grob gerieben
Semmelbrösel
Butter für die Form

Das Mehl in der Butter hell anschwitzen. Die Milch einrühren und zum Kochen bringen. Mit Salz, Pfeffer und Muskat würzen; 3–5 Minuten eindicken lassen. Dabei ab und zu umrühren. Vom Herd nehmen und beiseite stellen.
Backofen auf 190 Grad vorheizen.
Die Rotelline in reichlich sprudelndem Salzwasser knapp al dente garen. Abgießen, in eine Schüssel füllen und die Béchamelsauce, die Worcestershiresauce und 200 Gramm Käse unterheben. Kräftig abschmecken.
Eine Auflaufform buttern. Die Pastamischung einfüllen. Den restlichen Fontina mit einer Handvoll Semmelbrösel vermischen und über die Nudelmasse streuen. Auf der mittleren Einschubleiste das Ofens in 25–30 Minuten goldbraun überbacken. Vor dem Anschneiden 5–10 Minuten ruhen lassen.

TAGLIATELLE VERDI AL FORNO

Für 4–6 Personen
500 g Blattspinat, gewaschen und verlesen
1 Eßlöffel Öl oder Butter
100 g Frischkäse
250 g Hüttenkäse
3 verquirlte Eier
125 ml Milch
125 ml Sahne
Salz und Pfeffer aus der Mühle
1 Prise frisch geriebener Muskat
250 g grüne Tagliatelle oder Fettuccine
Butter für die Form
4–6 Eßlöffel geriebener Parmesan

Den Spinat in Öl oder Butter kurz andünsten und zusammenfallen lassen. Vom Herd nehmen und abkühlen lassen.
Inzwischen Frischkäse und Hüttenkäse mit den Eiern vermischen. Milch und Sahne hinzufügen. Mit Salz, Pfeffer und Muskat würzen.
Den Spinat fein hacken und unter die Käsemasse heben.
Die Pasta in Salzwasser knapp al dente garen. Abgießen und mit der Spinatmasse vermischen. Kräftig nachwürzen.
Backofen auf 180 Grad vorheizen.
Die Nudelmischung in eine gebutterte Form füllen. Mit Parmesan bestreuen und im heißen Ofen goldbraun überbacken.

ÜBERBACKENE NUDELROULADE

Wenn Sie diese Roulade mit grünem oder rotem Nudelteig aus Spinat oder Tomaten zubereiten, dann sieht sie besonders apart aus.

Für 6–8 Personen
1 Eßlöffel Butter
1 Knoblauchzehe, gehackt
gut 1 kg Blattspinat, gewaschen und verlesen
500 g Ricotta
75 g geriebener Parmesan
1 Ei
Salz und Pfeffer aus der Mühle
frisch geriebener Muskat
1 Portion Nudelteig (siehe Grundrezepte auf Seite 28)
1 Eiweiß zum Bestreichen
Semmelbrösel zum Bestreuen
Butter für die Form
1/2 Portion Tomatensauce (siehe Grundrezepte auf den Seiten 38–40)
4 Eßlöffel Parmesan

Die Butter in einer weiten Pfanne erhitzen. Den Knoblauch sanft darin andünsten. Dann den Blattspinat hinzufügen und zusammenfallen lassen. Dünsten, bis die gesamte Flüssigkeit verdampft ist. Vom Herd nehmen und abkühlen lassen. Dann nach Bedarf ausdrücken (der Spinat darf wirklich nicht mehr naß sein, weil die Füllung sonst durchweicht) und anschließend fein hacken.

Ricotta, Parmesan und Ei vermischen. Den Spinat unterheben. Mit Salz, Pfeffer und Muskat würzen.

Den Nudelteig ausrollen. Für diese Roulade brauchen Sie ein etwa 30 x 40 Zentimeter großes Teigblatt, das Sie auf ein bemehltes Küchentuch legen. Wenn Sie den Teig nicht von Hand, sondern mit der Maschine ausrollen, setzen Sie die Teigstreifen dicht aneinander, so daß sie sich ein wenig überlappen. Diese Nahtstellen mit Eiweiß bestreichen und gut zusammendrücken, damit der Teig beim Aufrollen nicht reißt.

Das Teigblatt mit einem Hauch Semmelbrösel bestreuen. Die Füllung gleichmäßig darauf verteilen, aber auf einer Seite einen 5 Zentimeter breiten Rand stehenlassen (den brauchen Sie zum Verschließen der Roulade). Den Rand mit Eiweiß bestreichen.

Die Roulade mit Hilfe des Küchentuchs aufrollen. Den überstehenden Rand auf der Roulade »festkleben«. Die Roulade in ein Mulltuch schlagen und sorgfältig zubinden.

In einem Fischtopf oder einer weiten Pfanne, in der die Roulade gut Platz hat, Wasser zum Kochen bringen und salzen. Die Roulade hineinsetzen und 35 Minuten sanft simmern.

Die Roulade herausnehmen, aus dem Mulltuch lösen und abkühlen lassen, bis Sie sie anfassen können. Dann in fingerdicke Scheiben schneiden.

Backofen auf 200 Grad vorheizen.

Die Scheiben schuppenartig in eine gebutterte Auflaufform schichten. Mit der Tomatensauce überziehen und mit Parmesan bestreuen. 15–20 Minuten goldbraun überbacken. Vor dem Servieren 5–10 Minuten ruhen lassen.

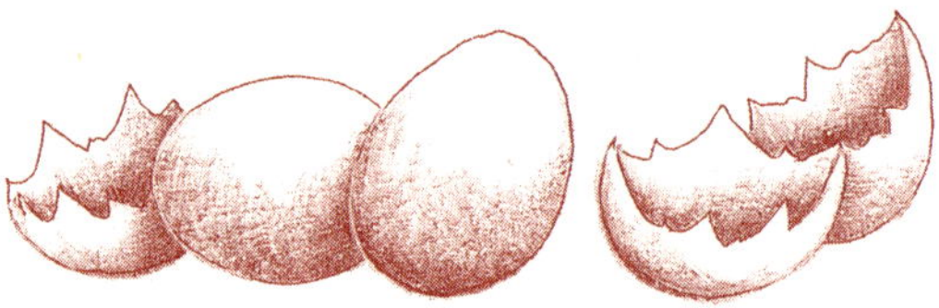

Gefüllte Teigtäschchen

FLEISCH- UND FISCHFÜLLUNGEN

AGNOLOTTI DAL PLIN

Agnolotti zeichnen sich gegenüber Ravioli oder Tortelli durch ihr besonders kleines Format, ihre unregelmäßige Form und den sehr dünnen Teig aus, der die Füllung schön zur Geltung bringt. Die Nudeltäschchen kneift man in der Mitte wie ein Sofakissen zusammen, bevor man sie ins Wasser wirft. Deshalb nennt man sie »dal plin«, was übertragen »mit Falte« heißt.

Für 6 Personen

Für den Teig

500 g Mehl
2 ganze Eier und 4 Eigelbe
1 Eßlöffel Olivenöl

Für die Füllung

1 Knoblauchzehe, fein gehackt
1 Eßlöffel Rosmarinblättchen, fein gehackt
2 Eßlöffel Olivenöl
2 Eßlöffel Butter
250 g Kalbfleisch aus der Schulter
250 g Schweinefleisch aus der Keule
Salz und Pfeffer aus der Mühle
150 ml Fleisch- oder Gemüsebrühe
500 g Blattspinat
50 g geriebener Parmesan
2 Eier
frisch geriebener Muskat

Aus den angegebenen Zutaten einen Nudelteig herstellen. Die Technik können Sie im Grundrezept auf Seite 28 nachlesen. Den Teig zu einer Kugel rollen und ruhen lassen.
Inzwischen die Füllung vorbereiten. Knoblauch und Rosmarin in Olivenöl und einem Eßlöffel Butter sanft andünsten. Beide Fleischstücke von Haut- und Sehnenresten saubern und hinzufügen. Bei kräftiger Hitze etwa 15 Minuten

rundum bräunen, salzen und pfeffern. Etwas Brühe angießen, abdecken und bei mittlerer Hitze gar schmoren (ca. 50 Minuten). Fleisch herausnehmen, abkühlen lassen und durch den Fleischwolf drehen.

Während das Fleisch brät, den Blattspinat sorgfältig waschen und verlesen. In einer weiten Pfanne die restliche Butter erhitzen und den Spinat darin dünsten. Abkühlen lassen, nach Bedarf die restliche Flüssigkeit auspressen und fein hacken.

Das durchgedrehte Fleisch und den gehackten Spinat in eine Schüssel geben. Mit Parmesan und Eiern vermengen und mit frisch geriebenem Muskat und Pfeffer aus der Mühle abschmecken.

Den Teig portionsweise auf der Nudelmaschine ausrollen. Den Rest abdecken. Rasch arbeiten, damit der dünne Teig nicht austrocknet. Aus der Füllmasse haselnußgroße Kügelchen drehen und in regelmäßigen Abständen so auf den Teigstreifen setzen, daß man eine Teigschicht über die Füllung klappen kann. Mit einem Teigrädchen Teiglappen ausrädeln und über der Füllung zusammenklappen. Mit den Fingern gut festdrücken und in der Mitte leicht zusammenkneifen, damit die Agnolotti wie Sofakissen aussehen.

Auf einem bemehlten Brett oder Backblech verteilen, mit einem Tuch abdecken und an einem kühlen Ort 2 Stunden ruhen lassen; 3–4 Minuten in Salzwasser kochen. Sobald sie an die Oberfläche kommen, mit einem Sieblöffel herausheben, abtropfen lassen (nicht abgießen, sie könnten sonst platzen) und mit einer Sauce nach Wahl (s. u.) anrichten.

Tip: Sehr gut schmecken die Agnolotti, wenn man sie nur mit dem Bratenfond, der sich beim Schmoren der beiden Fleischsorten gebildet hat, serviert. Eine schnelle und köstliche Alternative ist auch zerlassene Butter mit Salbei.

AGNOLOTTI MIT FLEISCH- UND LEBERFÜLLUNG

Die Leber, die hier zum Füllen verwendet wird, schmeckt man kaum heraus, sie dient lediglich dazu, die Füllung aus gesottenem Rindfleisch etwas zarter und geschmeidiger zu machen. Wenn Sie sich mit der Leber gar nicht anfreunden können, geben Sie etwas Ricotta unter die Füllung.

Für 6–8 Personen
1 Bund Suppengrün
Salz
1/2 Teelöffel Pfefferkörner
600 g Suppenfleisch
75 g Butter
1 Handvoll frische Salbeiblätter
Kalbs- und/oder Schweineleber (insgesamt ca. 300 g), in dünne Scheiben geschnitten
400 g Schweinenacken (ohne Knochen), in gulaschgroße Würfel geschnitten
100 ml trockener Weißwein
2 Eier
4–5 Eßlöffel geriebener Parmesan
Pfeffer aus der Mühle
frisch geriebener Muskat
1 doppelte Portion Nudelteig (siehe Grundrezept auf Seite 28)

Das Suppengrün in einem großen Topf Wasser aufsetzen. Sobald das Wasser kocht, Salz, Pfefferkörner und das Suppenfleisch hineingeben. Aufkochen lassen, dann auf kleiner Flamme wallen lassen, bis das Fleisch gar ist.
In der Zwischenzeit die Butter in einem Schmortopf zerlassen. Die Salbeiblätter sanft darin andünsten. Die Leberscheiben hinzufügen und rasch bräunen. Aus dem Topf heben, fein hacken und mit einem Eßlöffel Bratfond vermischen. Im verbliebenen Bratfond das gewürfelte Schweinefleisch kräftig bräunen. Mit Weißwein ablöschen, abdecken und auf kleiner Flamme durchgaren. Aus dem Topf heben und mit 3 Eßlöffel Bratfond vermischen.
Die Fleischbrühe durch ein Sieb passieren und aufheben. Das Suppenfleisch und nach Wunsch das Suppengemüse fein hacken.
Die vorbereiteten Fleischsorten, die Leber und nach Wunsch das Suppengrün in eine Schüssel füllen. Mit Eiern und Parmesan binden. Mit Salz, Pfeffer und Muskat würzen.

Die Agnolotti wie im vorhergehenden Rezept beschrieben füllen und ausformen. Diese Agnolotti können Sie entweder in Fleischbrühe garen und servieren oder in Salzwasser kochen und mit einer Tomaten- oder Hackfleischsauce anrichten.

ANOLINI ALLA PARMIGIANA

Anolini sind runde Teigtäschchen mit einem gezackten oder – wie in Parma – einem glatten Rand. Nach diesem Rezept können Sie auch Ravioli oder Tortelli füllen.

Für 4 Personen
200 g Bratenreste
75 g Semmelbrösel
100 g geriebener Parmesan
2 Eier
Salz und Pfeffer aus der Mühle
frisch geriebener Muskat
1 Portion Nudelteig (siehe Grundrezept auf Seite 28)

Für die Füllung die Bratenreste durch den Fleischwolf drehen, bis sie ganz fein sind; manchmal sind dazu mehrere Durchgänge nötig. Das durchgedrehte Fleisch mit den Semmelbröseln und dem geriebenen Parmesan vermengen. Mit den Eiern binden und mit Salz, Pfeffer und Muskat abschmecken. Das Bratenfleisch ist bereits gewürzt, so daß Sie meist nur wenig salzen und pfeffern müssen. Füllung beiseite stellen und den Teig vorbereiten.
Den Teig mit der Nudelmaschine portionsweise möglichst dünn ausrollen, den Rest mit Küchentüchern abdecken. Immer mit zwei Teigstreifen gleichzeitig arbeiten. Sie brauchen den einen zum Füllen und den anderen zum Abdecken.
Mit einem Teelöffel kleine Portionen von der Füllung abstechen und in gleichmäßigen Abständen auf den einen Teigstreifen setzen. Den anderen Teigstreifen darauflegen und in den Zwischenräumen gut festdrücken. Darauf achten, daß sich keine Luftblasen bilden. Mit einem runden Ausstechförmchen die einzelnen Anolini heraustrennen.
Die Anolini entweder in Geflügelbrühe garen und servieren oder in Salzwasser kochen und mit einer Tomatensauce anrichten.

BLUTWURSTTÄSCHCHEN

Für 2–4 Personen
1 Zwiebel, fein gehackt
1 Teelöffel Butter
200 g Blutwurst
Salz und Pfeffer aus der Mühle
1/2 Portion Nudelteig (siehe Grundrezept auf Seite 28)
1 Ei zum Bestreichen
zerlassene Butter und geriebener Käse zum Servieren

Die Zwiebel in der Butter andünsten. Die Blutwurst in Scheiben schneiden und in der Pfanne weich werden lassen. Nach etwa 10 Minuten vom Herd nehmen. Die Masse durch ein Sieb streichen und mit Salz und Pfeffer abschmecken.
Den Nudelteig wie im Grundrezept beschrieben ausrollen. Je 2 Teigstreifen auf einer Arbeitsfläche ausbreiten. Das Ei verquirlen und einen Teigstreifen damit bestreichen.
Mit einem Teelöffel kleine Portionen von der Blutwurstmasse abstechen und in Abständen von etwa 5 Zentimetern auf den bestrichenen Teig setzen. Den zweiten Teigstreifen darauflegen und in den Zwischenräumen gut festdrücken. Teigtäschchen mit einem Teigrädchen abtrennen. So fortfahren, bis Füllung und Teig aufgebraucht sind.
Blutwursttäschchen 5 Minuten in sanft sprudelndem Salzwasser garen, mit der Schaumkelle herausheben und gut abtropfen lassen. Mit zerlassener Butter und geriebenem Käse servieren.

CAPPELLETTI EMILIANI

Für 6–8 Personen
1 doppelte Portion Nudelteig (siehe Grundrezept auf Seite 28)
1 Zwiebel, fein gehackt
1 Möhre, fein gewürfelt
1 Selleriestengel, fein gewürfelt
2 Eßlöffel Olivenöl
1 kg schieres Fleisch zu etwa gleichen Teilen von Schwein, Rind und Kalb
100 ml trockener Weißwein
Salz und Pfeffer aus der Mühle
1 Teelöffel Wacholderbeeren
2 Lorbeerblätter
350 ml Brühe
4 Eier
je 2 Handvoll Semmelbrösel und geriebener Parmesan

Den Nudelteig nach der Anleitung auf Seite 28 herstellen und ruhen lassen. Inzwischen die Füllung zubereiten. Die Zwiebel, die Möhre und den Selleriestengel sanft in Olivenöl andünsten. Das Fleisch sorgfältig von etwaigen Sehnen- oder Fettresten befreien, in Würfel schneiden und zum Gemüse geben. Bei kräftiger Hitze rundum bräunen. Mit Weißwein ablöschen und mit Salz, Pfeffer, Wacholderbeeren und Lorbeer würzen. Den Wein einkochen lassen und Brühe nachgießen. Die Fleischwürfel darin weich schmoren. Aus der Pfanne heben, etwas abkühlen lassen und durch den Fleischwolf drehen. Fleischmasse in eine Schüssel geben und mit den Eiern, den Semmelbröseln und dem Parmesan vermengen. Die Farce herzhaft abschmecken und beiseite stellen.

Den Teig portionsweise hauchdünn auf der Nudelmaschine ausrollen. Die Teigstreifen in 5 Zentimeter breite Bänder schneiden. Die Füllmasse mit einem Teelöffel abstechen und auf eine Seite des Teigstreifens setzen. Die andere Seite darüberklappen und in den Zwischenräumen gut festdrücken. Darauf achten, daß sich keine Luftblasen bilden. Mit einem Förmchen die Cappelletti ausstechen. Ein Teigrädchen eignet sich hierfür nicht so gut, da die Cappelletti sehr klein sind. 30–60 Minuten abgedeckt ruhen lassen. Entweder in Salzwasser garen und mit einer beliebigen Tomaten- oder Fleischsauce anrichten oder in Fleischbrühe garen und servieren.

CAPPELLETTI MIT FLEISCH- UND SCHINKENFÜLLUNG

Für 4–6 Personen

Für die Füllung

je 2 Eßlöffel Butter und Olivenöl
Gemüsehack aus 1 Zwiebel, 1 Selleriestengel, 1 Mohrrübe
1 dicke Scheibe Parmaschinken (ca. 75 g), gewürfelt
1 Lorbeerblatt
250 g Rouladenfleisch im Stück
50 ml trockener Rotwein
1 Eßlöffel Tomatenmark
Salz und Pfeffer aus der Mühle
100 g Salsiccia (italienische Bratwurst mit grobem Brät)
50 g geriebener Parmesan
2–3 Eßlöffel Semmelbrösel
1 Ei

Für den Teig

400 g Mehl
4 Eier
Salz

Für die Füllung Butter und Öl in einem Schmortopf erhitzen. Das Gemüsehack und die Schinkenwürfel hinzufügen und unter ständigem Wenden dünsten. Das Lorbeerblatt hinzufügen. Das Fleisch hineingeben und rundum bräunen. Mit Rotwein ablöschen. Das Tomatenmark mit etwas Wasser glattrühren und in den Topf geben. Salzen und pfeffern. Den Topf abdecken und das Fleisch leise weich schmoren (ca. 60 Minuten). Gegen Ende der Garzeit das Wurstbrät zerpflücken und mitschmoren lassen.
Das Lorbeerblatt entfernen. Das Fleischstück herausheben, ein wenig abkühlen lassen. Grob zerkleinern und zusammen mit der Salsiccia durch den Fleischwolf drehen. In eine Schüssel füllen. Mit dem Bratfond und den restlichen Zutaten zu einer glatten Füllmasse verarbeiten. Mit Salz und Pfeffer abschmecken.
Während Sie das Fleisch schmoren, aus den angegebenen Zutaten einen Nudelteig bereiten. Wie's gemacht wird, sehen Sie im Grundrezept auf Seite 28.
Den Teig portionsweise ausrollen und die Cappelletti nach der Anleitung im vorhergehenden Rezept ausformen.
Diese Cappelletti werden in Salzwasser gegart und mit einer Fleischsauce angerichtet. Sehen Sie sich dazu z. B. die Grundrezepte auf Seite 28 an.

CASONCELLI BERGAMASCHI

Für 6–8 Personen

Für die Füllung

300 g gesottenes Rindfleisch
150 g weiches Brät von einer Knoblauchsalami oder Salsiccia
1 gehäufter Eßlöffel Semmelbrösel
1 Ei
je 1 Prise Muskat und Zimt
1 gekochte und zermuste Birne
Salz und Pfeffer aus der Mühle
eventuell 1 Eiweiß

Für den Teig

400 g Mehl
4 Eier
Salz

Außerdem

zerlassene Butter und geriebener Käse zum Servieren

Für die Füllung das gesottene Fleisch durch den Fleischwolf drehen. In eine Schüssel geben und mit dem Wurstbrät vermengen. Die Masse mit Semmelbröseln und Ei binden und mit frisch geriebenem Muskat und einer Prise Zimt würzen. Das Birnenmus untermischen, damit die Füllmasse eine schön sämige Konsistenz erhält. Die Farce abschmecken.

Aus Mehl und Eiern einen Nudelteig bereiten (siehe dazu auch das Grundrezept auf Seite 28). Mit der Maschine portionsweise möglichst dünn ausrollen. Mit jeweils 2 Teigstreifen arbeiten, den restlichen Teig mit Küchentüchern abdecken. Mit einem Wasserglas Kreise von 6–8 Zentimeter Durchmesser ausstechen.

Auf die untere Hälfte der Teigkreise walnußgroße Portionen von der Füllmasse häufen. Die obere Kreishälfte darüberklappen, so daß halbmondförmige Täschchen entstehen. Die Ränder mit den Händen gut festdrücken. Sie können sie vor dem Zusammenklappen auch mit etwas Eiweiß bestreichen, damit sie besser haften. Wie beschrieben fortfahren, bis alle Zutaten aufgebraucht sind.

Die Casoncelli in reichlich Salzwasser garen und mit zerlassener Butter und geriebenem Käse servieren.

CASONCELLI VAL CAMONICA

Für 4 Personen
500 g mehlig kochende Kartoffeln
500 g Blattspinat
1 kleine Zwiebel, fein gehackt
1 Knoblauchzehe, fein gehackt
1 kleines Bund Petersilie, fein gehackt
50 g Butter
4 Eßlöffel Semmelbrösel
150 g Salsiccia- oder weiches Salamibrät
50 g Mortadella, fein gewürfelt
100 g geriebener Parmesan
1 Ei
Salz und Pfeffer aus der Mühle
1 Portion Nudelteig (siehe Grundrezept auf Seite 28)

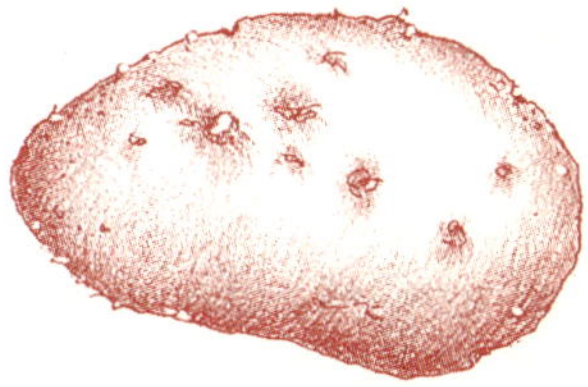

Für die Füllung die Kartoffeln in der Schale weich kochen, schälen und durch ein Kartoffeleisen pressen.
Während die Kartoffeln kochen, den Blattspinat waschen und verlesen. Mit der Zwiebel, dem Knoblauch und der Petersilie in der Butter dünsten und zusammenfallen lassen. Das Gemüse etwas abkühlen und nach Bedarf abtropfen lassen, fein hacken und schließlich zu den Kartoffeln geben. Mit den restlichen Zutaten vermischen und abschmecken.
Die Casoncelli, wie im vorhergehenden Rezept beschrieben, füllen und garen.

KREPLACH

Für 4–6 Personen

Für den Teig

250 g Mehl
3 Eier
2–3 Eßlöffel kaltes Wasser
Salz

Für die Füllung

2 Eßlöffel Öl
2 Zwiebeln, fein gehackt
250 g Rinderhack
1 Ei
Salz und Pfeffer aus der Mühle

Zum Servieren

gut 1 l Hühnerbrühe

Aus den angegebenen Zutaten einen Nudelteig herstellen (sehen Sie sich dazu die Anleitung auf Seite 28 an).
Während der Teig ruht, die Füllung vorbereiten: Das Öl in einer Pfanne erhitzen. Die Zwiebeln hinzufügen und unter regelmäßigem Wenden weich dünsten. Das Hackfleisch hinzugeben und krümelig braten. Wenn das Fleisch Farbe angenommen hat, in eine Schüssel füllen. Das Ei einarbeiten, salzen und pfeffern.
Den Teig mit der Nudelmaschine portionsweise ausrollen. Den Rest unter einem Küchentuch feucht halten.
Die Teigstreifen zu Quadraten mit 5 Zentimeter Kantenlänge zurechtschneiden. Einen Teelöffel Füllmasse in die Mitte der Teigflecken setzen. Einen Finger in kaltes Wasser tauchen und damit den Rand der Teigflecken anfeuchten. Die Quadrate zu Dreiecken zusammenklappen. Luftblasen herauspressen und die Ränder gut festdrücken. Während Sie die restlichen Kreplach zubereiten, die fertigen Täschchen mit einem feuchten Küchentuch abdecken, damit sie nicht austrocknen.
Die Hühnerbrühe erhitzen. Die Kreplach vorsichtig in die sanft sprudelnde Brühe gleiten lassen und 10–15 Minuten garen. In der Brühe servieren.

MAULTASCHEN

Für 4–6 Personen
Für den Teig
350 g Mehl
2 Eier
Salz
2–4 Eßlöffel Wasser

Für die Füllung
250 g Blattspinat, gewaschen und verlesen
150–200 g Bratenreste (gehackt) oder Hackfleisch
100 g Räucherspeck, gewürfelt
1 Zwiebel, fein gehackt
1 Eßlöffel gehackte Petersilie
2 eingeweichte Brötchen
2 Eier
Salz und Pfeffer aus der Mühle
frisch geriebener Muskat
1 Ei zum Bestreichen

Aus den angegebenen Zutaten einen Nudelteig herstellen. Wie's gemacht wird, steht im Grundrezept auf Seite 28. Nehmen Sie zunächst nur 2 Eßlöffel Wasser, damit der Teig nicht zu naß wird – Sie können immer noch etwas mehr Wasser zugeben.

Während der Teig ruht, die Füllung zubereiten: Den Blattspinat mit dem Wasser, das vom Waschen noch an den Blättern haftet, in einem Topf dämpfen. Herausheben und gut abtropfen lassen.

Bratenreste oder Hackfleisch (anbraten) in eine Schüssel geben. Den Räucherspeck in einer Pfanne glasig braten. Die Zwiebel und die Petersilie hinzufügen und weich dünsten. Speck-Zwiebel-Mischung zu den Fleischwürfeln geben. Die eingeweichten Brötchen gut ausdrücken und hinzufügen. Spinat dazugeben. Diese Mischung nun in der Küchenmaschine zu einer glatten Masse pürieren. Mit den Eiern binden und würzen.

Nun die Maultaschen bereiten: Den Nudelteig in zwei Hälften teilen und zu länglichen, möglichst dünnen Rechtecken ausrollen. Wenn Sie den Teig mit der Maschine ausrollen, jeweils 3 Teigstreifen zu einem großen Rechteck (ca. 5 x 5 Zentimeter) zusammenfügen. Nahtstellen mit Eiweiß versiegeln.

Die Füllung auf einer Teighälfte verstreichen, dabei einen etwa 2 Zentimeter

breiten Rand frei lassen. Den Rand mit dem verquirlten Ei bestreichen. Die zweite Teighälfte obenauflegen und am Rand festdrücken. Nun mit dem Stiel eines Kochlöffels die Teigtasche in regelmäßigen Abständen einkerben. Maultaschen an den markierten Stellen mit einem scharfen Küchenmesser abtrennen.
In Salzwasser oder in Fleischbrühe rund 8 Minuten sanft garen.

Tip: Reste kann man quer in fingerbreite Scheiben schneiden, in verquirltes Ei tauchen und anschließend in heißem Fett von beiden Seiten goldgelb braten.

PELMENY (RUSSISCHE TEIGTÄSCHCHEN)

Für 4–6 Personen
Für den Teig
400 g Mehl
4 Eier
Salz

Für die Füllung
400 g Rinderhack
1 Zwiebel, fein gehackt
1 Teelöffel Senf
1/2 Teelöffel Gewürzpaprika
Salz und Pfeffer aus der Mühle
1 Eiweiß
gut 1 l Fleischbrühe

Aus den angegebenen Zutaten einen Nudelteig herstellen (siehe dazu die Anleitung im Grundrezept auf Seite 28) und ruhen lassen.
Inzwischen die Füllung zubereiten: Hackfleisch und Zwiebel in einer Schüssel vermischen und mit Senf, Paprika, Salz und Pfeffer würzen. Nach Bedarf mit 1–2 Eßlöffeln Fleischbrühe geschmeidig rühren.
Den Nudelteig portionsweise mit der Maschine ausrollen. Den Rest unter Küchentüchern feucht halten.
Den ausgerollten Teigstreifen auf einer bemehlten Arbeitsfläche ausbreiten. Mit einem Wasserglas Teigkreise von 5–7 Zentimeter Durchmesser ausstechen.
Einen Teelöffel Füllmasse in die Mitte der Teigkreise setzen. Die Ränder mit Eiweiß bestreichen. Die Teigkreise zu Halbmonden zusammenklappen und andrücken.

Die fertigen Pelmeny auf ein bemehltes Backblech geben und abdecken.
Sobald alle Teigtäschchen gefüllt sind, die Fleischbrühe erhitzen. Die Pelmeny in die sanft sprudelnde Brühe gleiten lassen und leise ziehen lassen. In der Brühe oder mit zerlassener Butter servieren.

FISCHRAVIOLI IN SCHNITTLAUCHBUTTER

Für 4–6 Personen
1 Portion Nudelteig (siehe Grundrezept auf Seite 28)
100 g Butter
1 Bund Schnittlauch, fein gehackt

Für die Füllung
2–3 Eßlöffel Butter
1 Zwiebel, fein gehackt
350 g Fischfilet (z. B. Seebarsch, Kabeljau), fein gewürfelt
2 Sardellenfilets, abgespült und fein gehackt
100 ml trockener Weißwein
200 g Ricotta
4 Eßlöffel süße Sahne
4 Eßlöffel Parmesan
2 Eier (trennen)
Semmelbrösel zum Binden
Salz und Pfeffer aus der Mühle

Für die Füllung die Butter in einer Pfanne zerlassen. Die Zwiebel sanft weich dünsten, aber nicht bräunen. Den Fisch und die Sardellenfilets hinzufügen und kurz mitdünsten. Den Weißwein hinzugießen und einkochen lassen. Den Pfanneninhalt in eine Schüssel füllen und etwas abkühlen lassen.
Den Fisch nach Bedarf mit einer Gabel noch mehr zerkleinern. Mit Ricotta, Sahne, Parmesan und Eigelb (Eiweiß zum Versiegeln der Ravioli verwenden) vermischen und mit Semmelbröseln binden. Salzen und pfeffern.
Den Nudelteig wie auf Seite 29 beschrieben ausrollen. Die Ravioli nach der Anleitung auf Seite 30 füllen und zubereiten.
Während die Ravioli kochen, die Butter für die Sauce in einem Pfännchen zerlassen und mit Schnittlauch aromatisieren.
Die Ravioli aus dem Wasser heben, auf Teller verteilen und mit der Schnittlauchbutter servieren.

RAVIOLI ALLA BOTTARGA – MIT MEERÄSCHENROGEN

Für 6 Personen
1 Portion Nudelteig (siehe Grundrezept auf Seite 28)
125 g Butter
1 Büschel Salbeiblätter
150 g Meeräschenrogen (siehe dazu Seite 263)

Für die Füllung
1 kleine Zwiebel, fein gehackt
1 ganze Knoblauchzehe
1 Mohrrübe, fein gewürfelt
1 Selleriestengel, fein gewürfelt
1 Lorbeerblatt
2 Eßlöffel Petersilie, fein gehackt
3 Eßlöffel Olivenöl
350 g Fischfilet, gewürfelt
150 g geschälte Shrimps
2 Eßlöffel trockener Weißwein
1 Fleischtomate, gehäutet, entkernt und fein gewürfelt
Salz und Pfeffer aus der Mühle
Semmelbrösel zum Binden (nach Bedarf)
150 g Ricotta

Für die Füllung Zwiebel, Knoblauch, Mohrrübe, Sellerie, das Lorbeerblatt und die Petersilie im heißen Olivenöl sanft andünsten, aber nicht bräunen. Die Fischwürfel hinzufügen und etwa 5 Minuten mitdünsten, dann die Shrimps dazugeben und 2 Minuten in der Pfanne schwenken. Mit Weißwein ablöschen. Die Tomatenwürfel unterrühren. Kurz weiterköcheln lassen, bis die Flüssigkeit verdunstet ist. Die Knoblauchzehe und das Lorbeerblatt entfernen. Die Füllmasse in eine Schüssel geben, salzen und pfeffern.

Wenn die Fischfarce jetzt noch sehr feucht wirkt, in einem Sieb abtropfen lassen und anschließend mit einem Hauch Semmelbrösel binden (mit der abgetropften Sauce können Sie später die Ravioli anrichten). Die Farce mit Ricotta vermischen und noch einmal abschmecken.

Den Teig für die Ravioli nach der Anleitung auf Seite 30 ausrollen und füllen. Die Ravioli wie beschrieben garen.

Für die Sauce die Butter zerlassen und mit Salbei und eventuell (von der abgetropften Farce) etwas Fischsauce aromatisieren. Den Meeräschenrogen raspeln. Die Ravioli auf Teller verteilen und mit Salbeibutter übergießen. Den Meeräschenrogen dekorativ auf jeder Portion anordnen.

RAVIOLI ALLO STRACOTTO – MIT SCHMORBRATEN

Besser können Sie die Reste vom sonntäglichen Schmorbraten nicht verwerten: Von hauchfeinem Nudelteig umhüllt ergeben sie eine ganz neue Köstlichkeit.

Für 4 Personen
250 g Reste von einem Schmorbraten (siehe dazu »Fettuccine allo stracotto«, Seite 200)
40 g geriebener Parmesan
1 Ei
frisch geriebener Muskat
1 Eßlöffel weiche Butter
1/2 Portion Nudelteig (siehe Grundrezept auf Seite 28)
1 Eiweiß zum Bestreichen
zerlassene Butter und Parmesan zum Servieren

Die Bratenreste grob hacken, durch den Fleischwolf drehen und mit Parmesan, Ei, Muskat und der weichen Butter zu einer glatten Füllmasse verarbeiten. Salzen und pfeffern ist in der Regel nicht mehr nötig, weil das Bratenfleisch bereits sehr würzig ist.
Den Nudelteig portionsweise hauchdünn ausrollen und wie auf Seite 30 beschrieben zu Ravioli verarbeiten.
Die Ravioli in Salzwasser garen und mit zerlassener Butter und Parmesan servieren.

LACHSRAVIOLI

Für 4–6 Personen
2–3 Lachssteaks (insgesamt knapp 500 g)
250 ml trockener Weißwein
Salz und Pfeffer aus der Mühle
1 kleines Bund Schnittlauch, fein gehackt
1 Eßlöffel Dill, fein gehackt
Semmelbrösel (nach Bedarf)
1 Portion Nudelteig (siehe Grundrezept auf Seite 28)
1 Eiklar zum Versiegeln
125 g zerlassene Butter

Die Lachssteaks in eine Pfanne legen und mit dem Weißwein übergießen. Abdecken, zum Sieden bringen, dann leise in der Flüssigkeit pochieren. Der Lachs ist gar, wenn er sich mühelos mit einer Gabel zerpflücken läßt.
Fisch aus der Pfanne heben und etwas abkühlen lassen, dann häuten und entgräten. Grob zerpflücken und in eine Schüssel geben. Salzen, pfeffern und mit Schnittlauch und Dill vermischen. Nach Bedarf mit einem Hauch Semmelbrösel binden.
Den Nudelteig nach der Anleitung auf Seite 28 ausrollen, die Ravioli wie beschrieben füllen und garen.
Mit zerlassener Butter servieren.

RAVIOLI AL TARTUFO – MIT TRÜFFELN

Für 6–8 Personen
1 Portion Nudelteig (siehe Grundrezept auf Seite 28)
1 Eigelb zum Bestreichen
1–2 Eßlöffel Butter
1 Schalotte, fein gehackt
200 g Champignons, fein gewürfelt
50 ml trockener Weißwein
350 ml dunkler Kalbsfond (aus dem Glas)
50 g Sahne
Salz und Pfeffer aus der Mühle
Trüffelraspel zum Garnieren (nach Wunsch)

Für die Füllung
150 g Blattspinat, gewaschen und verlesen
70 g weiche Butter
1 Schalotte, fein gehackt
150 g Hühnerlebern, fein gehackt
150 g Hähnchenbrust, fein gehackt
1 Ei
frisch geriebener Muskat
Salz und Pfeffer aus der Mühle
15 g schwarze Trüffeln, sehr fein gehackt

Für die Füllung den Blattspinat nur mit dem Wasser, das vom Waschen noch an den Blättern haftet, in einen Topf geben und dämpfen, bis er zusammenfällt. Herausheben, gründlich abtropfen lassen und grob hacken.

Einen Eßlöffel Butter in einem Pfännchen zerlassen und die Schalotte darin andünsten. Hühnerlebern und Hähnchenfleisch hinzufügen und in wenigen Minuten rundum bräunen. Aus der Pfanne heben, mit Spinat und Ei vermischen und mit Muskat, Salz und Pfeffer würzen.

Die Füllmasse in der Küchenmaschine zu einer glatten Paste verarbeiten. Die restliche weiche Butter und die Trüffeln einarbeiten. Noch einmal abschmecken.

Den Nudelteig mit der Maschine ausrollen und die dabei entstehenden Teigstreifen nacheinander verarbeiten. Den restlichen Teig mit einem feuchten Küchentuch abdecken, damit er nicht austrocknet.

Die Ränder des Teigstreifens mit einem Hauch Eigelb einpinseln. Die Trüffelmasse in einen Spritzbeutel füllen. Auf eine Hälfte des Teigstreifens im Abstand von 4–5 Zentimeter etwa nußgroße Portionen in einer Reihe auf den Teig setzen. Die andere Teighälfte darüberklappen und in den Zwischenräumen gut festdrücken. Die einzelnen Ravioli mit einem Teigrädchen abtrennen. Auf ein bemehltes Blech setzen und trocknen lassen. Die restlichen Zutaten wie beschrieben verarbeiten.

Während die Ravioli trocknen, die Sauce zubereiten. Die Butter in einer Pfanne zerlassen. Die Schalotte 2 Minuten sanft darin andünsten. Die Pilze hinzufügen und Saft ziehen lassen. Den Wein hinzugießen und fast vollständig einkochen lassen. Mit Kalbsfond und Sahne auffüllen und etwas eindicken lassen. Salzen und pfeffern.

Die Ravioli in sanft sprudelndem Salzwasser al dente garen. Mit einem Sieblöffel herausheben, gut abtropfen lassen und auf Teller verteilen. Mit der Pilzsauce anrichten und nach Wunsch mit frisch geraspelten Trüffeln garnieren.

RAVIOLI AI FUNGHI – MIT PILZ- UND HACKFLEISCHFÜLLUNG

Für 4 Personen
20 g getrocknete Steinpilze
1 Portion Nudelteig (siehe Grundrezept auf Seite 28)
2 Eßlöffel Olivenöl
2 Knoblauchzehen, fein gehackt
1 Mohrrübe, fein gewürfelt
350 g gemischtes Hackfleisch
Salz und Pfeffer aus der Mühle
125 g Ricotta
2 Eßlöffel Sahne (nach Wunsch)
1 Ei
5 Eßlöffel geriebener Parmesan
Semmelbrösel (nach Bedarf)
1 Eiweiß zum Versiegeln

Die Steinpilze mit heißem Wasser überbrühen und 30 Minuten einweichen. In der Zwischenzeit den Nudelteig herstellen.
Während der Teig ruht, die Füllung zubereiten. Die Steinpilze aus dem Wasser heben, gut auspressen und fein hacken. Das Einweichwasser durch ein feines Sieb gießen und beiseite stellen.
Das Olivenöl in einer Pfanne erhitzen. Den Knoblauch und die Mohrrübe darin sanft weich dünsten, dann die Pilze und das Hackfleisch hinzufügen und so lange braten, bis sie Farbe angenommen haben. Nun 4 Eßlöffel Steinpilzwasser dazugießen und einkochen lassen. Salzen und pfeffern. Die Hackfleischmasse in eine Schüssel füllen und mit Ricotta, Sahne, Ei und Parmesan vermischen. Wenn die Füllung zu naß wirkt, mit 1–2 Eßlöffel Semmelbrösel binden.
Nun den Ravioliteig portionsweise mit der Nudelmaschine ausrollen und füllen. Sehen Sie sich dazu die Anleitung auf Seite 30 an.
Die Ravioli in Salzwasser garen und mit einer Pilzsauce oder mit einer zarten Tomatensauce servieren (siehe z. B. die Grundrezepte auf den Seite 38–40).

RAVIOLI MIT PUTENFÜLLUNG

Diese Ravioli schmecken besonders interessant, wenn Sie statt des Standardnudelteigs die Variante mit Tomaten zubereiten.

Für 6–8 Personen
1 größere Kartoffel (ca. 125 g)
Salz und Pfeffer aus der Mühle
2–3 Eßlöffel Olivenöl
1 Zwiebel, fein gehackt
4 Knoblauchzehen, fein gehackt
300 g Putenschnitzel, geschnetzelt
250 g Ricotta
2 Eßlöffel geriebener Parmesan
1 kleines Bund Petersilie, fein gehackt
frisch geriebener Muskat
1 Ei zum Binden (nach Bedarf)
1 Portion Nudelteig (siehe Grundrezept auf Seite 28)
1 Eiweiß zum Versiegeln
1 Portion Tomatensauce (siehe Grundrezepte auf Seite 38)
frisch geriebener Parmesan zum Servieren

Die Kartoffel schälen und in Salzwasser weich garen. Abgießen und sofort durch ein Kartoffeleisen in eine Schüssel pressen.
Während die Kartoffel kocht, das Olivenöl in einer Pfanne erhitzen. Zwiebel und Knoblauch darin andünsten. Das Putenfleisch hinzufügen und rundum bräunen. Vom Herd nehmen und in der Küchenmaschine zerkleinern (oder die Masse durch den Fleischwolf drehen).
Putenfleisch und Kartoffelpüree vermischen. Ricotta, Parmesan und Petersilie einarbeiten. Mit Salz, Pfeffer und Muskat kräftig abschmecken. Wenn Ihnen die Füllmasse zu locker erscheint, mit dem Ei binden.
Die Ravioli, wie im Grundrezept beschrieben, füllen und ausformen. Anschließend in sprudelndem Salzwasser garen.
Währenddessen die Tomatensauce sanft erwärmen. Die Ravioli mit der Sauce anrichten und mit reichlich frisch geriebenem Parmesan servieren.

SPECKTIRTLEN

Für 6 Personen

Für den Teig

250 g Roggenmehl
250 g Weizenmehl
2 Eier
Salz
30 g zerlassene Butter

Für die Füllung

150 g durchwachsener Räucherspeck, gewürfelt
1 Zwiebel, fein gehackt
Salz und Pfeffer aus der Mühle
500 g Sauerkraut, fein gehackt
50 ml trockener Weißwein
1 Eßlöffel Mehl
1 Lorbeerblatt
2 Wacholderbeeren

Außerdem

Fett zum Ausbacken

Die beiden Mehlsorten auf eine Arbeitsfläche sieben und zu einem Kegel aufschütten. In der Mitte eine Vertiefung drücken. In einem Schälchen Eier, Salz und Butter vermischen. In die Mulde gießen und mit dem Mehl sorgfältig zu einem glatten Teig verkneten. Etwa eine Stunde ruhen lassen. (Sehen Sie sich zur Teigbereitung auch die Anleitung im Grundrezept auf Seite 28 an.)
Während der Teig ruht, die Füllung zubereiten. Die Speckwürfel in einem Topf kroß braten. Herausheben und auf Küchenkrepp abtropfen lassen. Vom ausgebratenen Fett 2 Eßlöffel abmessen, den Rest wegschütten. Die Zwiebel in diesem Fett anschwitzen, salzen und pfeffern. Das Sauerkraut hinzufügen und andünsten. Mit Weißwein ablöschen und einkochen lassen. Mit Mehl überstäuben, Wacholder und Lorbeerblatt hinzufügen, die Speckwürfel wieder hineingeben. Die Zutaten sorgfältig vermischen. Abdecken und 30 Minuten dünsten. (Sie können das Kraut auch nach Ihrem gewohnten Rezept zubereiten. Achten Sie aber darauf, daß es nicht zu feucht wird, weil die Tirtlen sonst durchweichen.) Sauerkraut vom Herd nehmen und etwas abkühlen lassen. Vor dem Füllen Lorbeerblatt und Wacholder entfernen.

Den Teig portionsweise ausrollen. Den Rest mit einem feuchten Küchentuch abdecken. Mit einem Wasserglas oder Keksförmchen ca. 5 Zentimeter große Teigkreise ausstechen. Etwas Speckfüllung auf einen Teigkreis geben und mit einem zweiten Kreis abdecken. An den Rändern gut festdrücken.
Das Fett in einer Friteuse oder tiefen Pfanne auf 180–190 Grad erhitzen und die Tirtlen schwimmend ausbacken.

TORTELLINI AL PROSCIUTTO

Für 4 Personen
Für den Teig
200 g Mehl
2 Eier
Salz

Für die Füllung
200 g gekochter Schinken, sehr fein gewürfelt
100 g Mortadella, sehr fein gewürfelt
200 g Ricotta
1 Ei
30 g geriebener Parmesan
Salz und Pfeffer aus der Mühle
zerlassene Butter und Parmesan zum Servieren

Aus den angegebenen Zutaten einen Nudelteig herstellen. (Sehen Sie sich das Grundrezept auf Seite 28 an.)
Für die Füllung Schinken, Mortadella, Ricotta, Ei und Parmesan zu einer glatten Masse vermischen (wenn Sie's ganz fein mögen, in der Küchenmaschine zermusen). Zurückhaltend salzen und pfeffern (Schinken und Mortadella sind bereits sehr würzig).
Die Tortellini, wie im folgenden Rezept beschrieben, füllen und ausformen.
In sprudelndem Salzwasser garen. Herausheben, abtropfen lassen und mit zerlassener Butter anrichten.

TORTELLINI ALLA BOLOGNESE

Für 6–8 Personen
250 g Schweinelende, fein gewürfelt
100 g Putenschnitzel, fein gewürfelt
2 Eßlöffel Butter
ca. 350 ml Fleischbrühe
100 g Mortadella, fein gewürfelt
100 g geriebener Parmesan (nach Bedarf etwas mehr)
1–2 Eier
Semmelbrösel (nach Bedarf)
Salz und Pfeffer aus der Mühle
frisch geriebener Muskat
1 Portion Nudelteig (siehe Grundrezept auf Seite 28)
1 Eiweiß zum Bestreichen
2 l Hühnerbrühe
frisch geriebener Parmesan zum Servieren

Schweinelende und Putenfleisch in heißer Butter anbraten. Mit Fleischbrühe knapp bedecken und auf kleiner Flamme weich garen.

Das Fleisch zusammen mit den Mortadellawürfeln durch den Fleischwolf drehen, dann in eine Schüssel füllen. Mit Parmesan und Eiern vermischen und würzen. Wenn die Farce zu naß ist, mit etwas mehr Parmesan oder Semmelbröseln binden.

Den Nudelteig mit der Maschine portionsweise ausrollen, den Rest unter einem Küchentuch feucht halten. Jeweils zwei Teigstreifen gleichzeitig verarbeiten.

Die Teigstreifen auf einer bemehlten Arbeitsfläche ausbreiten. Mit einem Keksförmchen Kreise ausstechen. Eine haselnußgroße Portion Füllmasse in die Mitte eines jeden Teigfleckens setzen. Den Rand um die Füllung herum mit Eiweiß bestreichen.

Die Teigkreise so zu einem Halbmond zusammenklappen, daß die eine Hälfte etwas übersteht. Die Ränder fest zusammendrücken. Diese Halbmonde mit dem Bogen nach oben und der bauchigen Seite nach außen um den kleinen Finger wickeln. Die beiden Enden zusammenkneifen. Dieser Schritt verlangt – im wahrsten Sinne des Wortes – gehöriges Fingerspitzengefühl und wird beim ersten Mal vermutlich nicht ganz zu Ihrer Zufriedenheit ausfallen. Wenn die Tortellini gar nicht gelingen wollen, schneiden Sie bei der nächsten Portion etwas größere Quadrate aus: Da lassen sich die Enden leichter verarbeiten. Diese Teigtäschchen nennt man dann Cappelletti. Lassen Sie sich jedoch nicht entmutigen. Denken

Sie stets daran, wie gut die Tortellini (egal in welcher Form) schmecken werden und daß das Ausformen dieser Nudeltäschchen in Bologna Profisache ist!
Die Tortellini auf einem bemehlten Backblech zum Trocknen auslegen.
Tortellini alla bolognese werden traditionsgemäß in Hühnerbrühe oder gar in Kapaunenbrühe gekocht und gegessen.
Die Brühe in einem großen Topf erhitzen. Die Tortellini in die sprudelnde Brühe geben und leise garen, bis sie an die Oberfläche steigen (ca. 3 Minuten). Auf Suppenteller verteilen und mit frisch geriebenem Parmesan servieren.

CHINESISCHE SCHNITTLAUCH-WANTAN

Diese Wantan erhalten ihr frisches Aroma durch den chinesischen Schnittlauch. Das Gewürzkraut sieht aus wie grober, flachgedrückter Schnittlauch und duftet sehr stark nach Knoblauch, weshalb es manchmal auch Schnittknoblauch heißt. Wenn es auf Ihrem Markt keinen Schnittknoblauch gibt, nehmen Sie normalen Schnittlauch, und geben Sie zusätzlich zwei fein gehackte Knoblauchzehen unter die Füllung.

Für 4 Personen
1 Eßlöffel Pflanzenöl
4 Bund chinesischer Schnittlauch, fein gehackt
250 g geschälte Shrimps, fein gehackt
500 g Schweinehack
125 g Sojasprossen, fein gehackt
1 Teelöffel Zucker
1 Eßlöffel Sesamöl
1 Eßlöffel Sojasauce
1 Eßlöffel Austernsauce
Salz und Pfeffer aus der Mühle
ca. 30 Wantan-Hüllen (gekauft oder nach Grundrezept Seite 36)

Das Öl in einem Wok rauchend heiß werden lassen. Den Schnittlauch hineingeben und rührbraten, bis er leuchtend grün aussieht. Aus dem Wok nehmen und beiseite stellen.
Shrimps, Hackfleisch, Sojasprossen sowie Saucen und Gewürze in einer Schüssel vermischen, bis eine gleichmäßige Masse entsteht. Abdecken und im Kühlschrank ruhen lassen.
Nun die Täschchen füllen. Ein Schälchen Wasser bereitstellen. Einige Wantan-

Hüllen auf einer Arbeitsfläche ausbreiten, den Rest unter einem Küchentuch feucht halten. Eine Portion Füllmasse in die Mitte setzen. Den Rand mit Wasser befeuchten, dann die Teigblätter zu Dreiecken zusammenklappen. Die Ränder fest zusammendrücken und gut versiegeln.
Die gefüllten Täschchen in sanft sprudelndem Salzwasser garen. Mit einem Sieblöffel herausheben und mit Sojasauce oder chinesischem Essig zum Stippen servieren.

GARNELENTÄSCHCHEN MIT LIMETTENBUTTER

Vorspeise für 4 Personen
10 fleischige Garnelen (ca. 250 g ohne Kopf und Schale), fein gehackt
125 g Sojabohnenkeimlinge
2 Frühlingszwiebeln
1 Eiweiß
Salz und Pfeffer aus der Mühle
1 Eßlöffel asiatisches Sesamöl
ca. 25 Wantan-Hüllen (gekauft oder nach Grundrezept Seite 36)
große Salat- oder Kohlblätter

Für die Limettenbutter
100 g Butter
2 cm Ingwerwurzel, geschält und fein gehackt
1/2 Teelöffel abgeriebene Limettenschale
1 Teelöffel Limettensaft
Salz und Pfeffer aus der Mühle

Garnelen, Sojabohnenkeimlinge und Frühlingszwiebeln mit einem Messer fein hacken und in eine Schüssel geben. Das Eiweiß zum Binden untermengen. Salzen, pfeffern und mit Sesamöl benetzen.
Ein Schälchen lauwarmes Wasser bereitstellen.
Die Wantan-Hüllen jeweils paarweise füllen. Zwei Hüllen auf einer Arbeitsfläche ausbreiten. Einen Klecks Füllung in die Mitte setzen. Die Ränder der Wantan-Hüllen mit lauwarmem Wasser bestreichen, dann zu einem Täschchen zusammenfalten und gut festdrücken.
Etwa zwei Finger breit Wasser in eine weite Pfanne gießen und erhitzen. Ein Dämpfkörbchen mit Weißkohl- oder Salatblättern auslegen. Die Garnelentäsch-

chen hineinsetzen. Das Dämpfkörbchen verschließen und in die Pfanne setzen. Wantans 5–10 Minuten im heißen Dampf garen.
Währenddessen die Limettenbutter zubereiten: dazu die Butter in einem Tiegelchen zerlassen und mit Ingwer, Limettenschale und Limettensaft aromatisieren. Mit Salz und Pfeffer abschmecken. Bis zum Servieren warm halten.
Garnelentäschchen auf einer mit Salatblättern ausgelegten Platte servieren. Die Limettenbutter dazu reichen.

HAR GAO – KANTONESISCHE GARNELENTÄSCHCHEN

Für 4 Personen
250 g geschälte Garnelen, fein gewürfelt
Salz und Pfeffer aus der Mühle
1 Eiweiß (zu Schnee geschlagen)
1 Eßlöffel Speisestärke
1 Eßlöffel Austernsauce
1 Teelöffel asiatisches Sesamöl
1 kleine Dose Bambussprossen, fein gewürfelt
1 Handvoll Sojasprossen, fein gehackt
50 Wantan-Hüllen oder 1 Portion Nudelteig für Wantan-Hüllen (siehe Grundrezept auf Seite 36)

Die Garnelen in die Rührschüssel der Küchenmaschine füllen und nach und nach mit den übrigen Zutaten (mit Ausnahme der Wantan-Hüllen) zu einer glatten Masse verarbeiten. Die Garnelenfüllung in eine Schüssel geben, abdecken und in den Kühlschrank stellen.
In der Zwischenzeit den Nudelteig ausrollen und zu Kreisen mit 5–6 Zentimeter Durchmesser zurechtschneiden (aus gekauften Wantan-Hüllen mit einem Keksförmchen Kreise ausstechen). Die Teigkreise portionsweise verarbeiten; den Rest mit einem feuchten Küchentuch abdecken, damit sie nicht austrocknen.
Ein Schälchen Wasser bereitstellen.
Je einen gehäuften Teelöffel Füllmasse in die Mitte der Teigkreise setzen. Den Rand mit etwas Wasser bestreichen, dann die Teigkreise zu Halbmonden zusammenklappen und gut festdrücken. Den flachen Rand der Halbmonde nun langsam und vorsichtig fälteln. Das gefüllte Teigtäschchen soll so aussehen wie ein geraffter Beutel. Die Ränder noch einmal fest zusammendrücken.
Die Har gao 5–7 Minuten in einem Dämpfeinsatz garen.

WANTAN MIT GARNELEN

Für 2–4 Personen
350 g Blattspinat
1 dicke Mohrrübe, fein gewürfelt
2 Frühlingszwiebeln, fein gehackt
2 Knoblauchzehen, fein gehackt
2–3 cm Ingwerwurzel, geschält und fein gehackt
250 g geschälte Garnelen, fein gehackt
1 Eßlöffel Sojasauce
1 Teelöffel asiatisches Sesamöl
1 Eiweiß
Salz und Pfeffer aus der Mühle
ca. 25 Wantan-Hüllen (gekauft oder nach Grundrezept auf Seite 36)

Den Blattspinat nur mit dem Wasser, das vom Waschen noch an den Blättern haftet, in einen Topf geben und dämpfen. Aus dem Topf heben, gut abtropfen und abkühlen lassen.
Noch einmal mit den Händen den letzten Rest Feuchtigkeit aus dem Spinat pressen.
Spinat mit Mohrrübe, Frühlingszwiebeln, Knoblauch und Ingwer vermischen. Die Garnelen unterheben und mit den restlichen Zutaten würzen.
Die Wantan, wie im folgenden Rezept beschrieben, füllen. Nach Wunsch dämpfen, in Salzwasser garen oder fritieren (siehe Seite 37).

WANTAN MIT HÄHNCHENFLEISCH

Für 4–6 Personen
3 Mohrrüben, grob gehackt
1 kleines Bund Frühlingszwiebeln, grob gehackt
500 g Hähnchenbrust, grob gewürfelt
2–3 cm Ingwerwurzel, grob gehackt
1 kleine scharfe Chilischote, entkernt
1 Eßlöffel Reisessig
1 Teelöffel asiatisches Sesamöl
1 Spritzer Sojasauce
ca. 30 Wantan-Hüllen (gekauft oder nach Grundrezept auf Seite 36)

Mohrrüben, Frühlingszwiebeln, Hähnchenfleisch, Ingwer und Chili in der Küchenmaschine fein hacken. In eine Schüssel füllen und mit Reisessig, Sesamöl und Sojasauce abschmecken.

Die Wantan-Hüllen vorbereiten und bereitstellen. Mit einem feuchten Küchentuch abdecken, damit sie nicht austrocknen. Ein Schälchen Wasser bereithalten. Jeweils zwei oder vier Wantan-Hüllen auf einmal auf einer Arbeitsfläche ausbreiten, den Rest unter dem Küchentuch feucht halten. Etwa einen Eßlöffel Füllmasse in die Mitte der Teigflecken setzen. Die Ränder mit Wasser bestreichen und wie ein Kuvert zusammenfalten. Gut festdrücken.

Die Wantans wie auf Seite 37 beschrieben dämpfen und mit chinesischem Essig zum Stippen servieren.

WANTAN MIT JAKOBSMUSCHELN

Für 2–4 Personen
350 g Blattspinat, gewaschen und verlesen
2–3 Wasserkastanien, grob gehackt
250 g Jakobsmuschelfleisch
125 g Hähnchenbrust, gewürfelt
2 Eßlöffel Sojasauce
2 Eßlöffel chinesischer Kochwein (ersatzweise Sherry)
1 Eiweiß
Salz und Pfeffer aus der Mühle
25–30 Wantan-Hüllen (gekauft oder nach dem Grundrezept auf Seite 36 zubereitet)

Den Blattspinat nur mit dem Wasser, das vom Waschen noch an den Blättern haftet, in einen Topf geben und zusammenfallen lassen. Aus dem Topf heben, gut abtropfen und abkühlen lassen. Noch einmal mit den Händen den letzten Rest Feuchtigkeit aus dem Spinat pressen.

Den Spinat zusammen mit den Wasserkastanien, den Jakobsmuscheln und dem Hähnchenfleisch in der Küchenmaschine zu einer glatten Masse verarbeiten. Mit den angegebenen Zutaten würzen und abschmecken. Die Farce abdecken und 1–2 Stunden durchkühlen.

Wantan wie im vorhergehenden Rezept beschrieben füllen.

Die Täschchen garen. (Sehen Sie sich dazu die Tips auf Seite 37 an.)

WANTAN MIT RINDFLEISCH

Für 4–6 Personen
2 getrocknete Shiitake- bzw. Tongkupilze
45–50 Wantan-Hüllen (gekauft oder nach dem Grundrezept auf Seite 36 zubereitet)
400 g Tatar vom Rind
1 kleine Dose Bambussprossen, fein gehackt
der weiße Teil von 4 Frühlingszwiebeln, fein gehackt
3 cm Ingwerwurzel, geschält und fein gehackt
2 Knoblauchzehen, fein gehackt
Salz und Pfeffer aus der Mühle
1 Eßlöffel Austernsauce
1 Eßlöffel Sojasauce
1 Teelöffel asiatisches Sesamöl
2 Eßlöffel Speisestärke
1 Eiweiß

Die Pilze 30 Minuten in heißem Wasser einweichen.
In der Zwischenzeit den Teig zubereiten oder die gekauften Wantan-Hüllen bereitstellen. Mit einem feuchten Küchentuch abdecken, damit sie nicht austrocknen.
Die Pilze aus dem Wasser nehmen und sorgfältig auspressen. Die Stiele entfernen, die Kappen fein würfeln. In eine Schüssel geben und mit den übrigen Zutaten zu einer gleichmäßigen Füllmasse vermischen und würzen.
Die Wantan nach der Anleitung auf Seite 37 füllen und nach Belieben garen. Tips dazu finden Sie auf Seite 37.

FRITIERTE WANTAN MIT SCHWEINEFLEISCH UND GEMÜSE

Vorspeise für 6 Personen
25–30 Wantan-Hüllen (gekauft oder nach Grundrezept auf Seite 36)
Öl zum Fritieren

Für die Füllung
250 g Schweinehack
der weiße Teil von 1 Bund Frühlingszwiebeln, fein gehackt
2 Knoblauchzehen, fein gehackt

1 Mohrrübe, geraspelt
1 kleine Dose Maiskörner
1 kleine scharfe Chilischote, sehr fein gehackt
1 Eßlöffel Austernsauce
1 Eßlöffel Sojasauce
1 Eiweiß
Salz und Pfeffer aus der Mühle

Für die Dipsauce
100 ml Erdnußöl oder neutrales Pflanzenöl
die dunkelgrünen Halme von 1 Bund Frühlingszwiebeln, in hauchfeine Röllchen geschnitten
3 cm Ingwerwurzel, geschält und fein gehackt
Salz

Die Wantan-Hüllen nach Rezept vorbereiten oder die gekauften Hüllen bereitstellen und mit einem feuchten Küchentuch abdecken.
Alle Zutaten für die Füllung in eine Schüssel geben und zu einer gleichmäßigen Füllmasse verarbeiten.
Für die Dipsauce das Öl in einem Töpfchen erwärmen. Frühlingszwiebeln, Ingwer und Salz hinzufügen und kurz durchziehen lassen. Vom Herd nehmen und vor dem Servieren ein wenig abkühlen lassen.
Nun die Wantans füllen. Ein Schälchen Wasser bereitstellen. Jeweils zwei oder vier Wantan-Hüllen auf einmal auf einer Arbeitsfläche ausbreiten, den Rest unter dem Küchentuch feucht halten. Einen gehäuften Teelöffel Füllmasse in die Mitte der Teigflecken setzen. Die Ränder mit Wasser bestreichen.
Die Teigflecken diagonal zu Dreiecken zusammenklappen, aber einen Rand etwas überstehen lassen. Dann die gegenüberliegenden Ecken zusammenführen und festdrücken. Die fertigen Wantans auf eine geölte Platte geben.
Das Fritieröl in einen Wok oder in eine Fritierpfanne gießen und auf 180 Grad erhitzen (wenn Sie einen Holzlöffel ins Öl halten, steigen bei dieser Temperatur kleine Bläschen am Stiel auf). Die Wantans portionsweise goldgelb ausbacken. Dabei einmal wenden. Auf Küchenkrepp abtropfen lassen und heiß mit der Dipsauce servieren.

WANTAN MIT SCHWEINEFLEISCH

Für 3–4 Personen
ca. 30 Wantanhüllen (gekauft oder nach dem Grundrezept auf Seite 36 zubereitet)
400 g Schweinehack
1 Bund Frühlingszwiebeln, fein gehackt
2 Knoblauchzehen, fein gehackt
2–3 cm Ingwerwurzel, fein gehackt
100 g Sojasprossen, fein gehackt
1 Eßlöffel chinesischer Kochwein (ersatzweise Sherry)
1 Eßlöffel Sojasauce
1 Teelöffel asiatisches Sesamöl
1 Eßlöffel Austernsauce
2 Eßlöffel Speisestärke
1 Eiweiß
Salz und Pfeffer aus der Mühle

Die Wantan-Hüllen nach Rezept vorbereiten oder die gekauften Hüllen bereitstellen und mit einem feuchten Küchentuch abdecken.
Alle übrigen Zutaten in eine Schüssel füllen und zu einer gleichmäßigen Füllmasse verarbeiten.
Ein Schälchen Wasser bereithalten.
Die Wantan nach der Anleitung auf Seite 37 füllen und garen.

VEGETARISCHE FÜLLUNGEN

CASUNZIEI AMPEZZANI – MIT ROTE-BETE-FÜLLUNG

Für 4 Personen

Für den Teig

400 g Mehl
2 Eier
50–100 ml Milch
Salz

Für die Füllung

600 g rote Beten
1 Eßlöffel Butter
Salz
80 g Ricotta
2 Eier
Semmelbrösel

Zum Servieren

40 g zerlassene Butter
50 g Mohn
geriebener Carniakäse oder Parmesan

Die roten Beten putzen und das Blattgrün oberhalb der Knolle abschneiden. Darauf achten, daß die Schale nicht verletzt wird, weil die Knollen sonst ausbluten. Die Beten ganz und mit der Schale in Wasser weich kochen oder in Alufolie packen und im 200 Grad heißen Backofen garen (jeweils ca. eine Stunde).

Während die roten Beten garen, aus den angegebenen Zutaten einen Nudelteig herstellen. Sehen Sie sich dazu die Anleitung auf Seite 28 an. Die Milch eßlöffelweise dosieren, damit der Teig nicht zu naß wird. Den fertigen Teig ruhen lassen.

Die roten Beten abkühlen lassen, schälen und sehr fein hacken. Die Butter in einer Pfanne erhitzen. Die roten Beten in der Butter schwenken, salzen und vom Herd nehmen. In eine Schüssel geben und mit dem Ricottakäse vermengen. Mit

den Eiern und soviel Semmelbröseln binden, bis eine homogene Füllmasse entsteht.
Den Nudelteig portionsweise dünn ausrollen. Den Rest mit einem feuchten Küchentuch abdecken. Mit einem Wasserglas Teigkreise ausstechen. Kleine Portionen von der Füllung auf die Kreise geben. Zu Halbmonden zusammenklappen und mit den Fingern gut festdrücken.
Die Casunziei in Salzwasser garen. Wenn sie an die Oberfläche steigen, mit einem Sieblöffel herausheben und abtropfen lassen. Mit der zerlassenen Butter übergießen und mit Mohn und geriebenem Käse bestreuen.

CHIZZE REGGIANE – FRITIERTE PARMESANTÄSCHCHEN

Für 6 Personen
400 g Mehl
20 g zimmerwarme Butter
20 g Schmalz
1 Päckchen Backpulver
1 Prise Salz
lauwarmes Wasser
200 g fein gehobelter Parmesan
Schmalz oder Öl zum Ausbacken

Für den Teig das Mehl auf eine Arbeitsfläche häufen. In der Mitte eine Vertiefung formen und die Butter, das Schmalz, das Backpulver und das Salz hineingeben. Vom Rand her langsam verkneten. Eßlöffelweise lauwarmes Wasser dazugeben, bis der Teig die gewünschte Konsistenz erreicht: nicht zu feucht, damit er beim Ausrollen nicht klebenbleibt, aber auch nicht zu trocken, damit er nicht bricht.
Den Teig mit der Nudelmaschine ausrollen und in Quadrate von 7–8 Zentimeter Seitenlänge zurechtschneiden. Auf jedes Teigquadrat einige Parmesanraspel legen. Quadrate zu Dreiecken zusammenfalten. Die Ränder gut festdrücken, damit sie sich beim Ausbacken nicht lösen.
Die Chizze in reichlich heißem Schmalz oder Öl schwimmend goldgelb ausbacken. Auf Küchenkrepp kurz abtropfen lassen und heiß servieren.

CIALSONS DI TIMAU – MIT KARTOFFELFÜLLUNG

Für 4 Personen
Für die Füllung
600 g mehlig kochende Kartoffeln
1 Eßlöffel Petersilie, fein gehackt
ein paar gehackte Minzeblättchen
50 g Zucker
1/2 Teelöffel Zimt
1 Eßlöffel Butter
1 kleine Zwiebel, fein gehackt
Salz, Pfeffer aus der Mühle

Für den Teig
400 g Mehl
4 Eier
Salz

Außerdem
1,5 l Fleisch- oder Gemüsebrühe
zerlassene Butter und geriebener Parmesan zum Servieren

Die Kartoffeln mit der Schale weich kochen. Abgießen und schälen. Durch ein Kartoffeleisen pressen und in eine Schüssel geben. Die Petersilie und die Minzeblättchen unter die Kartoffeln heben. Zucker und Zimt einrühren. In einer kleinen Pfanne die Butter erhitzen. Die Zwiebel darin weich dünsten. Vom Herd nehmen und zur Kartoffelmasse geben. Salzen und pfeffern und gründlich vermengen. Abdecken und beiseite stellen.

Aus den angegebenen Zutaten einen Nudelteig bereiten. Sehen Sie sich dazu die Anleitung auf Seite 28 an. Den Teig portionsweise mit der Maschine dünn ausrollen. Den Rest unter einem Küchentuch feucht halten.

Jeweils mit 2 Teigstreifen gleichzeitig arbeiten. Mit einem Teelöffel kleine Portionen Füllmasse in gleichmäßigen Abständen auf den einen Teigstreifen geben. Den anderen Teigstreifen darauflegen und in den Zwischenräumen gut festdrücken. Mit einem Teigrädchen Kreise oder Vierecke abtrennen. Die restlichen Zutaten wie beschrieben verarbeiten.

Cialsons in der Brühe garen und mit zerlassener Butter und geriebenem Parmesan servieren.

CIALZÒNS CARNICI

Die Küche Karniens, ein Landstrich im Nordosten Italiens, wurde stark durch die Habsburgerherrschaft und die Küche der Nachbarn in Slowenien beeinflußt. Sie kennt daher viele süß-saure Gerichte und Spezialitäten mit Trockenobst, die im übrigen Italien eher ungewöhnlich sind.

Für 4–6 Personen
Für den Teig
400 g Mehl
4 Eier
Salz

Für die Füllung
knapp 1 kg frischer Blattspinat
1 Bund Petersilie
50 g Semmelbrösel
1 Prise Kakaopulver
50 g Sultaninen
50 g Zitronat, fein gewürfelt
1 Prise Zimt
50 g geriebener Räucherkäse
1 Ei
zerlassene Butter und geriebener Räucherkäse zum Servieren

Aus den angegebenen Zutaten einen Nudelteig herstellen. (Sehen Sie sich dazu das Grundrezept auf Seite 28 an.) Den Teig abdecken und ruhen lassen.
Inzwischen den Spinat sorgfältig waschen und verlesen und mit dem Wasser, das noch an den Blättern haftet, in einen Topf geben; 5 Minuten dünsten. Herausheben und gut abtropfen und leicht abkühlen lassen. Mit den Händen den Rest Feuchtigkeit auspressen.
Spinat und Petersilie fein hacken und in eine Schüssel geben. Mit Semmelbröseln und Kakao überpudern, dann Sultaninen, Zitronat, Zimt und Käse untermengen. Das Ei trennen. Das Eigelb in die Füllung einarbeiten. Das Eiweiß steif schlagen und dann unterziehen.
Den Nudelteig portionsweise mit der Maschine ausrollen. Den Rest mit einem feuchten Küchentuch abdecken.
Aus dem Teig Kreise von 5–6 Zentimeter Durchmesser ausstechen. Jeweils eine Portion Füllung in die Mitte der Teigkreise geben. Die Kreise zu Halbmonden

zusammenklappen, die Ränder gut festdrücken und mit einem hübschen Wellenmuster versehen.
Die Teigtäschchen al dente garen. Mit einem Sieblöffel herausheben und sofort mit der heißen Butter und dem Käse servieren.

CULINGIONIS – SARDISCHE TEIGTÄSCHCHEN

Für 6 Personen
Für den Teig
500 g Mehl
5 Eier
1 Prise Salz

Für die Füllung
500 g Blattspinat oder Mangoldblätter
1 kleine Zwiebel, fein gehackt
3 Eßlöffel Olivenöl extra vergine
300 g frischer Pecorino (oder Feta-Käse)
frisch geriebener Muskat
1 Prise Safranpulver
Salz
1–2 Eier
eventuell etwas Mehl

Zum Servieren
1 Portion Tomatensauce (siehe Grundrezept auf Seite 38)
geriebener Pecorino

Das Blattgemüse waschen, grobe Rippen entfernen und mit dem Wasser, das noch daran haftet, in einem großen Topf dämpfen. Herausnehmen, gut abtropfen lassen und klein schneiden. Die Zwiebel in Olivenöl glasig braten. Das Gemüse hinzufügen und 5–10 Minuten mitdünsten. Die Pfanne vom Herd ziehen und das Gemüse abkühlen lassen. Dann den Pecorino oder Feta-Käse untermengen, mit Muskat und Safran würzen und nach Belieben nachsalzen (der Käse ist in der Regel salzig genug). Die Mischung zunächst mit einem Ei binden. Je nach Konsistenz die Füllmasse mit dem zweiten Ei geschmeidiger machen. Falls die Masse zu feucht geraten sollte, etwas Mehl einstreuen. Abdecken und ruhen lassen.

Inzwischen aus den angegebenen Zutaten den Nudelteig zubereiten. Wie's gemacht wird, steht im Grundrezept auf Seite 28.
Den Teig portionsweise ausrollen. Den Rest mit einem Küchentuch abdecken.
Die Teigstreifen zu Rechtecken von ca. 5 x 10 Zentimeter Kantenlänge zurechtschneiden. Einen Klecks Gemüsefüllung in die Mitte geben, dann zusammenklappen und die Ränder gut festdrücken.
Die Nudeltäschchen auf ein Holzbrett setzen und mit einem Küchentuch abdecken. Einige Stunden oder über Nacht ruhen lassen.
Die Culingionis in sanft sprudelndem Salzwasser garen. Mit einem Sieblöffel herausheben und mit einer Tomatensauce und geriebenem Pecorino anrichten.

PANSOTTI

Für 6 Personen
Für den Teig
500 g Mehl
3 Eier
Salz
Wasser

Für die Füllung
500 g Mangold
500 g Borretsch
250 g Friséesalat
150 g Ricotta
2 Eier
50 g geriebener Parmesan
1 Eßlöffel frische Majoranblättchen
1 Knoblauchzehe
Salz

Aus Mehl, Eiern und Salz einen Nudelteig kneten (siehe Grundrezept auf Seite 28). Eßlöffelweise Wasser dazugeben, bis der Teig so geschmeidig ist, daß er sich gut ausrollen läßt, aber nicht klebenbleibt. Abdecken und ruhen lassen.
Für die Füllung das Gemüse sorgfältig waschen, grobe Blattrippen entfernen und mit dem Wasser, das noch an den Blättern haftet, dämpfen. Gut abtropfen lassen und ausdrücken, dann pürieren
Das Gemüsepüree mit der Ricotta, den Eiern und dem Parmesan zu einer

gleichmäßigen Masse verarbeiten. Majoranblättchen und Knoblauch fein hacken und die Füllmasse damit würzen. Mit Salz abschmecken.
Den Teig portionsweise dünn ausrollen. Den Rest mit einem feuchten Küchentuch abdecken. Aus den Teigstreifen mit einem Messer oder Teigrädchen ungefähr handtellergroße Dreiecke schneiden.
Mit einem Teelöffel walnußgroße Portionen von der Füllung abstechen und auf die vorgeschnittenen Teigdreiecke geben. Die Enden über der Füllung zusammenklappen und festdrücken, so daß bauchige Täschchen entstehen.
In Salzwasser etwa 10 Minuten garen und mit einer Schaumkelle herausheben.
Zu den Pansotti passen leichte Tomatensaucen oder eine Walnußsauce (siehe Rezepte auf den Seiten 38–40 und 178).

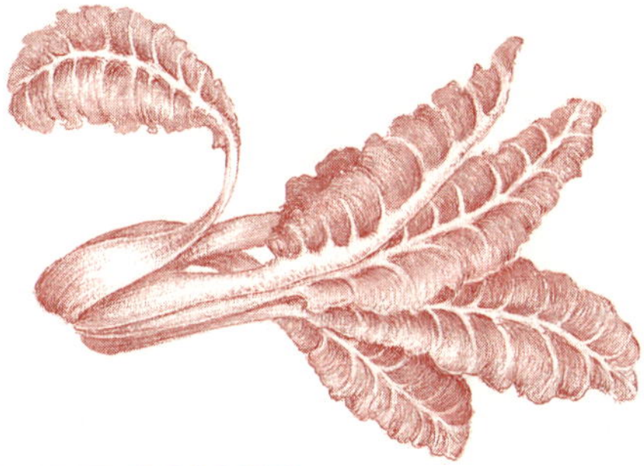

RAVIOLI IN KÄSE-SAHNE-SAUCE

Für 4–6 Personen
4 Eßlöffel Butter
1 Knoblauchzehe, fein gehackt
2 Eßlöffel Petersilie, fein gehackt
Salz und Pfeffer aus der Mühle
frisch geriebener Muskat
300 g Sahne
100 g geriebener Parmesan
1 Portion Ravioli mit einer beliebigen Gemüsefüllung

Die Butter in einer weiten Pfanne zerlassen. Knoblauch und Petersilie bei sanfter Hitze dünsten, bis der Knoblauch weich ist. Salz, Pfeffer und Muskat hinzufügen. Dann langsam mit der Sahne auffüllen und zum Kochen bringen. Den Parmesan mit einem Schneebesen einrühren und schmelzen lassen.
Die Ravioli in einem großen Topf Salzwasser al dente garen. Ab und zu umrühren. Mit einem Sieblöffel herausheben, gut abtropfen lassen und mit der Sahnesauce anrichten.

ARTISCHOCKENRAVIOLI

Für 4–6 Personen
1 Portion Nudelteig (siehe Grundrezept auf Seite 28)
6 Artischocken
Zitronensaft
2–3 Eßlöffel Olivenöl
1 Zwiebel, fein gehackt
1 Knoblauchzehe, fein gehackt
1 Bund Petersilie, gehackt
100 ml trockener Weißwein
50 g geriebener Parmesan
150 g Ricotta
2 Eier
Salz und Pfeffer aus der Mühle
50 g Butter

Nach der Anleitung auf Seite 28 einen Nudelteig herstellen und ruhen lassen.
Die Artischocken putzen. Von den groben äußeren Blättern und von der haarigen Blüte befreien. Die Artischockenböden fein aufschneiden und sofort in mit Zitronensaft gesäuertes Wasser legen, damit sie nicht braun anlaufen. Die Stiele für die Sauce aufheben.
Olivenöl in einer Pfanne erhitzen. Zwiebel und Knoblauch sanft darin andünsten, aber nicht bräunen. Die Artischockenböden und die Petersilie hinzufügen. Mit Weißwein übergießen, abdecken und auf kleiner Flamme 20 Minuten köcheln lassen. Falls die Flüssigkeit zu stark einkocht, etwas Zitronenwasser von den Artischocken dazugießen. Artischocken aus der Pfanne heben und fein hacken. Den Fond für die Sauce beiseite stellen.
Artischocken in eine Schüssel geben und mit Parmesan, Ricotta und Eiern vermischen. Mit Salz und Pfeffer würzen.
Den Nudelteig nach der Anleitung auf Seite 29 ausrollen und mit den Artischocken füllen. Die Ravioli wie beschrieben ausformen. Nudelwasser aufsetzen und salzen.
Für die Sauce die Artischockenstengel schälen und fein hacken. Mit der Butter in den Fond rühren und 10 Minuten leise simmern.
Währenddessen die Ravioli in das leicht sprudelnde Salzwasser gleiten lassen. Nach ca. 7 Minuten mit einem Sieblöffel aus dem Topf heben, abtropfen lassen und mit der Sauce anrichten.

AUBERGINENRAVIOLI

Für 4–6 Personen
2 große Auberginen
Salz
1 Portion Nudelteig (siehe Grundrezept auf Seite 28)
1 Eßlöffel Olivenöl
50 g geriebener Pecorino
100 g geriebener Parmesan
150 g Ricotta
1 Eßlöffel Thymianblättchen, fein gehackt
2 Handvoll Basilikumblätter, fein gehackt
1 Eßlöffel Minzeblättchen, fein gehackt
1 Knoblauchzehe, fein gehackt
1 ganzes Ei und 2 Eigelbe
Tomatensauce nach Wahl (siehe z. B. Grundrezepte auf den Seite 38–40)
Basilikumblätter zum Garnieren

Die Auberginen längs in zentimeterbreite Scheiben schneiden, auf beiden Seiten salzen und senkrecht in ein Sieb stellen; 30 Minuten ziehen lassen.
In der Zwischenzeit einen Nudelteig nach dem Grundrezept herstellen und ruhen lassen.
Nun die Auberginen gründlich abspülen und trockentupfen; 3 Minuten in kochendem Salzwasser blanchieren. Abgießen, kalt abschrecken und abtropfen lassen. Mit den Händen die restliche Feuchtigkeit herauspressen. Mit etwas Olivenöl in eine Pfanne geben und auf beiden Seiten goldgelb braten. Herausheben, etwas abkühlen lassen und fein hacken.
Das Auberginenhack in eine Schüssel füllen und mit Käse und Ricotta, den gehackten Kräutern und dem Knoblauch vermischen. Zum Schluß Ei und Eigelbe einarbeiten.
Den Nudelteig ausrollen und mit der Auberginenpaste füllen. Wie man's macht, lesen Sie auf Seite 30.
Die Ravioli in einem großen Topf Salzwasser al dente garen. Die Tomatensauce erwärmen.
Die Ravioli mit einem Sieblöffel aus dem Topf heben, gut abtropfen lassen und auf Teller verteilen. Mit der Tomatensauce überziehen und mit frischem Basilikum garnieren.

RAVIOLI AL FORMAGGIO

Für diese Käseravioli eignen sich alle Käsesorten, die gut schmelzen. Verwenden Sie nur eine oder auch mehrere Sorten, und stellen Sie sie ganz nach Ihrem persönlichen Geschmack zusammen. Empfehlenswerte Kandidaten sind: Fontina, Greyerzer, Gorgonzola (der allerdings so kräftig schmeckt, daß Sie ihn nicht solo, sondern nur in Kombination mit anderen Käsesorten verwenden sollten), Ricotta, Scamorza und natürlich Parmesan.

Für 4–6 Personen
500 g Käse
2–3 Eigelbe
100 g geriebener Parmesan
4 Eßlöffel Petersilie, fein gehackt
Salz und Pfeffer aus der Mühle
frisch geriebener Muskat
Sahne (nach Bedarf)
1 Portion Nudelteig (siehe Grundrezept auf Seite 28)

Den Käse je nach Konsistenz reiben oder fein zerkrümeln und in eine Schüssel füllen. Mit Eigelb, Parmesan und Petersilie vermischen und würzen. Salzen Sie nur sehr vorsichtig, da der Käse bereits reichlich Salz enthält. Wenn Sie sehr trockene Käsesorten wie Parmesan verwenden, die Füllmasse mit ein paar Eßlöffeln Sahne geschmeidig rühren.
Den Nudelteig nach der Anleitung auf Seite 29 ausrollen und mit der Käsemasse füllen. Die Ravioli wie beschrieben ausformen und in Salzwasser garen.
Sie können die Ravioli mit zerlassener Kräuterbutter oder mit einer Sauce nach Wahl servieren.

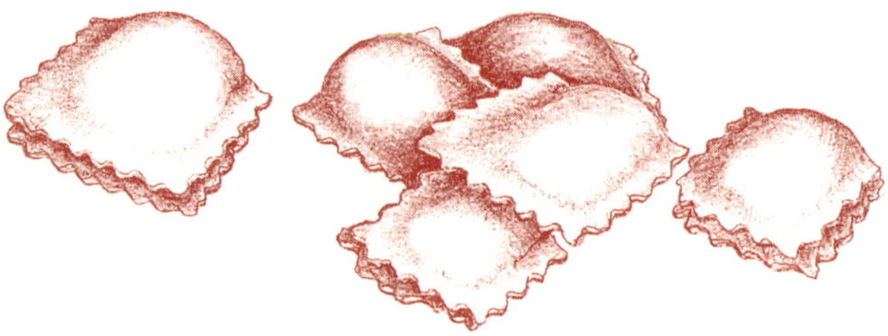

KRÄUTERRAVIOLI IN MAJORANBUTTER

Für 4–6 Personen

Für den Teig

300 g Mehl

4 Eier

2 Eigelbe

Für die Füllung

200 g Borretsch

400 g Mangoldblätter

1 Handvoll frischer Majoran

1 Handvoll frische Petersilie

1 Handvoll frischer Kerbel

1 kleines Bund Schnittlauch

1–2 Eßlöffel Butter (nach Wunsch)

150 g Ricotta

4 Eßlöffel geriebener Parmesan

Salz und Pfeffer aus der Mühle

frisch geriebener Muskat

Für die Sauce

100 g Butter

4 Eßlöffel Pinienkerne, grob gehackt

1 Eßlöffel getrockneter Majoran

Aus den angegebenen Zutaten einen Nudelteig herstellen. Die Anleitung dafür finden Sie im Grundrezept auf Seite 28. (Sie können auch den Teig des Grundrezepts verwenden, doch die zusätzlichen Eier geben der Füllung mehr Halt.) 30 Minuten ruhen lassen.

Inzwischen das Blattgemüse und die Kräuter sorgfältig waschen und verlesen und mit dem Wasser, das noch an den Blättern haftet, in einen Topf geben; 3 Minuten dünsten. Herausheben und gut abtropfen lassen. Mit den Händen den Rest Feuchtigkeit auspressen. Gemüse und Kräuter fein hacken. Sie können das Gemüse und die Kräuter auch kurz in etwas Butter andünsten und auf diese Weise »trocknen« lassen. In eine Schüssel füllen und mit Ricotta und Parmesan vermischen. Mit Salz, Pfeffer und Muskat würzen.

Den Nudelteig nach der Anleitung auf Seite 29 ausrollen und füllen.

Ravioli in Salzwasser al dente garen. Die Majoranbutter zubereiten. Die Butter

in einer Pfanne zerlassen. Die Pinienkerne darin goldgelb rösten. Den Majoran einrühren und durchziehen lassen, während die Ravioli garen.
Ravioli mit einem Sieblöffel aus dem Topf heben, abtropfen lassen und in eine Schüssel schichten. Sofort mit der Majoranbutter überziehen.

GRÜNE MAJORANRAVIOLI

Diese grünen Ravioli schmecken herrlich frisch nach den Kräutern und sehen überdies sehr ansprechend aus. Servieren Sie dazu einfach nur zerlassene Butter, die mit ein paar Majoranzweigen aromatisiert wurde, oder eine leichte Tomatensauce, die einen schönen Farbkonstrast zu den Nudeln bildet.

Für 4–6 Personen
2–3 Eßlöffel Butter
2 Knoblauchzehen, fein gehackt
4 Eßlöffel Majoran, fein gehackt
4 Eßlöffel Petersilie, fein gehackt
500 g Ricotta
2 Eigelbe
100 g geriebener Parmesan
Salz und Pfeffer aus der Mühle
frisch geriebener Muskat
1 Portion Spinatnudelteig (siehe Grundrezept auf Seite 34)
1 Eiweiß zum Versiegeln

Die Butter in einem Pfännchen heiß werden lassen. Knoblauch und Kräuter bei milder Hitze 10 Minuten darin dünsten. Vom Herd nehmen und abkühlen lassen.
Ricotta, Eigelbe und Parmesan verrühren. Die Kräuter unterheben. Die Füllung mit Salz, Pfeffer und einem Hauch Muskat würzen.
Den Nudelteig portionsweise ausrollen. Spinatnudelteig ist wesentlich feuchter als einfacher Teig, so daß Sie mehr Mehl als üblich zum Ausrollen brauchen.
Die Ravioli nach der Anleitung auf Seite 30 füllen und ausformen.
Ravioli in Salzwasser al dente garen. Mit zerlassener Butter oder mit einer Sauce nach Wahl anrichten.

RAVIOLI ALLE ERBETTE – MIT KRÄUTER-MANGOLD-FÜLLUNG

Für 4–6 Personen
500 g Mangoldblätter (ohne dicke Stiele)
2 Eßlöffel Butter
je 1 Eßlöffel Salbei, Rosmarin, Thymian und Majoran, fein gehackt
1 Lorbeerblatt
250 g Ricotta
1 Ei
3 Eßlöffel geriebener Parmesan
Salz und Pfeffer aus der Mühle
frisch geriebener Muskat
Semmelbrösel (nach Bedarf)
1 Portion Nudelteig (siehe Grundrezept auf Seite 28)

Den Mangold sorgfältig waschen und verlesen. Nur mit dem Wasser, das vom Waschen noch an den Blättern haftet, in einen Topf geben und dünsten, bis die Blätter zusammenfallen. Herausheben und gut abtropfen lassen.
Inzwischen die Butter in einer Pfanne erhitzen. Die Kräuter und das Lorbeerblatt sanft darin andünsten. Nach 10 Minuten den Mangold hinzufügen, in der Pfanne schwenken und dabei trocknen. Vom Herd nehmen und abkühlen lassen. Das Lorbeerblatt entfernen.
Die Mangoldmasse fein hacken und mit Ricotta, Ei und Parmesan vermischen. Salzen, pfeffern und mit Muskat würzen. Wenn die Füllung zu naß wirkt, mit 1–2 Eßlöffel Semmelbrösel binden.
Den Nudelteig portionsweise ausrollen. Die Ravioli nach der Anleitung auf Seite 30 füllen und ausformen. Wie beschrieben garen.

Tip: Zu diesen Ravioli paßt eine zarte Tomatensauce oder Salbeibutter.

RAVIOLI MIT MANGOLD UND PINIENKERNEN

Für 2–4 Personen
750 g Mangoldblätter
2 Eßlöffel Olivenöl
1 kleine Zwiebel, fein gehackt
1 Knoblauchzehe, fein gehackt
2 Eßlöffel Pinienkerne, grob gehackt
Salz und Pfeffer aus der Mühle
3 Eßlöffel Parmesan
1/2 Portion Nudelteig (siehe Grundrezept auf Seite 28)
Parmesan zum Servieren

Mangoldblätter sorgfältig waschen und verlesen, dabei grobe Rippen entfernen. Trockentupfen und fein hacken. Das Olivenöl in einer Pfanne erhitzen. Zwiebel, Knoblauch und Pinienkerne darin goldgelb rösten. Den Mangold hinzufügen und unter ständigem Wenden zusammenfallen lassen. Salzen und pfeffern. Vom Herd nehmen und abkühlen lassen.
Die Mangoldmischung mit Parmesan verrühren.
Den Nudelteig wie auf Seite 29 beschrieben ausrollen und füllen.
Die Ravioli in einem großen Topf Salzwasser al dente garen. Mit geriebenem Parmesan servieren.

RAVIOLI ALLE RAPE – MIT RÜBENFÜLLUNG

Obwohl fast jede Küche der Welt einen Weg gefunden hat, beliebige Zutaten mit einem Teigmantel zu umhüllen, nimmt man an, daß die Urform der Ravioli aus Ligurien stammt. Im Mittelalter füllte man diese Teigtaschen hauptsächlich mit den billigen, haltbaren und allzeit verfügbaren Rüben und nannte sie danach Rabioles (von »rapa«, Rübe), woraus sich vermutlich der heutige Name Ravioli entwickelt hat.

Für 6 Personen
1 kg Pastinaken oder Steckrüben
Salz und Pfeffer aus der Mühle
50 g frisch geriebener Parmesan
1 Eßlöffel frisch gehackte Petersilie
1 Portion Nudelteig (siehe Grundrezept auf Seite 28)

Die Pastinaken schälen und würfeln. In Salzwasser weich kochen (ca. 15 Minuten) und gut abtropfen lassen. Die gekochten Rüben zermusen und mit den restlichen Zutaten zu einer glatten Füllmasse verarbeiten.
Den Nudelteig portionsweise hauchdünn ausrollen und, wie auf Seite 29 beschrieben, zu Ravioli verarbeiten.
Die Ravioli in Salzwasser garen und mit einer Sauce nach Wahl anrichten.

Tip: Die eher schlichte Füllung verlangt nach einer interessanten Sauce. Servieren Sie dazu eine Pilzsauce (zum Beispiel das Rezept auf Seite 436) oder eine würzige Tomatensauce (siehe Seite 39).

RAVIOLI TRICOLORE

Für 2–4 Personen
250 g Brokkoliröschen
Salz und Pfeffer aus der Mühle
2 Eßlöffel Olivenöl
2 Knoblauchzehen, fein gehackt
1 kleine Dose Tomatenwürfel
1/2 Portion Käseravioli (siehe Seite 430)
geriebener Parmesan oder Pecorino zum Servieren

Die Brokkoliröschen in sprudelndem Salzwasser 3–5 Minuten blanchieren. Mit einem Sieb herausfischen und abtropfen lassen. (Das heiße Wasser für die Ravioli aufheben.)
Das Olivenöl in einer weiten Pfanne, in der später auch die Ravioli Platz haben, erhitzen. Den Knoblauch darin sanft weich dünsten. Die Tomatenwürfel hinzufügen, salzen und pfeffern. Die Sauce zum Kochen bringen, dann auf kleiner Flamme 15–20 Minuten köcheln lassen.
Inzwischen die Ravioli im kochenden Brokkoliwasser al dente garen. Mit einer Schaumkelle herausheben und gut abtropfen lassen.
Ravioli und Brokkoli in die Tomatensauce rühren, wieder heiß werden lassen und gut durchmischen. Auf Teller verteilen und mit geriebenem Käse servieren.

STEINPILZRAVIOLI

Die Steinpilze schmecken so wunderbar würzig nach Wald und Erde, daß Sie zu diesen Ravioli keine aufwendige Sauce servieren müssen. Zerlassene Butter und etwas Parmesan genügen.

Für 4–6 Personen
30 g getrocknete Steinpilze
300 g TK-Spinat
3 Eßlöffel Butter
2 Knoblauchzehen, fein gehackt
100 g frische Pilze (nach Wahl), fein gewürfelt
250 g Ricotta
3 Eßlöffel geriebener Parmesan
1 Ei (trennen)
Salz und Pfeffer aus der Mühle
1 Portion Nudelteig (siehe Grundrezept auf Seite 28)

Die Steinpilze mit kochendem Wasser überbrühen und 30 Minuten einweichen. Den Spinat auftauen und abtropfen lassen.
Pilze aus dem Wasser heben, fest auspressen und fein hacken. Grobe und verhärtete Stellen ausschneiden.
Die Butter in einer weiten Pfanne erhitzen. Den Knoblauch sanft glasig braten, dann den Spinat, die Steinpilze und die frischen Pilze hinzufügen und so lange dünsten, bis die gesamte Flüssigkeit verdampft ist. Vom Herd ziehen und abkühlen lassen.
Ricotta, Parmesan und das Eigelb (das Eiweiß zum Versiegeln der Ravioli verwenden) in einer Schüssel vermischen. Die Spinatmasse unterheben und kräftig würzen.
Den Nudelteig ausrollen. Die Ravioli, wie auf Seite 30 beschrieben, füllen und ausformen. In Salzwasser garen und mit zerlassener Butter oder einer zarten Sauce servieren.

RAVIOLI FRITTI

Raviolireste lassen sich auf diese Weise wunderbar in einen köstlichen Happen zum Aperitif verwandeln.

Vorspeise für 4 Personen
4 Eßlöffel geriebener Parmesan
Salz und Pfeffer aus der Mühle
1/2 Teelöffel getrockneter Rosmarin
1/2 Teelöffel getrockneter Thymian
1/2 Teelöffel getrockneter Oregano
Öl zum Fritieren
250 g (rohe) Ravioli mit Gemüse- oder Käsefüllung

Den Parmesan in einem Schälchen mit Salz, Pfeffer und den Kräutern vermischen. Beiseite stellen.
Das Öl 5 Zentimeter hoch in eine Friteuse oder in einen Wok gießen und 180–190 Grad heiß werden lassen. (Wenn an einem Holzlöffel Bläschen aufsteigen, hat das Öl die gewünschte Temperatur erreicht.)
Die Ravioli portionsweise ins heiße Öl gleiten lassen. Nie zu viele Ravioli auf einmal ins heiße Öl geben; die Öltemperatur sinkt sonst um die entscheidenden Grade ab, und die Ravioli werden nicht mehr knusprig. Die Ravioli goldbraun und knusprig fritieren. Auf Küchenkrepp abtropfen lassen und noch heiß mit der Kräutermischung bestreuen.

KASTANIENRAVIOLI

Für 6 Personen
Für den Teig
250 g Kastanienmehl
250 g Weizenmehl
5 Eier
1 Prise Salz

Für die Füllung
750 g Ricotta
4 Eier
100 g geriebener Parmesan
Salz und Pfeffer aus der Mühle
frisch geriebener Muskat
geriebener Pecorino und Olivenöl zum Servieren

Die beiden Mehlsorten in eine Schüssel sieben und vermischen. Mit Eiern und Salz zu einem glatten und elastischen Nudelteig verarbeiten. Die Anleitung dafür finden Sie auf Seite 28. Den Teig abdecken und 15 Minuten ruhen lassen. Inzwischen die Zutaten für die Füllung gut mischen.
Den Nudelteig wie auf Seite 29 beschrieben ausrollen und füllen. Die Ravioli in Salzwasser al dente garen. Ab und zu umrühren. Mit einem Sieblöffel herausheben und auf Teller verteilen. Mit Olivenöl beträufeln und mit frisch geriebenem Pecorino servieren.

ROGGENRAVIOLI

Für 6 Personen
Für den Teig
250 g Roggenmehl
250 g Weizenmehl
250 g Ricotta
1 Eigelb
Salz

Für die Füllung
1 kg frischer Spinat oder 1 Packung TK-Spinat (300 g)
50 g Butter
1 kleine Zwiebel, fein gehackt
1 Knoblauchzehe, fein gehackt
Salz und Pfeffer aus der Mühle
frisch geriebener Muskat
etwas Mehl zum Überstäuben

Außerdem
Öl zum Ausbacken

Die beiden Mehlsorten auf eine Arbeitsfläche sieben und zu einem Kegel aufschütten. Nach und nach mit Ricotta, Eigelb und Salz zu einem gleichmäßigen Teig verarbeiten und gut durchkneten. Abdecken und etwa eine Stunde ruhen lassen.

In der Zwischenzeit die Füllung zubereiten. Den Spinat waschen und verlesen und nur mit dem Wasser, das vom Waschen noch an den Blättern haftet, in einen Topf geben und zusammenfallen lassen. Herausheben, gut abtropfen lassen und ausdrücken, dann pürieren (TK-Spinat auftauen und pürieren).

Die Butter in einer Pfanne erhitzen. Zwiebel und Knoblauch darin glasig dünsten, salzen und pfeffern. Den Spinat hinzufügen und einige Minuten mitdünsten. Mit Salz, Pfeffer und Muskat abschmecken und abschließend mit Mehl überstäuben. Vom Herd ziehen und abkühlen lassen.

Den Teig nun wie auf Seite 29 beschrieben portionsweise ausrollen. Die Streifen auf ca. 10 x 20 Zentimeter zurechtschneiden. Einen Klecks Füllung auf die obere Hälfte geben. Die zweite Hälfte darüberklappen und gut festdrücken. Die fertiggestellten Ravioli mit einem Tuch abdecken.

Das Öl in einer Friteuse oder tiefen Pfanne auf 180–190 Grad erhitzen (die richtige Temperatur ist erreicht, sobald an einem Holzlöffel kleine Bläschen aufsteigen).

Die Ravioli portionsweise im heißen Öl ausbacken. Herausheben und auf Küchenkrepp abtropfen lassen. Mit einem Blattsalat als Beilage heiß servieren.

SCHLUTZKRAPFEN

Für 4–6 Personen
Für den Teig
250 g Roggenmehl
250 g Weizenmehl
2 Eier
Salz
3 Eßlöffel Öl
lauwarmes Wasser

Für die Füllung
750 g Blattspinat
1 Zwiebel, fein gehackt
1 Knoblauchzehe, fein gehackt
1 Eßlöffel Butter
1 Teelöffel Mehl
Milch
frisch geriebener Muskat
Salz und Pfeffer aus der Mühle

Außerdem
geriebener Käse und zerlassene Butter zum Servieren

Die beiden Mehlsorten in eine Schüssel sieben und vermischen. Mit den restlichen Zutaten zu einem glatten und elastischen Teig verarbeiten. Die Anleitung dazu finden Sie im Grundrezept auf Seite 28. Teig mit einem Küchentuch abdecken und ruhen lassen.
In der Zwischenzeit die Füllung zubereiten. Dazu den Spinat waschen und verlesen. Mit dem Wasser, das vom Waschen noch an den Blättern haftet, in einem Topf dämpfen. Herausheben, gut abtropfen lassen und mit dem Pürierstab zerkleinern.
Zwiebel und Knoblauch in der Butter anglasen. Mit Mehl überstäuben und kräftig umrühren. Etwas Milch angießen, verrühren und die Pfanne vom Herd nehmen. Milch vorsichtig dosieren, denn die Füllung soll nicht zu feucht werden. Das Zwiebelgemisch sorgfältig mit dem Spinat vermengen. Mit Muskat, Salz und Pfeffer abschmecken.
Den Teig portionsweise möglichst dünn ausrollen. Ein feuchtes Küchentuch über den Rest legen. Mit einem Wasserglas kreisrunde Blätter aus den Teigstreifen

ausstechen. Kleine Portionen der Füllung auf die Teigkreise geben. Die Teigblätter über der Füllung zusammenklappen und an den Rändern gut festdrücken, so daß kleine Täschchen entstehen.
Knapp 10 Minuten in sanft wallendem Salzwasser gar ziehen lassen. Mit der Schaumkelle herausheben und auf Teller verteilen.
Mit zerlassener Butter und geriebenem Käse servieren.

Tip: Die Schlutzkrapfen lassen sich nach Belieben auch mit 400 Gramm Roggen- und 100 Gramm Weizenmehl oder mit 100 Gramm Buchweizen- und 400 Gramm Weizenmehl zubereiten.

KRAUTTIRTLEN

Für 4–6 Personen
250 g Roggenmehl
250 g Weizenmehl
1 Eßlöffel weiche Butter
Milch
Salz
500 g gedünstetes Sauerkraut
Öl oder Schmalz zum Ausbacken

Roggen- und Weizenmehl mit einer Prise Salz in eine Schüssel sieben und vermischen. Die Butter und eßlöffelweise die Milch einarbeiten. Einen glatten Teig herstellen und wie gewohnt kneten. Abdecken und an einem kühlen Ort ruhen lassen.
Inzwischen das Sauerkraut für die Füllung dünsten. Bereiten Sie es nach Ihrem gewohnten Rezept zu, oder sehen Sie sich die Angaben für die Krautspätzle auf Seite 378 an. Den Teig portionsweise ausrollen, den Rest mit einem feuchten Küchentuch abdecken.
Jeweils zwei Teigstreifen auf einer bemehlten Arbeitsfläche ausbreiten und nach der Anleitung für Ravioli auf Seite 30 füllen. Mit einem Messer Teigtaschen mit glattem Rand abtrennen.
Das Öl oder Schmalz auf 170–180 Grad erhitzen. Die Tirtlen portionsweise darin ausbacken. Auf Küchenkrepp abtropfen lassen und heiß servieren.

QUARK-KARTOFFEL-TIRTLEN

Für 6 Personen
Für den Teig
250 g Roggenmehl
250 g Weizenmehl
2 Eier
Salz
30 g zerlassene Butter

Für die Füllung
200 g trockener Magerquark oder Topfen
1 Zwiebel, fein gehackt
1 Eßlöffel Butter
100 g Kartoffeln, gekocht
Salz und Pfeffer aus der Mühle

Außerdem
Fett zum Ausbacken

Den Quark für die Füllung in ein Sieb setzen und abtropfen lassen.
Den Teig wie bei den Krauttirtlen auf Seite 427 beschrieben zubereiten.
Dann für die Füllung die Zwiebel in der Butter andünsten und leicht bräunen.
Die gekochten Kartoffeln in eine Schüssel reiben. Die Zwiebel und den abgetropften Quark hinzufügen. Salzen, pfeffern und gründlich vermischen.
Die Tirtlen wie beschrieben füllen und ausbacken.

TORTELLI ALLA PIASTRA

Früher wurden diese Tortelli ohne Fett einfach auf der heißen Ofenplatte gebraten. Da Sie vermutlich keinen so altertümlichen Herd in Ihrer Wohnung haben, können Sie sich mit einem heißen Stein oder einer Bratpfanne mit Antihaftbeschichtung behelfen.

Für 4–6 Personen
1 Portion Nudelteig (siehe Grundrezept auf Seite 28)
6 mittelgroße, mehlig kochende Kartoffeln
1 Eßlöffel Olivenöl
1 kleine Zwiebel, fein gehackt
2 Knoblauchzehen, fein gehackt
1 Eßlöffel Tomatenmark
100 g geriebener Parmesan
1 Ei
frisch geriebener Muskat
Salz und Pfeffer aus der Mühle
Tomatensauce zum Servieren (z. B. Rezepte auf den Seiten 38–40)

Den Nudelteig vorbereiten und ruhen lassen.
Inzwischen die Kartoffeln mit der Schale weich kochen.
Während die Kartoffeln kochen, das Olivenöl in einem Pfännchen erhitzen. Zwiebel und Knoblauch darin weich dünsten. Das Tomatenmark mit einem Eßlöffel Wasser glattrühren und in die Pfanne geben; 2–3 Minuten durchköcheln lassen, dann vom Herd nehmen.
Die Kartoffeln pellen und noch heiß durch ein Kartoffeleisen in eine Schüssel pressen. Die Zwiebelsauce, den Parmesan und das Ei einarbeiten. Mit Muskat und Salz und Pfeffer abschmecken.
Den Nudelteig portionsweise ausrollen. Den Rest mit einem feuchten Küchentuch abdecken.
Aus den Teigstreifen Quadrate mit etwa 15 Zentimeter Seitenlänge ausrädeln. Die Füllung auf den Quadraten verteilen. Zu Rechtecken oder Dreiecken zusammenklappen und an den Rändern gut festdrücken.
Die Tortelli braten und mit der Tomatensauce servieren.

TORTELLI DI PATATE – MIT KARTOFFELN UND SCHAFSKÄSE

Heute kann man sich kaum mehr vorstellen, daß Olivenöl bis Ende des 19. Jahrhunderts in der italienischen Küche eine eher untergeordnete Rolle spielte. Es war teuer und daher den wohlhabenderen Schichten vorbehalten. Die Bauern kochten mit Speck und Schweineschmalz. Hier ein typisches Bergbauerngericht mit Speck und Kartoffeln aus dem nördlichen Apennin. Servieren Sie diese Tortelli mit einer nach Wald und Gebirge duftenden Pilzsauce (siehe Seite 161 und 436) oder einer einfachen Tomatensauce (Seite 38 oder 104).

Für 6–8 Personen
Für den Teig
500 g Mehl
1 Ei
Salz
lauwarmes Wasser

Für die Füllung
800 g mehlige Kartoffeln
1 kleine Zwiebel, fein gehackt
100 g durchwachsener Speck, fein gewürfelt
200 g Ricotta salata (ersatzweise Schafskäse), zerkrümelt
2 Eier
3 Eßlöffel geriebener Parmesan
Salz und Pfeffer aus der Mühle
frisch geriebener Muskat

Aus den angegebenen Zutaten einen Nudelteig herstellen. Sehen Sie sich dazu auch das Grundrezept auf Seite 28 an. Geben Sie das Wasser eßlöffelweise in die Mulde, und arbeiten Sie es langsam ein, bis der Teig die gewünschte elastische Konsistenz erreicht. Abdecken und ruhen lassen.
Die Kartoffeln mit der Schale aufsetzen und weich kochen.
In der Zwischenzeit Zwiebel und Speck glasig dünsten, aber nicht bräunen. In eine große Schüssel füllen.
Die Kartoffeln schälen und noch heiß durch ein Kartoffeleisen drücken. Mit Zwiebel und Speck vermischen, dann Schafskäse, Eier und Parmesan einarbeiten und eine glatte Farce herstellen. Mit Salz, Pfeffer und Muskat abschmecken.
Den Nudelteig mit der Maschine portionsweise ausrollen. Den Rest mit einem feuchten Küchentuch abdecken.

Mit einem Wasserglas oder einem runden Keksförmchen Kreise mit etwa 5 Zentimeter Durchmesser ausstechen. Einen Teelöffel Füllmasse in die Mitte der Teigkreise geben. Die Teigflecken zu Halbmonden zusammenklappen und an den Rändern gut festdrücken.
Die Tortelli in Salzwasser al dente garen. Mit einem Sieblöffel herausheben und mit einer Sauce nach Wahl anrichten.

TORTELLI DI ZUCCA – MIT KÜRBISFÜLLUNG

Für diese Füllung brauchen Sie das süßliche Kürbisfleisch von italienischen Kürbissen. Sie können diese süßliche Note noch betonen, indem Sie ein paar Amarettomakronen in die Füllmasse geben. Dazu die Makronen zwischen den Händen zerreiben und einstreuen. Sie benötigen dann weniger Parmesan zum Binden, da die trockenen Kekse viel Flüssigkeit aufsaugen.

Für 6 Personen
Für die Füllung
1,2 kg Kürbis
50 g Butter
1 Eigelb
150 g geriebener Parmesan
eventuell lauwarmes Wasser
Salz und Pfeffer aus der Mühle
frisch geriebener Muskat

Für den Teig
500 g Mehl
3 Eier
Salz

Außerdem
1 Eiweiß
zerlassene Butter, geriebener Parmesan zum Servieren

Backofen auf 200 Grad vorheizen. Den Kürbis schälen und entkernen und in grobe Würfel schneiden. In Alufolie schlagen und im heißen Ofen weich werden lassen (20–30 Minuten).
In der Zwischenzeit aus den angegebenen Zutaten den Teig zubereiten. Sehen

Sie sich dazu die Anleitung auf Seite 28 an. Den Teig ruhen lassen, während Sie die Füllung herstellen.
Kürbis aus dem Ofen holen, die Würfel in eine Schüssel geben und mit einer Gabel zermusen. Die Butter in der heißen Kürbismasse zergehen lassen. Das Eigelb und den geriebenen Parmesan einarbeiten. Die Masse hat die richtige Konsistenz, wenn ein Teelöffel aufrecht darin stehen bleibt. Ist sie zu fest, einen Eßlöffel lauwarmes Wasser dazugeben. Salzen, pfeffern und mit Muskat abschmecken.
Den Teig portionsweise ausrollen. Den Rest mit einem feuchten Küchentuch abdecken.
Jeweils zwei Teigstreifen gleichzeitig verarbeiten. Auf den einen Streifen in regelmäßigen Abständen nußgroße Kürbisportionen setzen. Die Zwischenräume mit Eiweiß bestreichen. Den zweiten Streifen darauflegen und in den Zwischenräumen gut festdrücken, dabei entstehende Luftblasen herauspressen. Mit einem Ausstechförmchen oder Teigrädchen die Tortelli abtrennen.
In reichlich Salzwasser garen und mit zerlassener Butter und geriebenem Parmesan servieren.

TORTELLI DI MAGRO – MIT SPINAT-RICOTTA-FÜLLUNG

Für 4–6 Personen
1 kg Blattspinat
250 g Ricotta
5 Eßlöffel geriebener Parmesan
Salz und Pfeffer aus der Mühle
frisch geriebener Muskat
1 Portion Nudelteig (siehe Grundrezept auf Seite 28)
1 Eigelb zum Bestreichen

Blattspinat sorgfältig waschen und verlesen. Mit dem Wasser, das vom Waschen noch an den Blättern haftet, in einen Topf geben und dämpfen, bis der Spinat zusammenfällt. Abgießen und gut abtropfen lassen. Mit den Händen den letzten Rest Feuchtigkeit aus den Blättern pressen.
Spinat grob hacken und in eine Schüssel füllen. Mit Ricotta und Parmesan vermischen. Mit Salz, Pfeffer und Muskat würzen.
Den Nudelteig portionsweise mit der Maschine ausrollen. Den Rest mit einem feuchten Küchentuch abdecken, damit er nicht austrocknet.
Das Eigelb mit einem Eßlöffel Wasser verrühren.

Jeweils mit 2 Teigstreifen gleichzeitig arbeiten. Die Teigstreifen auf einer bemehlten Arbeitsfläche ausbreiten. Im Abstand von etwa 3 Zentimeter jeweils einen gehäuften Teelöffel Füllmasse setzen. Einen Backpinsel in das Eigelb tauchen und um die Füllungen herum ein Gitternetz zeichnen. Den zweiten Teigstreifen darauflegen. In den Zwischenräumen gut festdrücken; dabei darauf achten, daß sich keine Luftblasen bilden. Mit einem gezackten Teigrädchen die einzelnen Tortelli ausrädeln.
Die Tortelli al dente garen. Mit einem Sieblöffel herausheben, abtropfen lassen und auf Teller verteilen. Servieren Sie dazu zerlassene Butter und Parmesan oder eine frische Tomatensauce.

TORTELLI DI PARMA

Für 4 Personen
Für den Teig
500 g Mehl
3 Eier
Salz
lauwarmes Wasser

Für die Füllung
1 kg Mangold
250 g Ricotta
eventuell 1 Eßlöffel weiche Butter
1 Ei
150 g geriebener Parmesan
Salz
frisch geriebener Muskat
zerlassene Butter zum Servieren

Aus den angegebenen Zutaten einen Nudelteig herstellen. Wie das gemacht wird, lesen Sie im Grundrezept auf Seite 28. Das Wasser nur eßlöffelweise hinzufügen, damit der Teig nicht zu naß wird. Teig abdecken und ruhen lassen. Inzwischen den Mangold putzen, die weißen Stengel herausschneiden und für eine Gemüsesuppe o. ä. beiseite legen. Das Grün dämpfen und gut abtropfen lassen. Ausdrücken und mit einem Wiegemesser fein hacken. In eine Schüssel geben und mit Ricotta vermengen. Eventuell etwas Butter hinzufügen, damit die Masse schön geschmeidig wird. Das Ei einarbeiten; anschließend so viel Parme-

san einstreuen, daß eine gleichmäßige und feste Masse entsteht (den Rest zum Servieren verwenden). Mit Salz und Muskat herzhaft würzen.
Den Teig portionsweise bis zur vorletzten Einstellung auf der Nudelmaschine ausrollen, denn die Tortelli di Parma sind wesentlich dicker als ihre übrigen Verwandten. Der Teig sollte demnach so bemessen sein, daß die Tortelli später nicht zerkochen und noch etwas »Biß« haben. Mit einem Messer oder Teigrädchen die Streifen in Quadrate von ungefähr 7 Zentimeter Seitenlänge schneiden. Auf jedes Teigquadrat eine Portion Füllung setzen. Den überstehenden Teig so darüber zusammenfalten, daß Rechtecke entstehen. Die Ränder dabei gut festdrücken, damit sie sich beim Kochen nicht lösen. Es darf übrigens ruhig ein breiter Teigrand entstehen, die Tortelli aus Parma werden nicht prall gefüllt.
Da der Teig vergleichsweise dick ist, die Tortelli in reichlich Salzwasser etwa eine Viertelstunde garen. Herausheben und gut abtropfen lassen. Auf Teller verteilen und mit zerlassener Butter und Parmesan servieren.

NUDELROULADE MIT GEMÜSE- UND KÄSEFÜLLUNG

Für 8 Personen
25 g getrocknete Steinpilze
1 Portion Nudelteig (siehe Grundrezept auf Seite 28)
2 Eßlöffel Butter
1 Zwiebel, fein gehackt
2 Knoblauchzehen, fein gehackt
300 g TK-Spinat (auftauen und abtropfen lassen)
200–250 g Frischkäse
4 Eßlöffel geriebener Parmesan
100 g Ricotta
1 Ei
3 Eßlöffel Petersilie, fein gehackt
Salz und Pfeffer aus der Mühle
abgeriebene Schale einer unbehandelten Zitrone
1 Eiweiß zum Versiegeln
Semmelbrösel zum Bestreuen
Gemüsebrühe
1 doppelte Portion Tomatensauce (siehe z. B. die Rezepte auf den Seiten 38–40)
geriebener Parmesan zum Servieren

Die Steinpilze mit kochendem Wasser überbrühen und 30 Minuten einweichen. In der Zwischenzeit den Nudelteig zubereiten, abdecken und ruhen lassen.
Pilze aus dem Wasser heben, fest auspressen und fein hacken. Das Einweichwasser durch ein feines Sieb gießen und beiseite stellen.
Die Butter in einer Pfanne erhitzen. Zwiebel und Knoblauch darin glasig braten. Die Pilze und den Spinat hinzufügen und dünsten, bis die gesamte Flüssigkeit verdampft ist. Vom Herd ziehen und abkühlen lassen.
In einer Schüssel Frischkäse, Parmesan, Ricotta und Ei verrühren. Die Spinatmasse und die Petersilie unterheben und mit Salz, Pfeffer und Zitronenschale würzen.
Den Nudelteig ausrollen. Für diese Roulade brauchen Sie ein etwa 30 x 40 Zentimeter großes Teigblatt, das Sie auf ein bemehltes Küchentuch legen. Wenn Sie den Teig nicht von Hand, sondern mit der Maschine ausrollen, setzen Sie die Teigstreifen so aneinander, daß sie sich ein wenig überlappen. Diese Nahtstellen mit Eiweiß bestreichen und gut zusammendrücken, damit der Teig beim Aufrollen nicht reißt.
Das Teigblatt mit einem Hauch Semmelbrösel bestreuen. Die Füllung gleichmäßig darauf verteilen, aber auf einer Seite einen 5 Zentimeter breiten Rand stehenlassen (den brauchen Sie zum Verschließen der Roulade). Den Rand mit Eiweiß bestreichen.
Die Roulade mit Hilfe des Küchentuchs aufrollen. Den überstehenden Rand auf der Roulade »festkleben«. Die Roulade in ein Mulltuch schlagen und sorgfältig zubinden.
Die Gemüsebrühe mit etwas Pilzwasser vermischen und zum Kochen bringen. Die Nudelroulade hineintauchen und 25–30 Minuten sanft wallen lassen.
Inzwischen die Tomatensauce erwärmen.
Roulade aus der Brühe heben und abtropfen lassen. Vor dem Anschneiden einige Minuten ruhen lassen. Das Mulltuch entfernen und die Roulade in fingerbreite Scheiben schneiden.
Mit der Tomatensauce und geriebenem Parmesan servieren.

Beilagen

BUTTERNUDELN

Die einfachste Art, Nudeln als Beilage zu servieren, sind Butternudeln. Dafür eignen sich kurze und breite Eiernudeln am besten. Die Nudeln in reichlich Salzwasser knapp al dente garen.
Pro 100 Gramm Nudeln (Rohgewicht) einen Eßlöffel Butter in einer Pfanne zerlassen.
Die Nudeln abgießen und in der Butterpfanne schwenken, bis sie rundum glänzen.
Tip: Sie können auch einfach eine Servierschüssel dick mit Butter ausreiben. Die Nudeln dann hineingeben, mit Butterflöckchen bedecken und gut durchmischen.

KNOBLAUCHNUDELN

Für 4 Personen
1 ganze Knoblauchknolle
6 Eßlöffel Olivenöl
1 kleines Bund Petersilie, fein gehackt
Salz und Pfeffer aus der Mühle
250 g kleine Nudeln (z. B. Anellini, Sternchennudeln)

Backofen auf 220 Grad vorheizen.
Die Knoblauchknolle in Alufolie packen und im heißen Ofen weich garen (ca. 30 Minuten). Herausnehmen und etwas abkühlen lassen. Sobald Sie den Knoblauch anfassen können, die Knolle schälen, oben quer durchschneiden und das Mark herauspressen. In eine Schüssel füllen und zu einer Paste zerstoßen. Mit Olivenöl und Petersilie vermischen. Salzen und pfeffern.
Die Nudeln in reichlich sprudelndem Salzwasser al dente garen. Eine Kelle Kochwasser abschöpfen und beiseite stellen. Die Nudeln abgießen, abtropfen lassen und in eine Schüssel geben.
Die Knoblauchpaste nach Bedarf mit etwas Nudelwasser geschmeidig rühren, dann die Nudeln damit überziehen. Gut durchmischen und servieren.

KRESSENUDELN

Für 4 Personen
350 g weiße oder grüne Bandnudeln
Salz und Pfeffer aus der Mühle
4 Eßlöffel Butter
2 Kästchen Kresse

Die Nudeln in einem großen Topf Salzwasser knapp al dente garen. Gelegentlich umrühren, damit sie nicht verkleben.
In der Zwischenzeit die Butter in einer weiten Pfanne, in der später die Nudeln Platz haben, zerlassen. Die Kresse abschneiden und in die heiße Butter rühren. Sanft darin andünsten, salzen und pfeffern.
Die Nudeln abgießen, abtropfen lassen und in der Kressebutter schwenken.

PETERSILIENNUDELN

Sie können praktisch jede Nudelsorte mit Petersilienbutter überziehen. Sehr kleine Nudeln, beispielsweise die sogenannten Melonenkerne oder Orzo, die gekocht wie Reiskörner aussehen, lassen sich gut als Beilage verwenden.

Für 4 Personen
200 g kleine Nudeln
Salz und Pfeffer aus der Mühle
3–4 Eßlöffel Butter
3–4 Eßlöffel Petersilie, fein gehackt

Die Nudeln in Salzwasser al dente garen. Während die Nudeln kochen, die Butter zerlassen und die Petersilie darin dünsten.
Die Nudeln abgießen, abtropfen lassen und in eine Schüssel füllen. Mit der Petersilienbutter überziehen und gut durchmischen. Salzen und pfeffern.

ROSMARINNUDELN

Für 5–6 Personen
400 g kleinformatige Nudeln (z. B. Quadrucci, »Reiskörner«, »Pfefferkörner«)
Salz und Pfeffer aus der Mühle
11/2 Eßlöffel Rosmarinblättchen, fein gehackt
3 Eßlöffel Olivenöl

Die Pasta in Salzwasser al dente garen. Abgießen, abtropfen lassen und in eine große Schüssel füllen. Mit Rosmarin und Olivenöl überziehen. Salzen und pfeffern und gründlich vermischen.

SCHNITTLAUCHNUDELN

Für 2 Personen
2 Eßlöffel Sesamsaat
150 g kleine Suppennudeln
1 Eßlöffel Butter oder neutrales Speiseöl
1 Spritzer asiatisches Sesamöl
4 Eßlöffel Schnittlauch, fein gehackt
Salz und Pfeffer aus der Mühle

Die Suppennudeln al dente garen.
Die Sesamsaat ohne Fett in einem Pfännchen goldbraun rösten. Wenn die Körner zu platzen beginnen, vom Herd ziehen.
Die Nudeln abgießen und in eine Schüssel füllen. Mit Butter oder Öl und dem asiatischen Sesamöl überziehen. Schnittlauch und die geröstete Sesamsaat unterheben, salzen und pfeffern.

SPÄTZLE

Für 4 Personen
500 g Mehl
Salz
4–5 Eier
150–250 ml warmes Wasser oder Milch

Das Mehl in eine Schüssel sieben und salzen. Die Eier hineinschlagen. Alle Zutaten gut verrühren und nach und nach das Wasser (oder die Milch) hinzugießen. Die benötigte Menge hängt stark von der Luftfeuchtigkeit, der Beschaffenheit des Mehls usw. ab. Also nie zuviel Flüssigkeit auf einmal zugießen, sondern vorsichtig dosieren. Den Teig mit einem Rührlöffel oder dem Knethaken des Handrührgeräts so lange schlagen, bis er Blasen wirft und schön locker wirkt. Anschließend eine Viertelstunde ruhen lassen. Unterdessen Salzwasser in einem großen Topf zum Kochen bringen.
Teig noch einmal gut verrühren und dann die Spätzle bereiten: Den Teig mit einem Spätzlehobel (macht kurze, runde Spätzle, sogenannte Knöpfle) oder mit einem Spätzleschaber über ein flaches Brett in das kochende Salzwasser schaben. Dazu das Brett schräg halten und den heruntertropfenden Teig alle paar Zentimeter abschneiden. Die Spätzle sind gar, sobald sie an die Oberfläche steigen. Mit einer Schaumkelle herausheben, in ein Nudelsieb füllen und kurz unter warmem Wasser abspülen. Aus dem Sieb nehmen und servieren.

KRÄUTERSPÄTZLE

Für 4 Personen
ca. 200 ml warme Milch
300 g Mehl
1 Teelöffel Salz
2 Bund Petersilie oder 1 Bund Petersilie und 1 Bund Kerbel, fein gehackt
4 Eier

Die Milch in einem Topf gerade bis zum Siedepunkt erhitzen.
Inzwischen das Mehl in eine Schüssel sieben und salzen.
Die Kräuter mit einem Pürierstab in die Milch einarbeiten, bis eine grüne Flüssigkeit entsteht. Etwas abkühlen lassen.

Die Eier in einer Schüssel verquirlen. Die grüne Milch mit dem Schneebesen unter die Eier schlagen. Diese Mischung nun mit dem Mehl zu einem glatten Teig verarbeiten. Nach Bedarf noch etwas lauwarmes Wasser hinzufügen. Den Teig eine Viertelstunde ruhen lassen.
Inzwischen einen großen Topf Wasser zum Kochen bringen und salzen. Die Spätzle wie im vorhergehenden Rezept beschrieben ins sprudelnde Wasser tropfen lassen und garen.

SPINATSPÄTZLE

Für 4 Personen
1 kg frischer Blattspinat oder Packung TK-Spinat (300 g)
300 g Mehl
2 Eier
ca. 100 ml Wasser
frisch geriebener Muskat
Salz
Butter (nach Wunsch)

Den frischen Spinat waschen und verlesen und nur mit dem Wasser, das vom Waschen noch an den Blättern haftet, in einem Topf dünsten. Herausheben und gut abtropfen lassen. Den Tiefkühl-Spinat auftauen. Spinat fein hacken und mit Mehl und Eiern zu einem Teig verarbeiten. Das Wasser nach und nach hinzugeben. Den Spätzleteig nun mit einer Prise frisch geriebenem Muskat und Salz würzen. 30 Minuten ruhen lassen.
Die Spätzle mit einem Spätzlehobel oder über ein Brett in kochendes Salzwasser schaben (siehe dazu auch das Spätzlerezept auf Seite 456). Sobald die Spätzle an die Oberfläche steigen, mit einem Schaumlöffel herausheben, in ein Sieb geben und unter kaltem Wasser abschrecken.
Die Spinatspätzle nach Wunsch rasch in heißer Butter schwenken.

BUCHWEIZENSPÄTZLE

Für 4 Personen
100 g Buchweizenmehl
100 g Weizenmehl
2 Eier
ca. 100 ml Wasser
1 Eßlöffel neutrales Speiseöl
Salz

Die beiden Mehlsorten in eine Schüssel sieben und in der Mitte eine Mulde formen. Eier, Wasser, Öl und Salz in einem Schälchen glattrühren, dann in die Mulde gießen. Sorgfältig zu einem gleichmäßigen Teig verarbeiten; 30 Minuten ruhen lassen. Den Spätzleteig über ein Brett oder mit einem Spätzlehobel in sprudelndes Salzwasser schaben. Sobald die Spätzle an die Oberfläche steigen, mit einer Schaumkelle herausheben, in ein Sieb geben und kurz abschrecken.

GRÜNE KNÖPFLE

Für 4 Personen
1 kleines Bund Petersilie
1 Handvoll junger Blattspinat
1 Bund Schnittlauch
2 Eßlöffel Butter
100 g Paniermehl
2 Eier
Salz und Pfeffer aus der Mühle
frisch geriebener Muskat
etwas Mehl

Kräuter und Blattgemüse sorgfältig waschen und trockentupfen, dann mit einem Wiegemesser fein hacken. Die Butter in einer Pfanne erhitzen und die Kräuter darin schwenken. Aus der Pfanne nehmen und mit Paniermehl vermischen. Mit den Eiern binden. Salzen, pfeffern und mit Muskat würzen. Sollte der Teig zu feucht sein, mit Mehl überstäuben; 30 Minuten ruhen lassen.
Einen Topf Salzwasser zum Kochen bringen. Den Teig durch ein Spätzlesieb direkt ins sprudelnde Wasser passieren. Die Knöpfle sind gar, sobald sie an die Oberfläche steigen. Mit einer Schaumkelle abschöpfen und servieren.

SCHUPFNUDELN

Für 4 Personen
500 g Kartoffeln
200 g Mehl
50 g Butter
1 Ei
Salz, Muskat
Butter zum Braten

Die Kartoffeln in der Schale kochen. Pellen und abkühlen lassen. Mit dem Kartoffeleisen in eine Schüssel pressen. Das Mehl, die Butter in Flöckchen und das Ei hinzugeben und zu einem gleichmäßigen Teig verarbeiten. Mit Salz und frisch geriebenem Muskat würzen und nochmals gut durchkneten. Auf einer bemehlten Arbeitsfläche den Teig zu langen, fingerdicken Rollen formen. 5–6 Zentimeter lange Stücke davon abtrennen. Zu Nudeln rollen und die beiden Schnittenden spitz auslaufen lassen.
Einen großen Topf Salzwasser zum Kochen bringen. Die Schupfnudeln portionsweise darin kochen. Sie sind gar, sobald sie an die Oberfläche steigen. Mit einem Sieblöffel herausheben und abtropfen lassen.
Die Butter in einer Pfanne erhitzen und die Schupfnudeln unter regelmäßigem Wenden goldbraun braten.
Tip: Die Schupfnudeln passen als Beilage zu Fleisch- und Gemüsegerichten.

KUSKUS

Kuskus besteht aus kleinen Kügelchen aus Weizengrieß und zählt daher auch zu den Teigwaren. Da die Herstellung und Zubereitung von Kuskus äußerst zeitaufwendig ist, lohnt es sich ausnahmsweise einmal, sogenannten Instant-Kuskus aus dem Supermarkt zu holen. Aber für alle, die's authentisch mögen, hier das Rezept.
Sie brauchen dafür eine sogenannte Couscoussière, einen Kochtopf mit einem Dämpfeinsatz, in dem der Kuskus im aufsteigenden Dampf garen kann. Sie können sich aber auch mit einem Dampfkochtopf behelfen. Damit sich der Aufwand lohnt, geben wir hier gleich größere Mengen an, die Sie beliebig weiterverarbeiten können. Denn: Kuskus schmeckt nicht nur als Beilage, sondern auch in kalten Salaten (siehe z. B. das Rezept auf Seite 315) köstlich.

Für 8 Personen
2 l Brühe (s. u.)
600 g Kuskus
1–2 Eßlöffel zartes Olivenöl
1 Prise Safranfäden (nach Wunsch)

Die Brühe in einen Dampfdrucktopf gießen und erhitzen. Nehmen Sie je nach Verwendungszweck Gemüse- oder Hühnerbrühe oder aber beispielsweise Fischsud (siehe »Cuscus alla siciliana«, Seite 254).
Den Kuskus in den Dämpfeinsatz füllen. Das Olivenöl gleichmäßig unter den Kuskus rühren.
Wenn es zum Hauptgericht paßt, Safran in einem Schälchen lauwarmem Wasser auflösen und zusammen mit dem Öl unter den Kuskus rühren.
Den Dämpfeinsatz in den Topf geben. Zwischen Flüssigkeit und Kuskus sollte ein etwa drei Finger breiter Abstand sein. Dampftopf absolut dicht verschließen und den Kuskus bei starker Hitze 60 Minuten bißfest garen.
Kuskus in eine Schüssel umfüllen und mit heißer Brühe benetzen. Mit einem Tuch abdecken und ca. 15 Minuten quellen lassen. Von Zeit zu Zeit Brühe nachgießen, bis der Kuskus die richtige Konsistenz aufweist und schön aufgequollen ist. Mit einer Gabel auflockern und nach Rezept verwenden.

GEBRATENE THAINUDELN

Diese einfachen und schnellen Nudeln schmecken hervorragend zu mariniertem Hähnchen oder gegrilltem Fisch. Außerdem lassen sich hier prima Gemüsereste verarbeiten.

Für 4 Personen
200 g Fadennudeln (thailändische Reisnudeln, Vermicelli oder Spaghettini)
2 Eßlöffel Öl
2 Knoblauchzehen, fein gehackt
2 Handvoll (Thai-)Basilikum, fein gehackt
2 Handvoll schnell garendes Gemüse (z. B. feinstreifig geschnittener China- oder Weißkohl, blättrig geschnittene Champignons, Frühlingszwiebeln)
1 Eßlöffel Speisestärke

Für die Sauce
3 Eßlöffel Sojasauce
1 Teelöffel asiatisches Sesamöl
1 Spritzer Tabascosauce
Saft einer halben Limette oder Zitrone
Salz und Pfeffer aus der Mühle

Die Nudeln nach Packungsanleitung knapp al dente garen. Abgießen und abtropfen lassen.
Die Zutaten für die Sauce in einem Schälchen verrühren und beiseite stellen.
Das Öl in einer Pfanne oder im Wok rauchend heiß werden lassen. Den Knoblauch andünsten, nach etwa 20 Sekunden das restliche Gemüse hinzufügen und rührbraten, bis es eine leuchtende Farbe bekommt.
Die Nudeln in die Pfanne geben und mit dem Gemüse vermischen. Die Sauce hinzugießen und einkochen lassen. Die Speisestärke mit einem Eßlöffel Wasser glattrühren und hinzufügen. Alles gut durchmischen, abschmecken und zu Tisch bringen.

JADENUDELN

Für 4 Personen
300 g TK-Blattspinat (aufgetaut)
2 Knoblauchzehen, gehackt
1 kleine grüne Chilischote, entkernt und in Streifen geschnitten
2 Frühlingszwiebeln, gehackt
2 Eßlöffel trockener Sherry
2 Eßlöffel Reisessig oder Weißweinessig
1 Eßlöffel Sojasauce
2 Teelöffel Zucker
Salz und Pfeffer aus der Mühle
200–250 g Fadennudeln (asiatische Reisnudeln, Spaghettini, Vermicelli)
4 Eßlöffel geschmacksneutrales Öl
1 Eßlöffel Speisestärke

Blattspinat, Knoblauch, Chili und Frühlingszwiebeln in die Küchenmaschine füllen und zu einer feinen Paste zermusen. Sherry, Essig, Sojasauce, Zucker, Salz und Pfeffer hinzufügen und mit einigen Sekundenumdrehungen ein feines Püree herstellen. In ein Schälchen umfüllen.

Die Nudeln nach Packungsanleitung knapp al dente garen. Abgießen und abtropfen lassen. In eine Schüssel geben und mit einem Hauch Öl überziehen, damit sie nicht verkleben.
Die Speisestärke mit einem Eßlöffel Wasser glattrühren und beiseite stellen.
Das restliche Öl in einer Pfanne rauchend heiß werden lassen. Die Nudeln hineingeben und rundum braten. Die Spinatcreme einrühren und aufkochen lassen. Mit etwas Speisestärke andicken. Auf eine Servierplatte häufen und zu Tisch bringen.
Tip: Die Jadenudeln passen zu gebratenem und gegrilltem Fleisch und Fisch.

SESAMNUDELN

Für 4 Personen
je 1 Teelöffel helle und dunkle Sesamkörner
350 g feine Nudeln (z. B. chinesische Eiernudeln, Spaghettini, Capellini)
2 Eßlöffel asiatisches Sesamöl

Für die Sauce
2 Eßlöffel Sojasauce
3 Teelöffel Austernsauce
2 Teelöffel Reisessig
2 Knoblauchzehen, fein gehackt
2 Frühlingszwiebeln, in feine Röllchen geschnitten
2 Teelöffel Zucker

Alle Zutaten für die Sauce verrühren und durchziehen lassen.
Eine Pfanne oder einen Wok leer anheizen. Die Sesamkörner hineingeben und unter ständigem Rühren rösten, bis sie platzen. In ein Schälchen füllen und beiseite stellen.
Die Nudeln in reichlich Salzwasser al dente garen. Abgießen und abtropfen lassen. In eine Servierschüssel füllen und sofort mit dem Sesamöl überziehen. Mit der Sauce anmachen und mit der gerösteten Sesamsaat bestreuen.

SESAMNUDELN KANTONESISCH

Für 4 Personen
2 Eßlöffel helle Sesamsaat
250 g chinesische Eiernudeln
2 Eßlöffel Öl

Für die Sauce
1 Eßlöffel Sojasauce
1 Eßlöffel Austernsauce
1 Teelöffel Reisessig
2 Teelöffel asiatisches Sesamöl
1 Knoblauchzehe, fein gehackt
2 Eßlöffel Koriandergrün (nach Wunsch), fein gehackt
1 Prise Zucker
Salz und Pfeffer aus der Mühle

Die Sesamsaat ohne Fett in einem Pfännchen goldbraun rösten. Wenn die Körner zu platzen beginnen, vom Herd ziehen.
Die Nudeln nach Packungsanleitung bißfest garen.
Inzwischen die Zutaten für die Sauce in einem Schälchen vermischen.
Die Nudeln abgießen, kalt abbrausen und gut abtropfen lassen. In eine Schüssel füllen und mit dem Öl überziehen. Dann mit der Sauce vermischen. Mit den gerösteten Sesamkörnern bestreuen und sofort servieren.

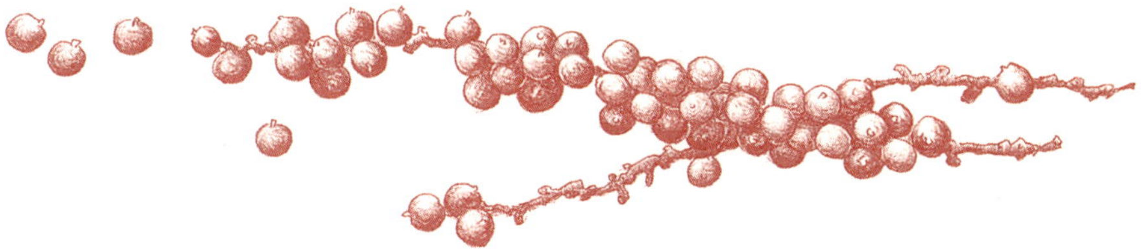

Süße Pastagerichte

APRIKOSENRAVIOLI

Für 6 Personen

Für den Teig

300 g Mehl
1 Päckchen Vanillezucker
1 Eßlöffel Öl
2 Eier

Für die Füllung

50 g Mandelblättchen
100 g Marzipanrohmasse
3 Eßlöffel zimmerweiche Butter
1–2 Teelöffel Bittermandellikör oder -extrakt
125 g getrocknete Aprikosen, fein gehackt

Außerdem

1 Ei, mit 1 Eßlöffel Wasser verquirlt
Öl zum Ausbacken
Puderzucker zum Bestäuben

Aus den angegebenen Zutaten einen glatten Nudelteig herstellen. Wie's gemacht wird, können Sie im Grundrezept auf Seite 28 nachlesen. Teig zu einer Kugel rollen, in Folie wickeln und 30 Minuten in den Kühlschrank stellen.

Inzwischen die Füllung zubereiten. Die Mandelblättchen goldgelb rösten. Abkühlen lassen und grob mahlen. Mit der Marzipanrohmasse und der Butter zu einer glatten Paste verrühren. Den Likör und die Aprikosen untermischen.

Den Nudelteig portionsweise ausrollen. Den Rest unter einem Küchentuch feucht halten. Jeweils mit 2 Teigstreifen gleichzeitig arbeiten. Einen Teigstreifen auf einer bemehlten Arbeitsfläche ausbreiten und mit dem verquirlten Ei bestreichen. Teelöffelgroße Portionen Aprikosenmasse im Abstand von etwa 2 Zentimeter auf den Teig geben. Den zweiten Teigstreifen darauflegen und in den Zwischenräumen gut festdrücken. Luftblasen herauspressen. Mit einem Teigrädchen die Ravioli ausrädeln. Die restlichen Zutaten genauso verarbeiten. Die Ravioli auf einem bemehlten Küchentuch trocknen lassen.

Das Öl 2–3 Zentimeter hoch in eine Pfanne gießen und auf 180 Grad erhitzen. Die Ravioli portionsweise goldbraun ausbacken und mit einer Schaumkelle herausheben. Auf Küchenkrepp abtropfen lassen und mit Puderzucker bestäuben.

PFLAUMENRAVIOLI

Für 4–6 Personen
1 Portion Nudelteig nach dem Grundrezept auf Seite 28
150 g Pflaumenmarmelade
1 Eiweiß zum Bestreichen
100 g Semmelbrösel
50 g Butter
Salz

Nach dem Grundrezept einen Nudelteig herstellen und 30 Minuten ruhen lassen.
Den Nudelteig portionsweise ausrollen. Den Rest unter einem Küchentuch feucht halten.
Jeweils mit 2 Teigstreifen gleichzeitig arbeiten. Die Teigstreifen auf einer bemehlten Arbeitsfläche ausbreiten. Kleine Portionen Pflaumenmarmelade im Abstand von etwa 2 Zentimeter auf einen Teigstreifen geben. Einen Backpinsel ins Eiweiß tauchen und um die Füllungen herum ein Gitternetz zeichnen. Den zweiten Teigstreifen darauflegen und in den Zwischenräumen gut festdrücken. Luftblasen herauspressen. Mit einem Teigrädchen die Ravioli ausrädeln. Die restlichen Zutaten genauso verarbeiten. Die Ravioli auf einem bemehlten Küchentuch trocknen lassen.
Inzwischen die Semmelbrösel in der Butter goldbraun rösten.
Einen großen Topf Salzwasser zum Kochen bringen. Die Ravioli portionsweise hineingleiten lassen und al dente garen. Mit einem Schaumlöffel herausheben und auf Teller verteilen. Mit den gerösteten Semmelbröseln bestreuen und zu Tisch bringen.

PARDULAS (SARDISCHE KÄSETÄSCHCHEN)

Für 6 Personen
Für die Füllung
400 g Ricotta oder Frischkäse
3 Eßlöffel Zucker
3 Eßlöffel Mehl
1 Ei
die abgeriebene Schale einer Orange oder Zitrone
Salz
1 Prise Safran

Für den Teig
200 g Mehl
Salz
40 g Schmalz

Außerdem
Puderzucker zum Bestäuben

Alle Zutaten für die Füllung sorgfältig zu einer gleichmäßigen Masse verarbeiten. Abdecken und ruhen lassen.
In der Zwischenzeit den Teig zubereiten. Dazu das Mehl in eine Schüssel geben und salzen. Das Schmalz hinzufügen und langsam verkneten. Eßlöffelweise kaltes Wasser zugeben, bis ein kompakter, aber geschmeidiger Teig entsteht.
Den Teig portionsweise ausrollen, den Rest mit Küchentüchern abdecken. Die Teigsteifen auf einer bemehlten Arbeitsfläche ausbreiten. Mit einem Wasserglas Kreise mit ca. 10 Zentimeter Durchmesser ausstechen. Auf jeden Teigkreis etwas Füllung setzen. Die Teigkreise zu Halbmonden zusammenklappen und an den Rändern gut festdrücken. Abdecken und einige Stunden ruhen lassen.
Ofen auf 170 Grad vorheizen. Ein Backblech mit Mehl bestäuben und die Pardulas daraufsetzen. Im heißen Ofen 45 Minuten goldbraun backen. Aus dem Ofen nehmen, mit Wasser besprengen und mit Puderzucker bestäuben.

SEBADAS (SARDISCHE HONIGTÄSCHCHEN)

Für 6 Personen
500 g Mehl
40 g Schmalz
3–4 Eßlöffel Wasser
Salz
Öl zum Ausbacken
flüssiger Honig

Für die Füllung
400 g Frischkäse
1 Eßlöffel Mehl
1/4 l Wasser

Das Mehl in eine Schüssel geben und mit Schmalz und leicht gesalzenem Wasser zu einem glatten und elastischen Teig verarbeiten. Abdecken und ruhen lassen. (Sehen Sie sich bei Bedarf die Anleitung im Grundrezept auf Seite 28 an.)

Für die Füllung den Frischkäse mit einer Gabel zerpflücken und mit einem Eßlöffel Mehl in einen Topf geben. Das Wasser hinzugießen und den Käse bei milder Hitze langsam darin auflösen. Sobald eine dickliche Creme entstanden ist, den Topf vom Herd nehmen.

Mit feuchten Händen aus der Käsemasse kirschgroße Bällchen formen und auf ein Küchentuch legen.

Den Teig portionsweise dünn ausrollen. Den Rest mit Küchentüchern abdecken. Den Teigstreifen auf einer bemehlten Arbeitsfläche ausbreiten. Mit einem Keksförmchen oder Wasserglas Kreise von 10 Zentimeter Durchmesser ausstechen. Die Käsebällchen auf die Teigkreise geben. Die Teigkreise darüber zusammenklappen und an den Rändern gut festdrücken.

In reichlich heißem Öl nach und nach goldbraun ausbacken. Aus dem Öl heben, kurz abtropfen lassen und heiß mit Honig überziehen. Sofort servieren.

TORTELLACCI

Für 6–8 Personen
Für den Teig
500 g Mehl
60 g Zucker
3 Eier
50 g Butterflöckchen
1 Teelöffel abgeriebene Zitronenschale
1 Päckchen Vanillezucker
2 Eßlöffel Grappa
1 Spritzer Weißwein (nach Bedarf)

Für die Füllung
1 Apfel
1 Eßlöffel Zucker
50 g Pinienkerne
50 g Rosinen (einweichen)
100 g kandierte Früchte (oder Zitronat, Orangeat), fein gehackt
6 Löffelbisquit, zerrieben
6 Amarettomakronen, zerrieben
Weißwein (nach Bedarf)

Außerdem
Öl zum Ausbacken
Puderzucker zum Bestäuben

Aus den angegebenen Zutaten einen Teig herstellen: Das Mehl auf einer Arbeitsfläche zu einem Kegel aufschütten. In der Mitte eine Vertiefung formen und die übrigen Zutaten hineingeben. Langsam und vorsichtig zu einem gleichmäßigen Teig verarbeiten und durchkneten (sehen Sie sich dazu auch das Grundrezept für Nudelteig auf Seite 28 an). Wenn der Teig zu fest wird, einen Spritzer Weißwein hinzugeben. Den Teig zu einer Kugel rollen und 30 Minuten im Kühlschrank ruhen lassen.
Inzwischen die Füllung vorbereiten. Den Apfel schälen, entkernen, in kleine Stückchen schneiden und mit einem Eßlöffel Zucker und 4 Eßlöffel Wasser weich dünsten. In eine Schüssel geben und mit einer Gabel zermusen. Die restlichen Zutaten für die Füllung hinzufügen. Sollte die Füllung zu trocken wirken, mit etwas Weißwein geschmeidig rühren.

Den Teig nun portionsweise mit der Nudelmaschine ausrollen. Den Rest unter einem Küchentuch feucht halten.
Jeweils mit 2 Teigstreifen gleichzeitig arbeiten. Kirschgroße Portionen Füllmasse im Abstand von je ca. 5 Zentimeter auf einen Streifen geben. Den zweiten Teigstreifen darauflegen und in den Zwischenräumen gut festdrücken. Darauf achten, daß sich keine Luftblasen bilden. Mit einem gezackten Teigrädchen die rautenförmigen Tortellacci ausrädeln.
Die Nudeltäschchen portionsweise in 180 Grad heißem Öl ausbacken (das Öl hat die richtige Temperatur, wenn an einem ins Öl getauchten Holzlöffel Bläschen aufsteigen).
Wenn die Tortellacci goldbraun sind, herausheben, auf Küchenkrepp abtropfen lassen und mit Puderzucker bestäuben.

TORTELLI ALLA CREMASCA

Für 4–6 Personen
1 Portion Nudelteig (siehe Grundrezept auf Seite 28)
2 Eßlöffel Butter
150 g Amaretto-Makronen, zerrieben
40 g Rosinen (einweichen)
2 Eßlöffel gewürfeltes Zitronat
abgeriebene Schale einer unbehandelten Zitrone
100 g geriebener Grana (oder Parmesan)
2 Eßlöffel Passito (oder ein süßlicher Südwein)
1 Eßlöffel Kakao
Muskat und Zimt
zerlassene Butter zum Servieren

Den Nudelteig nach Anleitung herstellen und ruhen lassen.
Die Butter in einem Pfännchen erhitzen. Die zerriebenen Amaretto-Makronen hineinrühren und goldgelb rösten.
Amaretti in eine Schüssel geben und mit Rosinen, Zitronat, Zitronenschale, Käse und Wein zu einer glatten und gleichmäßigen Füllung verarbeiten. Mit Kakao überstäuben und mit einer großzügigen Prise Muskat und etwas Zimtpulver würzen.
Den Nudelteig portionsweise mit der Maschine ausrollen. Den Rest mit einem feuchten Küchentuch abdecken. Die Teigstreifen in Quadrate von etwa 6 Zentimeter Kantenlänge schneiden. In die Mitte der Quadrate eine Portion Ama-

rettofüllung setzen. Zu Dreiecken zusammenklappen und an den Rändern gut festdrücken. Dabei darauf achten, daß sich keine Luftblasen bilden.
Die Tortelli in einem großen Topf Salzwasser al dente garen. Mit einem Sieblöffel herausheben und in eine Servierschüssel schichten. Sofort mit zerlassener Butter überziehen und servieren.
Reichen Sie nach Belieben noch einige Amaretto-Makronen dazu.

PASTAKUCHEN MIT BAISERHÄUBCHEN

Für 4 Personen
1/2 Portion Nudelteig nach dem Grundrezept auf Seite 28
Salz
3 Eier
1 Päckchen Vanillezucker
Butter für die Form
100 g Marmelade

Den Teig ausrollen und in möglichst breite Bandnudeln schneiden. Auf Tüchern ausbreiten und abdecken. Einen großen Topf Salzwasser zum Kochen bringen und salzen. Die Bandnudeln darin knapp al dente garen.
Backofen auf 180 Grad vorheizen.
Die Eier trennen. Eigelb mit Vanillezucker verquirlen.
Die Nudeln abgießen und in eine gebutterte Auflaufform schichten. Mit der Eimasse übergießen und im heißen Ofen backen, bis der Eierguß fest wird.
Inzwischen das Eiweiß steif schlagen.
Die Nudeln aus dem Ofen holen, mit Marmelade (nehmen Sie Ihre Lieblingssorte) und dann mit Eischnee bestreichen. Wieder in den heißen Ofen geben und goldbraun überbacken.

PASTAPUDDING

Für 8 Personen
250 g kurze und breite Eiernudeln
Salz
3 Eier
125 g zerlassene Butter
2 Eßlöffel Zucker
500 g Sahnequark oder Hüttenkäse
250 g saure Sahne
Semmelbrösel und Butterflöckchen zum Überbacken

Die Eiernudeln in Salzwasser nur knapp bißfest garen.
In der Zwischenzeit die Eier trennen. Eigelb schaumig rühren, dann die zerlassene Butter und den Zucker untermischen. Den Quark, die saure Sahne und die Nudeln unterziehen.
Backofen auf 190 Grad vorheizen.
Eiweiß steif schlagen und unter die Nudelmasse heben. Das Ganze in eine gebutterte Auflaufform füllen. Großzügig mit Semmelbröseln bestreuen und eine Menge Butterflöckchen daraufsetzen.
45 Minuten im heißen Ofen goldbraun überbacken.

TAGLIATELLE ALLA GRAPPA

Für 4 Personen
500 g Mehl
3 Eigelbe
2 Gläschen Grappa
100 g Mandeln
200 g Zucker
1 Päckchen Vanillezucker
200 g gesüßter Kakao
50 g Amaretto-Makronen, zerrieben
Salz
80 g Butter
Mehl für die Form

Aus Mehl, Eigelb und Grappa einen glatten Nudelteig kneten (eine Anleitung finden Sie im Grundrezept auf Seite 28). Zu einer Kugel formen und ruhen lassen.
Die Mandeln mit kochendem Wasser überbrühen, häuten und fein hacken. Sorgfältig mit Zucker, Vanillezucker, Kakao und den zerriebenen Amaretto-Makronen vermischen.
Den Teig mit der Nudelmaschine ausrollen und mit dem Schneidaufsatz zu Tagliatelle schneiden. Auf bemehlten Tüchern ausbreiten und abdecken.
Backofen auf 180 Grad vorheizen.
Die Tagliatelle in Salzwasser knapp al dente garen.
Eine Kuchenform buttern und mit Mehl bestäuben.
Tagliatelle abgießen und abwechselnd mit der Mandelmischung in die Form schichten. Auf die oberste Lage ein paar Butterflöckchen setzen. 30 Minuten backen.

WALDVIERTLER MOHNNUDELN

Für 4–6 Personen
350 g Bandnudeln
Salz
200 g Haselnüsse, gemahlen
100 g Mohn, gemahlen
100 g Zucker
1 Teelöffel Zimt, gemahlen
250 g Butter

Die Bandnudeln in reichlich Salzwasser bißfest garen. Ab und zu umrühren, damit sie nicht verkleben. Abgießen und gründlich abtropfen lassen.
Backofen auf 180 Grad vorheizen. Eine Auflaufform buttern.
Nüsse, Mohn, Zucker und Zimt mit 100 Gramm zerlassener Butter in einer Schüssel vermischen. Ein Drittel der Nudeln in die Form schichten. Mit der Hälfte der Mohnmischung bestreuen. Mit einem Drittel Nudeln abdecken. Die restliche Mohnmischung einfüllen und mit den übrigen Nudeln abschließen. Den Rest Butter in Flöckchen daraufsetzen. Den Auflauf in den heißen Ofen schieben und goldbraun überbacken (ca. 30 Minuten). Heiß servieren.

CHIACCHIERE – ITALIENISCHES KARNEVALSGEBÄCK

Für 4 Personen
500 g Mehl
1 Ei
1 Eigelb
50 g Zucker
50 g zerlassene Butter
2 Eßlöffel trockener Marsala
abgeriebene Schale einer unbehandelten Zitrone
1 Päckchen Backpulver
Pflanzenöl zum Ausbacken
Puderzucker zum Bestäuben

Das Mehl mit dem Ei und dem Eigelb verkneten. Die restlichen Zutaten unterrühren und zu einem gleichmäßigen Teig verarbeiten.
Eine Arbeitsfläche mit Mehl bestäuben und den Teig etwa 2 Millimeter dünn ausrollen. Mit einem Teigrädchen in Rechtecke und Rauten von ca. 5 Zentimeter Seitenlänge schneiden.
Das Öl in einem Fritiertopf auf 180 Grad erhitzen (die richtige Temperatur ist erreicht, wenn an einem Holzlöffel kleine Bläschen aufsteigen). Einige Teigstückchen hineingleiten lassen. Sobald sich die Chiacchiere aufplustern, wenden. Goldbraun backen und mit einer Schaumkelle herausheben. Auf Küchenkrepp abtropfen lassen. Nach dem Abkühlen mit Puderzucker bestäuben.

EIERNUDELN MIT ZIMTBUTTER

Für 4 Personen
250 g breite Eiernudeln
Salz
50 g Butter
1 Teelöffel Zimt
1 Eßlöffel Zucker

Die Eiernudeln in reichlich Salzwasser knapp al dente garen.
Die Butter in einer weiten Pfanne zerlassen, Zimt und Zucker unterrühren. Die Nudeln abgießen und in die Pfanne füllen. Sorgfältig mit der Zimtbutter überziehen. Heiß servieren.

NUDELN IN MANDEL-ZITRONEN-BUTTER

Für 6 Personen
250 g breite Eiernudeln
50 g Butter
50 g Mandelblättchen
1 Eßlöffel Zitronensaft
die abgeriebene Schale einer unbehandelten Zitrone

Die Eiernudeln in Salzwasser knapp al dente garen. Abgießen und rasch abtropfen lassen.
Die Butter in einer weiten Pfanne, in der die Nudeln Platz haben, zerlassen. Die Mandelblättchen darin goldbraun rösten. Dann die Nudeln hinzufügen und in der heißen Butter schwenken, bis sie rundum glänzen. Mit Zitronensaft und Zitronenschale verfeinern.

SÜSSE MILCHNUDELN

Für 4 Personen
1/2 Portion Nudelteig nach dem Rezept auf Seite 28
1 l Milch
Zucker und Zimt

Den Nudelteig dünn ausrollen und mit dem Schneidaufsatz der Nudelmaschine in möglichst breite Bandnudeln schneiden. Die Nudeln auf Fingerlänge kürzen und wie beim Grundrezept auf Seite 28 beschrieben auf Tüchern zum Trocknen auslegen.
Die Milch erhitzen und die Nudeln darin garen. Abgießen, auf Teller verteilen und mit Zucker und Zimt anrichten.

TAGLIATELLE ALLA CARNICA – IN MOHNSAUCE

Für 4 Personen
1 Portion Nudelteig nach dem Grundrezept auf Seite 28 oder
500 g Tagliatelle
1–2 Eßlöffel Zucker
75 g frisch gemahlene Mohnsaat
100 g Butter

Wie auf Seite 28 beschrieben, einen Nudelteig bereiten. Dünn ausrollen und mit dem Schneidaufsatz der Nudelmaschine zu etwa fingerbreiten Nudeln schneiden. Auf Tüchern ausbreiten und abdecken.
In der Zwischenzeit den Zucker und die Mohnsaat in einem Mörser zerstoßen. Die Butter in einem Pfännchen zerlassen, die Mohnmischung hinzufügen und gut verrühren.
Die Nudeln al dente garen, abgießen, auf Teller verteilen und mit der Mohnsauce übergießen.

TAGLIATELLE ALLE NOCCIOLE – MIT HASELNÜSSEN

Für 4 Personen
1/2 Portion Nudelteig nach dem Grundrezept auf Seite 28
Salz
125 g Butter
50 g geriebene Haselnüsse
1 Teelöffel abgeriebene Zitronenschale
1 Eßlöffel Kakaopulver

Den Nudelteig ausrollen und mit dem Schneidaufsatz der Nudelmaschine zu Tagliatelle zurechtschneiden. Auf Tüchern ausbreiten und trocknen lassen.
Tagliatelle in Salzwasser knapp al dente garen.
Die Butter in einer weiten Pfanne zerlassen. Die Nudeln darin schwenken und mit Haselnüssen, Zitronenschale und Kakao überstäuben. Heiß servieren.

GLOSSAR

Pasta und Nudeln gibt es in allen nur erdenklichen Formen, und jeden Tag werden von Designern und Herstellern neue Variationen erfunden. Lang oder kurz, breit oder schmal, glatt oder gewellt, rund oder eckig, hohl oder gefüllt, schräg oder gerade, weiß, rot, grün, aus Weizen- oder Reismehl, aus Buchweizen oder Roggen – der Vielfalt sind keine Grenzen gesetzt.
Die hauptsächlich handwerkliche Herstellung der Pasta beschränkte sich zunächst auf einige wenige wohl erprobte Formen wie beispielsweise die konkurrenzlos erfolgreichen Spaghetti, Tagliatelle und Lasagne, weil sich der Teig leicht ausrollen und zurechtschneiden ließ. Als dann zu Beginn des 20. Jahrhunderts mechanische Rührwerke und hydraulische Pressen in den Nudelfabriken Einzug hielten, stand der Entwicklung immer neuer Formen technisch nichts mehr im Wege. Die Form der Pasta ist aber nicht nur reine Ausgeburt der Phantasie, sondern stets auch Ausdruck der Funktion. Denn die Form bestimmt die geschmacklichen Eigenschaften und die Kombinationsmöglichkeiten mit den verschiedensten Saucen. Halten Sie sich an die einfache Faustregel: Abgesehen von den Allroundern wie Spaghetti, die zu fast allem passen, sollte die Pasta in Format und Größe den Saucenzutaten entsprechen. Wählen Sie außerdem eine Sorte, an der die Sauce gut haftenbleibt. Für Hackfleischsaucen eignen sich Nudeltypen mit strukturierter Oberfläche, Sahnesaucen brauchen breitere Nudeln.
Auf den folgenden Seiten stellen wir Ihnen eine Auswahl der gebräuchlichsten Pasta- und Nudelsorten vor. Wir nennen Ihnen die jeweilige Grundversion, zu der es dann meist verschiedene Farbversionen und/oder Größenabstufungen gibt, zum Beispiel die muschelförmigen Conchiglie mit ihren kleinen und großen Schwestern, den Conchigliette und Conchiglioni. Farfalle oder Penne gibt es in Rot und Grün, Spaghetti werden mit Sepiatinte schwarz eingefärbt.
Die Namen der Pastasorten weisen mitunter regionale Unterschiede auf. So versteht man zum Beispiel in der oberitalienischen Region Emilia unter Anolini Nudeltäschchen mit gezacktem Rand, in Parma dagegen sind sie glatt. Dasselbe gilt natürlich auch für asiatische Nudeln. Banh pho, die thailändischen Reisnudeln, gibt es in verschiedenen Größen, die japanischen Somen-Nudeln gibt es pur aus Hartweizenmehl oder aber beispielsweise mit grünem Tee oder rotem Shisokraut eingefärbt.

Acini di pepe
Wörtlich »Pfefferkörner«, kleine Suppennudeln in der Form eines Pfefferkorns.

Agnolotti
Diese relativ kleinen Nudeltäschchen haben eine besonders zarte Teighülle und sind in Piemont zu Hause. Sie können mit einem »ripieno di magro«, also mit einer Farce aus Gemüse und Käse, oder aber mit Fleisch gefüllt werden. In der Barolo-Region kennt man zudem die Sonderform »Agnolotti dal plin«, die in der Mitte zusammengekniffen werden und dadurch wie Sofakissen aussehen.

Anolini
Die Nudeltäschchen zum Füllen aus der Emilia werden bereits in einem Kochbuch des 17. Jahrhunderts erwähnt. Sie haben einen gezackten Rand; in Parma stellt man sie mit einem glatten Rand her.

Banh pho
Die thailändischen Reisnudeln sind flach und in unterschiedlichen Breiten von 2,5 Millimeter bis etwa 1 Zentimeter zu haben. Sie werden in heißem Wasser eingeweicht und dann nur ganz kurz (ca. 45 Sekunden) in Salzwasser gegart. Sie passen zu rührgebratenem Fleisch und Gemüse und sind eine gute Unterlage für scharfe Curries.

Bavette
Schmale Bandnudeln aus Ligurien.

Bigoli
Ein »Bigolo« ist in der italienischen Umgangssprache ein Tölpel oder grobschlächtiger Mensch. In der Nudelsprache bezeichnet man damit grobe Spaghetti, die meist mit einem Anteil Vollkornmehl hergestellt werden. Man ißt sie hauptsächlich in der Lombardei und in Venetien ganz klassisch mit Entenragout oder frischen Sardellen.

Bucatini
Lange, schmale Röhrennudeln.

Candele
Die Pasta stammt aus Neapel und erinnert mit ihrer langen, geraden Form an Kerzen, weshalb sie auch so heißt. Die Röhrennudeln werden mit der traditionellen neapolitanischen Fleischsauce, dem Ragù, serviert.

Cannelloni
Die bekannten dicken Röhrennudeln zum Füllen; wörtlich übersetzt bedeutet ihr Name »dickes Schilfrohr«.

Capelli d'angelo
Engelshaar – sehr feine Fadennudeln, die gekürzt in die Suppe gegeben werden oder als Unterlage für sehr feine Saucen dienen.

Capelvenere
Venushaar – feine Fadennudeln für die Suppe.

Cappelletti
»Hütchen« – gefüllte Nudeltäschchen in Form einer Bischofsmütze.

Cappelli da prete
Gefüllte Nudeltäschchen in der Form des flachen und runden Priesterhuts, den manche italienischen Landpfarrer auch heute noch tragen.

Caramelle
Teigtäschchen in Bonbonform: Der Nudelteig wird wie Bonbonpapier um die Füllung gewickelt.

Casarecce
Die ungefähr fingerlange Pasta aus zwei ineinander verschlungenen Teigsträngen paßt gut zu Saucen mit Tomaten und Fleisch.

Casoncelli
In der Gegend um Bergamo nennt man die gefüllten Nudeltäschchen »Casoncelli«; eng verwandt damit sind die »Casonsei« und die »Casunziei« aus Cortina d'Ampezzo. Sie alle sind halbmondförmig und haben einen gezackten oder gewellten Rand.

Cavatelli
Der Name leitet sich von dem italienischen Wort für Ausbuchtung, Aushöhlung ab. In der Tat handelt es sich um eine stark gewölbte Pastaform, die praktisch dem Abdruck der hohlen Hand entspricht. Cavatelli eignen sich gut zum »Aufschaufeln« gehaltvoller Saucen.

Conchiglie
Muscheln – die großen Conchiglioni werden gefüllt und dann mit Tomatensauce und Käse im Ofen überbacken. Die kleinen Conchigliette dienen als Einlage für Minestrone und dicke

Eintöpfe, die Standardgröße paßt zu Tomatensaucen.

Creste di gallo
Hahnenkämme – die einseitig gewellte Pasta sieht hübsch aus und eignet sich gut für Hackfleischsaucen.

Culingiones
Sardische Pastatäschchen, manchmal auch »Culirgiones« oder »Culigionis« genannt. Ursprünglich versah man den Nudelteig mit einem feinen Streifen- oder Fischgrätmuster und ließ die Täschchen einseitig spitz zulaufen, so daß sie aussahen wie pralle, vollreife Feigen. Heute macht man sie in der Regel mit einem glatten Teig und stanzt sie mit einem quadratischen Raviolíförmchen aus.

Ditali
Fingerhüte – kleine, kurze Röhrennudeln, die man meist als Einlage für Minestrone oder Eintöpfe wie »Pasta e fagioli« verwendet.

Eliche
Schrauben – etwa daumenlange, in sich verschlungene Nudeln.

Farfalle
Schmetterlingsnudeln, sehen in Salaten hübsch aus und passen gut zu Saucen mit frischem Gemüse, zum Beispiel Brokkoli oder Spargel.

Fedelini
Sehr feine Fadennudeln, vergleichbar mit Engelshaar.

Fettuccine
Die klassischen Bandnudeln sind ungefähr 5 Millimeter breit und lassen sich auch zu Hause auf der Nudelmaschine wunderbar zubereiten.

Funghetti
Die »kleinen Pilze« sind lustige Suppennudeln.

Fusilli
Die süditalienischen Spiralnudeln gibt es in langer und kurzer Form. In der Gegend von Neapel ißt man die traditionellen langen Fusilli zum klassischen Ragù. Im Supermarkt werden meist die kurzen Fusilli angeboten (die auch für die Rezepte in diesem Buch gedacht sind).

Garganelli
Eine typische Pastaform aus der Romagna, auch heute noch der Stolz einer jeden Hausfrau, obwohl – oder vielleicht gerade weil – sie sehr aufwendig in der Herstellung ist. Der Nudelteig wird dünn ausgerollt, in streichholzschachtelgroße Flecken geschnitten und dann über einen Kochlöffelstiel von einer Ecke zur gegenüberliegenden Ecke aufgerollt; dann bringt man mit einem Spezialkamm noch ein Rillenmuster an und drückt die abstehenden Spitzen fest, damit sie sich beim Kochen nicht lösen.

Gemelli
Zwillinge – ineinander verdrehte Spiralnudeln.

Glasnudeln
Glasnudeln sind in Südostasien, Korea und Japan zu Hause. Sie werden aus Reismehl, Mungbohnenmehl, Meeresalgen oder mit Kartoffelstärke und Pfeilwurzmehl gemacht. Glasnudeln sind im Rohzustand hart und weiß und werden erst beim – sehr kurzen – Garen glasig. Meist weicht man sie in heißem Wasser ein und übergießt sie dann mit kochender Brühe oder wirft sie nur kurz in den Wok – wenige Sekunden genügen, um die Glasnudeln genießbar zu machen. Die vielseitigen Glasnudeln eignen sich als Suppeneinlage, für Salate und Rührgebratenes.

Gnocchetti
Pastaform, die den bekannten Kartoffelgnocchi ähnelt.

Gonfiotti
Prall gefüllte Nudeltäschchen.

Grani di riso
Suppennudeln in der Form eines Reiskorns.

Kreplach
Jüdische Teigtäschchen, vergleichbar mit Ravioli.

Lagane
Lagane sind vermutlich die ältesten bekannten Teigwaren des Mittelmeerraums. Mit dem griechischen Wort »laganon« und dem römi-

schen »laganum« bezeichnete man einst schlichte Teigfladen. Heute versteht man darunter Teigflecken, die nicht ganz so groß wie Lasagneblätter sind. In Süditalien verarbeitet man sie mit Kichererbsen oder anderen Hülsenfrüchten zu einem herzhaften Eintopf. Diese »Lagane e ceci« werden am Namenstag des heiligen Josef (19. März) auf den Dorfplätzen zubereitet und an Passanten ausgegeben.

Lasagne
Sehr breite und große Nudelblätter, die sich besonders gut zu Aufläufen verarbeiten lassen.

Linguine
Zünglein – schmale, flache Fadennudeln.

Lumache
Schneckenförmige Pasta; die großen Lumaconi eignen sich zum Füllen und werden mit Käse und Tomatensauce im Ofen überbacken.

Maccheroni
Für die klassischen Maccheroni mußte man den Teig früher um dünne Stricknadeln aus Eisen oder Holz wickeln, damit sie die typische Röhrenform erhielten. Heute werden sie maschinell mit Strangpressen hergestellt.

Malloreddus
Sardische Nudelklößchen.

Maltagliati
Die »schlecht geschnittenen« Nudeln kann man leicht selbst herstellen: Man rollt den Teig dünn aus und schneidet ihn in unregelmäßige Teigflecken.

Mandilli di seta
Die »Seidentaschentücher« sind eine Pastaspezialität aus Ligurien. Die Nudelflecken ißt man wie die Lagane (s. o.) als Einlage in Eintöpfen und zu Hülsenfrüchten.

Manicotti
Die »Ärmelchen« erinnern mit ihrem Rippenmuster an die Ärmel eines Strickpullovers. Die dicken Teigröhren können durch Cannelloni ersetzt werden.

Maultaschen
Einer Legende zufolge leitet sich der Name der berühmten schwäbischen Teigtaschen nicht von »Maul« ab, sondern vom Kloster Maulbronn. Dort nämlich soll ein pfiffiger Mönch das Fastengebot umgangen haben, indem er Fleisch und Bratenreste zusammen mit Gemüse fein hackte und dann in den harmlos aussehenden Teigtaschen versteckte. Aus den Maulbronner Taschen wurden dann später die Maultaschen.
Wegen dieser Legende nennt man diese Spezialität manchmal auch »Herrgottsb'scheißerle«.

Messicani
Kleine Nudeln in der Form eines mexikanischen Sombreros.

Orecchiette
Öhrchen – die gewölbte, etwa daumennagelgroße Pasta wird in Süditalien meist mit Sprossenbrokkoli gegessen.

Orzo
Kleine Nudeln in Form eines Gerstenkorns. Die lockere Pasta kann man mit Butter und Kräutern überziehen und als Beilage servieren oder gut in Salate mischen, weil sie nicht verklumpt.

Paglia e fieno
»Stroh und Heu« – zu Nestern gerollte gelbe und grüne Bandnudeln.

Panierini
Die kleinen »Körbchen« ähneln ein wenig den Farfalle (s. o.). Für die Panierini stanzt man mit einem gezackten Förmchen Kreise aus dem frischen Teig und kneift sie in der Mitte zu kleinen Schleifen zusammen.

Pansotti
Wie »dicke Bäuchlein« gefüllte Nudeltäschchen aus Ligurien.

Pappardelle
Die sehr breiten Bandnudeln gibt es mit geradem oder gezacktem Rand. Sie werden klassisch mit Hasen- oder Entenragout zubereitet.

Passatelli
Die italienische Version der Spätzle. Der recht flüssige Nudelteig wird durch ein Sieb direkt ins kochende Wasser passiert.

Pastina
Der Oberbegriff für kleine Suppennudeln.

Pelmeny
Russische Teigtäschchen, vergleichbar mit Ravioli.

Penne
Die kurzen, sehr beliebten und vielseitig einsetzbaren Röhrennudeln sind an den Enden abgeschrägt wie ein Federkiel (italienisch »penna«); es gibt sie in glatter und gerillter Version.

Perciatelli
Lange, dünne Röhrennudeln, vergleichbar mit den Bucatini (s. o.).

Pici
Die groben, handgedrehten Spaghetti aus der Toskana passen gut zu herzhaften Fleischsaucen.

Pizzoccheri
Die kurzen und breiten Buchweizennudeln sind eine Spezialität aus dem Veltlin, dem äußersten Norden der Lombardei, wo wegen des rauhen Klimas lange Zeit kein Weizen angebaut werden konnte. Die groben Pizzoccheri werden meist zu deftigen Eintöpfen mit Wirsing, Kartoffeln und Käse verarbeitet.

Quadrucci
Die kleinen, quadratischen Suppennudeln kann man leicht selbst herstellen: Auf der Nudelmaschine Tagliatelle zurechtschneiden, die Tagliatelle bündeln und mit einem scharfen Messer kleine Teigquadrate abtrennen.

Radiatori
Diese kleinformatige Pasta ist eine Erfindung aus neuerer Zeit und sieht aus wie Rippenheizkörper.

Ravioli
Neben den Tortellini wohl die bekanntesten Nudeltäschchen. Das Wort leitet sich vermutlich von »rapa«, Rübe, ab, denn ursprünglich wurden die Täschchen mit diesem Gemüse gefüllt. Heute ißt man Ravioli mit Fleisch- oder Gemüsefüllung, in Brühe gegart oder mit Obst gefüllt und in Fett ausgebacken. Für die Beliebtheit der Ravioli spricht nicht zuletzt die Tatsache, daß man mit dem Begriff auch Nudeltäschchen im allgemeinen bezeichnet.

Reginette
Etwa fingerlange, hübsch gekräuselte Bandnudeln.

Reisnudeln
Nudeln aus Reismehl werden hauptsächlich in Südostasien hergestellt. Die flachen, unterschiedlich breiten Fadennudeln müssen wie Weizennudeln in großen Öfen getrocknet werden. In Asien werden sie oft noch in Handarbeit hergestellt.

Riccioli
»Löckchen«, kurze Spiralnudeln.

Rigatoni
Die kurzen und dicken Röhrennudeln haben eine gerillte Außenseite, an der Fleisch- und Tomatensaucen gut haftenbleiben. Sie haben einen festen Platz in der römischen Küche, wo man sie oft mit Innereien zubereitet.

Rotelle
Wagenräder.

Schlutzkrapfen
Südtiroler Nudeltäschchen aus Roggen- und Weizenmehl.

Sedani
Die kurzen, feinen Röhrennudeln erinnern mit ihrem Streifenmuster an Staudensellerie (»sedano«).

Semi di melone
Die kleinen »Melonenkerne« verwendet man gerne als Suppeneinlage.

Soba
Japanische »Spaghetti« aus Buchweizenmehl und einem kleinen Anteil Weizenmehl, der die Kocheigenschaften verbessert.

Somen
Japanische Nudeln aus Hartweizenmehl.

Spaghetti
Allrounder und Inbegriff aller Pastaspezialitäten schlechthin.

Spätzle
Schwäbische Nudelspezialität aus einem glatten und relativ flüssigen Teig, der mit einem Spätzlehobel oder durch ein Sieb direkt ins kochende Wasser gegeben wird. Spätzle ißt man als Beilage zu Braten und Wildgerichten oder überbäckt sie mit Käse oder Kraut.

Strichetti
Grobe Teigflecken.

Tagliatelle
Die vielseitig einsetzbaren Bandnudeln werden meist aus einem Eierteig hergestellt und passen gut zu cremigen Käse- und Sahnesaucen.

Tagliolini
Feine Schnittnudeln.

Tajarin
Die piemontesische Variante der Tagliolini aus einem Teig mit besonders vielen Eiern (manche Köche verwenden 40 Eigelbe auf ein einziges Kilo Mehl!) schmeckt unvergleichlich zart.

Testaroli
Die rhombenförmigen Teigflecken stammen aus der Toskana. Ursprünglich handelte es sich bei den Testaroli um Teigfladen, die auf einer Art Waffeleisen, der sogenannten »Testa«, gebacken wurden.

Tonnarelli
Dicke Röhrennudeln.

Tortelli
Die viereckigen, gefüllten Teigtaschen sind in bestimmten Teilen der Emilia und der Lombardei zu Hause und werden mit Fleisch oder Gemüse gefüllt. Die »Tortelli di Crema« haben dagegen eine süße Füllung aus frischem Obst und Rosinen. Ebenfalls süßlich schmecken die Kürbistortelli aus Mantua, die man häufig mit Amaretto-Makronen anreichert.

Tortellini
Kleine, gefüllte Teigtaschen aus Bologna. Die Bologneser Küche ist besonders üppig, und so spart man beim Füllen der Tortellini auch nicht an hochwertigen Zutaten: Mortadella, Parmaschinken und Parmesan gehören unbedingt hinein. Die runden Teigblätter werden zu Halbmonden zusammengeklappt und an den Enden zusammengedrückt, so daß sie wie kleine Ringe aussehen.

Tortiglioni
In sich verdrehte, gerippte Röhrennudeln.

Trenette
Die ligurischen Verwandten der Spaghetti sind etwas dickere Fadennudeln mit einem geraden Querschnitt und werden meist zu Pesto gegessen.

Tubetti
Kleine Röhrennudeln; Tubetti oder die kleineren Tubettini ißt man häufig in Minestrone oder Eintöpfen.

Udon
Flache, ungefähr 5 Millimeter breite japanische Bandnudeln aus Weizenmehl.

Vermicelli
Sehr feine Fadennudeln, vergleichbar mit Spaghettini.

Wantan
Die Antwort Asiens auf Ravioli. Hauchdünner Nudelteig aus Weizenmehl umhüllt Fisch- oder Fleischfüllungen aller Art. Wantans werden als Suppeneinlage gegessen, gedämpft oder in Fett ausgebacken und mit Sojasauce oder chinesischem Essig zum Stippen serviert.

Ziti
Lange oder kurze Röhrennudeln; die kurze Version ist vergleichbar mit den Penne, hat aber gerade abgeschnittene Enden.

REGISTER

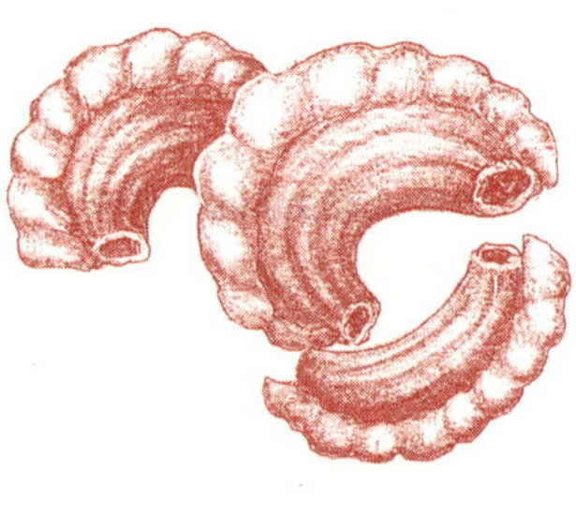

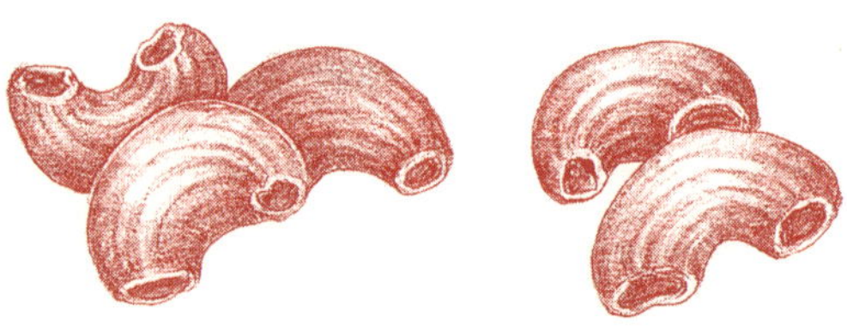